BILL BRYSON

ZAPISKI
Z MAŁEJ WYSPY

Tłumaczył
Tomasz Bieroń

ZYSK I S-KA
WYDAWNICTWO

Tytuł oryginału
Notes from a Small Island

Copyright © 1995 by Bill Bryson
Copyright © 2009 for the Polish translation
by Zysk i S-ka Wydawnictwo s.j., Poznań
Cover photo © HELLESTAD RUNE/CORBIS SYGMA

Opracowanie graficzne okładki
Jacek Szewczyk i Sylwia Grządzka
Projekt graficzny na podstawie pomysłu Janusza Grabiańskiego
za zgodą spadkobierców artysty

Redakcja
Piotr Rumatowski

Opracowanie graficzne i techniczne
Jarosław Szumski

Wydanie II
ISBN 978-83-7506-215-1

Zysk i S-ka Wydawnictwo
ul. Wielka 10, 61-774 Poznań
tel. (0-61) 853 27 51, 853 27 67, fax 852 63 26
Dział handlowy, tel./fax (0-61) 855 06 90
sklep@zysk.com.pl
www.zysk.com.pl

Dla Cynthii

*Poniższym osobom jestem winien głęboką
wdzięczność za bezinteresowną pomoc
okazaną mi podczas przygotowywania tej
książki: Peterowi i Joan Blacklockom, Pam
i Allenowi Kingslandom, Johnowi i Nicky
Price'om, Davidowi Cookowi i Alanowi
Hume'owi. Wszystkim Wam dziękuję.*

PROLOG

Po raz pierwszy zobaczyłem Anglię pewnej mglistej marcowej nocy w 1973 roku. Przypłynąłem nocnym promem z Calais. Przez dwadzieścia minut w terminalu panowało wielkie zamieszanie, wyjeżdżały sznury samochodów i ciężarówek, celnicy wykonywali swoje obowiązki i ludzie kierowali się ku drodze do Londynu. A potem nagle zapadła cisza i spacerowałem uśpionymi, kiepsko oświetlonymi ulicami, po których snuła się mgła jak we francuskim *film noir*. Fantastyczna sprawa: miałem dla siebie całe angielskie miasto!

Deprymowało mnie tylko, że wszystkie hotele i pensjonaty najwyraźniej zamknęły już podwoje. Doszedłem aż do dworca, licząc na to, że złapię pociąg do Londynu, ale wszędzie było ciemno i wszystko wydawało się zabarykadowane. Kiedy stałem i zastanawiałem się, co robić, zauważyłem sine światło telewizora sączące się z okna pensjonatu naprzeciwko. Hurra, pomyślałem, ktoś nie śpi. Pognałem na drugą stronę ulicy. Obmyśliłem pokorne przeprosiny za przybycie o tak późnej porze i ułożyłem w głowie następujący tekst: „O, nie mogę od pana wymagać, żeby o tej porze zrobił mi pan coś do jedzenia. Nie, naprawdę — no, skoro pan nalega, to poprosiłbym kanapkę z rostbefem, ogórek kiszony, trochę sałatki ziemniaczanej i butelkę piwa". Wejście było nieoświetlone, a ponieważ byłem napalony i nieobznajomiony z brytyjskim systemem dostępu do domów, potknąłem się na stopniu i walnąłem twarzą w drzwi, wywracając kilkanaście pustych butelek po mleku. Po chwili otworzyło się okno na piętrze.

— Kto tam? — dociekała ostrym tonem jakaś pani.

Cofnąłem się, pocierając nos, spojrzałem do góry i zobaczyłem zarys głowy z lokówkami.

— Dobry wieczór, szukam pokoju.

9

— Zamknięte.

— O. A kolację można zjeść?

— Niech pan spróbuje w Churchillu. Na deptaku.

— A gdzie jest deptak? — spytałem, ale okno już się zamykało z hukiem.

Bogato urządzony, jasno oświetlony Churchill był nastawiony na nocnych gości. Przez okno dojrzałem ludzi w garniturach, eleganckich i wytwornych jak postacie ze sztuki Noela Cowarda. Niezdecydowany stałem w ciemnościach, czując się jak obdartus. Pod względem odzieżowym nie pasowałem do tego lokalu, który na oko znacznie zresztą przekraczał moje skromne możliwości finansowe. Poprzedniego dnia w Picardy wręczyłem wyjątkowo gruby zwitek kolorowych franków hotelarzowi w ramach zapłaty za twarde łóżko tudzież porcję *blenquette de chasseur*, tajemniczego dania złożonego z kości całego asortymentu małych zwierząt, którego znaczną część ukryłem w serwetce, żeby nie wyjść na źle wychowanego. Po tej przygodzie postanowiłem być ostrożniejszy z wydatkami. Z bólem serca odwróciłem się zatem od nęcącego ciepełka Churchilla i pomaszerowałem w ciemności.

Trochę dalej przy Marine Parade zobaczyłem przystanek autobusowy, wystawiony na działanie żywiołów, ale zadaszony, i uznałem, że nic lepszego nie znajdę. Położyłem się na ławce i przykryłem kurtką, mając plecak za poduszkę. Deski ławki były poprzykręcane śrubami z wielkimi okrągłymi główkami, które — przypuszczalnie zgodnie z zamysłem projektanta — uniemożliwiały wygodny odpoczynek w pozycji horyzontalnej. Długo leżałem zasłuchany w szmer morza na kamienistej plaży w dole i w końcu zasnąłem. Była to długa, zimna noc pełna niespokojnych snów. Pośród arktycznych lodów ścigał mnie Francuz z oczami jak szparki, procą, workiem śrub i niesamowitą celnością strzału. Raz po raz ładował mnie po tyłku i nogach za to, że ukradłem lnianą serwetkę, zawinąłem w nią oślizłe jedzenie i schowałem do szuflady komody w moim pokoju hotelowym. Koło trzeciej obudziłem się z sapnięciem, cały zesztywniały i dygoczący z zimna. Mgła się podniosła, powietrze było nieruchome i przejrzyste, na niebie migotały gwiazdy. Snop światła latarni morskiej na końcu falochronu bez ustanku omiatał wodę. Uroczy obrazek, ale mnie było zbyt zimno, żeby go docenić. Trzęsąc się, przeszukałem plecak i wyjąłem wszystkie potencjalnie ocieplające artykuły — koszulę flanelową, dwa swetry, drugą parę dżinsów.

Wełniane skarpety wykorzystałem jako rękawiczki, a na głowę w desperacji włożyłem bokserki, po czym z rezygnacją położyłem się z powrotem na ławce i cierpliwie czekałem na słodki pocałunek śmierci. Zamiast niej przyszedł sen.

Nagle wyrwał mnie z niego ryk syreny przeciwmgielnej. O mało nie spadłem z ławki. Usiadłem nieszczęśliwy, ale trochę mniej zmarznięty. Świat był skąpany w tym mlecznym świetle przedświtu, które zdaje się przychodzić znikąd. Mewy krążyły i skrzeczały nad wodą. Za kamiennym falochronem wielki, rzęsiście oświetlony prom majestatycznie wypływał w morze. Siedziałem tak przez dłuższą chwilę, młody człowiek, który miał więcej na głowie niż w głowie. Znowu zabrzmiała syrena przeciwmgielna i wprawiła drażliwe mewy w nerwowy nastrój. Zdjąłem skarpetkowe rękawiczki i spojrzałem na zegarek. Była za pięć szósta. Patrzyłem na znikający w oddali prom i zastanawiałem się, dokąd można płynąć o tej godzinie. A dokąd ja się wybiorę o tej godzinie? Podniosłem plecak i powlokłem się po deptaku, żeby przywrócić krążenie.

W pobliżu Churchilla, teraz pogrążonego w spokojnym śnie, spotkałem staruszka, który spacerował z pieskiem. Zwierzę gorączkowo usiłowało obsikać każdą pionową powierzchnię, w związku z czym nie tyle spacerowało, ile było ciągnięte na trzech łapach.

Kiedy się do nich zbliżyłem, staruszek skinął głową na powitanie.

— Może się wypogodzi — zakomunikował, patrząc z nadzieją na niebo, które przypominało stos mokrych ręczników.

Spytałem go, czy jest w mieście restauracja otwarta o tej porze. Znał taki lokal w pobliżu i wskazał mi drogę.

— Najlepsza knajpa spedycyjna w całym Kencie.

— Knajpa spedycyjna? — powtórzyłem niepewnie i odstąpiłem o parę kroków do tyłu, zauważyłem bowiem, że pies pała ochotą obsikania mi nogawki.

— Ulubiony lokal kierowców ciężarówek — wyjaśnił. — Oni znają najlepsze knajpy, co? — Uśmiechnął się przyjaźnie, po czym zniżył głos i nachylił się ku mnie, jakby chciał mi zdradzić jakąś tajemnicę. — Lepiej niech pan zdejmie majtki z głowy, zanim pan tam wejdzie.

Chwyciłem się za głowę — „och!" — i cały czerwony usunąłem zapomniane bokserki. Próbowałem wymyślić jakieś wiarygodne wytłumaczenie, ale staruszek znowu badał wzrokiem niebo.

— Wyraźnie się przejaśnia — ocenił i pociągnął psa na poszukiwania dziewiczych obiektów pionowych. Odprowadziłem ich wzrokiem, po czym odwróciłem się i ruszyłem szybko deptakiem, bo lunął deszcz.

Jadłodajnia była genialna — gwarna i cieplutka. Zamówiłem śniadanie złożone z jajek, fasoli, smażonego chleba, bekonu i parówki, plus porcja chleba z margaryną i dwie herbaty. Wszystko za dwadzieścia dwa pensy. Potem, czując się jak nowo narodzony, wyszedłem na ulicę z wykałaczką w zębach i beknięciem. Cały w skowronkach wędrowałem ulicą i patrzyłem, jak Dover budzi się do życia. Niestety w świetle dziennym miasto nie wyglądało o wiele lepiej, ale mnie się podobało. Przede wszystkim dlatego, że było takie małe i przytulne, że wszyscy mówili sobie „Dzień dobry", „Uszanowanie" i „Okropna pogoda — ale może się przejaśni", że miało się wrażenie, iż jest to jeszcze jeden z długiej serii generalnie radosnych, przyjemnie banalnych dni. Nikt w całym Dover nie miał szczególnego powodu, by zapamiętać 21 marca 1973 roku — poza mną i kilkorgiem urodzonych tego dnia dzieci, no i może również pewnym staruszkiem, który spotkał młodzieńca z majtkami na głowie.

Ponieważ nie wiedziałem, o jakiej porze wypada w Anglii zacząć pytać o pokój, postanowiłem zaczekać z tym parę godzin. Wykorzystałem ten czas na znalezienie pensjonatu, który wyglądałby na czysty, spokojny i gościnny, ale również niezbyt drogi. Z wybiciem dziesiątej stanąłem w progu starannie wyselekcjonowanego lokalu, uważając, żeby nie potrącić butelek z mlekiem. Był to mały hotel, a ściślej mówiąc — pensjonat rodzinny.

Nie przypominam sobie nazwy, ale za to dobrze pamiętam właścicielkę. Pani Smegma* była charakterną kobietą pod pięćdziesiątkę. Pokazała mi pokój, oprowadziła mnie po całym obiekcie i przedstawiła mi skomplikowany regulamin — kiedy podaje się śniadanie, jak włączyć bojler, w jakich godzinach muszę opuścić pensjonat i w jakim — bardzo krótkim — okresie dozwolona jest kąpiel (co osobliwe, pory te pokrywały się ze sobą), z jakim wyprzedzeniem muszę zawiadomić kierownictwo, jeśli spodziewam się telefonu albo zamierzam wrócić po dwudziestej drugiej, jak spuszczać wodę w ubikacji i w jaki sposób używać szczotki klozetowej, jakie odpadki mogą trafiać do kosza na śmieci w pokoju, a jakie trzeba bez-

---

* *Smegma* (ang.) — wydzielina napletka (przyp. tłum.).

warunkowo przetransportować do kubła na zewnątrz, gdzie i jak wycierać buty przed każdym z wejść, jak obsługiwać trzystopniowy grzejnik gazowy w moim pokoju i kiedy jest to dozwolone (w gruncie rzeczy po nastaniu epoki lodowcowej). Wszystko to było dla mnie oszałamiająco nowe. Tam, skąd pochodzę, dostaje się pokój w motelu, robi się z niego totalny chlewik i wyjeżdża wcześnie rano. Tutaj traktuje się człowieka tak, jakby zaciągnął się do wojska.

— Minimalny pobyt — ciągnęła pani Smegma — wynosi pięć dób po jednym funcie za dobę, pełne angielskie śniadanie wliczone w cenę.

— Pięć dób? — wydukałem.

Nastawiałem się na jedną. Rany boskie, co ja będę robił w Dover przez pięć dni?

Pani Smegma uniosła brew.

— Zamierzał pan zostać dłużej?

— Nie. Nie. Tak naprawdę...

— To dobrze, bo na weekend przyjeżdża grupa szkockich emerytów i nie bardzo miałabym ich gdzie pomieścić. To znaczy zupełnie nie miałabym ich gdzie pomieścić. — Przyjrzała mi się krytycznym okiem (jak plamie na dywanie) i zastanowiła się, czy może mi jeszcze w jakiś sposób uprzykrzyć życie. Nie było z tym większego problemu. — Niedługo wychodzę, więc czy mogłabym pana prosić, żeby pan w ciągu kwadransa opuścił pokój?

Znowu mnie zdezorientowała.

— Przepraszam, chce pani, żebym wyszedł? Przecież dopiero przyszedłem.

— Zgodnie z regulaminem. Może pan wrócić o czwartej. — Już miała się oddalić, ale coś sobie przypomniała. — Aha, i gdyby pan był łaskaw każdego wieczoru zdejmować kapę. Mieliśmy trochę przykrych doświadczeń z plamami. Jeśli poplami pan kapę, będę zmuszona obciążyć pana kosztami. Rozumiemy się?

Pokiwałem tępo głową. Pani Smegma poszła sobie. Stałem tam zagubiony, zmęczony i zupełnie sam na świecie. Spędziłem potwornie niewygodną noc na wolnym powietrzu i bolały mnie wszystkie kości. Ponieważ spałem na śrubach, byłem cały powgniatany, a skórę miałem powleczoną warstwą brudu i smaru z dwóch krajów. Do tej pory trzymała mnie przy życiu myśl, że wkrótce odprężę się w gorącej kąpieli, a potem walnę się do łóżka i prześpię czternaście godzin na miękkich poduszkach pod puchatą kołdrą.

Kiedy tak stałem i oswajałem się z myślą, że to dopiero początek, a nie koniec mojego koszmaru, drzwi się otworzyły. Pani Smegma pomaszerowała w stronę świetlówki nad umywalką. Pokazała mi wcześniej właściwą metodę jej włączania — „Nie ma potrzeby szarpać, wystarczy delikatnie pociągnąć" — i po wyjściu z mojego pokoju najwyraźniej sobie przypomniała, że zostawiła ją zapaloną. Teraz ją wyłączyła mocnym jak na mój gust szarpnięciem, po czym obrzuciła mnie i pokój ostatnim podejrzliwym spojrzeniem i znowu wyszła.

Kiedy byłem pewien, że naprawdę się oddaliła, po cichu zamknąłem drzwi na zamek, zaciągnąłem zasłony i wysikałem się do umywalki. Wyjąłem z plecaka książkę, a potem przez dłuższą chwilę oglądałem schludne, ale niezwykłe dla mnie wyposażenie pokoju.

— Co to, kurde, jest kapa? — zapytałem siebie samego cichym, nieszczęśliwym głosem i wyszedłem.

Wiosną 1973 roku Wielka Brytania była zupełnie innym krajem niż dzisiaj. Funt był wart dwa dolary czterdzieści sześć centów. Średnia pensja wynosiła trzydzieści funtów jedenaście pensów na rękę. Paczka chipsów kosztowała pięć pensów, zimny napój osiem pensów, szminka czterdzieści pięć pensów, herbatniki w czekoladzie dwanaście pensów, żelazko cztery funty pięćdziesiąt pensów, czajnik elektryczny siedem funtów, czarno-biały telewizor sześćdziesiąt funtów, kolorowy telewizor trzysta funtów, radio szesnaście funtów, przeciętny posiłek w restauracji funta. Przelot z Nowego Jorku do Londynu kosztował osiemdziesiąt siedem funtów czterdzieści pięć pensów zimą, sto dwadzieścia cztery funty dziewięćdziesiąt pięć pensów latem. Z biurem podróży Cook's Golden Wings Holiday można było spędzić osiem dni na Teneryfie za sześćdziesiąt pięć funtów, a piętnaście dni za dziewięćdziesiąt trzy funty. Wiem to wszystko, bo przed obecną podróżą zajrzałem do „Timesa" z 20 marca 1973 roku, czyli z dnia mojego przyjazdu do Dover, i zobaczyłem tam ogłoszenie rządu, który podawał, jakie są ceny i jak na nie wpłynie nowy podatek zwany VAT, który miał zostać wprowadzony jakiś tydzień później. Wymowa ogłoszenia była taka, że niektóre rzeczy podrożeją, ale niektóre stanieją. (Ha, ha!). Kiedy wysilę swój coraz gorzej funkcjonujący mózg, to przypominam sobie, że wysłanie kartki pocztą lotniczą do Ameryki kosztowało cztery pensy, piwo trzynaście pensów, a pierwsza książka Penguina, jaką w życiu kupiłem (*Billy kłam-*

ca), trzydzieści pensów. Przejście na system dziesiętny odbyło się dwa lata wcześniej, ale ludzie nadal przeliczali w głowach — „Rany boskie, to prawie sześć szylingów!" — i trzeba było wiedzieć, że *sixpence* to tak naprawdę jest dwa i pół pensa, a gwinea to jeden funt i pięć pensów.

Zdumiewające, jak wiele spośród ówczesnych nagłówków prasowych mogłoby się ukazać również dzisiaj: *Strajk francuskich kontrolerów lotów, Ulster: rząd wzywa do podzielenia się władzą, Laboratorium badań jądrowych zostanie zamknięte, Burze paraliżują kolej* i ta stara jak świat wiadomość krykietowa *Klęska Anglii* (tym razem przeciwko Pakistanowi). Ale jeszcze bardziej zaskakuje napięta sytuacja na brytyjskim rynku pracy: *British Gas Corporation grozi strajkiem, Dwa tysiące urzędników państwowych strajkuje, Nie ma londyńskiego wydania „Daily Mirror", Dziesięć tysięcy zwolnień po strajku w Chryslerze, Związki zawodowe planują sparaliżowanie gospodarki w Święto Pracy, Dwanaście tysięcy uczniów ma wolne, bo nauczyciele strajkują* — to wszystko z jednego tygodnia. W tym samym roku mieliśmy również kryzys naftowy i w gruncie rzeczy obalenie rządu Heatha, chociaż wybory odbyły się dopiero w lutym następnego roku. Kilka miesięcy później paliwo było na kartki i przed stacjami benzynowymi ustawiały się kilometrowe kolejki. Inflacja podskoczyła do dwudziestu ośmiu procent. Były dramatyczne kłopoty z dostawami między innymi papieru toaletowego, cukru, elektryczności i węgla. Połowa kraju strajkowała, a druga połowa pracowała przez trzy dni w tygodniu. Ludzie kupowali prezenty bożonarodzeniowe w hipermarketach oświetlonych świeczkami i z przerażeniem patrzyli, jak po wiadomościach z godziny dziesiątej wieczór decyzją rządu gasną im telewizory. Był to rok porozumienia z Sunningdale między rządem i związkami zawodowymi, tragicznego pożaru w Summerland na wyspie Man i sporu o to, czy Sikhowie muszą jeździć w kaskach na motocyklach. Martina Navratilova zadebiutowała na Wimbledonie, Wielka Brytania wstąpiła do Europejskiej Wspólnoty Gospodarczej i — co dzisiaj wydaje się nieprawdopodobne — wypowiedziała Islandii wojnę dorszową (aczkolwiek niezbyt stanowczo, w stylu „Zostawcie te ryby, bo was ostrzelamy").

Krótko mówiąc, ten rok miał należeć do najbardziej niezwykłych w najnowszej historii Wielkiej Brytanii. Tego deszczowego marcowego ranka w Dover naturalnie tego nie wiedziałem. Tak naprawdę to nic nie wiedziałem, co jest cudownie błogim stanem świadomości. Wszystko, co się przede mną rozpościerało, było nowe, tajemnicze i niewyobrażalnie ekscytujące.

W Anglii roiło się od słów, których nigdy wcześniej nie słyszałem — tłusty boczek nazywał się *streaky bacon*, u fryzjera można sobie było zaordynować *short back and sides*, było też *high tea* i *ice-cream cornet*. Nie wiedziałem, jak się wymawia Towcester czy Slough, nie znałem Tesco, Perthshire ani Denbighshire, nie wiedziałem, co to są *council houses*, *Christmas crackers*, *bank holidays*, *seaside rock*, *milk floats*, *trunk calls*, *Scotch eggs*, Morris Minors i Poppy Day. Nie miałem pojęcia, że GPO to skrót od General Post Office, GLC to Greater London Council, OAP to Old Age Pensioner, a LBW to termin krykietowy *Leg before wicket*. Po prostu emanowałem ignorancją. Najzwyklejsze transakcje były dla mnie zagadką. Widziałem, jak człowiek prosi w kiosku o „dwadzieścia Number Six" i dostaje papierosy, co zrodziło we mnie przekonanie, że w kiosku kupuje się wszystko według numerów, tak jak żarcie u Chińczyka. Siedziałem pół godziny w pubie, zanim się połapałem, że trzeba sobie samemu przynieść napoje, a jak próbowałem zrobić to samo w herbaciarni, to kazano mi usiąść i zaczekać, aż zostanę obsłużony.

Kelnerka w herbaciarni i większość sprzedawczyń mówiła do mnie *love*, a większość mężczyzn *mate*. Spędziłem w Anglii ledwie dwanaście godzin i już wszyscy mnie kochali i kumplowali się ze mną. I wszyscy jedli po mojemu. To było naprawdę fascynujące. Przez całe lata doprowadzałem swoją matkę do rozpaczy, ponieważ jako mańkut uprzejmie odmawiałem jedzenia po amerykańsku — czyli przy krojeniu przyciskania mięsa widelcem trzymanym w lewej dłoni, a potem przekładania widelca do prawej ręki, by unieść jedzenie do ust. Wydawało mi się to potwornie męczące, a tutaj cały kraj jadł tak samo jak ja. I jeździli po lewej stronie! Istny raj. Jeszcze nie minęło południe, a ja już wiedziałem, że tutaj chcę żyć.

Przez cały dzień włóczyłem się radośnie i bez planu ulicami, podsłuchiwałem rozmowy na przystankach autobusowych i na rogach ulic, z zainteresowaniem zaglądałem w okna sklepu spożywczego, rybnego i masarni, studiowałem ulotki i tablice informacyjne przy placach budowy, wszystko żarłocznie pochłaniałem. Wspiąłem się na zamek, żeby podziwiać widok i oglądać kursujące tam i nazad promy, z nabożną czcią obejrzałem białe klify i stare więzienie, a późnym popołudniem nagle ogarnęła mnie ochota, żeby pójść do kina, bo trochę zmarzłem, a dodatkowo skusił mnie plakat przedstawiający szereg skąpo odzianych pań w uwodzicielskich pozach.

— Balkon czy parter? — spytała kasjerka.

— Nie, *Zamiana żon na przedmieściu* — odparłem zmieszany.

W środku otworzył się przede mną nowy świat. Zobaczyłem pierwsze kinowe reklamy, pierwsze zwiastuny zaprezentowane z akcentem brytyjskim, pierwszy certyfikat brytyjskiego urzędu cenzury filmowej („Niniejszy film nie jest przeznaczony dla młodzieży, jak orzekł lord Harlech, któremu bardzo się on podobał") i z niemałą radością dowiedziałem się, że w brytyjskich kinach wolno palić. Chrzanić zagrożenie pożarowe! Sam film okazał się istną skarbnicą informacji społecznych i leksykalnych, jak również pozwolił mi dać odpocząć obolałym stopom i popatrzeć na całe hordy atrakcyjnych młodych kobiet, które kręciły się po ekranie nagutkie, jak je Pan Bóg stworzył. Niektóre z licznych nowych dla mnie pojęć — *dirty weekend*, czyli zakazane weekendowe rozkosze, *loo*, czyli klozet, *complete pillock*, czyli totalny idiota, *semi-detached house*, czyli szeregówka, *shirt-lifter*, czyli homoseksualista, i *swift shag against the cooker*, czyli szybkie dymanko z oparciem o kuchenkę — w mniejszym lub większym stopniu mi się później przydały. Podczas antraktu — kolejne nowe i fascynujące zjawisko — wypiłem swój pierwszy w życiu sok Kia-Ora, zakupiony u metafizycznie wręcz znudzonej dziewczyny, która do perfekcji opanowała sztukę wyjmowania poszczególnych artykułów z podświetlonej szuflady i wydawania reszty bez odrywania wzroku od jakiegoś wyimaginowanego punktu położonego na średnim planie. Po projekcji zjadłem kolację w małej włoskiej restauracji, którą Pearl i Dean zarekomendowali mi z ekranu kinowego, i w zapadających ciemnościach wróciłem do pensjonatu. W sumie spędziłem ten dzień bardzo przyjemnie i pożytecznie.

Zamierzałem położyć się wcześnie spać, ale po drodze do swojego pokoju zauważyłem drzwi z napisem ŚWIETLICA i wsunąłem w nie głowę. Była to duża sala z fotelami i kanapą w wykrochmalonych pokrowcach, półką ze skromnym wyborem puzzli i powieści w miękkiej oprawie, stolikiem z zaczytanymi czasopismami i dużym kolorowym telewizorem. Włączyłem telewizor i przeglądałem czasopisma, czekając, aż lampy się nagrzeją. Były to czasopisma kobiece, ale różniły się od tych, które czytały moja mama i siostra. W tych drugich była mowa prawie wyłącznie o seksie i innych hedonistycznych rozkoszach. Tytuły brzmiały: *Jaka dieta najlepiej sprzyja wielokrotnym orgazmom*, *Seks w biurze — jak się na niego załapać*, *Tahiti: nowy przebój w dziedzinie seksualnych podróży* czy *Kurczące się lasy deszczowe*

— *czy można uprawiać tam seks?* Czasopisma brytyjskie miały skromniejsze aspiracje. Oto garść tytułów: *Zrób na drutach sweter*, *Guzik, który pozwoli ci zaoszczędzić pieniądze*, *Uszyj sobie superworeczek na mydło* i *Już lato — pora na majonez!*

W telewizji szedł *Jason King*. Jeśli ktoś jest w odpowiednim wieku i na początku lat siedemdziesiątych z braku życia towarzyskiego nie miał co zrobić z czasem w piątkowe wieczory, to być może sobie przypomina, że był to serial o kretyńskim playboyu w pedziowatym kaftanie. Z niewytłumaczalnych przyczyn szalały za nim kobiety. Nie mogłem się zdecydować, czy film powinien natchnąć mnie nadzieją czy wpędzić w depresję. Najciekawsze jest jednak to, że chociaż widziałem tylko jeden odcinek, i to przed ponad dwudziestu laty, do dzisiaj mam ochotę walnąć gościa w łeb kijem bejsbolowym nabitym gwoździami.

Pod koniec filmu do sali wszedł inny klient pensjonatu, z miednicą parującej wody i ręcznikiem. Na mój widok wydał z siebie zaskoczone „och!" i usiadł pod oknem. Był chudy, miał czerwoną twarz i rozsiewał wokół siebie woń olejku kamforowego. Wyglądał na człowieka o niezdrowych potrzebach seksualnych, z gatunku tych, przed którymi ostrzegał nas wuefista, mówiąc, że wyrośniemy na zboczeńców, jeśli będziemy się za dużo onanizowali. (A mówiąc otwartym tekstem, wyglądał jak wuefista). Nie dałbym sobie głowy uciąć, ale miałem wrażenie, że widziałem go tego popołudnia w kinie, jak kupował paczkę gum owocowych. Popatrzył na mnie ukradkiem, zapewne z podobnymi do moich myślami, po czym zakrył głowę ręcznikiem i nachylił się do miednicy, w której spędził większość wieczoru.

Kilka minut później wszedł łysol w średnim wieku — typ handlarza obuwiem — powiedział do mnie: „Dobry wieczór", a do głowy w ręczniku: „Czołem, panie Richardzie" i usiadł koło mnie. Wkrótce potem dołączył do nas starszy pan z laską, kiepską nogą i opryskliwymi manierami. Spojrzał na nas ponuro, niemal niedostrzegalnie skinął głową w ramach pozdrowienia i opadł ciężko na fotel. Przez następne dwadzieścia minut manewrował nogą na wszystkie strony, jakby usiłował ustawić ciężki mebel. Wydedukowałem, że ci panowie mieszkają w pensjonacie na stałe.

Zaczął się sitcom pod tytułem *Mój sąsiad jest bambusem*. To znaczy taka była jego wymowa — że jest coś szalenie komicznego w tym, iż obok ciebie mieszkają czarni. Ciągle padały hasła w stylu „Boże święty, babciu, w twojej szafie jest kolorowy facet!" albo „Przecież nie mogłem go po ciemku zobaczyć, no nie?". Serial był beznadziejnie głupi. Łysy, który siedział koło mnie, zaśmiewał się do łez, a spod ręcznika od czasu do czasu dobiegały rozbawione prychnięcia, ale zauważyłem, że pułkownik ani razu się nie zaśmiał. Patrzył na mnie tak wytężonym wzrokiem, jakby usiłował sobie przypomnieć, w jakim mrocznym wydarzeniu z jego życia brałem udział. Ilekroć zerknąłem w jego stronę, miał utkwione we mnie oczy. Wyjątkowo rozstrajające.

Eksplozja gwiazd na krótko wypełniła ekran, zapowiadając przerwę reklamową. Łysy wykorzystał ją do tego, by przyjaźnie, lecz nad wyraz chaotycznie wypytać mnie, kim jestem i jaką drogą trafiłem do ich życia. Był zachwycony, kiedy usłyszał, że jestem Amerykaninem.

— Zawsze chciałem zobaczyć Amerykę — oznajmił. — Niech mi pan powie, macie tam Woolworth's?

— Hm, no, Woolworth's to jest amerykańska firma.

— Nie może być! Słyszał pan, pułkowniku? Woolworth's jest amerykański! — Pułkownik przyjął tę wiadomość z całkowitą obojętnością. — A co z cornfleksami?

— Proszę?

— Macie w Ameryce cornfleksy?

— E, no, cornfleksy też są amerykańskie.

— Nigdy w życiu!

Uśmiechnąłem się jak pensjonarka i zacząłem błagać moje nogi, żeby wstały i zabrały mnie stamtąd, ale ogarnął je jakiś dziwny paraliż.

— Cuda i dziwy! W takim razie co pana sprowadza do Wielkiej Brytanii, skoro macie już cornfleksy?

Spojrzałem na niego dla sprawdzenia, czy mówi poważnie, a potem niechętnie i nieskładnie zacząłem przedstawiać krótkie streszczenie mojego dotychczasowego życia, ale po chwili zdałem sobie sprawę, że przerwa reklamowa dobiegła końca i mój rozmówca nawet nie udaje, że mnie słucha. Umilkłem zatem i przez całą część drugą parowałem rozgrzane do czerwoności spojrzenie pułkownika.

Po filmie, kiedy szykowałem się do wstania i serdecznego pożegnania z tym wesołym tercetem, drzwi się otworzyły i weszła pani Smegma z tacą, na której przyniosła serwis do herbaty i ciasteczka Teatime-Mix. Wszyscy się ożywili i powiedzieli: „Och, pysznie", zacierając dłonie. Do dziś wielkie wrażenie robi na mnie zdolność Brytyjczyków z wszystkich grup wiekowych i społecznych do tego, żeby się autentycznie podniecić w obliczu perspektywy wypicia czegoś ciepłego.

— Jak tam dziś wieczór *Świat ptaków*, panie pułkowniku? — spytała pani Smegma, podając pułkownikowi filiżankę z herbatnikiem na spodeczku.

— Nie wiem — odparł pułkownik karcącym tonem. — Telewizor — tu trzepnął mnie za uchem kolejnym znaczącym spojrzeniem — był nastawiony na inny kanał.

Pani Smegma, pełna współczucia dla niego, też spojrzała na mnie ostro. Myślę, że sypiali ze sobą.

— *Świat ptaków* to ulubiony program pana pułkownika — powiedziała do mnie więcej niż nieprzyjaznym tonem i wręczyła mi filiżankę z twardym, białawym herbatnikiem na spodeczku.

Wymamrotałem jakieś żenujące usprawiedliwienie.

— Dzisiaj było o maskonurach — wyjaśnił czerwony na twarzy mężczyzna z bardzo zadowoloną z siebie miną.

Pani Smegma przez chwilę patrzyła na niego takim wzrokiem, jakby była zaskoczona, że posiada dar mowy.

— O maskonurach! — powtórzyła i strzeliła we mnie jeszcze bardziej miażdżącym spojrzeniem, jakby nie mogła zrozumieć, że ktoś może być tak do szczętu wyzuty z elementarnej ludzkiej przyzwoitości. — Pan pułkownik uwielbia maskonury. Prawda, panie Arthurze?

Bez wątpienia z nim sypiała.

— Tak, bardzo lubię — odrzekł pułkownik, ze smętną miną wbijając zęby w herbatnik.

Śmiertelnie zawstydzony popijałem herbatę i pogryzałem herbatnika. Nigdy wcześniej nie piłem herbaty z mlekiem ani nie jadłem tak paskudnego i twardego jak kamień ciasteczka. Nadawało się do nakarmienia papużki falistej, żeby jej się dziób wyprostował. Po chwili łysy nachylił się ku mnie i powiedział konfidencjonalnym szeptem:

— Niech pan nie zwraca uwagi na pułkownika. Odkąd stracił nogę, coś się z nim porobiło.

— W takim razie życzę mu, żeby ją szybko odzyskał — odparłem, ryzykując trochę ironii.

Łysy zaniósł się śmiechem i przez jedną makabryczną chwilę sądziłem, że uraczy moim żarcikiem pułkownika i panią Smegmę, ale zamiast tego wyciągnął ku mnie krzepką dłoń i przedstawił się. Nie pamiętam, jak się nazywał, ale było to jedno z tych nazwisk, które mają tylko Anglicy — Colin Crapspray*, Bertram Pantyshield** albo coś równie pociesznego. Uśmiechnąłem się półgębkiem, sądząc, że robi mnie w balona.

— Poważnie? — spytałem.

— Oczywiście — odparł z chłodną miną. — A co, moje nazwisko wydaje się panu zabawne?

— Nie, tylko jest dosyć... nietypowe.

— Bzdura — powiedział, po czym skierował uwagę na pułkownika i panią Smegmę.

Zrozumiałem, że już do końca pozostanę w Dover bez przyjaciół.

Przez następne dwa dni pani Smegma bezlitośnie mnie gnębiła, a dwaj dżentelmeni, jak podejrzewałem, dostarczali jej haków na mnie. Zbeształa mnie, że nie zgasiłem światła w swoim pokoju, kiedy wychodziłem, że nie opuściłem klapy w toalecie po skończeniu i że zabrałem pułkownikowi gorącą wodę (nie wiedziałem, że ma własną wodę, póki nie zaczął szarpać za klamkę i rozpaczliwie protestować na korytarzu). Dostało mi się również za to, że zamówiłem dwa razy z rzędu pełne angielskie śniadanie, a następnie zostawiłem smażonego pomidora.

— Widzę, że znowu nie zjadł pan pomidora — stwierdziła pani Smegma za drugim razem.

Nie bardzo wiedziałem, co na to powiedzieć, była to bowiem niepodważalna prawda. Zmarszczyłem więc czoło i podobnie jak ona wbiłem wzrok w *corpus delicti*. Od dwóch dni zachodziłem w głowę, co to jest.

— Czy mógłbym pana na przyszłość prosić — powiedziała głosem ciężkim od wieloletniego bagażu trosk i gniewu — żeby był pan uprzejmy i mnie informował, jeśli nie będzie pan sobie życzył do śniadania smażonego pomidora?

Skruszony patrzyłem, jak się oddala. „Myślałem, że to jest zakrzep!", chciałem za nią zawołać, ale oczywiście zmilczałem i wymknąłem się z jadalni, odprowadzany triumfalnymi spojrzeniami współpensjonariuszy.

Od tej pory starałem się jak najmniej przebywać w pensjonacie. Posze-

---

* Crapspray — Kupopryskacz (przyp. red.).

** Pantyshield — Majtkotarcza (przyp. red.).

dłem do biblioteki i sprawdziłem w słowniku „kapę", żeby przynajmniej z tym mieć spokój. W pensjonacie dbałem o to, żeby być cicho i nie rzucać się w oczy — do tego stopnia, że powoli przewracałem się na drugi bok, bo łóżko skrzypiało. Ale choćbym nie wiem jak się wysilał, byłem skazany na to, żeby kogoś zirytować.

Na trzeci dzień po południu, kiedy wśliznąłem się ukradkiem do domu, pani Smegma zagrodziła mi drogę z opakowaniem po papierosach i domagała się odpowiedzi na pytanie, czy to ja je wyrzuciłem w ligustrowy żywopłot. Zacząłem rozumieć, dlaczego niewinni ludzie przyznają się na policji do najstraszniejszych zbrodni. Tego wieczoru zapomniałem wyłączyć bojler po szybkiej i dyskretnej kąpieli, a na domiar złego zostawiłem w odpływie kilka włosów. Nazajutrz rano miarka się przebrała. Pani Smegma bez słowa zaprowadziła mnie do ubikacji i pokazała mi odrobinę kupy, która się nie spłukała. Uzgodniliśmy, że wymelduję się po śniadaniu.

Wsiadłem w pospieszny do Londynu i od tej pory nigdy nie byłem w Dover.

ROZDZIAŁ 1

W Wielkiej Brytanii istnieją pewne niepotwierdzone naukowo poglądy, które człowiek niedostrzegalnie sobie przyswaja, jeśli mieszka tam dostatecznie długo. Jeden z nich brzmi, że brytyjskie lato było kiedyś dłuższe i bardziej słoneczne. Inny mówi, że piłkarska reprezentacja Anglii nie powinna mieć żadnych problemów z Norwegią. I trzeci: Wielka Brytania jest dużym krajem. Z tym trzecim poglądem zdecydowanie najtrudniej jest się zgodzić.

Jeśli wspomnisz w pubie, że wybierasz się samochodem z Surrey do Kornwalii — na taką odległość większość Amerykanów chętnie pojechałaby po taco — twoi kompani nadmą policzki, spojrzą po sobie znacząco i wypuszczą powietrze, jakby chcieli powiedzieć: „Kurczę, ale wyprawa!". Potem zainicjują długą i ożywioną dyskusję o tym, czy lepiej jest pojechać A30 do Stockbridge, a następnie A303 do Ilchester czy też A361 do Glastonbury przez Shepton Mallet. Po kilku minutach rozmowa osiąga taki poziom szczegółowości, że jako cudzoziemcowi pozostaje ci tylko z osłupieniem wodzić głową z boku na bok.

— Znacie ten parking koło Warminster, ten z zepsutą klamką w klozecie? — pyta na przykład jeden z rozmówców. — No wiecie, tuż za zjazdem na Little Puking, ale przed minirondem B6029. Koło uschniętego jaworu.

W tym momencie jesteś jedyną osobą w całym towarzystwie, która nie kiwa energicznie głową.

— No więc jakieś ćwierć mili dalej, druga w lewo, jest wąska droga między dwoma żywopłotami — głównie głóg, ale też trochę leszczyny. No więc jak się skręci w tę drogę, minie kontener ze żwirem, przejedzie pod wiaduktem kolejowym i odbije ostro w prawo koło Buggered Ploughman...

— Sympatyczny pubik — wtrąci ktoś w tym punkcie, z jakiegoś tajemniczego powodu zwykle facet we włochatym kardiganie. — Leją świetne old toejam.

— ...i poleci gruntówką przez poligon wojskowy, to potem zaraz za cementownią dojeżdża się do B3689, obwodnicy Ram's Dropping. Oszczędza się dobre trzy, cztery minuty i omija przejazd kolejowy w Great Shagging.

— No chyba że jedziecie od strony Crewkerne — dorzuca ktoś skwapliwie. — Bo jak jedziecie od Crewkerne...

Podaj dwóm lub więcej mężczyznom w pubie nazwy dowolnych dwóch miejscowości w Wielkiej Brytanii, a będą mieli fascynujący temat do wielogodzinnej dyskusji. Niezależnie od tego, dokąd się wybierasz, ludzie są w miarę zgodni, że jest to od biedy wykonalne, bylebyś trzymał się jak najdalej od Okehampton, ronda w Hanger Lane, centrum Oksfordu i nitki mostu na Severn w kierunku zachodnim między trzecią po południu w piątek i dziesiątą rano w poniedziałek, nie licząc dni świątecznych, kiedy nie powinieneś się w ogóle ruszać z domu.

— Ja nie wychodzę wtedy nawet do sklepu — komunikuje jakiś konus z tylnych rzędów z dumą w głosie, czego podtekst jest taki, że zostając w swoim domu w Staines, od wielu lat sprytnie unika osławionego wąskiego gardła w Scotch Corner.

Kiedy niuanse dróg lokalnych, czarnych punktów i miejsc, w których można dostać dobrego sandwicza z bekonem, są już tak gruntownie omówione, że uszy zaczynają ci krwawić, któryś z dyskutantów odwróci się do ciebie i z piwną pianą na ustach zapyta od niechcenia, kiedy zamierzasz wyruszyć. W takim przypadku absolutnie nie wolno ci odpowiadać zgodnie z prawdą i tym swoim zwyczajowym głupkowatym tonem: „Nie wiem, chyba koło dziesiątej", bo znowu rzucą się na ciebie.

— O dziesiątej? — spyta któryś i tak mocno szarpnie głową do tyłu, że mało mu się nie urwie. — Że niby o dziesiątej rano? — Tu robi taką minę, jakby dostał piłką do krykieta w krocze, ale nie chce wyjść na mięczaka przy swojej dziewczynie. — Decyzja należy oczywiście do ciebie, ale gdybym ja osobiście zamierzał być w Kornwalii jutro o trzeciej po południu, to wyjechałbym wczoraj.

— Wczoraj? — mówi ktoś inny i śmieje się pod nosem z tego zupełnie bezpodstawnego optymizmu. — Chyba zapomniałeś, Colin, że w tym tygodniu w North Wiltshire i West Somerset jest przerwa śródtrymestralna.

Między Swindon i Warminster będzie masakra. Trzeba było wyjechać w zeszły wtorek.

— A w Little Dribbling jest w ten weekend wyścig walców Great West — dodaje ktoś z drugiego końca sali i podchodzi do waszego stolika, ponieważ nie ma nic piękniejszego, jak przynieść motoryzacyjną złą nowinę. — Przez rondo Little Chef w Upton Dupton będzie próbowało przejechać mniej więcej trzysta siedemdziesiąt pięć tysięcy samochodów. Spędziliśmy tam kiedyś w korku jedenaście dni, i to licząc tylko do momentu wyjazdu z parkingu. Nie, należało wyjechać, kiedy byłeś jeszcze w łonie matki, a najlepiej w fazie plemnika, ale wtedy też nie znalazłbyś miejsca do parkowania za Bodmin.

Kiedy byłem młodszy, brałem sobie wszystkie te apokaliptyczne przestrogi do serca. Szedłem do domu, przestawiałem budzik, zrywałem rodzinę z łóżek o czwartej, nie zważając na protesty i ogólną konsternację, pakowałem wszystkich do auta i o piątej byłem już w drodze. W rezultacie docieraliśmy do Newquay w porze śniadania i musieliśmy czekać siedem godzin, aż ośrodek wypoczynkowy wpuści nas do jednego ze swoich zapyziałych domków. A najgorsze ze wszystkiego było to, że zgodziłem się tam pojechać tylko w wyniku nieporozumienia: sądziłem, że miejscowość nazywa się nie Newquay, tylko Nookie — Dymanko, i chciałem zakupić kolekcję pocztówek.

Nie da się ukryć, że Brytyjczycy całkowicie zatracili poczucie odległości. Swój najdobitniejszy wyraz znajduje to w rozpowszechnionym złudzeniu, że Wielka Brytania jest samotną wyspą pośrodku bezkresnego błękitnego morza. Tak, wiem, wszyscy macie abstrakcyjną świadomość, że w pobliżu znajduje się stały ląd o nazwie Europa, na który czasem trzeba popłynąć promem, żeby dać łupnia Szwabom albo spędzić wakacje nad Morzem Śródziemnym, ale jest to bliskość, która w żaden sposób nie daje się porównać z bliskością Stanów Zjednoczonych. Gdyby wyobrażenia o geografii świata były kształtowane wyłącznie przez to, co się czyta w brytyjskich gazetach i ogląda w brytyjskiej telewizji, to nie byłoby ucieczki od konkluzji, że Ameryka jest mniej więcej tam gdzie Irlandia, że Francja i Niemcy leżą gdzieś koło Azorów, Australia zaś w gorącej strefie w okolicach Bliskiego Wschodu, natomiast wszystkie inne suwerenne państwa albo pozostają w sferze mitu (*vide* Burundi, Salwador, Mongolia i Bhutan), albo można do nich dotrzeć tylko statkiem kosmicznym. Zwróćmy uwagę, jak wiele miejsca brytyjska prasa poświęca takim marginalnym amerykańskim postaciom jak Oliver North, Lorena Bobbitt i O.J. Simpson — człowiek, który uprawiał dyscyplinę sportu niezrozumiałą dla większości Brytyjczyków, a potem reklamował wypożyczalnię samochodów — i porównajmy to z całoroczną ilością informacji na temat Skandynawii, Austrii, Szwajcarii, Grecji, Portugalii i Hiszpanii. Kompletne wariactwo. Kryzys rządowy we Włoszech albo awaria elektrowni jądrowej w Karslruhe zasługuje najwyżej na małą notkę gdzieś w środku, ale jeśli kobieta w zachodniowirginijskiej miejscowości Shitkicker w przystępie furii obetnie mężowi fiuta i wyrzuci przez okno, jest to druga informacja w wieczornych wiadomościach, a „Sunday Times" wysyła tam całą ekipę reporterów. Sami oceńcie.

Pamiętam, jak mniej więcej po roku zamieszkiwania w Bournemouth kupiłem sobie mój pierwszy samochód. Po drodze z salonu przeskakiwałem po stacjach radiowych i zdziwiłem się, że co chwila mówią do mnie po francusku. Potem spojrzałem na mapę i z jeszcze większym zdziwieniem uzmysłowiłem sobie, że jestem bliżej Cherbourga niż Londynu. Kiedy na drugi dzień wspomniałem o tym w pracy, większość moich kolegów nie chciała mi uwierzyć. Nawet kiedy pokazałem im to na mapie, marszczyli sceptycznie czoło i mówili: „No tak, w czysto fizycznym znaczeniu masz rację", tak jakby kanał La Manche wprowadzał jakieś zakrzywienia czasoprzestrzeni.

W pewnym sensie mieli oczywiście rację. Do dzisiaj nie do końca oswoiłem się z faktem, że można wsiąść w Londynie w samolot i po czasie krótszym niż potrzebny do tego, żeby zdjąć folię aluminiową z pojemniczka mleka do kawy i gruntownie spryskać jego zawartością siebie i sąsiada (to niesamowite, ile mleka mieści się w tych maleńkich kubeczkach, prawda?), znaleźć się w Paryżu albo Brukseli, gdzie wszyscy wyglądają jak Yves Montand albo Jeanne Moreau.

Wspominam o tym dlatego, że podobne uczucie zadziwienia ogarnęło mnie w pewne zaskakująco pogodne i bezchmurne jesienne popołudnie, kiedy stałem na zaśmieconej plaży w Calais i obserwowałem na horyzoncie białe kształty, które bez najmniejszej wątpliwości były wapiennymi klifami Dover. Miałem teoretyczną świadomość, że Anglia jest oddalona zaledwie o dwadzieścia mil z kawałkiem, ale nie potrafiłem do końca uwierzyć, że można stanąć na zagranicznej plaży i naprawdę zobaczyć Albion. Byłem taki zdziwiony, że poszukałem potwierdzenia u mężczyzny, który niespiesznym krokiem przechodził obok z refleksyjną miną.

— *Excusez-moi, monsieur* — spytałem moją najlepszą szkolną francuszczyzną. — *C'est Angleterre* tam po drugiej stronie?

Otrząsnął się z zamyślenia, podążył wzrokiem za moją dłonią, pokiwał smętnie głową, jakby chciał powiedzieć: „Niestety tak", i pomaszerował dalej.

— To ci dopiero — mruknąłem pod nosem i poszedłem obejrzeć Calais.

Jest to ciekawe miasto, które istnieje tylko po to, żeby Anglicy w garniturach z poliestru mieli dokąd wpaść na jeden dzień. Ponieważ w czasie wojny zniszczyły je bomby, wpadło w łapy powojennych urbanistów i wygląda jak porzucony eksponat z Exposition du Cément z 1957 roku. Niepokojąco duża liczba budynków w centrum, zwłaszcza wokół przygnębiającego Place d'Armes, sprawia wrażenie wzorowanych na supermarketowych pudełkach z herbatnikami. Niektóre konstrukcje są nawet przeciągnięte nad ulicami — świadectwo tego, jak bardzo urbanistom z lat pięćdziesiątych uderzyły do głowy możliwości stwarzane przez beton. Architekt, który projektował Holiday Inn, z całą pewnością zapatrzył się w pudełko z płatkami śniadaniowymi.

Mnie to jednak nie przeszkadzało. Słonko łagodnie przygrzewało, znajdowałem się we Francji i byłem w tym radosnym nastroju, który zawsze towarzyszy początkom długiej podróży i perspektywie całych tygodni nieróbstwa nazywanego pracą. Niedawno podjęliśmy z żoną decyzję, że na jakiś czas przeprowadzimy się z powrotem do Stanów, aby dzieci miały możliwość zakosztować życia w innym kraju, a moja żona miała możliwość robić zakupy do dziesiątej wieczór przez siedem dni w tygodniu. Trochę wcześniej przeczytałem, że według sondażu Gallupa 3,7 miliona Amerykanów uważa, iż w jakiejś fazie swego życia zostali uprowadzeni przez istoty pozaziemskie, nie ulegało więc dla mnie wątpliwości, że mój naród mnie potrzebuje. Chciałem jednak ostatni raz rzucić okiem na Wielką Brytanię — odbyć coś w rodzaju pożegnalnej podróży po tej zielonej i gościnnej wyspie, która tak długo była moim domem. Wybrałem się do Calais, bo chciałem tak jak za pierwszym razem przyjechać do Anglii z morza. Zamierzałem następnego dnia wsiąść na poranny prom i przystąpić do poważnego zadania eksploracji Wielkiej Brytanii, zbadania jej publicznego oblicza i obszarów intymnych, że się tak wyrażę. Tego dnia nie miałem jednak żadnych obowiązków i mogłem robić, co tylko chciałem.

Z rozczarowaniem zauważyłem, że na ulicach Calais nikt nie wygląda jak Yves Montand, Jeanne Moreau czy nawet cudowny Philippe Noiret. Dlaczego? Bo byli to sami Brytyjczycy w sportowych strojach. Ale zamiast gwizdków na szyjach i piłek w rękach dźwigali reklamówki z pobrzękującymi butelkami i cuchnącymi serami, zadając sobie pytanie, po co kupili te sery i co ze sobą zrobią do czwartej po południu, kiedy odpływa ich prom. Słychać było w przelocie, jak się nawzajem drażnią: „Sześćdziesiąt franków za taki wypierdek koziego sera? Twoja stara ci za to nie podziękuje...". Wszyscy sprawiali takie wrażenie, jakby tęsknili za kubkiem porządnej herbaty i czymś normalnym do zjedzenia. Przyszło mi do głowy, że człowiek, który postawiłby tam budkę z hamburgerami, zbiłby fortunę. Można by ją nazwać Burgers of Calais.

Trzeba jednak przyznać, że poza zakupami i drażnieniem się nawzajem w Calais nie ma zbyt wiele do roboty. Pod Hotel de Ville stoi słynny pomnik Rodina i jest jedno muzeum, Musée des Beaux-Arts et de la Dentelle (Muzeum Sztuk Pięknych i Uzębienia, jeśli mój francuski nie zwiódł mnie na manowce), ale muzeum było zamknięte, a do Hotel de Ville miałem kawał drogi — zresztą pomnik Rodina można zobaczyć na każdej widokówce. Tak jak wszyscy trafiłem do sklepów z souvenirami, których w Calais jest wielka obfitość.

Z niezgłębionych dla mnie powodów Francuzi mają niezwykły talent do kiczowatych pamiątek religijnych. W ponurym sklepie na rogu Place d'Armes znalazłem jedną, która mi się spodobała: plastikowy model Dziewicy Maryi, która z rozpostartymi ramionami stała w grocie skonstruowanej z muszelek, miniaturowych rozgwiazd, koronkowych gałązek suszonych wodorostów i lakierowanych szczypiec homara. Funkcję aureoli pełniło plastikowe kółko do karnisza, a na szczypcach homara zdolny twórca tego dzieła wykaligrafował dziwnie uroczyście wyglądające „Calais!". Wahałem się, bo rzecz kosztowała kupę pieniędzy, ale kiedy sprzedawczyni mi pokazała, że można to wszystko podłączyć do prądu, żeby migało jak konik na karuzeli w wesołym miasteczku, zastanawiałem się już tylko, czy jedna wystarczy.

— *C'est très jolie* — wykrztusiła zdumiona, kiedy zdała sobie sprawę, że jestem gotów za to zapłacić prawdziwymi pieniędzmi, i poleciała zapakować souvenir, żebym nie zdążył otrzeźwieć i zakrzyknąć: „Przebóg, gdzież ja się znalazłem? I zdradź mi, jeśli łaska, cóż to za szkaradne francuskie *merde* mam przed oczyma?".

— *C'est très jolie* — powtarzała cichym, kojącym tonem, jakby się bała wyrwać mnie z sennego otępienia. Podejrzewam, że upłynęło sporo czasu, odkąd ostatni raz sprzedała lampkę nocną model Najświętsza Maria Panna Muszelkowa. W każdym razie kiedy drzwi sklepu zamknęły się za mną, usłyszałem triumfalny okrzyk radości.

Dla uczczenia tego zakupu poszedłem na kawę do popularnej kawiarni na rue de Gaston Papin et Autres Dignitares Obscures[*]. Pod dachem Calais wydało mi się znacznie bardziej galijskie, a tym samym przyjemniejsze. Ludzie witali się dubeltowymi pocałunkami i siedzieli spowici siwym dymem gauloises i gitanes. Elegancka kobieta w czerni na drugim końcu sali wyglądała zupełnie jak Jeanne Moreau, która przyszła na szybkiego dymka i pernoda przed zagraniem sceny pogrzebowej w *La Vie Drearieuse*. Napisałem kartkę do domu i wypiłem kawę, a godziny dzielące mnie od zapadnięcia zmierzchu spędziłem na przyjaznym, lecz daremnym machaniu na zapracowanego kelnera, którego chciałem ponownie zwabić do mojego stolika, żeby uregulować niewygórowany rachunek.

W restauracyjce po drugiej stronie zjadłem tanią i zaskakująco dobrą kolację — trzeba to oddać Francuzom: umieją smażyć frytki — wypiłem dwie butelki stella artois w kawiarni, w której obsługiwał mnie sobowtór Philippe'a Noiret w rzeźnickim fartuchu, i wcześnie wróciłem do spartańsko urządzonego pokoju hotelowego, gdzie chwilę pobawiłem się muszelkową Madonną, a potem położyłem się do łóżka i przez całą noc słuchałem, jak auta zderzają się ze sobą na ulicy.

Następnego dnia rano zjadłem wczesne śniadanie, zapłaciłem za pokój Gerardowi Depardieu — świat jest pełen niespodzianek — i wyszedłem powitać kolejny obiecujący dzień. Wspomagając się marnym planikiem, który dostałem do biletu promowego, wyruszyłem na poszukiwania terminalu. Z planu wynikało, że to całkiem blisko, właściwie w centrum miasta, a w rzeczywistości wlokłem się dobre dwie mile przez księżycowy krajobraz rafinerii naftowych, przedpotopowych fabryk i rozłogów zaśmieconych starymi kątownikami i nieregularnymi bryłami betonu. Musiałem się przeciskać przez dziury w ogrodzeniach z siatki drucianej i slalomować między zardzewiałymi wagonami z porozbijanymi szybami w oknach. Nie wiem, jaką drogą inni docierają na prom w Calais, ale miałem nieodparte wrażenie, że na tej trasie jestem pionierem. Przez cały czas dręczyła mnie świado-

---

[*] Ulica Gastona Papina i Innych Nikomu Nieznanych Dygnitarzy (przyp. red.).

mość — ale po co owijać w bawełnę: wpadłem w totalną histerię — że pora wyruszenia w rejs zbliża się wielkimi krokami, natomiast terminal, chociaż cały czas widoczny, z jakiegoś powodu zbliżyć się nie chce.

W końcu, przesmyrgnąwszy się przez drogę ekspresową i wdrapawszy na kamienny murek, przybiegłem zdyszany w ostatniej chwili. Wyglądałem jak człowiek, który dopiero co przeżył katastrofę górniczą. Nadgorliwa pracowniczka wepchnęła mnie do autobusu wahadłowego. Po drodze zrobiłem inwentaryzację swego dobytku i stwierdziłem z cichą rozpaczą, że moja droga w obu znaczeniach tego słowa Madonna straciła aureolę i roni muszelki.

Wsiadłem na statek zlany potem i lekko spanikowany. Przyznaję bez bicia, że marny ze mnie marynarz. Już na trapie robi mi się niedobrze. Mojej sytuacji nie poprawiał fakt, że płynąłem rorowcem (skrót od „rozpędzić się, rozwalić się") oraz że powierzyłem swoje życie firmie, która nie zawsze pamiętała o zamykaniu pochylni dziobowej — nautyczny ekwiwalent wchodzenia do wanny w butach.

Prom pękał w szwach, głównie z powodu Anglików. Przez pierwszy kwadrans łaziłem tu i tam, zadając sobie pytanie, jak oni to zrobili, że dotarli na statek i cali się nie pobrudzili. Potem wcisnąłem się w tłum poliestrowych garniturów, *vulgo* do sklepu bezcłowego, ale szybko stamtąd uciekłem. W jadłodajni wziąłem tacę, trochę pochodziłem i popatrzyłem na jedzenie, a potem odłożyłem tacę z powrotem (musiałem w tym celu stanąć w kolejce). Poszukałem miejsca siedzącego pośród hord rozbrykanych dzieci i w końcu trafiłem na smagany wiatrem pokład, gdzie dwieście siedemdziesiąt cztery osoby z sinymi ustami i roztańczonym włosem usiłowały sobie wmówić, że ponieważ świeci słońce, to nie mogą zmarznąć. Wiatr szarpał nas za kurtki, które strzelały jak z pistoletu, rozsypywał małe dzieci po całym pokładzie i ku dyskretnej uciesze całego towarzystwa wylał herbatę ze styropianowego kubka na kolana pewnej grubaski.

Po niedługim czasie białe klify Dover podniosły się z morza i zaczęły sunąć w naszą stronę. Ani się obejrzałem, jak wpływaliśmy do portu. Kiedy manewrowaliśmy przy nabrzeżu, bezcielesny głos poinstruował pasażerów niezmotoryzowanych, że mają się zebrać przy wejściu od sterburty na pokładzie ZX-2 koło Sunshine Lounge — jakby to komuś cokolwiek mówiło — i wszyscy wyruszyliśmy na długie, wysoce zindywidualizowane wyprawy zwiadowcze po całym promie: schodami do góry i schodami na dół, przez jadłodajnię i świetlicę, do magazynu i z powrotem, przez kuchnię rojną od zapracowanych wschodnioindyjskich marynarzy, znowu przez jadłodajnię, choć inną trasą, i wreszcie — nie bardzo wiedząc, jak nam się to udało — na zapraszające, blade słońce Anglii.

Miałem wielką ochotę znowu zobaczyć Dover po tych wszystkich latach. Wzdłuż Marine Parade poszedłem do centrum i wydałem okrzyk radości, ujrzawszy przystanek, na którym wtedy spałem. Poza tym, że przybyło mu mniej więcej jedenaście warstw żółtego koloru farby, nic a nic się nie zmienił, podobnie jak widok na morze, aczkolwiek woda była bardziej błękitna i bardziej się mieniła niż poprzednim razem. Cała reszta wyglądała jednak inaczej. Gustowną georgiańską szeregówkę zastąpił wielki i paskudny blok mieszkalny z cegły. Townwall Street, główna ulica przelotowa na zachód, była szersza i ruchliwsza, a do centrum, zmienionego nie do poznania, wiodło teraz przejście podziemne.

Główną ulicę handlową zamknięto dla ruchu, a rynek przeobrażono w rodzaj piazzy z krzykliwymi brukami i żeliwnymi wykończeniami. Całe centrum było nieprzyjemne, wtłoczone między ruchliwe, wielopasmowe obwodnice, których sobie nie przypominałem. Był też nowy, wielki budynek turystyczny White Cliffs Experience*, w którym, sądząc po nazwie, można się przekonać, jak to jest być liczącą osiemset milionów lat kredą wapienną. Niczego nie rozpoznawałem. To jest właśnie problem z angielskimi miastami: nie sposób je od siebie odróżnić. W każdym jest Boots, W.H. Smith i Marks & Spencer. W gruncie rzeczy mógłbyś być gdziekolwiek.

Wędrowałem ulicami zamyślony i nieszczęśliwy, że miasto, które odgrywało taką ważną rolę w moich wspomnieniach, było mi zupełnie obce. Aż tu podczas trzeciej smętnej rundy, przy uliczce, której — mógłbym przysiąc — nigdy wcześniej nie widziałem, trafiłem na kino, w którym mimo pieczołowicie artystycznej renowacji rozpoznałem miejsce projekcji *Zamiany żon na przedmieściu*. Teraz, kiedy miałem już punkt odniesienia, dokładnie wiedziałem, gdzie się znajduję. Na pewniaka poszedłem pięćset jardów w kierunku północnym, a potem zachodnim — teraz mógłbym to zrobić z zawiązanymi oczami — i stanąłem przed przybytkiem pani Smegmy. Wciąż był tam hotel, który wyglądał zasadniczo podobnie, nie licząc wybetonowanego miejsca do parkowania w ogrodzie z przodu tudzież

---

* White Cliffs Experience — Doświadczenie Białych Klifów (przyp. red.).

plastikowej tablicy obiecującej kolorowe telewizory i pokoje z łazienkami. W pierwszym odruchu chciałem zapukać do drzwi, ale uznałem, że nie miałoby to większego sensu. Pani Smegmy, starej smoczycy, z pewnością już bym tam nie zastał — była na emeryturze, w grobie, ewentualnie w jednym z domów starców, od których roi się na południowym wybrzeżu. Bez wątpienia nie umiałaby się odnaleźć w nowoczesnym świecie brytyjskich pensjonatów, w którym są pokoje z łazienkami, automaty do kawy i zamawianie pizzy do numeru.

Jeśli jest w domu starców, a taki na pewno byłby mój pierwszy wybór, to mam serdeczną nadzieję, że personel jest dostatecznie współczujący i rozsądny, aby ją regularnie besztać za to, że obsikuje deskę klozetową, nie kończy śniadania i jest generalnie niedołężna i męcząca. Dzięki temu czułaby się zupełnie jak u siebie w domu.

Podniesiony na duchu tą myślą, poszedłem na dworzec kolejowy przy Folkestone Road i kupiłem bilet na najbliższy pociąg do Londynu.

ROZDZIAŁ 2

Chryste Panie, ależ ten Londyn jest wielki! Zaczyna się mniej więcej dwadzieścia minut po wyjeździe z Dover, a potem ciągnie się i ciągnie — mila za milą bezkresnych szarych przedmieść z szeregówkami i bliźniakami, które z pociągu wyglądają z grubsza identycznie, jakby je wyciśnięto z jednej tych maszyn, które dawniej służyły do robienia parówek. Zawsze mnie zastanawia, jak w tym skomplikowanym i anonimowym miejskim krajobrazie miliony mieszkańców odnajdują każdego wieczoru drogę do właściwego pudełka.

Jestem pewien, że mnie by się to nie udało. Londyn pozostaje dla mnie gigantyczną radosną tajemnicą. Mieszkałem i pracowałem w tym mieście i w okolicy przez osiem lat, oglądałem w telewizji londyńskie wiadomości, czytałem popołudniówki, wielokrotnie przemierzałem londyńskie ulice, by wziąć udział w weselu lub przyjęciu pożegnalnym bądź też udać się na idiotyczne poszukiwania jakiejś wyprzedaży na złomowisku — a mimo to do tej pory docierają do mnie informacje o wielkich obszarach miasta, których nie tylko nigdy wcześniej nie odwiedziłem, ale nawet o nich nie słyszałem. Kiedy czytam „Evening Standard" albo rozmawiam ze znajomym, co rusz ze zdumieniem słyszę nazwę jakiejś dzielnicy, która zdołała przetrwać dwadzieścia jeden lat poza moją świadomością. „Właśnie kupiliśmy mały dom przy Fag End blisko Tungsten Heath" — mówi ktoś na przykład, a ja myślę sobie, że nigdy nie słyszałem o żadnym Tungsten Heath. Jak to możliwe?

Przed wyjazdem zapakowałem do plecaka londyński atlas *Od A do Z* i teraz na niego trafiłem podczas bezowocnych poszukiwań połowy batonika Mars. Wyjąłem go, zacząłem kartkować gęsto zadrukowane strony i z zafascynowaniem znalazłem tam całe mrowie dzielnic, których — dałbym sobie głowę uciąć — przy poprzednim przeglądaniu tam nie było: Dudden

Hill, Plashet, Snaresbrook, Fulwell Cross, Elthorne Heights, Higham Hill, Lessness Heath, Beacontree Heath, Bell Green, Vale of Heatlh. I jestem na sto procent przekonany, że następnym razem też znajdę nowe nieznane mi nazwy. Jest to dla mnie równie niezgłębiona zagadka jak zaginione tablice znad jeziora Titicaca.

Londyńskie *Od A do Z* budzi mój najgłębszy szacunek. Niezwykle skrupulatnie umiejscawia i nazywa każde boisko do krykieta i oczyszczalnię ścieków, każdy zapomniany cmentarz i każdą podmiejską ślepą uliczkę i nawet na najmniejszym obiekcie potrafi upchnąć zapisaną ściśniętymi literkami nazwę. Zacząłem przeglądać indeks i zajęcie to całkowicie mnie pochłonęło. Oszacowałem, że w Londynie jest plus minus czterdzieści pięć tysięcy sześćset osiemdziesiąt siedem nazw ulic, wliczając w to dwadzieścia jeden Gloucester Roads (a na dokładkę sporą gromadę Gloucester Crescents, Squares, Avenues i Closes), trzydzieści dwa Mayfieldy, trzydzieści pięć Cavendishów, sześćdziesiąt sześć Orchardów, siedemdziesiąt cztery Victorie, sto jedenaście Station Roads i tym podobnych, sto pięćdziesiąt dziewięć Church, dwadzieścia pięć Avenue Roads, trzydzieści pięć The Avenues i niepoliczone inne eponimy. Nazwy niektórych ulic kojarzą się z dolegliwościami zdrowotnymi (Glyceina Avenue, Shingles Lane, Burnfoot Avenue), niektórych z tablicą anatomiczną (Thyrapia i Pendula Roads), niektóre brzmią niesmacznie (na przykład Cold Blow Lane, Droop Street, Gutter Lane, Dicey Avenue), a niektóre niedorzecznie (na przykład Coldbath Square, Hamshades Close, Cactus Walk, Nutter Lane, The Butts).

Zabawiałem się z ten sposób przez dobre pół godziny, ucieszony, że przyjeżdżam do tak olśniewająco i niezgłębialnie skomplikowanej metropolii. Kiedy wkładałem atlas z powrotem do plecaka, spotkała mnie dodatkowa nagroda w postaci niedokończonego batonika Mars, którego nadgryziony koniec był dekoracyjnie oblepiony drobinami brudu, co nie podnosiło walorów smakowych, ale korzystnie zwiększało masę.

Na dworcu Victoria jak zawsze mrowiło się od zagubionych turystów, naganiaczy i chwiejących się pijaków. Nie pamiętam, kiedy ostatni raz widziałem na Victorii osobę, która sprawiała wrażenie, że zamierza pojechać gdzieś pociągiem. Kiedy wychodziłem, trzy osoby niezależnie od siebie spytały mnie, czy mam jakieś drobne na zbyciu — „Nie, ale dziękuję za zainteresowanie!" — co dwadzieścia lat temu było nie do pomyślenia. Wtedy uliczni żebracy stanowili nie tylko pewien rodzaj nowości, ale również mieli jakiś przekonujący tekst o tym, jak to zgubili portmonetkę i rozpaczliwie potrzebują dwóch funtów, żeby dojechać do Maidstone i oddać szpik kostny dla siostry albo coś w tym stylu. Teraz bez żadnych wstępów proszą o pieniądze, co skraca całą procedurę, ale jest mniej interesujące.

Pojechałem taksówką do hotelu Hazlitt's przy Frith Street. Lubię Hazlitt's, bo celowo nie rzuca się w oczy — nie ma nawet szyldu na zewnątrz — co daje pasażerowi rzadką przewagę w stosunku do taksówkarza. Pragnę jednak z tego miejsca wyrazić przekonanie, że londyńscy taksówkarze są bezdyskusyjnie najlepsi na świecie. Godni zaufania, generalnie przyjaźni, zawsze uprzejmi. Jeżdżą bezpiecznie, swoje pojazdy utrzymują w nienagannej czystości od zewnątrz i w środku i nie ma takiej uciążliwości, która by ich zniechęciła do podwiezienia cię pod same drzwi. Mają jednak dwie dziwne cechy. Po pierwsze, nie potrafią przejechać więcej niż pięćdziesiąt jardów w prostej linii. Do tej pory nie udało mi się tego zrozumieć, ale niezależnie od okolicy i od warunków jazdy co pięćdziesiąt jardów uruchamia im się w głowach alarm i nagle skręcają w przecznicę. A kiedy wiozą cię do hotelu, na dworzec czy gdzie tam, lubią co najmniej raz objechać dany obiekt wkoło, żebyś mógł przyjrzeć mu się ze wszystkich stron, zanim wysiądziesz.

Druga cecha charakterystyczna londyńskich taksówkarzy — a zarazem powód, dla którego lubię Hazlitt's — jest taka, że organicznie nie potrafią przyznać, iż nie wiedzą, gdzie znajduje się miejsce przeznaczenia, które w swoim mniemaniu znać powinni, jak na przykład hotel. Prędzej powierzyliby swoje nastoletnie córki na weekend jakiemuś erotomanowi czy nawet konserwatywnemu posłowi Alanowi Clarkowi, niż przyznali się do najmniejszej luki w swojej taryfiarskiej wiedzy, co uważam za ujmujące. Zamiast tego sondują. Ujadą kawałek, zerkają do lusterka wstecznego i mówią luzackim głosem: „Hazlitt's — to będzie ten na Curzon Street, co nie, szefie? Naprzeciwko Blue Lion?". Widząc, że na ustach pasażera zaczyna się formować pełen wyższości uśmiech, szybko dorzucają: „Nie, chwilunia, ja mówię o Hazelbury. Tak, Hazelbury. A pan chce do Hazlitt's, racja?". I jadą dalej w nieokreślonym kierunku. „To będzie po tej stronie Shepherd's Bush, co nie?", sugerują filozoficznie.

Kiedy mu powiesz, że hotel znajduje się przy Frith Street, on odpowiada:

— A, ten. Oczywiście, że znam — nowoczesny budynek, mnóstwo szkła.

— A dokładnie osiemnastowieczny budynek z cegły.

— Jasne. Znam.

I błyskawicznie wykonuje spektakularny manewr zawracania, skutkiem czego przejeżdżający rowerzysta pakuje się w latarnię. (Ale to nic nie szkodzi, bo ma spinki do spodni i jeden z tych kretyńskich opływowych kasków, które po prostu prowokują do tego, żeby gościa stuknąć).

— Kurczę, a mnie się cały czas wydawało, że pan powiedział Hazelbury — dorzuca ze śmiechem, jakby chciał zasugerować, że miałeś mnóstwo szczęścia, bo trafiłeś na taryfiarza, który umie wyjść obronną ręką z najtrudniejszej sytuacji. Potem odbija w jakąś małą uliczkę odchodzącą od Strandu, która nazywa się Running Sore Lane czy Sphinctre Passage i której podobnie jak wielu innych rzeczy w Londynie nigdy wcześniej nie zauważyłeś.

Hazlitt's to ładny hotel, ale najbardziej podoba mi się w nim to, że nie funkcjonuje tak, jak powinien funkcjonować hotel. Stoi tam od lat, członkowie personelu są uprzejmi — zawsze novum w wielkomiejskim hotelu — ale udaje im się stworzyć wrażenie, że niezbyt pewnie się poruszają w hotelarskiej materii. Kiedy im powiesz, że masz rezerwację i chciałbyś dostać swój pokój, robią spanikowane miny i zaczynają gorączkowo szukać w szufladach kart meldunkowych i kluczy od pokojów. Zachwycające. A przesympatyczne dziewczyny, które sprzątają pokoje — pozwolę sobie powiedzieć, że pokoje te są zawsze nieskazitelnie czyste i nadzwyczaj wygodne — rzadko potrafią się wykazać biegłą znajomością języka angielskiego. Kiedy poprosisz je o mydło, uważnie śledzą ruchy twoich ust i po chwili wracają z pełną nadziei miną, niosąc doniczkę, nocny stolik lub inny przedmiot, który w najmniejszym stopniu nie spełnia definicji mydła. Wyśmienity hotel. Nigdy nie wybrałbym innego.

Nazywa się Hazlitt's, ponieważ mieszkał tam kiedyś eseista Hazlitt, a wszystkie pokoje zawdzięczają swoje nazwy jego przyjaciołom, kobietom, które chędożył i tak dalej. Przyznaję, że w posiadanym przeze mnie materiale faktograficznym na temat kolegi Hazlitta są spore luki:

Hazlitt (czy pisownia na pewno poprawna?), William (?), Anglik (a może Szkot?), eseista. Żył: przed 1900 rokiem. Najbardziej znane dzieło: nie znam. Bon moty, epigramy, aforyzmy: nie mam pojęcia. Inne istotne informacje: jego dom jest teraz hotelem.

Jak zawsze postanowiłem poczytać coś o Hazlitcie, żeby uzupełnić te braki, i jak zawsze natychmiast o tym zapomniałem. Rzuciłem plecak na łóżko, wyjąłem mały notatnik i pióro, po czym trawiony młodzieńczą żądzą odkryć wypuściłem się na londyńskie ulice.

Londyn nie przestaje mnie fascynować. Chociaż słynne powiedzenie tego starego nudziarza i zgreda Samuela Johnsona, że kto jest zmęczony Londynem, ten jest zmęczony życiem, razi mnie swoją pompatycznością, to muszę się zgodzić z jego zasadniczą treścią. Po siedmiu latach zamieszkiwania w wiosce, w której zdechła krowa przyciąga tłumy ciekawskich, Londyn potrafi oszołomić.

Nie umiem zrozumieć, dlaczego londyńczycy nie dostrzegają, że żyją w najwspanialszym mieście świata. Jest znacznie piękniejsze i ciekawsze niż Paryż, a dzieje się w nim więcej niż wszędzie poza Nowym Jorkiem. Ale pod wieloma istotnymi względami Nowy Jork nie umywa się do angielskiej metropolii. Londyn jest bardziej przesycony historią, ma ładniejsze parki, dynamiczniejszą i bardziej różnorodną prasę, lepsze teatry, więcej orkiestr i muzeów, zieleńsze skwery, bezpieczniejsze ulice i uprzejmiejszych mieszkańców niż jakiekolwiek inne wielkie miasto na świecie.

Ma też więcej przyjemnych drobnostek — nazwijmy je przygodnymi cywilizowanymi gestami — niż wszystkie znane mi miasta: optymistycznie nastrajające czerwone skrzynki na listy, kierowców, którzy naprawdę się zatrzymują przed przejściami dla pieszych, śliczne zapomniane kościoły z takimi uroczymi nazwami jak św. Andrzej przy Garderobie i św. Idzi przy Bramie Kaleków, niespodziewane oazy ciszy, takie jak Lincoln's Inn i Red Lion Square, ciekawe pomniki zapomnianych wiktorian w togach, puby, czarne taksówki, piętrusy, chętnych do pomocy policjantów, uprzejmie sformułowane napisy informacyjne, przechodniów, którzy zawsze ci pomogą, jak się przewrócisz albo upuścisz zakupy, i wszędzie ławki. Jakie inne wielkie miasto trudziłoby się, by umieścić na domach niebieskie tablice, żeby was poinformować, która znana osobistość tam kiedyś mieszkała, albo ostrzec was, żebyście spojrzeli w lewo i w prawo, zanim wejdziecie na jezdnię? Ja wam powiem: żadne.

Odejmijmy lotnisko Heathrow, pogodę i wszystkie budowle, w których maczał swoje kościste palce Richard Seifert, a otrzymamy w wyniku miasto prawie doskonałe. Aha, skoro już jesteśmy przy tym temacie, to można by również poprosić pracowników British Museum, żeby przestali zastawiać dziedziniec swoimi samochodami i urządzili tam coś na kształt ogrodu. I trzeba usunąć te okropne barierki sprzed pałacu Buckingham, bo wyglądają strasznie niechlujnie i tandetnie — zupełnie nie licując z dostojeństwem oblężonej Jej Wysokości w środku. I oczywiście Muzeum Historii Naturalnej musi zostać przywrócone do stanu z czasów, zanim zaczęto przy nim majstrować (trzeba zwłaszcza przynieść z piwnicy gabloty z zarobaczonymi przedmiotami domowego użytku z lat pięćdziesiątych), a przede wszystkim należy zlikwidować opłaty za wstęp we wszystkich muzeach. I kazać lordowi Palumbo odbudować sklep Mappin and Webb, no i reaktywować restauracje Lyons Corner Houses, ale tym razem z jedzeniem, które normalny człowiek potrafiłby przełknąć, no i jeszcze, na pamiątkę po starych dobrych czasach, tu i ówdzie zrobić kawiarnię Kardomah. I wreszcie sprawa najważniejsza: kazać władzom British Telecom, żeby osobiście odszukały wszystkie (co do jednej!) czerwone budki telefoniczne, które rozsprzedały i które służą teraz w różnych zakątkach świata jako kabiny prysznicowe albo szopy ogrodowe, a kiedy już je z powrotem zainstalują, zwolnić rzeczone władze z pracy, a najlepiej rozstrzelać. Wtedy Londyn znowu będzie promieniał blaskiem dawnej chwały.

Po raz pierwszy od lat byłem w Londynie, nie mając nic konkretnego do zrobienia. Poczułem dreszczyk podniecenia, że jestem małą i zbędną cząstką tego gigantycznego, tętniącego życiem organizmu miejskiego. Przespacerowałem się po Soho i Leicester Square, spędziłem trochę czasu w kawiarniach przy Charing Cross Road, gdzie poprzestawiałem książki według własnych preferencji, połaziłem po Bloomsbury i wreszcie poszedłem na Gray's Inn Road do starego budynku „Timesa", w którym teraz ma siedzibę jakaś nieznana mi firma. Ogarnęła mnie nostalgia, jaką znają tylko ci, którzy pamiętają czasy gorącego ołowiu i hałaśliwych zecerni, jak również cichej radości z tego, że dostaje się godziwą pensję za dwudziestopięciogodzinny tydzień pracy.

Kiedy w 1981 roku zacząłem pracować w „Timesie", tuż po słynnej rocznej przerwie, przerost zatrudnienia i niska wydajność były, eufemistycznie mówiąc, mocno zauważalne. W dziale informacji giełdowych, w którym byłem jednym z wydawców, pięcioosobowy zespół schodził się koło wpół do trzeciej i spędzał większość popołudnia na czytaniu wieczornych gazet, piciu herbaty i czekaniu na to, aż dziennikarze wykonają swoje katorżnicze codzienne pensum. Po trzygodzinnym lunchu suto zakrapianym niezgorszym chateauneuf du pape musieli mianowicie odnaleźć drogę do swoich biurek, sporządzić rachunek poniesionych kosztów, przeprowadzić szeptaną rozmowę telefoniczną ze swoimi maklerami na temat sugestii otrzymanej przy jedzeniu crème brûlée i wreszcie spłodzić artykuł na jedną stronę, zanim chwyci ich takie pragnienie, że będą musieli się ewakuować do Blue Lion po drugiej stronie ulicy. Mniej więcej o wpół do szóstej przez jakąś godzinę delikatnie przeredagowywaliśmy teksty, po czym wkładaliśmy płaszcze i szliśmy do domu. Tylko w niewielkim stopniu przypomniało to pracę, co było bardzo przyjemne. Na koniec pierwszego miesiąca jeden z kolegów mi pokazał, jak się wpisuje fikcyjnie wydatki do formularza i zanosi go na trzecie piętro, gdzie w okienku kasowym można go było zamienić na jakieś sto funtów w gotówce — nigdy wcześniej nie trzymałem w rękach tak wielkiej sumy. Mieliśmy sześć tygodni urlopu wypoczynkowego, trzy tygodnie ojcowskiego i co cztery lata miesiąc dodatkowego. Ówczesna Fleet Street była cudownym światem i niezmiernie się cieszyłem, że do niego należę.

Niestety, nic nie trwa wiecznie. Kilka miesięcy później „Timesa" przejął Rupert Murdoch i budynek błyskawicznie zaroił się od tajemniczych opalonych Australijczyków w białych koszulach z krótkimi rękawami. Osobnicy ci kręcili się po korytarzach z notatnikami i sprawiali takie wrażenie, jakby brali z ludzi miarę do trumny. Krążyła anegdota, która może nawet być prawdziwa: jeden z tych funkcjonariuszy zabłąkał się do pokoju na czwartym piętrze i zastał tam całą masę ludzi, którzy od lat nie kiwnęli palcem. Kiedy nie zdołali mu podać przekonującego uzasadnienia swojej obecności, zwolnił ich wszystkich od ręki, nie licząc jednego farciarza, który wyskoczył do bukmachera. Ten ostatni wrócił do pustego pomieszczenia i przez następne dwa lata siedział i rozmyślał o tym, co też się mogło stać z jego kolegami.

W naszym dziale reorganizacja nie przebiegała aż tak traumatycznie. Moje biurko zostało włączone do szerszego działu wiadomości gospodarczych, co oznaczało, że musiałem pracować wieczorami w wymiarze zbliżonym do ośmiu godzin dziennie. Limit refundowanych wydatków został brutalnie obcięty. Najgorsze było jednak to, że zmuszono mnie do regularnych kontaktów z Vince'em z pokoju depesz.

Vince'a otaczała czarna legenda. Sądzę, że bez problemu uzyskałby tytuł najbardziej zatrważającego człowieka na świecie — to znaczy gdyby był człowiekiem. Nie wiem dokładnie, jak zakwalifikować te metr sześćdziesiąt pięć czystego diabelstwa w brudnym podkoszulku. Z wiarygodnych źródeł mieliśmy informacje, że wyskoczył z brzucha matki i uciekł do miejskich kloak. Do nielicznych prostych i rzadko wykonywanych obowiązków Vince'a należało dostarczanie nam co wieczór notowań z Wall Street. Każdego dnia musiałem iść i wyciągać je od niego. Z reguły można było znaleźć Vince'a pośród bałaganu pokoju, na który po jakimś czasie przestałem zwracać uwagę. Siedział na skórzanym fotelu, który przyniósł sobie z jakiegoś dyrektorskiego biura na wyższym piętrze, a jego doc martensy tkwiły na blacie biurka obok wielkiego otwartego pudełka z pizzą — a czasem nawet w wielkim otwartym pudełku z pizzą.

Co wieczór pukałem nieśmiało do otwartych drzwi i pytałem uprzejmie, czy widział notowania z Wall Street, zwracając mu uwagę, że jest już piętnaście po jedenastej, a mieliśmy je otrzymać trzy kwadranse wcześniej. Czy w drodze wyjątku mógłby przeszukać stosy papieru, które bez żadnego nadzoru wylewają się z jego licznych maszyn?

— Nie wiem, czy zauważyłeś — mówił Vince — ale jem pizzę.

Na problemy z Vince'em każdy miał swoją indywidualną strategię. Niektórzy próbowali gróźb, inni przekupstwa, jeszcze inni pochlebstw. Ja błagałem.

— Proszę cię, Vince, nie mógłbyś tego dla mnie zrobić? Tak cię proszę! Zajmie ci to chwilkę, a mnie kolosalnie ułatwi życie.

— Odwal się.

— Błagam cię, Vince. Mam żonę i dzieci, a szefostwo grozi mi zwolnieniem, bo notowania z Wall Street zawsze są spóźnione.

— Odwal się.

— W takim razie powiedz mi, gdzie to jest, i sam sobie wezmę.

— Dobrze wiesz, że nie wolno ci tutaj niczego ruszać.

Pokój depesz był domeną związku zawodowego o tajemniczej nazwie NATSOPA. Związek ten niepodzielnie zawładnął niższymi szarżami branży gazetowej między innymi dzięki temu, że zazdrośnie strzegł tajemnic przemysłowych, na przykład jak odrywać papier. Vince był na sześciotygodniowym kursie w Eastbourne, z którego wrócił przemęczony. My, dziennikarze, nie mieliśmy nawet prawa przekroczyć progu jego pokoju.

Kiedy moje błagania przeradzały się w rodzaj bezsilnego skamlenia, Vince wzdychał ciężko, wpychał do ust wielki kawał pizzy i podchodził do drzwi. Na całe trzydzieści sekund przysuwał twarz blisko mojej. Była to najbardziej deprymująca faza całej operacji. Z gęby mu cuchnęło jak krowie, a szczurze oczy świeciły diabolicznie.

— Cholera jasna, działasz mi na nerwy — warczał basowo, opryskując mi twarz mokrymi cząstkami pizzy, a potem albo przynosił notowania z Wall Street, albo w posępnym nastroju wracał za biurko. Nigdy nie dało się tego wcześniej przewidzieć.

Pewnego szczególnie trudnego wieczoru zgłosiłem niesubordynację Vince'a Davidowi Hopkinsonowi, redaktorowi wydania, który sam potrafił być groźny, jeśli przyszła mu taka ochota. Burcząc pod nosem, poleciał załatwić sprawę i wszedł na wrogie terytorium — odważnie przekraczając linię demarkacyjną. Po paru chwilach wyłonił się stamtąd zupełnie odmieniony. Z poczerwieniałą twarzą strzepnął z podbródka kawałki pizzy i poinformował mnie ściszonym głosem, że Vince w niedługim czasie dostarczy notowania z Wall Street, ale w tej chwili najlepiej byłoby mu więcej nie przeszkadzać. W końcu wpadłem na proste rozwiązanie: ceny zamknięcia brałem z pierwszego wydania „Financial Times".

Stwierdzenie, że w pierwszej połowie lat osiemdziesiątych sytuacja na Fleet Street wymknęła się spod kontroli, nie oddaje skali problemu. National Graphical Association, czyli związek zawodowy drukarzy, ustalił, ile osób jest potrzebnych w każdej gazecie (całe setki) i ile osób można zwolnić podczas recesji (ani jednej), o czym powiadomione zostało kierownictwo. Szefowie nie byli władni zatrudniać i zwalniać własnych drukarzy, zresztą z reguły nawet nie wiedzieli, ilu drukarzy zatrudniają. Mam przed sobą nagłówek prasowy z grudnia 1985 roku: *Audytorzy znajdują trzystu nadliczbowych drukarzy i zecerów w „Telegraph".* Innymi słowy, „Telegraph" płacił pensje trzystu osobom, które w rzeczywistości tam nie pracowały. Drukarzom płacono według tak skomplikowanego systemu akordowego, że w każdej zecerni przy Fleet Street była specjalna książka rachunkowa grubości telefonicznej. Oprócz sowitej pensji drukarze otrzymywali specjalne premie — czasem wyliczone do ósmego miejsca po przecinku — za składanie nieznormalizowanej wielkości czcionki, tekstu z dużą liczbą poprawek redakcyjnych albo zdań w obcych językach, czy nawet za puste miejsca na końcu akapitu. Jeśli jakąś pracę zlecano na zewnątrz — na przykład składanie tekstu reklamowego — płacono im odszkodowanie za to, że jej nie wykonali. Na koniec każdego tygodnia urzędnik związkowy podliczał te wszystkie dodatki, dorzucał jeszcze trochę za rozciągliwą kategorię „inne dodatkowe uciążliwości" i przedstawiał rachunek kierownictwu. W rezultacie wielu drukarzy z długim stażem, pod względem kwalifikacji nieprzewyższających swoich kolegów z pierwszej lepszej drukarenki, lokowało się w górnych dwóch procentach najlepiej zarabiających Brytyjczyków. Absolutne szaleństwo.

Nie muszę wam przypominać, jak to się wszystko skończyło. 24 stycznia 1986 roku „Times" wyrzucił z pracy pięć tysięcy dwustu pięćdziesięciu członków najbardziej opornych związków — a raczej uznał, że sami się zwolnili. Wieczorem tego dnia dziennikarze zostali wezwani do sali konferencyjnej na górze, gdzie redaktor naczelny Charlie Wilson wszedł na stół i zakomunikował im o zmianach. Wilson był groźnym Szkotem i na wskroś człowiekiem Murdocha. „Wysyłamy was do Wapping, wy angielskie cioty, i jak będziecie bardzo, bardzo ciężko pracowali i nie będziecie mnie za bardzo wnerwiać, to może nie utnę wam jaj i nie wsadzę ich sobie do puddingu świątecznego. Są jakieś pytania?". No, może odrobinę sparafrazowałem jego słowa.

Kiedy czterystu spanikowanych dziennikarzy wyszło z sali, dyskutując z przejęciem i usiłując uporać się ze świadomością, że czeka ich najcięższa próba w całej ich karierze zawodowej, ja stałem sam i napawałem się jedną radosną myślą: już nigdy nie będę musiał pracować z Vince'em.

ROZDZIAŁ 3

Od lata 1986 roku nie byłem w Wapping i bardzo chciałem je odwiedzić. Umówiłem się na spotkanie ze starym znajomym i kolegą z pracy, więc poszedłem na stację metra Chancery Lane. Lubię metro. Jest coś surrealistycznego w schodzeniu do wnętrza ziemi i wsiadaniu do pociągu. Istnieje tam odrębny świat, z dziwnymi wiatrami i systemami pogodowymi, z onirycznymi odgłosami i oleistymi zapachami. Nawet kiedy zejdziesz tak głęboko pod ziemię, że całkowicie tracisz orientację i nie byłbyś zaskoczony, gdybyś spotkał ekipę usmolonych górników wracających ze zmiany, zawsze słychać warkot i czuć dygot pociągu jakiejś nieznanej linii przejeżdżającego jeszcze niżej. A wszystko dzieje się w warunkach niesamowitej ciszy i porządku: tysiące ludzi biegają i jeżdżą schodami, wsiadają i wysiadają z zatłoczonych pociągów, znikają w ciemnościach, nie mówiąc ani słowa, jak postacie z *Nocy żywych trupów*.

Stojąc na peronie pod stosunkowo niedawno wprowadzonym udogodnieniem, a mianowicie tablicą elektroniczną, która oznajmiała, że następny pociąg do Hainault przyjedzie za cztery minuty, skierowałem uwagę na największe udogodnienie: plan londyńskiego metra. Cóż za doskonałe dzieło, stworzone w 1931 roku przez zapomnianego bohatera Harry'ego Becka, bezrobotnego kreślarza, który uświadomił sobie, że pod ziemią nie ma znaczenia, gdzie się znajdujesz. W genialnym przebłysku intuicji Beck zrozumiał, że byle rozmieścił stacje we właściwej kolejności i wyraźnie zaznaczył punkty przecięcia linii, to może dowolnie zniekształcać skalę, a nawet całkiem z niej zrezygnować. Nadał swemu planowi precyzję schematu elektrycznego, tworząc zupełnie nowy, wyimaginowany Londyn, który ma bardzo niewiele wspólnego z chaotyczną topografią miasta na górze.

Podpowiem wam zabawny figiel, który można spłatać ludziom z Nowej

Fundlandii albo Lincolnshire. Zabierzcie ich pod Bank Station i powiedzcie im, że mają za zadanie przedostać się do Mansion House. Korzystając z planu Becka — który nawet ludzie z Nowej Fundlandii potrafią ogarnąć w minutę — szparko pojadą pociągiem Central Line na Liverpool Street, przesiądą się na Circle Line w kierunku wschodnim i pokonają kolejne pięć przystanków. Po wyjściu na powierzchnię ze stacji Mansion House stwierdzą, że znajdują się dwieście stóp od punktu wyjścia przy tej samej ulicy, a ty przez ten czas zdążyłeś zjeść obfite śniadanie i pochodzić trochę po sklepach. Teraz zabierz ich do Great Portland Street i powiedz im, żeby spotkali się z tobą pod stacją Regent's Park (dokładnie ten sam numer), a potem zleć im przejazd z Temple Station do Aldwych. Genialna zabawa! A kiedy będziesz już miał ich dosyć, umów się z nimi na Brompton Road Station. Zamknęli ją w 1947 roku, więc już nigdy ich nie zobaczysz.

Najlepsze w podróżowaniu metrem jest to, że nie widzisz miejsc nad sobą. Musisz je sobie wyobrazić. W innych miastach nazwy stacji są zwyczajne i tuzinkowe: Lexington Avenue, Potsdammerplatz, Third Street South. W Londynie zaś brzmią romantycznie i kusząco: Stamford Brook, Turnham Green, Bromley-by-Bow, Maida Vale, Drayton Park. Tam w górze nie ma miasta, tylko powieść Jane Austen. Łatwo jest sobie wyobrazić, że kursujesz pod na poły mitycznym miastem z jakiejś złotej epoki przedindustrialnej. Swiss Cottage przestaje być ruchliwym skrzyżowaniem, przedzierzgając się w chatkę z piernika pośród wielkiej dąbrowy zwanej St. John's Wood. Chalk Farm to rozległe pola, na których uśmiechnięci chłopi w brązowych sukmanach ścinają sierpami kredę*. Blackfriars mrowi się od zakapturzonych mnichów śpiewających chorały, w Oxford Circus stoi wielki namiot cyrkowy, Barking to niebezpieczne miejsce opanowane przez sfory ujadających psów**, Theydon Bois to dzielnica zamieszkana przez gospodarnych tkaczy hugenotów, White City to otoczona murami i basztami Atlantyda zbudowana z olśniewającej kości słoniowej, a w Holland Park kręcą się wiatraki.

Problem w tym, że jeśli oddasz się tym fantazjom, po wyjściu na powierzchnię z pewnością przeżyjesz rozczarowanie. Wysiadłem na stacji Tower Hill i nie zobaczyłem ani wieży, ani wzgórza.

Szedłem okropnie hałaśliwą ulicą o nazwie The Highway i z lekko roz-

---

* *Chalk* — kreda (przyp. red.).

** *Bark* — szczekać (przyp. red.).

dziawionymi ustami oglądałem okoliczne osiągnięcia budowlane. Poczułem się tak, jakby otaczały mnie wyniki konkursu na najbrzydszy projekt. Przez większą część dekady przyjeżdżali do tej dzielnicy architekci i mówili: „Uważacie, że to jest szpetne? Zaczekajcie, aż zobaczycie, co ja potrafię". Na tej zasadzie nad topornymi nowymi biurowcami z dumą wyrosło najpaskudniejsze londyńskie monstrum, kompleks News International. Wyglądał jak centralna jednostka klimatyzacyjna dla naszej planety.

W 1986 roku The Highway była względnie spokojną ulicą przelotową pośród magazynów i lśniących od kałuż pustych działek. Teraz z hukiem jeździły po niej wielkie ciężarówy, aż chodniki drżały, a powietrze miało niezdrowy siwy kolor. Mimo że kompleks News International otaczało groźne ogrodzenie z elektronicznymi bramami, procedury bezpieczeństwa, które obowiązywały w nowej recepcji, kojarzyły się raczej z zakładem przetwarzającym zużyte paliwo jądrowe w Sellafield. Nie wiem, jakich zagrożeń terrorystycznych się spodziewano, ale na pewno nigdy nie widziałem lepiej chronionego kompleksu.

Zameldowałem się pod okienkiem i zaczekałem na zewnątrz, aż sprowadzą mojego kolegę. Najbardziej uderzył mnie kontrast między dzisiejszą letargiczną ciszą i zgiełkiem z 1986 roku. Doskonale pamiętałem hordy demonstrantów, policjantów na koniach i rozjuszonych pikieciarzy, którzy najpierw darli się na mnie z dzikim wzrokiem i wyszczerzonymi zębami, a potem mówili: „A, to ty, Bill, nie poznałem cię". Następnie częstowaliśmy się nawzajem papierosami i gadaliśmy o tym, jak się okropnie porobiło. I rzeczywiście okropnie się porobiło, bo wśród pięciu tysięcy zwolnionych pracowników były setki przyzwoitych i spokojnych archiwistów, księgowych, sekretarek i gońców, których jedynym grzechem było to, że wstąpili do związku zawodowego. W większości nie mieli pretensji do tych z nas, którzy zachowali pracę, za co należy im się najwyższe uznanie. Wyznam jednak, że przed wejściem zawsze przyspieszałem kroku z obawy, iż z tłumu wyłoni się uzbrojony w maczetę Vince.

Przy Pennington Street, w północnej części kompleksu, przez jakieś pięćset jardów ciągnie się niski, pozbawiony okien magazyn z cegły, relikt czasów, kiedy East End był ruchliwym portem i centrum przeładunkowym dla City. Po wypatroszeniu i wyposażeniu go w najnowsze osiągnięcia techniki w budynku tym umieszczono redakcje „Timesa" i „Sunday Timesa", które urzędują tam do dzisiaj. Przez całą długą zimę 1986 roku, próbując się oswoić z nową, skomputeryzowaną technologią, nieustannie słyszeliśmy skandowane hasła, tumult, stukot kopyt policyjnych koni i wrzaski pałowanych demonstrantów, ale ponieważ budynek nie miał okien, niczego nie widzieliśmy. Przedziwne doświadczenie. Mogliśmy sobie to wszystko oglądnąć w wiadomościach telewizyjnych, a potem wyjść na zewnątrz i najzaciekejsze, najbardziej brutalne rozruchy w dziejach Londynu rozgrywały się w trzech wymiarach tuż za naszą bramą. Coś niesamowitego.

Dla podtrzymania morale firma co wieczór roznosiła kanapki i piwo. Miły gest, myślałeś sobie, dopóki nie skonstatowałeś, że ta wielkoduszność jest precyzyjnie skalkulowana: każdy pracownik otrzymywał jedną rozmiękłą kanapkę z szynką i jedną półlitrową puszkę ciepłego heinekena. Dostawaliśmy także wydrukowane na błyszczącym papierze broszury z planami firmy na czasy po zakończeniu sporu. Każdy zapamiętał z tej broszury co innego. Ja dokładnie pamiętam rysunki dużego krytego basenu, z wyjątkowo szczupłymi i zdrowo wyglądającymi dziennikarzami, którzy skakali z trampoliny albo wylegiwali się na brzegu z nogami w wodzie. Inni pamiętają korty do squasha i siłownie, a jeden kolega kręgielnię. Prawie wszyscy zapamiętali duży, nowoczesny bar, jaki można znaleźć w poczekalni pierwszej klasy na lotnisku międzynarodowym.

Nawet zza kordonu bezpieczeństwa widać było szereg nowych budynków na terenie kompleksu. Nie mogłem się doczekać chwili, kiedy zobaczę, jakie udogodnienia oddano do dyspozycji personelu. Takie było pierwsze pytanie, które zadałem mojemu koledze — nie zdradzę jego nazwiska, żeby go nagle nie przeniesiono do działu drobnych ogłoszeń — kiedy przyszedł mnie zabrać spod bramy.

— Tak, pamiętam, że miał być basen — powiedział. — Po zakończeniu strajku już więcej o nim nie słyszeliśmy. Ale trzeba im uczciwie przyznać, że zwiększyli nam podstawowy wymiar godzin. Teraz każą nam pracować dodatkowy dzień co dwa tygodnie bez płacenia za nadgodziny.

— Chcą wam w ten sposób pokazać, jak wysoko was cenią?

— Nie prosiliby nas, żebyśmy więcej pracowali, gdyby nie byli z nas zadowoleni, prawda?

Jasne jak słońce.

Szliśmy główną alejką między starym magazynem z cegły i gigantyczną drukarnią. Ludzie mijali nas jak statyści w Hollywood — robotnik z długą deską, dwie kobiety w eleganckich kostiumach bizneswoman, facet w kasku trzymający w garści podkładkę z klipsem, doręczyciel tulący do piersi wielką donicę. Kiedy weszliśmy do redakcji „Timesa", zatkało mnie. To zawsze jest pewien szok, wrócić do miejsca, w którym pracowałeś przed wielu laty, i zobaczyć te same twarze pochylone nad tymi samymi biurkami — połączenie uczucia swojskości, jakbyś nigdy stamtąd nie odchodził, i ogromnej ulgi, że odszedłeś. Zobaczyłem mojego starego znajomego Mickeya Clarka, teraz gwiazdę medialną, znalazłem Grahama Searjeanta w jego małej jaskini zbudowanej z gazet i wycinków prasowych, niektórych sięgających czasów, kiedy pan Morris produkował jeszcze pojazdy samochodowe, i spotkałem wielu innych dawnych kolegów z pracy. Odbębniliśmy obowiązujący rytuał — porównaliśmy brzuchy i zakola łysiny tudzież skompilowaliśmy listy zaginionych i zmarłych. Było naprawdę pięknie. Potem zabrali mnie na lunch do stołówki. W starym budynku „Timesa" przy Gray's Inn Road stołówka znajdowała się w podziemiu, wystrojem i klimatem przypominała okręt podwodny, a jedzenie wydawały naburmuszone jędze, które kojarzyły mi się z kretami w fartuchach. Tu jednak sala była jasna i przestronna, a szeroki wybór potraw serwowały sympatyczne, zaciągające cockneyem dziewczyny w ładnych i czystych uniformach. Od moich czasów nic się tutaj nie zmieniło oprócz widoku. Tam, gdzie kiedyś ciągnęło się bagnisko poprzecinane zapuszczonymi kanałami pełnymi powyrzucanych łóżek i wózków sklepowych, teraz stały rzędy domów prosto z żurnala i bloków mieszkalnych z gatunku tych, które zawsze się widuje w przerobionych na dzielnice mieszkaniowe portach Wielkiej Brytanii: wszystkie balkony i zewnętrzne zdobienia są wykonane z pomalowanych na czerwono metalowych rur.

Przyszło mi do głowy, że chociaż pracowałem tutaj przez siedem miesięcy, nigdy nie widziałem Wapping i nagle ogarnęła mnie ochota, żeby zwiedzić tę dzielnicę. Kiedy skończyłem jeść deser i serdecznie pożegnałem się z moimi dawnymi kolegami z pracy, szybko przebrnąłem przez bramki, celowo nie oddawszy przepustki, bo miałem nadzieję, że rozlegną się syreny alarmu atomowego i ekipa ludzi w maskach gazowych zacznie mnie szukać po całym kompleksie. Potem, nerwowo oglądając się za siebie, przyspieszyłem kroku, bo uświadomiłem sobie, że w przypadku International News nie jest to całkowicie nierealny scenariusz.

Nigdy nie chodziłem po Wapping, bo podczas strajku byłoby to niebezpiecznie. W okolicznych pubach i kawiarniach roiło się od sfrustrowanych drukarzy i delegacji ich sympatyków — z jakiegoś powodu szczególny strach budzili szkoccy górnicy — którzy z rozkoszą powyrywaliby tym mięczakom dziennikarzom kończyny ze stawów, aby ich użyć w roli pochodni podczas nocnej procesji. Pewnemu dziennikarzowi, który w pubie sporo oddalonym od Wapping spotkał grupę zwolnionych drukarzy, rozbito szklankę na twarzy i o ile dobrze sobie przypominam, otarł się o śmierć, a z całą pewnością nie spędził zbyt przyjemnie reszty wieczoru.

Było tak niebezpiecznie, szczególnie po zmroku, że policja czasem wypuszczała nas dopiero koło północy, zwłaszcza kiedy odbywały się wielkie demonstracje. Ponieważ nigdy nie było wiadomo, kiedy dostaniemy zielone światło, ustawialiśmy się w autach gęsiego i czekaliśmy godzinami na mrozie. Gdzieś pomiędzy jedenastą a wpół do drugiej, kiedy ryczący bojówkarze zostali w przeważającej liczbie odparci, zawleczeni do aresztu albo po prostu rozeszli się do domów, bramy się otwierały i wielka flota furgonetek News International wjeżdżała na The Highway, gdzie niedobitki tłumu obrzucały ją cegłówkami i barierkami. Resztę z nas instruowano, byśmy pospiesznym konwojem przemknęli bocznymi ulicami Wapping i się rozproszyli, kiedy będziemy już w bezpiecznej odległości od kompleksu. Przez szereg nocy strategia ta zdawała egzamin, ale któregoś dnia wysłano nas do domu w porze zamykania pubów. Kiedy jechaliśmy jeden za drugim jakąś ciemną i wąską ulicą, nagle z mroku wyskoczyli ludzie, którzy zaczęli kopać drzwi naszych aut i rzucać w nie wszystkim, co wpadło im w rękę. Z przodu dobiegły mnie odgłosy pękających szyb i dzikie krzyki. Ku mojemu głębokiemu i nieustającemu zdziwieniu jakieś sześć samochodów przede mną nasz kolega — marudny kurdupel z działu zagranicznego, którego to marudnego kurdupla jeszcze dzisiaj chętnie pociągnąłbym za land-roverem po wertepach — wysiadł, żeby popatrzeć na uszkodzenia, jakby sądził, że wjechał na gwóźdź. Ci z tyłu musieli się zatrzymać. Pamiętam, że z rozpaczą i wściekłością patrzyłem, jak delikwent próbuje wcisnąć z powrotem na swoje miejsce jakąś plastikową listwę. Potem odwróciłem głowę i zobaczyłem za szybą rozjuszoną twarz — biały facet z roztańczonymi dredami i w wojskowej kurtce — i wszystko zaczęło wyglądać jak we śnie. Jakie to dziwne, pomyślałem, że zupełnie obca osoba zamierza wywlec mnie z samochodu i stłuc na miazgę w imieniu drukarzy, których nie zna, z których większość by nim gardziła jako niemytym hipisem, który z całą pewnością nigdy by go nie przyjęli do swojego związku i którzy przez dziesiątki lat mieli nieprzyzwoicie zawyżone zarobki i ani razu nie udzielili zbiorowego poparcia żadnej innej organizacji związkowej, a czasem nawet regionalnym oddziałom własnego związku. Jednocześnie przyszło mi do głowy, że za chwilę złożę moje drogie życie w ofierze na rzecz człowieka, który w imię interesu ekonomicznego bez widocznego wahania wyrzekł się własnej narodowości, który nie wie o moim istnieniu, który lekką ręką by ze mnie zrezygnował, gdyby znalazł zdolną mnie zastąpić maszynę, i którego wielkoduszność wyraża się półlitrową puszką piwa i sflaczałą kanapką. Oczyma duszy ujrzałem list firmy do mojej żony: „Szanowna Pani! Dla upamiętnienia tragicznej śmierci Pani męża z rąk zdziczałego motłochu pragniemy Pani przekazać jego kanapkę i piwo. PS Czy byłaby Pani łaskawa zwrócić jego kartę parkingową?".

Kiedy to wszystko się działo, kiedy rozjuszony olbrzym z dredami usiłował wyrwać z zawiasów moje drzwi w zamiarze wywleczenia mnie na ulicę, pięćdziesiąt jardów z przodu półgłówek z działu zagranicznego powoli obchodził wkoło swojego peugeota i z całym spokojem oceniał jego stan lakierniczo-blacharski, jakby kupował używany samochód. Od czasu do czasu ze zdziwieniem odrywał się od tej czynności, by spojrzeć na deszcz cegieł i ciosów spadających na auta z tyłu, jakby to była jakaś anomalia pogodowa. W końcu wsiadł z powrotem, spojrzał w lusterko wsteczne, sprawdził, czy na siedzeniu pasażera wciąż leży gazeta, włączył migacz i ruszył. Moje życie było uratowane.

Cztery dni później firma przestała dostarczać darmowe kanapki i piwo.

Bardzo przyjemnie było pospacerować sennymi uliczkami Wapping bez strachu o własne życie. Nigdy nie należałem do zwolenników tej kuriozalnej koncepcji, że Londyn jest w gruncie rzeczy skupiskiem małych miasteczek — widzieliście kiedyś małe miasteczko z estakadami, gazomierzami, zataczającymi się menelami i widokiem na Post Office Tower? — z zachwytem i zaskoczeniem stwierdziłem jednak, że w Wapping rzeczywiście panuje małomiasteczkowy klimat. Sklepy były małe i różnorodne, a ulice miały swojsko brzmiące nazwy: Cinnamon Street, Waterman Way, Vinegar Street, Milk Yard*. Osiedla komunalne wyglądały przytulnie i sympatycznie i prawie wszystkie wielkie hale portowe i magazyny zostały estetycznie przerobione na mieszkania. Odruchowo zadrżałem na widok balkonów z błyszczących czerwonych rurek i na myśl o tych niegdyś dumnych z siebie

---

* *Cinnamon* — cynamon; *waterman* — flisak; *vinegar* — ocet; *milk* — mleko (przyp. red.).

miejscach pracy zamieszkiwanych obecnie przez pretensjonalnych japiszonów imieniem Selena i Jasper, ale trzeba przyznać, że podnieśli oni poziom
zamożności dzielnicy i ocalili stare magazyny przed znacznie smutniejszym
losem.

Koło Wapping Old Stairs spojrzałem na rzekę i usiłowałem sobie wyobrazić, naturalnie bez najmniejszego sukcesu, jak wyglądały te okolice
w XVIII i XIX wieku, kiedy mrowiły się od robotników, a na nabrzeżach
stały sterty beczek z przyprawami, którym tutejsze ulice zawdzięczają swoje
nazwy. W 1981 roku zlikwidowano ostatnie londyńskie doki. Widok na
rzekę w Wapping był równie spokojny i niezmącony jak pejzaż Consta-
ble'a. W ciągu pół godziny widziałem tylko jeden statek. Potem udałem się
w długą drogę powrotną do Hazlitt's.

ROZDZIAŁ 4

Spędziłem w Londynie jeszcze parę dni, nie robiąc nic konkretnego. Trochę poszperałem w archiwum prasowym, przez prawie całe jedno popołudnie usiłowałem się odnaleźć w skomplikowanej sieci przejść podziemnych koło Marble Arch, pochodziłem trochę po sklepach, spotkałem się z kilkoma znajomymi.

Wszyscy mówili: „Rany, ależ ty jesteś odważny!", kiedy ich informowałem, że zamierzam pojeździć po Anglii publicznymi środkami komunikacji. Ja jednak w ogóle nie rozważałem żadnej innej możliwości. Mieszkańcy tego kraju są prawdziwymi szczęściarzami, że mają taki stosunkowo dobry system transportu publicznego („stosunkowo" znaczy tutaj „w stosunku do tego, co będzie, kiedy torysi już go do końca zreformują") i uważam, że powinniśmy z niego jak najwięcej korzystać, póki jeszcze istnieje. Poza tym w dzisiejszych czasach poruszanie się po Wielkiej Brytanii samochodem jest bardzo nieprzyjemnym doświadczeniem. Aut jest o wiele za dużo, prawie dwa razy więcej niż za mojego pierwszego pobytu w tym kraju, a ponadto wtedy ludzie tak naprawdę nimi nie jeździli, tylko stawali je przed domem i raz na tydzień polerowali na wysoki połysk. Mniej więcej dwa razy do roku „uruchamiali samochód" — tak się wyrażali, jakby to była jakaś wielka operacja — i jechali do rodziny w East Grinstead albo na wycieczkę do Eastbourne czy Hayling Island. I to było wszystko, rzecz jasna oprócz polerowania.

Teraz wszyscy wszędzie jeżdżą autem, czego nie rozumiem, bo moim zdaniem nie ma w tym już absolutnie nic przyjemnego. Weźmy przeciętny parking wielopoziomowy. Najpierw całe wieki szukasz miejsca, a potem jeszcze dłużej usiłujesz na nie wjechać, bo jest dokładnie pięć centymetrów szersze od twojego samochodu. Ponieważ stanąłeś koło słupa, musisz wydostać się drzwiami pasażera i przecisnąć na wolną przestrzeń, przy okazji przenosząc cały brud z boku swego auta na tył eleganckiej nowej marynarki od Marksa & Spencera. Następnie przedzierasz się do odległego parkomatu, który nie wydaje reszty i nie przyjmuje żadnych monet wprowadzonych do obiegu po 1976 roku, a później czekasz w kolejce za staruszkiem, który lubi dokładnie przestudiować instrukcję na automacie, żeby móc podjąć odpowiedzialną decyzję, po czym usiłuje wrzucić pieniądze do szczeliny, przez którą wychodzą karty parkingowe, albo przez dziurkę od klucza.

W końcu udaje ci się kupić kartę parkingową i maszerujesz z powrotem do swojego samochodu. Małżonka wita cię słowami: „Gdzie byłeś tyle czasu?". Puszczasz to mimo uszu, przeciskasz się koło słupa, zbierając kurz tym razem na przodzie marynarki, stwierdzasz, że nie dosięgasz do przedniej szyby, bo drzwi otwierają się tylko na siedem centymetrów, więc próbujesz rzucić bilet na deskę rozdzielczą (sfruwa na podłogę, ale twoja żona tego nie zauważa, więc mówisz: „Pocałujcie mnie w dupę!" i zamykasz drzwi) i przeciskasz się z powrotem do żony, która widzi, jak potwornie się uświniłeś, toteż energicznie otrzepuje cię z kurzu z następującym komentarzem: „Słowo daję, ciebie nigdzie nie można zabrać".

A to dopiero początek. Kłócąc się po cichu, musicie znaleźć wyjście z tej zawilgłej nory. Prowadzi ono przez nieoznakowane drzwi, za którymi znajduje się osobliwe pomieszczenie, po części loch, po części pisuar, ewentualnie czekasz dwie godziny na najbardziej zdezelowaną i zawodną windę świata, która przewozi tylko dwie osoby naraz i jest już zajęta przez jakieś małżeństwo — mężczyzna stoi bez ruchu, a jego żona energicznie otrzepuje z kurzu jego marynarkę od Marksa & Spencera i sztorcuje go zrzędliwym tonem.

A najbardziej w tym wszystkim zdumiewa fakt, że cały ten rytuał jest specjalnie — podkreślam, specjalnie — pomyślany pod kątem tego, żeby umilić twojej żonie życie. Od wąskich miejsc parkingowych, na które można wjechać tylko w ten sposób, że czterdzieści sześć razy podjedzie się do przodu i do tyłu (na litość boską, dlaczego nie można ich namalować ukośnie?), przez takie rozmieszczenie słupów, żeby maksymalnie przeszkadzały, po tak ciemne, wąskie i źle rozplanowane rampy, że nie unikniesz zawadzenia o krawężnik, tudzież złośliwie chimeryczne parkomaty (nie wmówicie mi, że maszyna, która umie rozpoznać i odrzucić każdą zagraniczną monetę, jaka kiedykolwiek została wybita, nie potrafiłaby wydać reszty, gdyby tylko chciała), do których trzeba iść kilometrami — wszystko to jest specjalnie tak robione, żeby człowiek zdobył jedno z najbardziej przygnębiających doświadczeń w swoim dorosłym życiu. Wiedzieliście o tym — jest to fakt mało znany, lecz absolutnie prawdziwy — że podczas uroczystości oddania do użytku każdego nowego parkingu wielopoziomowego burmistrz i jego małżonka uroczyście odlewają się na klatce schodowej? Ani trochę nie ściemniam.

A wszystko to jest tylko drobnym ułamkiem motoryzacyjnej przygody w Wielkiej Brytanii. Kierowców czekają rozliczne inne atrakcje, takie jak kierowcy autobusów National Express, którzy zajeżdżają drogę na autostradzie, długie na osiem mil zwężenia służące do tego, żeby obsługa autostrady mogła wymienić na wysięgniku żarówkę, sygnalizacja świetlna na ruchliwych rondach przepuszczająca na jednej zmianie świateł maksimum dwa auta, parkingi przy autostradach, na których trzeba zapłacić cztery funty i dwadzieścia pensów za małą kawę i pieczonego ziemniaka ze śladową ilością cheddara w środku, a do sklepu nie ma sensu w ogóle iść, bo czasopisma dla dorosłych są zafoliowane, *Autostradowej Wiązanki Przebojów* Waylona Jenningsa nie masz ochoty słuchać, idioci w autach kempingowych, którzy wyjeżdżają ci z bocznej drogi tuż przed nosem, jakiś stary dziadyga za kierownicą morrisa minora, który jedzie z prędkością dwudziestu kilometrów na godzinę przez Lake District (zapewne dlatego, że zawsze marzył o roli przodownika konwoju) plus inne przekraczające ludzką wytrzymałość wyzwania dla twojej cierpliwości i zdrowia psychicznego. Pojazdy samochodowe są brzydkie, zatruwają środowisko i wydobywają w ludziach najgorsze cechy. Tarasują każdy chodnik, zamieniają stare place targowe w chaotyczne składowiska złomu, domagają się stacji benzynowych, komisów, warsztatów i innych szpecących krajobraz obiektów. Są okropne, przerażające i podczas tej podróży nie chciałem mieć z nimi nic wspólnego. Poza tym żona nie zamierzała dać mi auta.

Tym sposobem w pewne pochmurne sobotnie popołudnie znalazłem się w wyjątkowo długim i pustym pociągu do Windsoru. Królowałem w wagonie, w którym oprócz mnie nie było nikogo, i w świetle zachodzącego słońca patrzyłem, jak pociąg zostawia za sobą biurowce, by zanurzyć się w lesie bloków komunalnych i wijących się wężowo szeregówek Vauxhall i Clapham. W Twickenham odkryłem, dlaczego pociąg, mimo że pusty, jest taki długi. Na peronie cisnęli się mężczyźni i chłopcy w ciepłych ubraniach i szalikach, z plecaczkami, z których wystawały termosy i broszury z programem meczu: kibice wracający z miejscowego stadionu rugby. Wsiadali spokojnie i bez przepychania się, przepraszali, kiedy na kogoś wpadli albo niechcący podeszli za blisko. Byłem zachwycony tym instynktownym poważaniem dla innych. Przyszło mi do głowy, że w Wielkiej Brytanii jest to rzecz normalna, a przy tym mało się o niej mówi. Prawie wszyscy jechali aż do samego Windsoru — pewnie jest jakiś łączony bilet za parkowanie i dojazd koleją, bo w Windsorze z pewnością nie mieszka aż tylu kibiców rugby — i cierpliwie stali w kolejce do kontroli biletów. Mężczyzna pochodzenia azjatyckiego w szybkim tempie odbierał bilety i mówił „dziękuję" do każdej kolejnej osoby. Nie miał czasu na sprawdzanie biletów — można było mu wręczyć wieczko od pudełka po płatkach kukurydzianych — ale udawało mu się serdecznie każdego pozdrowić, a pasażerowie ze swej strony dziękowali mu za to, że uwolnił ich od biletów i pozwolił im przejść. Był to mały cud zdyscyplinowania i dobrej woli. Wszędzie indziej ktoś stałby na skrzynce i wrzeszczał na ludzi, żeby ustawili się w kolejce i nie pchali się.

Ulice Windsoru lśniły od deszczu i jak na tę porę roku były bardzo ciemne i zimowe, ale mimo to mrowiło się na nich od turystów. Wynająłem pokój w Castle Hotel przy High Street. Był to jeden z tych wyjątkowo labiryntowatych hoteli, w których do pokoju idzie się niezliczonymi korytarzami i schodami przeciwpożarowymi. Sam pokój był jednak przyjemny i stanowił dogodną bazę wypadową na wycieczkę do Reading, gdybym zdecydował się wyjść przez okno.

Rzuciłem plecak na łóżko i pospiesznie pokonałem drogę z powrotem na dół, bo chciałem zobaczyć trochę Windsoru, zanim zamkną sklepy. Dobrze znałem to miasto, bo robiliśmy tam zakupy, kiedy mieszkaliśmy w pobliskim Virginia Water. Maszerowałem zatem z miną swojaka i notowałem w pamięci, które sklepy zmieniły od tamtego czasu branżę albo właściciela, czyli prawie wszystkie. Obok pięknego ratusza stał Market Cross House, budynek tak niebezpiecznie pochylony, że człowiek zadawał sobie pytanie, czy nie postawiono go jako wabika na japońskich turystów z aparatami fotograficznymi. Teraz mieścił się tam bar kanapkowy, ale podobnie jak inne placówki handlowe w uroklivej plątaninie uliczek dokoła przeszedł z grubsza milion metamorfoz, w większości zorientowanych na turystów. Podczas mojego poprzedniego pobytu w Windsorze sprzedawano w tych sklepach przeważnie kieliszki do jajek na nóżkach, a teraz specjalizowały się w kiczowatych wiejskich chatach i zamkach. Tylko Woods of Windsor, firma, która potrafi zrobić niewyobrażalny komercyjny użytek z lawendy, nadal handluje mydełkami i wodą toaletową. Przy Peascod Street Marks & Spencer się rozbudował, Hammick's i Laura Ashley zmieniły lokal, a Golden Egg i Wimpy dawno zniknęły, co mnie raczej nie zdziwiło (aczkolwiek przyznaję, że mam słabość do staroświeckich Wimpys z ich osobliwymi wyobrażeniami o amerykańskiej kuchni — można odnieść wrażenie, że stosowane przez nich przepisy kulinarne uległy przekłamaniom, kiedy faksowano je z USA). Ucieszyłem się za to, że Daniel's, najciekawszy brytyjski dom handlowy, wciąż istnieje.

Daniel's jest fantastyczny. Posiada wszystkie cechy oczekiwane od domu towarowego na prowincji — niskie sufity, maleńkie, obskurne działy, wystrzępione dywany przyklejone do podłogi taśmą izolacyjną — plus przedziwny asortyment: taśma do majtek i zatrzaski do kołnierzyków, sekatory i zestawy porcelany z Portmeirion, odzież dla bardzo starych ludzi, kilka rolek dywanów z wzorami, które człowiek widzi, kiedy za mocno potrze sobie oczy, komody bez uchwytu przy jednej szufladzie, szafy ubraniowe z jednym skrzydłem drzwi, które bezszelestnie się otwiera piętnaście sekund po tym, jak eksperymentalnie je zamkniesz. W Daniel's zawsze myślę o tym, jak mogłaby wyglądać Wielka Brytania pod rządami komunistycznymi.

Od dawna wydawało mi się niefortunne — z ogólnoludzkiego punktu widzenia — że tak ważny eksperyment społeczno-ustrojowy powierzono Rosjanom, skoro znacznie lepiej uporaliby się z nim Brytyjczycy. Wszystkie elementy niezbędne do wdrożenia rygorystycznego systemu socjalistycznego Brytyjczycy mają we krwi. Nie boją się wyrzeczeń. Umieją ze sobą współpracować dla dobra wspólnego, zwłaszcza w ciężkich czasach. Będą stali cierpliwie w nieskończenie długich kolejkach i z niespotykanym gdzie indziej hartem ducha zaakceptują reglamentację żywności, monotonną dietę i nagłe niedobory artykułów pierwszej potrzeby, o czym może się przekonać każdy, kto w sobotnie popołudnie spróbuje kupić chleb w supermarkecie. Nie mają nic przeciwko anonimowym biurokracjom i tolerują dyktaturę, czego dowiodła pani Thatcher. Przez wiele lat bez słowa skargi będą czekali na operację czy dostarczenie sprzętu AGD. Mają wrodzony talent do wymyślania doskonałych dowcipów na temat władzy bez podważania jej mandatu i masowo czerpią satysfakcję z widoku bogatych i możnych, których sprowadzono do parteru. Większość osób powyżej dwudziestego piątego roku życia już teraz ubiera się jak enerdowcy. Jednym słowem, wszelkie niezbędne warunki są spełnione.

Proszę mnie dobrze zrozumieć: nie twierdzę, że komunistyczna Wielka Brytania byłaby lepszym i szczęśliwszym krajem, że tylko Brytyjczycy zrobiliby to jak należy. Raz-dwa zbudowaliby komunizm z radością w sercach i bez nadmiernej korupcji. Przed 1970 rokiem większość ludzi w gruncie rzeczy nie poczułaby różnicy, a przynajmniej uratowałoby to nas przed Robertem Maxwellem.

Nazajutrz wstałem wcześnie i zająłem się poranną higieną mocno podekscytowany, bo czekało mnie niemałe przedsięwzięcie. Zamierzałem przejść przez Windsor Great Park, najwspanialszy ze znanych mi parków. Ciągnie się przez czterdzieści zaczarowanych mil kwadratowych, obfitując we wszelkie leśne uroki: rozległe lasy, porośnięte chaszczami parowy, kręte ścieżki piesze i rowerowe, symetryczne i romantycznie dzikie ogrody tudzież długie baśniowe jezioro. Malowniczo porozrzucane po starodawnych terenach parkowych są zagrody, leśne chaty, zapomniane pomniki, cała wioska, w której mieszkają pracownicy parku, oraz różne rzeczy, które królowa przywiozła ze sobą z zagranicznych podróży i nie miała innego pomysłu na to, co z nimi zrobić — obeliski, pale totemiczne i rozmaite dziwne wyrazy wdzięczności nawożone z różnych zakątków Commonwealthu.

Wiadomość, że pod parkiem odkryto ropę naftową i ta arkadia jest zagrożona, jeszcze nie dotarła do opinii publicznej. (Ale bez obawy, władze miejskie każą zasłonić wieże wiertnicze zaroślami). Nie wiedziałem zatem, że powinienem głęboko napawać się tymi widokami na wypadek, gdyby podczas mojej następnej wizyty park wyglądał jak pole naftowe w Oklahomie. Wtedy jednak Windsor Great Park szczęśliwie cieszył się niewielką popularnością, czego w odniesieniu do takich przepięknych obszarów zieleni prawie na skraju Londynu zupełnie nie rozumiem. Pamiętałem tylko jedną wzmiankę prasową o parku: parę lat wcześniej książę Filip nagle zapałał niewytłumaczalną awersją do pewnego szpaleru starych drzew i nakazał drwalom Jej Wysokości, żeby go usunęli.

Podejrzewam, że gałęzie utrudniały przejazd jego karecie czy jak tam się nazywają te skrzypiące dryndy, w których tak lubi szaleć po okolicy. Często się widuje księcia Filipa i innych członków rodziny królewskiej, jak pomykają rozmaitymi wehikułami na mecze polo albo nabożeństwa w Royal Lodge, prywatnym pałacyku królowej matki. Ponieważ zwykłych śmiertelników obowiązuje w parku zakaz ruchu, znaczną część ruchu zmotoryzowanego, jaki się tutaj widuje, generuje właśnie rodzina królewska. Pewnego razu w dzień św. Szczepana, kiedy, jak przystało na troskliwego ojca, maszerowałem obok potomka usadowionego na trzykołowym rowerku, jakiś szósty zmysł mi podpowiedział, że wstrzymujemy samochód, i kiedy się odwróciłem, zobaczyłem za kierownicą księżnę Dianę. Pospiesznie usunąłem siebie i dziecko z drogi, a ona obdarzyła mnie uśmiechem, który ujął mnie za serce, i od tego czasu nie powiedziałem złego słowa na tę kochaną, uroczą dziewczynę, nawet kiedy znajdowałem się pod presją osób, które uważają księżnę za trochę pomyloną, ponieważ wydaje dwadzieścia osiem tysięcy funtów rocznie na stroje gimnastyczne i czasem wykonuje dziwne telefony do muskularnych wojskowych. (A kto z nas tego nie robi?, replikuję, co zamyka wszystkim usta).

Spacerowałem słusznie tak nazwaną Long Walk, prowadzącą od zamku windsorskiego na wierzchołek Snow Hill, zwieńczony konnym pomnikiem Jerzego III zwanym przez miejscowych Miedzianym Koniem. Usiadłem pod cokołem i napawałem się jednym z najpiękniejszych widoków w Anglii: majestatyczny ogrom zamku windsorskiego trzy mile dalej, na końcu Long Walk, u jego stóp miasto, a w oddali Eton, spowita mgłą dolina Tamizy i niewysokie Chiltern Hills. Malownicze stada saren pasły się na polanie, a na długiej alei ujętej w ramy moich rozstawionych stóp pojawiali się poranni spacerowicze. Patrzyłem na samoloty startujące z Heathrow i znalazłem na horyzoncie nikłe, lecz rozpoznawalne kształty elektrowni Battersea i Post Office Tower. Pamiętam, z jaką radością odkryłem, że mogę z tak daleka zobaczyć Londyn. Według mojej wiedzy tylko z tego punktu jest to możliwe. Henryk VIII wjechał na to wzgórze, aby usłyszeć salwę armatnią obwieszczającą egzekucję Anny Boleyn, ja jednak słyszałem tylko odgłos samolotów podchodzących do lądowania i jazgotliwe ujadanie psa u mego boku. Wielki kudłacz, którego właściciele podążali za nim na górę, zaproponował mi dużą próbkę swojej plwociny, ale uprzejmie odmówiłem.

Ruszyłem dalej przez park, minąłem Royal Lodge, różowy georgiański pałac, w którym królowa i księżniczka Małgorzata spędziły dziewczęce lata, po czym przez lasy i pola dotarłem do mojego ulubionego zakątka parku, Smith's Lawn. Jest to chyba najwspanialszy trawnik w Wielkiej Brytanii, idealnie równy, nieskazitelnie zielony i imponująco wielki. Prawie nigdy nie ma tam żywej duszy, no chyba że odbywa się mecz polo. Potrzebowałem niemal godziny, żeby przez niego przejść, aczkolwiek zboczyłem nieco z drogi, żeby obejrzeć zapomniany pomnik na obrzeżach, przedstawiający, jak się okazało, księcia Alberta. Kolejną godzinę zajęło mi przedostanie się przez Valley Gardens do Virginia Water Lake, parującego delikatnie w chłodnym porannym powietrzu. Zachwycające jeziorko. Założył je książę Cumbrii dla uczczenia pamięci tych wszystkich Szkotów, których zostawił nieruchomych lub podrygujących na polu bitwy pod Culloden. Wszystko tak malownicze i romantyczne, jak potrafi być tylko sztuczny krajobraz, z nieoczekiwanymi perspektywami idealnie ujętymi w ramy drzew i długiego, dekoracyjnego kamiennego mostu. Na drugim końcu dorzucono nawet rzymskie ruiny, naprzeciwko Fort Belvedere, wiejskiego pałacyku, w którym Edward VIII wygłosił swoją słynną transmitowaną przez radio mowę abdykacyjną. Chciał wreszcie mieć możliwość pójść na ryby z Goebbelsem i ożenić się z tą wiecznie skwaszoną panią Simpson. Przy najlepszej woli i uwzględnieniu patriotycznych zobowiązań wobec rodaczki muszę przyznać, że gust króla w tej dziedzinie zawsze uważałem za ekscentryczny.

Wspominam o tym tylko dlatego, że w opisywanym okresie Wielka Brytania zdawała się przechodzić podobny kryzys monarchii. Zupełnie nie rozumiem stosunku społeczeństwa brytyjskiego do rodziny królewskiej. Przez całe lata — czy mogę sobie pozwolić na chwilę szczerości? — uważałem ich za nieznośnie nudnych i tylko nieznacznie ciekawszych niż Wallis Simpson, ale wszyscy Anglicy ich ubóstwiali. A potem, kiedy stał się cud i członkowie rodziny królewskiej zaczęli robić przykuwające uwagę i gorszące rzeczy, zasłużenie trafiając na czołówki „News of the World" — słowem, kiedy nareszcie stali się interesujący — cały naród nagle zawołał: „Skandal! Wywalić ich!". Tylko w ciągu tego jednego tygodnia z otwartymi ustami oglądałem „Question Time", w którym panel z całą powagą debatował o kwestii, czy naród powinien pominąć księcia Karola i od razu posadzić na tronie małego księcia Williama. Zostawiam na boku kwestię, czy mądre byłoby pokładanie wiary w niedojrzały wsad genetyczny Karola i Diany (ja to litościwie określę jako wzruszające), ale w moim odczuciu dyskusja ta pomijała sedno problemu. Skoro już ma się system monarchii dziedzicznej, to trzeba brać to, co dają, niezależnie od tego, jak wielkim facet jest nudziarzem i według jakich kryteriów dobiera sobie kochanki.

Moje osobiste poglądy na tę sprawę zawarte są w skomponowanej przeze mnie piosence zatytułowanej *Jestem najstarszym synem najstarszego syna najstarszego syna najstarszego syna faceta, który posuwał Nell Gwynne*. Utwór ten jest dostępny w sprzedaży wysyłkowej za trzy funty i pięćdziesiąt pensów plus pięćdziesiąt pensów na koszty pakowania i przesyłki.

Póki go nie otrzymacie, będziecie musieli sobie wyobrazić, jak nucę tę raźną przyśpiewkę, maszerując do wtóru warkotu samochodów na A30 wzdłuż Christchurch Road do zacisznego, pełnego zieleni miasteczka Virginia Water.

ROZDZIAŁ 5

Po raz pierwszy zobaczyłem Virginia Water w wyjątkowo duszne popołudnie pod koniec sierpnia 1973 roku, około pięciu miesięcy po przybyciu do Dover. Spędziłem lato na podróżach w towarzystwie niejakiego Stephena Katza, który spotkał się ze mną w kwietniu w Paryżu i którego dziesięć dni przed opisywanymi zdarzeniami z ulgą pożegnałem w Stambule. Zmęczony i zdrożony, ale szczęśliwy, że znowu widzę Anglię, wysiadłem z londyńskiego pociągu i z miejsca byłem zauroczony. Zadbane miasteczko Virginia Water wyglądało kusząco. Roiło się w nim od leniwych przedwieczornych cieni i niewiarygodnie soczystej zieloności, którą mogła w pełni docenić tylko osoba nowo przybyła z pustynnych krain. Za stacją wznosiła się gotycka wieża Holloway Sanatorium, monumentalny ceglany kloc z mansardami otoczony czymś w rodzaju parku.

Dwie dziewczyny, które znałem z mojego rodzinnego miasta, pracowały w tym szpitalu na stażu jako pielęgniarki i zaproponowały mi nocleg na podłodze, jak również możliwość zostawienia na ich wannie obwódki z nagromadzonego przez pięć miesięcy brudu. Następnego dnia planowałem wsiąść na Heathrow w samolot i polecieć z powrotem do kraju, bo za dwa tygodnie zaczynał mi się uniwerek. Perspektywa ta nie budziła we mnie entuzjazmu i kiedy po wielu piwach w sympatycznym pubie Rose and Crown dowiedziałem się, że szpital zawsze szuka pracowników niższego szczebla i że ja, jako osoba anglojęzyczna, mam dobrą pozycję wyjściową, następnego dnia, ze skacowaną głową i niezdolny do głębszej refleksji, wypełniłem formularze i usłyszałem, że nazajutrz o siódmej rano mam się stawić u pielęgniarki przełożonej na oddziale Tuke. Wezwano życzliwego małego człowieka o inteligencji dziecka, który zaprowadził mnie do magazynu, gdzie pobrałem ciężki pęk kluczy i wielką górę szpitalnych ubrań — dwa szare garnitury, koszule, krawat, kilka białych kitlów laboratoryjnych (rany boskie, w co ja się wpakowałem?). Potem powiódł mnie do męskiego hotelu pracowniczego B, gdzie siwowłosy staruszek pokazał mi spartański pokój w stylu, który skojarzył mi się z moją starą przyjaciółką panią Smegmą, ostrzelał mnie kanonadą instrukcji dotyczących cotygodniowej wymiany pościeli, godzin, w których można korzystać z ciepłej wody, obsługi kaloryfera i wielu innych szybko przedstawionych spraw, których nie zrozumiałem. Byłem jednak z siebie dumny, że pojąłem nawiasową uwagę na temat kapy. Na tym mnie już nie złapiecie, pomyślałem.

Napisałem do rodziców, żeby nie czekali na mnie z kolacją, przez kilka przyjemnych godzin przymierzałem nowe ubrania i pozowałem przed lustrem, ustawiłem moją skromną kolekcję książek na parapecie, skoczyłem na pocztę, pochodziłem trochę po Virginia Water, zjadłem kolację w lokalu o nazwie Tudor Rose, po czym zajrzałem do pubu Trottesworth, gdzie atmosfera była tak przyjemna, alternatywne formy rozrywki zaś tak niedostępne, że spożyłem — przyznaję bez bicia — nadmierną ilość piwa i w drodze powrotnej na nową kwaterę zawarłem znajomość z kilkoma krzakami i pewną wyjątkowo nieustępliwą latarnią.

Rano obudziłem się piętnaście minut za późno i dotarłem do szpitala jeszcze nie do końca przytomny. Pośród bałaganu związanego ze zmianą dyżuru spytałem o drogę na oddział Tuke i przyszedłem tam dziesięć minut po czasie, z nieuczesanym włosem i lekko się zataczając. Dyżurny pielęgniarz, sympatyczny mężczyzna po czterdziestce, przywitał się ze mną serdecznie, powiedział mi, gdzie znajdę herbatę i ciasteczka, po czym się zmył. Później prawie go już nie widywałem. Tuke był przeznaczony dla chorych psychicznie pacjentów płci męskiej, którzy na szczęście potrafili sami zadbać o siebie. Sami przynosili sobie śniadanie z wózka, golili się, jako tako ścielili łóżka i zniknęli bezgłośnie, kiedy ja bezowocnie poszukiwałem w łazience dla personelu środków na odkwaszenie żołądka. Po wyjściu z toalety z zaskoczeniem i przerażeniem stwierdziłem, że zostałem sam na oddziale. Przeszukałem świetlicę, kuchnię i sale, po czym otworzyłem drzwi oddziału — zobaczyłem pusty korytarz zakończony otwartymi drzwiami na świat! W tym momencie w dyżurce zadzwonił telefon.

— Kto mówi? — spytał mało uprzejmy głos.

Zmobilizowałem wszystkie siły i zdołałem się przedstawić, a jednocześnie wyjrzałem przez okno dyżurki, spodziewałem się bowiem, że trzydziestu trzech pacjentów oddziału skacze z drzewa na drzewo w ramach rozpaczliwej próby ucieczki.

— Tutaj Smithson — powiedział głos. Smithson był kierownikiem opieki pielęgniarskiej i budzącą respekt postacią z bokobrodami i dużym obwodem klatki piersiowej. Pokazano mi go z daleka poprzedniego dnia. — Pan jest ten nowy?

— Tak, proszę pana.

— Jest pan *happy*?

Zaskoczony mrugnąłem powiekami i pomyślałem, że Anglicy zawsze zadają dziwne pytania.

— Tak, nie narzekam.

— Ja pytałem, czy jest tam pan John Happy, dyżurny pielęgniarz.

— Aha. Nie, wyszedł.

— Powiedział, kiedy wróci?

— Nie, proszę pana.

— Wszystko pod kontrolą?

— To znaczy... — Przełknąłem ślinę. — Wygląda na to, że pacjenci uciekli, proszę pana.

— Że jak?

— Uciekli. Poszedłem do łazienki i kiedy wróciłem...

— Przedpołudnie spędzają poza oddziałem, panie kolego. Pielęgnują ogród albo mają terapię zajęciową.

— Chwała Bogu.

— Słucham?

— Chwała Bogu, proszę pana.

— Tak jest. Do widzenia.

Przez resztę przedpołudnia wędrowałem samotnie po oddziale, zaglądałem do szuflad, szaf i pod łóżka, obadałem magazyn, próbowałem wykoncypować, jak się parzy herbatę za pomocą liści i sitka, a kiedy stan mojego organizmu już na to pozwalał, urządziłem sobie prywatne mistrzostwa świata w ślizganiu się po wypastowanym korytarzu, które sam komentowałem (szeptem). Kiedy zrobiło się wpół do drugiej i nikt mi nie powiedział, żebym poszedł zjeść lunch, odstawiłem samowolkę i udałem się do stołówki, gdzie siedziałem sam nad talerzem z fasolą, frytkami i tajemniczym obiektem, który, jak mi później wyjaśniono, był peklowaną wieprzowiną w cieście. Przy stole po drugiej stronie sali pan Smithson i kilka innych osób toczyło okraszaną śmiechem dyskusję i z jakiegoś powodu rzucało rozbawione spojrzenia w moim kierunku.

Po przyjściu na oddział stwierdziłem, że pod moją nieobecność część pacjentów wróciła. Wszyscy odsypiali w świetlicy trudy poranka spędzonego na grabieniu liści albo liczeniu dybli i wkładaniu ich do skrzynek — wszyscy poza elokwentnym mężczyzną w tweedowym garniturze, który oglądał w telewizji krykieta. Zaprosił mnie do wspólnego kibicowania, a kiedy się dowiedział, że jestem Amerykaninem, z entuzjazmem wytłumaczył mi zasady tej wyjątkowo skomplikowanej dyscypliny sportu. Uznałem go za członka personelu — może to jest popołudniowy następca tajemniczego pana Happy'ego, a może wizytujący psychiatra. Zmieniłem zdanie, kiedy nagle przerwał wyjaśnianie mi zawiłości rzutów z rotacją i powiedział konfidencjonalnym tonem:

— Mam atomowe jaja.

— Słucham? — spytałem, wciąż zaabsorbowany atomowymi rzutami w krykiecie.

— Porton Down. 1947. Eksperymenty zlecone przez rząd. Wszystko ściśle tajne. Musi pan zachować to dla siebie.

— A... Tak, oczywiście.

— Rosjanie mnie ścigają.

— Naprawdę?

— Dlatego tutaj jestem. Incognito. — Postukał się znacząco po nosie i rzucił badawcze spojrzenie na drzemiące wokół nas postacie. — Doskonałe miejsce. Naturalnie sami wariaci. Roi się tutaj od tych biedaków. Ale w środę dają pyszną szarlotkę. Teraz odbija Geoff Boycott. Świetny zawodnik. Zobaczy pan, że nie będzie miał żadnych problemów z rzutem Bensona.

Taka była większość pacjentów oddziału — z wierzchu zupełnie poczytalni, ale pod spodem kompletnie obłąkani. Poznać kraj oczami psychicznie chorych to bardzo interesujące doświadczenie, jak również, pozwolę sobie powiedzieć, wyjątkowo użyteczne wprowadzenie do życia w Wielkiej Brytanii.

W ten sposób upływały pierwsze dni. Wieczorem chodziłem do pubu, a za dnia zajmowałem się pustym przez większość czasu oddziałem. O czwartej po południu zjawiała się Hiszpanka w różowym fartuchu, przywożąc na wózku podwieczorek. Pacjenci budzili się do życia, żeby wypić herbatę i zjeść kawałek żółtego ciasta. Czasami wpadał trudno uchwytny pan Happy, żeby wydać lekarstwa lub zamówić nowy zapas herbatników, ale generalnie wszystko szło ustalonym torem. Zacząłem z grubsza rozumieć krykieta i robiłem postępy w ślizganiu się po podłodze.

Jak się z czasem przekonałem, szpital był zamkniętym małym wszechświatem, niemal autarkicznym. Miał swój warsztat stolarski, elektryków, hydraulików i malarzy, autokar z kierowcą, salę snookerową, boisko do badmintona, basen, cukiernię, kaplicę, boisko do krykieta, klub, chiropodę, fryzjera, kuchnie, szwalnię i pralnię. Raz na tydzień w czymś w rodzaju sali balowej wyświetlano filmy. Była nawet kostnica. Pacjenci wykonywali wszystkie prace ogrodnicze, które nie wymagały użycia ostrych narzędzi, dzięki czemu park był idealnie wypielęgnowany. Przypominało to trochę wiejski klub dla wariatów. Bardzo mi się tam podobało.

Pewnego dnia, w trakcie jednej z okresowych wizyt pana Happy'ego — nigdy się nie dowiedziałem, co robił podczas swoich nieobecności — wysłano mnie na sąsiedni oddział im. Florence Nightingale po butelkę leku uspokajającego, żeby otumanić pacjentów. Flo, jak to nazywał personel, był dziwnym i ponurym oddziałem dla znacznie poważniej chorych, którzy łazili bez celu albo kołysali się bezustannie na krzesłach z wysokimi oparciami. Kiedy pielęgniarka poszła po środek uspokajający, podzwaniając kluczami, ja obserwowałem tych bełkoczących ludzi i dziękowałem Bogu, że odstawiłem twarde narkotyki. Na drugim końcu pomieszczenia emanująca dobrocią ładna młoda pielęgniarka zajmowała się tymi bezradnymi wrakami z niewyczerpanym zapasem energii i współczucia — sadzała ich na krzesłach, umilała im czas rozmową, wycierała im ślinę z podbródków — i pomyślałem: właśnie takiej kobiety mi potrzeba. Pobraliśmy się szesnaście miesięcy później w miejscowym kościele, który teraz minąłem, idąc Christchurch Road. Maszerowałem w tunelu z liściastych gałęzi i nuciłem ostatnie takty *Nell Gwynne*. Duże domy przy Christchurch Road nic się nie zmieniły, poza tym że każdy był wyposażony w alarm z reflektorami, które włączają się w nocy bez powodu.

Virginia Water to ciekawa miejscowość. Powstała głównie w latach dwudziestych i trzydziestych i składa się z dwóch niewielkich ulic handlowych otoczonych gęstą siecią prywatnych dróg, które wiją się przez słynne pole golfowe Wentworth i wokół niego. Pośród drzew stoją malownicze domy, często zamieszkiwane przez VIP-ów i zbudowane w stylu, który można określić mianem angielskiej architektury regionalnej dla szpanerów. Konstrukcje te mają wielopłaszczyznowe dachy z mansardami i wymyślnymi kominami, liczne i długie werandy, okna o dziwnych rozmiarach, co najmniej jedną ostentacyjną podmurówkę komina i całe hektary pnących róż na schludnym małym ganku. Kiedy po raz pierwszy to zobaczyłem, miałem takie wrażenie, jakbym znalazł się na stronach „House and Garden” z 1937 roku.

Ale tym, co w owych czasach nadawało Virginia Water szczególnego uroku — mówię to najzupełniej poważnie — byli kręcący się po miasteczku obłąkańcy. Większość pacjentów mieszkała w szpitalu od lat, a nawet dekad, i można im było zaufać, że się nie zgubią. Nieważne, jak bardzo pomieszane mieli w głowie i jak bardzo nierównym krokiem chodzili, nieważne, ile bełkotali i mruczeli pod nosem, jak często przyjmowali dziwne pozy albo demonstrowali na jeden ze stu sposobów, że idą sobie tylko spokojnie na lunch, zawsze znajdowali drogę powrotną. Każdego dnia można było spotkać malowniczą gromadkę wariatów, którzy kupowali papierosy albo słodycze, pili herbatę bądź po cichu dyskutowali z powietrzem. Tak powstała jedna z najniezwyklejszych społeczności w Anglii, w której bogacze i psychicznie chorzy obcowali ze sobą na równej stopie. Mieszkańcy byli po prostu wspaniali, zachowywali się tak, jakby nie było nic odbiegającego od normy w tym, że mężczyzna z rozwichrzonymi włosami i w górze od piżamy stoi koło piekarni i peroruje do plamy na ścianie albo z błądzącym wzrokiem i nieznacznym uśmiechem na twarzy siedzi przy stole w Tudor Rose i wrzuca kostki cukru do zupy jarzynowej. Był to — nadal nie dworuję sobie — widok, od którego robiło się cieplej na sercu.

Wśród około pięciuset pacjentów znajdował się nietuzinkowy obłąkany geniusz imieniem Harry. Człowiek ten miał umysłowość zaabsorbowanego dziecka, ale można było wymienić dowolną datę, przeszłą albo przyszłą, a on natychmiast podawał, jaki to jest dzień tygodnia. Często go egzaminowaliśmy z wiecznym kalendarzem w ręku i ani razu się nie pomylił. Liczył też w drugą stronę — można go było zapytać o datę trzeciej soboty grudnia 1935 roku albo drugiej środy lipca 2017 roku, a on wyrzucał z siebie odpowiedź szybciej od komputera. Jeszcze bardziej niezwykły, chociaż wówczas tylko męczący, był jego zwyczaj podchodzenia kilka razy w tygodniu do członków personelu z płaczliwym zapytaniem, czy w 1980 roku szpital zostanie zamknięty. Jak wynika z jego obfitej dokumentacji medycznej, pytanie to nurtowało go obsesyjnie od 1950 roku, kiedy przybył na oddział jako młody człowiek. Holloway Sanatorium było dużą i ważną placówką medyczną, której zamknięcia nigdy nie planowano. To znaczy do czasu, kiedy pewnego burzowego wieczoru na początku 1980 roku Harry'ego położono do łóżka w stanie nietypowego dlań pobudzenia — od kilku tygodni zadawał swoje pytanie z rosnącą natarczywością — a potem piorun strzelił w mansardę z tyłu, wywołując potężny pożar, który spustoszył poddasze i kilka oddziałów, przez co cały budynek przestał się nadawać do użytku.

Historia ta byłaby jeszcze lepsza, gdyby biednego Harry'ego przywiązano do łóżka i gdyby zginął w płomieniach. Niestety (to znaczy niestety z punktu widzenia dramatyzmu fabuły) wszystkich pacjentów bezpiecznie ewakuowano, ale do tej pory lubię sobie wyobrażać, jak otulony kocem Harry z zachwyconym uśmiechem na oświetlonej tańczącymi płomieniami twarzy stoi na trawniku i obserwuje pożar, którego od trzydziestu lat tak cierpliwie wyczekiwał.

Pacjentów przeniesiono na specjalny oddział szpitala ogólnego w pobliskim Chertsey, gdzie szybko odebrano im wolność z racji ich niefortunnej skłonności do wywoływania chaosu na oddziałach i wytrącania z równowagi zdrowych psychicznie. Holloway butwiał sobie w tym czasie spokojnie, okna zabito deskami, a nobliwe wejście od Stroude Road zamknięto masywną metalową bramą zwieńczoną drutem kolczastym. Kiedy na początku lat osiemdziesiątych pracowałem w Londynie, przez pięć lat mieszkałem w Virginia Water i czasem przystawałem, by rzucić okiem ponad murem na zapuszczone tereny parkowe i smutne pogorzelisko. Kolejne firmy deweloperskie chciały tam zbudować biurowce, centrum konferencyjne albo osiedle domów dla kadr dyrektorskich. Postawiono kilka kontenerów i srogich tablic ostrzegających przed psami wartowniczymi, ale poza tę fazę nikt nigdy nie wyszedł. Przez ponad dekadę ten piękny stary szpital, chyba jedna z kilkunastu najwspanialszych zachowanych konstrukcji wiktoriańskich, stał i niszczał. Sądziłem, że nadal będzie tak samo — ćwiczyłem nawet w głowie pokorną prośbę do stróża, żeby wpuścił mnie za bramę, bo z drogi można było zobaczyć tylko kawałek samego budynku.

Wyobraźcie sobie zatem, jak wielkie było moje zaskoczenie, kiedy osiągnąłem szczyt delikatnej pochyłości i ujrzałem lśniącą nowością bramę wejściową, wielki szyld zapraszający mnie do Virginia Park tudzież sporą liczbę luksusowych domów po obu stronach gmachu szpitala. Z rozdziawionymi ustami ruszyłem świeżo wyasfaltowaną drogą. Domy ukończono tak niedawno, że z szyb nie poodklejano jeszcze nalepek, a ogrody były morzami błota. Jeden z domów urządzono jako pokazowy, a że była niedziela, zwiedzało go mnóstwo ludzi. W środku znalazłem wydrukowany na kredowym papierze prospekt z rysunkami architektów przedstawiającymi szczęśliwych ludzi, którzy przechadzali się pośród urodziwych domów, słuchali orkiestry kameralnej w sali dawniej przeznaczonej na projekcje filmów dla psychicznie chorych albo pływali w krytym basenie wpuszczonym w podłogę wielkiej gotyckiej sali, w której grałem kiedyś w badmintona i nieśmiało zaprosiłem młodą pielęgniarkę z oddziału Florence Nightingale na randkę, myśląc sobie przy tym, że jeśli znajdzie kiedyś trochę czasu, to może wyjdzie za mnie za mąż. Z dosyć pretensjonalnego tekstu wynikało, że klienci mogą wybrać spośród kilkudziesięciu luksusowych willi, domów szeregowych i mieszkań lub dwudziestu trzech apartamentów wykrojonych z odrestaurowanego szpitala, teraz tajemniczo przemianowanego na Crosland House. Na mapie osiedla roiło się od nazw — Connolly Mews, Chapel Square, The Piazza — które nie miały nic wspólnego z wcześniejszą historią tego miejsca. Dużo stosowniejsze — pomyślałem — byłyby nazwy typu Lobotomy Square czy Electroconvulsive Court. Ceny zaczynały się od trzystu pięćdziesięciu tysięcy funtów.

Wyszedłem na zewnątrz, żeby zobaczyć, co dostanę za swoje trzysta pięćdziesiąt tysięcy funtów. Odpowiedź: maławy, lecz ładnie wykończony dom na niedużej działce z interesującym widokiem na dziewiętnastowieczny szpital psychiatryczny. Nie mogę powiedzieć, żeby to było marzenie mojego życia. Wszystkie zbudowane z czerwonej cegły domy miały staroświeckie kominy, zdobienia typu „chatka z piernika" i inne drobne ukłony w stronę epoki wiktoriańskiej. Jeden model, o dosyć prozaicznej nazwie Dom Typu D, miał dekoracyjną wieżyczkę. W sumie wszystkie wyglądały jak pomiot szpitala. Można było sobie wyobrazić, że z czasem z nich również wyrosną szpitale. Ale jeśli tego rodzaju pomysł może się w ogóle sprawdzić, to ten sprawdzał się wyjątkowo dobrze. Nowe domy nie kontrastowały rażąco ze starą budowlą. Najważniejsze jest jednak to, że wielkie gmaszysko, zamieszkane przez radosne wspomnienia wielu pokoleń fascynujących wariatów — i moje — uniknęło zagłady. Uchyliłem kapelusza na cześć deweloperów i odmeldowałem się.

Zamierzałem podejść do mojego dawnego domu, ale miałem do niego ponad milę, a bolały mnie nogi, więc przespacerowałem się wzdłuż Stroude

Road. Minąłem miejsce, w którym kiedyś stał budynek szpitalnego klubu, zastąpiony przez znacznie brzydszą konstrukcję, oraz dawne hotele pracownicze. Założyłem się sam ze sobą o sto funtów, że podczas mojej następnej wizyty w Virginia Water zobaczę w tym miejscu wielkie wille z podwójnymi garażami.

Poszedłem do oddalonego o dwie mile Egham, gdzie mieszka przemiła pani Billen, która obok spełniania wielu innych humanitarno-altruistycznych funkcji jest także moją teściową. Kiedy poszła do kuchni z tym uroczym zaaferowaniem, z jakim wszystkie angielskie panie powyżej pewnego wieku przyjmują niezapowiedzianych gości, ja grzałem stopy przy kominku i rozmyślałem o tym (taki miałem w tym dniu nastrój), że to był pierwszy angielski dom, w którym nie przebywałem w roli płacącego klienta. Przed laty moja żona przyprowadziła mnie tutaj w pewne niedzielne popołudnie jako swojego kawalera, po czym siedzieliśmy wraz z jej rodziną w tym ciasnym, ale przytulnym i dobrze ogrzanym salonie, oglądając *Bullseye*, *The Generation Game* i inną ofertę telewizyjną, która wydawała mi się fascynująco pozbawiona zaawansowanych walorów rozrywkowych. Było to dla mnie nowe doświadczenie. Z własną rodziną w okolicznościach — nazwijmy to — towarzyskich nie widziałem się od 1958 roku, jeśli nie liczyć paru godzin spędzonych przy świątecznym stole w atmosferze skrępowania. Przebywanie na łonie rodziny miało zatem dla mnie posmak nowości. Do dzisiaj podziwiam Brytyjczyków za umiejętność stwarzania ciepłej rodzinnej atmosfery, aczkolwiek przyznaję, że wiadomość o zdjęciu *Bullseye* z wizji przyjąłem z niemałym zadowoleniem.

Moja teściowa — mama — zaserwowała mi tyle jedzenia, że starczyłoby tego dla całej ekipy drwali. Pałaszując te domowe pyszności, a potem siedząc nad kawą z radośnie wzdętym żołądkiem, rozmawiałem z mamą o tym i owym — o dzieciach, o naszej zbliżającej się przeprowadzce do Stanów, o mojej pracy, o tym, jak się jej żyje w stanie wdowieńskim. Późnym wieczorem — to znaczy późnym dla takich oldbojów jak my — mama znowu zaczęła się krzątać. Z całego domu dobiegały mnie rozmaite hałasy, po czym mama zakomunikowała mi, że pokój gościnny gotowy. Po pobieżnym umyciu się wskoczyłem do starannie pościelonego łóżka z termoforem i zadałem sobie pytanie, dlaczego łóżka w domach dziadków i teściów zawsze są tak cudownie wygodne. Zaśnięcie było kwestią sekund.

ROZDZIAŁ 6

I dalej do Bournemouth. Zawitałem tam o wpół do szóstej wieczór w strumieniach deszczu. Była już ciemna noc i auta jeździły z szumem ulicami. Krople deszczu błyszczały w światłach reflektorów jak pociski. Mieszkałem w Bournemouth dwa lata i sądziłem, że znam to miasto względnie dobrze, ale okolice dworca zostały kompletnie przebudowane: nowe ulice, biurowce i jedna z tych dezorientujących sieci przejść podziemnych, które zmuszają do tego, żeby co kilka minut wyłonić się jak kret na powierzchnię i sprawdzić, gdzie się jest.

Zanim dotarłem do East Cliff, dzielnicy ze średniej wielkości hotelami usadowionymi wysoko nad czarnym morzem, byłem przemoczony do nitki i narzekałem pod nosem. Spośród wielu lśniących od deszczu pałaców luksusu, które zajmowały całe kwartały, wybrałem placówkę przy bocznej uliczce, kierując się wyłącznie tym, że przypadł mi do gustu neon: przez zacinający deszcz przeświecały zapraszająco różowe neonowe wersaliki. Wszedłem do środka, ociekając wodą, i od razu zobaczyłem, że dokonałem trafnego wyboru — czysty, sympatycznie staroświecki pensjonat z atrakcyjną ceną dwadzieścia sześć funtów ze śniadaniem, jak wskazywała informacja na ścianie, plus to nieco lepkie ciepło, od którego zaparowują okulary i dostaje się ataków kichania. Wylałem z rękawa kwaterkę wody i spytałem o pokój jednoosobowy na dwie doby.

— Pada? — dociekała recepcjonistka życzliwie, kiedy ja wypełniałem formularz meldunkowy.

— Nie, mój statek zatonął i ostatnie siedem mil musiałem przepłynąć wpław.

— Tak? — rzuciła tonem, który wzbudził we mnie podejrzenia, że nie słuchała moich słów zbyt uważnie. — Zje pan dzisiaj z nami kolację, panie... — zerknęła na zachlapany wodą formularz — ...panie Bryzol?

Rozważyłem alternatywne rozwiązanie — dalszy marsz pośród kul armatnich deszczu — i ogarnęła mnie ochota, żeby zostać w hotelu. Poza tym w świetle niewygórowanych rozmiarów mózgu tej pani i obniżonej odczytywalności mojego pisma, istniały spore szanse na to, że dopiszą posiłek do cudzego rachunku. Powiedziałem, że zostanę na kolacji, i wciąż ociekając wodą, poszedłem do swojego pokoju.

Spośród niezliczonych dziedzin, które od 1973 roku bardzo się w Wielkiej Brytanii rozwinęły — wystarczy chwila namysłu, aby dojść do wniosku, że lista jest imponująco długa — w niewielu odnotowano tak wielkie postępy jak w branży hoteli ze średniej półki. W pokoju jest kolorowy telewizor, taca z przyborami do robienia kawy obejmująca małe opakowanie względnie smacznych ciasteczek, łazienka z puszystymi ręcznikami i całym asortymentem saszetek lub plastikowych buteleczek szamponu, płynu do kąpieli i balsamu do ciała. W moim pokoju była nawet sprawna lampka nocna i dwie miękkie poduszki. Bardzo mnie to wszystko ucieszyło. Napuściłem sobie wody do wanny, opróżniłem do niej wszystkie płyny do kąpieli i balsamy nawilżające (bez paniki, wnikliwie zbadałem sprawę i zapewniam was, że wszystkie te specyfiki zawierają jedną i tę samą substancję) i kiedy feeria bąbelków zaczęła się powoli unosić na wysokość mniej więcej trzech stóp nad brzegiem wanny, wróciłem do pokoju i przystąpiłem do narcystycznego rytuału samotnego podróżnego. Starannie rozpakowałem plecak, rozwiesiłem mokre ubrania na kaloryferze, a czyste rozłożyłem na łóżku z taką pieczołowitością, jakbym wybierał się na studniówkę, z pedantyczną precyzją rozmieściłem na szafce nocnej budzik i materiały do czytania, dostosowałem oświetlenie do pożądanego poziomu intymności i w końcu, w optymistycznym nastroju i z dobrą książką w garści, zanurzyłem się w luksusowej pianie rzadko widywanej poza filmami z Joan Collins.

Potem, w świeżym ubraniu i uwodzicielsko pachnący olejkiem różanym, zameldowałem się w przestronnej i pustej jadalni. Zaprowadzono mnie do stolika. Zestaw akcesoriów — kieliszek do wina z czerwoną papierową serwetką ułożoną w kształt różyczki kalafiora, solniczka i pieprzniczka ze stali nierdzewnej na małej łódeczce również ze stali nierdzewnej, talerzyk z kółeczkami masła, zwężony u góry flakonik ze sztucznymi liliami — pozwalał z góry przewidzieć, że jedzenie będzie przeciętne, lecz wykwintnie podane.

Zasłoniłem oczy, odliczyłem do czterech i wyciągnąłem prawą dłoń, wiedząc, że trafi na koszyk bułek dostarczony przez kręcącego się w pobliżu kelnera — mistrzowskie wyczucie czasu, które, pozwolę sobie powiedzieć, dosyć mu zaimponowało i nie pozostawiło w nim wątpliwości, że ma do czynienia z podróżnym, który zna się na kremowych zielonych zupach, warzywach nakładanych kopiastymi łyżkami i krążkach niegarbowanej skóry zwierzęcej występujących pod nazwą „medalion wieprzowy".

Zjawiła się trójka innych stołowników — okrągli jak kule rodzice i jeszcze pokaźniejszy nastoletni syn — których kelner troskliwie posadził w takim miejscu, żebym mógł ich obserwować bez konieczności wyciągania szyi lub przestawiania krzesła. Oglądanie ludzi przy jedzeniu zawsze jest ciekawe, ale nic nie pobije widoku ekipy wcinających kolację grubasów. Dziwna rzecz, ale nawet po najżarłoczniejszych tłuściochach — a wspomniany tercet wygrałby każde mistrzostwa w żarłoczności — nie widać, żeby jedzenie sprawiało im przyjemność. Tak jakby wypełniali tylko podjęte przed laty zobowiązanie do podtrzymywania masy ciała. Kiedy stoi przed nimi jedzenie, zniżają głowy i zasysają je jak odkurzacze, a w przerwach siedzą ze skrzyżowanymi ramionami, z zakłopotaniem patrzą wkoło i zachowują się tak, jakby nigdy nie zostali przedstawieni współstołownikom. Ale wystarczy przytoczyć wózek z deserami, żeby wstąpił w nich nowy duch. Wydają z siebie zachwycone pomruki i nagle ich część sali rozbrzmiewa radosną rozmową. Nie inaczej było owego wieczoru. Moi biesiadni kompani spożywali stawiane przed nimi jadło z taką prędkością, że wyprzedzili mnie o pół posiłku i ku mojemu przerażeniu pochłonęli wszystkie eklery i torciki szwarcwaldzkie z wózka z deserami. Jak zauważyłem, po dwie sztuki zjadł chłopiec, żarłoczny tłusty wieprz.

Musiałem zatem wybrać między wodnistą odrobiną biszkoptu z owocami i bitą śmietaną, jakąś kompozycją bezową, o której wiedziałem, że eksploduje jak balon, kiedy tylko dotknę jej łyżeczką, i wreszcie którymś z kilkunastu skromnych rozmiarów kubeczków puddingu karmelowego, ozdobionego skąpymi maźnięciami zaskorupiałego żółtego kremu. Z melancholią w duszy wybrałem pudding karmelowy, a kiedy baryłkowate trio ciężko człapało koło mojego stolika z podbródkami świecącymi od czekolady, na ich uprzejme, odkarmione uśmiechy zareagowałem kamiennym spojrzeniem, które poinformowało mych tłustych współbiesiadników, że drugi raz taki numer nie przejdzie. Chyba to do nich dotarło. Następnego dnia przy śniadaniu zajęli stolik poza moim polem widzenia i obchodzili mnie szerokim łukiem, kiedy stałem koło wózka z sokami.

Bournemouth to pod wieloma względami świetne miasto. Po pierwsze leży nad morzem, z którego będzie pożytek, jeśli globalne ocieplenie rozwinie cały swój potencjał, po drugie są esowate parki, znane pod zbiorową nazwą Pleasure Gardens. Pięknie dzielą one centrum miasta na dwie połowy i zapewniają zakupowiczom przytulną oazę, w której mogą odpocząć po długim marszu z jednej części centrum do drugiej — oczywiście gdyby nie parki, nie byłoby długiego marszu i konieczności odpoczynku. *C'est la vie.*

Kiedyś parki nazywały się na planach miasta Upper Pleasure Gardens i Lower Pleasure Gardens*, lecz jakiś radny miejski czy inna troskliwa instytucja uświadomili sobie nader wątpliwe moralnie implikacje umieszczenia obok siebie słów „Lower" i „Pleasure" i skutecznie lobbowali za usunięciem „Lower" z nazwy. Teraz mamy tylko Upper Pleasure Gardens i Pleasure Gardens, toteż leksykalni zboczeńcy zostali eksmitowani na plażę, gdzie mogą zaspokajać swoje żądze, macając popiersia, zwane też biustami. Takie jest Bournemouth — do bólu mieszczańskie i dumne z tego.

Znając ten starannie pielęgnowany mieszczański wizerunek, przeprowadziłem się tutaj w 1977 roku z wyobrażeniem, że miasto jest angielskim odpowiednikiem Bad Ems czy Baden-Baden — wymanikiurowane parki, ocienione palmami dziedzińce z orkiestrami, luksusowe hotele, w których panowie w białych rękawiczkach polerują mosiądz, piersiaste starszawe panie w futrach z norek wyprowadzają na spacer te małe pieski, które człowiek ma wielką ochotę kopnąć (oczywiście nie z okrucieństwa, lecz dla sprawdzenia, jak daleko polecą). Niestety, muszę ze smutkiem donieść, że prawie nic z tych rzeczy na mnie nie czekało. Parki były bardzo ładne, ale zamiast ociekających złotem kasyn i zachwycających Kursälen proponowały małą estradę z rzadka wykorzystywaną w niedziele przez różnej jakości orkiestry dęte w konduktorskich strojach. Dalej sterczały — jeśli komuś to słowo źle się kojarzy w kontekście Lower Pleasure Gardens, to przepraszam — małe drewniane konstrukcje ozdobione kolorowymi szklanymi naczyniami ze świeczkami w środku. Jak mnie zapewniano, w bezwietrzne letnie wieczory

---

* Upper Pleasure Gardens — Górne Ogrody Przyjemności; Lower Pleasure Gardens — Dolne Ogrody Przyjemności (przyp. red.).

świeczki czasem zapalano, dzięki czemu naczyńka zamieniały się w opalizujące motyle, krasnoludki i inne zaczarowane stwory. Tak mnie w każdym razie informowano, sam nigdy nie widziałem tego spektaklu. Brak środków i niezrozumiała skłonność młodzieży do odrywania naczyniek i rozbijania ich u stóp kolegów dla rozrywki w sumie złożyły się na to, że drewniane konstrukcje po jakimś czasie zdemontowano.

Spacerowałem po (Lower) Pleasure Gardens i dotarłem do centrum informacji turystycznej przy Westover Road, aby sprawdzić ofertę rozrywkową. Nie sprawdziłem, bo trzeba było zapłacić za każdą wydrukowaną informację, która nie wisiała na ścianie. Wyśmiałem ich i wyszedłem.

Na pierwszy rzut oka centrum miasta wyglądało tak samo jak dawniej, ale w rzeczywistości postęp i władze miejskie wszędzie zaznaczyły swoją obecność. Na sporym odcinku Christchurch Road, głównej ulicy w centrum, wprowadzono strefę pieszą i postawiono przy niej dziwaczną konstrukcję ze szkła i stalowych rur, która wyglądała jak przystanek autobusowy dla olbrzymów. Dwie galerie sklepowe wyremontowano, były też McDonald's, Waterstone's i Dillon's, jak również parę innych placówek mniej bezpośrednio związanych z moimi potrzebami życiowymi. Zmiany w większości polegały jednak na ubytkach, a nie uzupełnieniach. W domu handlowym Beale's zamknięto wyśmienity dział książkowy, Dingle's nieroztropnie pozbyło się części restauracyjnej, a Bealeson's, jeszcze jeden dom handlowy, całkiem przestał istnieć. Zniknął także International Store tudzież, co bardziej mnie zasmuciło, przyjemna mała piekarnia, a wraz z nią najlepsze pączki na świecie. Cóż, wszystko przemija. Po stronie plusów należy zapisać, że nie zauważyłem ani jednego śmiecia, podczas gdy za moich czasów Christchurch Road była ogólnodostępnym wysypiskiem.

Niedaleko od nieistniejącej już piekarni, przy Richmond Hill, znajdował się piękny, utrzymany w stylu art déco budynek redakcji „Bournemouth Evening Echo", gdzie pracowałem przez dwa lata w pomieszczeniu żywcem wyjętym z powieści Dickensa — porozrzucane kartki papieru, kiepskie oświetlenie, dwa rzędy zgarbionych postaci za biurkami, a wszystko pogrążone w ciężkiej, przygniatającej ciszy. Słychać było tylko nerwowe skrobanie ołówków i ciche, ale rozbrzmiewające echem „pstryk" z chwilą, gdy przeskoczyła wskazówka minutowa zegara ściennego. Kiedy przyglądałem się swojej dawnej redakcji z drugiej strony ulicy, przeszedł mnie lekki dreszcz.

Po ślubie na dwa lata pojechaliśmy z żoną do Stanów, gdzie skończyłem studia. Praca w „Echo" była zatem nie tylko moją pierwszą prawdziwą posadą w Wielkiej Brytanii, ale również pierwszym prawdziwie dorosłym zajęciem. Przez dwa lata spędzone w redakcji cały czas czułem się jak czternastolatek, który udaje dorosłego, niewątpliwie z tego powodu, że prawie wszyscy inni dziennikarze mogliby być moimi ojcami — prawie, bo dwóch mogłoby być moimi dziadkami.

Siedziałem między dwoma życzliwymi i kompetentnymi mężczyznami, Jackiem Straightem i Austinem Brooksem, którzy przez dwa lata cierpliwie tłumaczyli mi znaczenie terminu *sub judice**i ważne angielskie rozróżnienie między „zaborem pojazdu" i „kradzieżą pojazdu". Dla mojego własnego bezpieczeństwa powierzono mi redagowanie informacji na temat Townswomen's Guild i Women's Institute. Codziennie otrzymywaliśmy od tych stowarzyszeń całe stosy biuletynów, utrzymanych w jednolitym kwiecistym stylu i zawierających wciąż te same nudziarstwa: „Pan Arthur Smoat z Pokesdown zaprezentował nam niezwykle fascynujący pokaz sztuki rzucania na ścianę cieni zwierząt", „Pani Evelyn Stubbs zaszczyciła zgromadzonych gości niezwykle fascynującą i komiczną opowieścią na temat przebytej przez nią niedawno operacji usunięcia macicy", „Pani Throop nie była w stanie wygłosić zaplanowanego odczytu na temat tresury psów, ponieważ została niedawno dotkliwie pogryziona przez swojego mastyfa Prince'a, ale pani Smethwick dzielnie wypełniła lukę przezabawną relacją ze swoich doświadczeń jako dorywcza organistka pogrzebowa". Każda informacja obejmowała całe strony podziękowań, próśb o wsparcie finansowe, przegadanych reportaży o udanych wentach i śniadaniach dobroczynnych, ze szczegółowym wyliczeniem, kto dostarczył którą potrawę i jakie wszystkie były smakowite. Nigdy praca mi się tak bardzo nie dłużyła.

Okna dało się otworzyć tylko za pomocą długiego drąga. Mniej więcej dziesięć minut po naszym porannym przybyciu do pracy stary dziennikarz, który ledwo trzymał ołówek w ręku, zaczynał szurać krzesłem, żeby wydostać się zza biurka. Wstanie zajmowało mu z grubsza godzinę, przez następną godzinę kuśtykał do okna i majstrował przy nim drągiem, a przez kolejną godzinę odstawiał drąg i wracał za biurko. Jak tylko usiadł, mężczyzna naprzeciwko niego zrywał się, maszerował do okna, zamykał je drągiem

---

* *Sub judice* — w trakcie postępowania sądowego (przyp. red.).

i wracał na swoje miejsce z prowokacyjną miną. Niezrażony starzec ze stoickim spokojem od nowa rozpoczynał szuranie krzesłem. Odbywało się to codziennie przez dwa lata niezależnie od pory roku.

Nigdy nie widziałem, żeby któryś z nich zrobił coś związanego z pracą w redakcji. Stary oczywiście nie mógł, bo przez cały dzień kursował między biurkiem a oknem, ale młodszy przez większość czasu siedział z niezapaloną fajką w ustach i patrzył na mnie ze złośliwym uśmieszkiem. Za każdym razem, gdy nasze spojrzenia się spotykały, zadawał mi jakieś zagadkowe pytanie na temat Ameryki. „Powiedz mi, czy to prawda, że Mickey Rooney nigdy nie skonsumował swojego małżeństwa z Avą Gardner, jak czytałem?" albo „Często się zastanawiałem, i może mógłbyś mnie w tej kwestii oświecić, dlaczego hawajski ptak nua-nua żywi się tylko skorupiakami z różowymi muszlami, skoro skorupiaki z białymi muszlami liczniej występują, a przy tym mają jednakową wartość odżywczą, jak czytałem".

Patrzyłem na niego całkowicie pochłonięty biuletynami Townswomen's Guild i Women's Institute i mówiłem:

— Proszę?

— Chyba słusznie zakładam, że słyszałeś o ptaku nua-nua?

— Mm, nie.

— Naprawdę? Zadziwiające — odpowiadał, unosząc brew, po czym wracał do ssania fajki.

Cóż to była za przedziwna redakcja! Naczelny, samotnik, któremu sekretarka przynosiła posiłki do gabinetu, rzadko stamtąd wychodził. Widziałem go tylko dwa razy: podczas rozmowy o pracę, która trwała trzy minuty i przez którą odczuł niemały dyskomfort, i powtórnie kiedy otworzył drzwi łączące jego pokój z naszym. Było to tak niezwykłe wydarzenie, że wszyscy unieśli głowy. Nawet złakniony świeżego powietrza staruszek przerwał swe peregrynacje do okna. Naczelny patrzył na nas zastygły ze zdumienia, jakby widok pokoju pełnego dziennikarzy tuż za drzwiami jego gabinetu wprawił go w osłupienie. Przez chwilę sądziłem, że zaraz się odezwie, ale potem bez słowa wrócił do siebie i zamknął drzwi. Już nigdy więcej go nie widziałem. Sześć tygodni później dostałem pracę w Londynie.

Jeszcze coś się zmieniło w Bournemouth: zniknęły wszystkie kawiarenki z syczącymi ekspresami do kawy i lepkimi stołami. Kiedyś trafiało się na jedną co trzy, cztery domy. Nie wiem, gdzie urlopowicze piją dzisiaj kawę

— to znaczy wiem: na Costa del Sol — ale ja musiałem dojść prawie do Triangle koło zajezdni autobusów, żeby uzupełnić niedobory kofeiny w organizmie.

Później ogarnęła mnie ochota, żeby wybrać się na wycieczkę, i wsiadłem w autobus do Christchurch. Wrócić zamierzałem na nogach. Znalazłem miejsce z przodu na górze żółtego piętrusa. Jazda na piętrze autobusu zawsze dobrze mnie nastraja. Można patrzeć na czubki głów ludzi czekających na przystankach (a kiedy po chwili wyjdą po schodach na górę, rzucić im znaczące spojrzenie, które mówi: „Właśnie widziałem czubek twojej głowy"), są też ekscytujące chwile na ostrych zakrętach i rondach, kiedy katastrofa wisi na włosku. Ogląda się świat z zupełnie nowej perspektywy. Miasta generalnie wyglądają ładniej z piętra autobusu, ale zasada ta w największym stopniu sprawdza się właśnie w Bournemouth. Z poziomu ulicy Bournemouth nie różni się szczególnie od innych angielskich miast — mnóstwo oddziałów banków i sklepów z wielkimi taflami okien — ale na piętrze nagle uzmysławiasz sobie, że masz przed oczyma istny wiktoriański klejnot. Przed 1850 rokiem Bournemouth właściwie nie istniało — składało się z kilku gospodarstw pomiędzy Christchurch i Poole — a potem zaczęło się rozwijać w szaleńczym tempie. Powstawały przystanie, promenady, całe mile eleganckich budynków biurowych i willi z narożnymi wieżyczkami tudzież pełnymi finezji zdobieniami, które teraz widują głównie pasażerowie autobusów i czyściciele okien.

Jaka szkoda, że tak niewiele z tych wiktoriańskich skarbów dociera do poziomu ulicy. No, ale gdyby zlikwidować wszystkie witryny i upodobnić partery do reszty budynków, to nie dałoby się zaglądnąć do wnętrza każdego Sketchley's, Boots czy Leeds Permanent Building Society, a nie muszę chyba mówić, jaka to byłaby niepowetowana strata. Wyobraźmy sobie, że mijamy Sketchley's i nie możemy zobaczyć rzędów ubrań w workach foliowych, kolekcji zdezelowanych odkurzaczy piorących i ekspedientki czyszczącej zęby spinaczem. Jakie nudne byłoby wtedy życie! Szkoda nawet zaprzątać sobie głowę takimi pomysłami.

Pojechałem autobusem do samego końca i siecią kładek dla pieszych przedostałem się na Highcliffe Road. Mniej więcej pół mili dalej, w głębi bocznej ulicy, stał zamek Highcliffe, niegdyś dom Gordona Selfridge'a, magnata handlu detalicznego, teraz ruina. ·

Selfridge był interesującym człowiekiem, z którego życia płynie ozdrowieńcza nauka moralna dla nas wszystkich. Ten Amerykanin poświęcił się budowie najlepszego europejskiego imperium domów handlowych, przy okazji przekształcając Oxford Street w główną ulicę handlową Londynu. Prowadził się po spartańsku, chodził wcześnie spać i pracował niestrudzenie. Pił dużo mleka i nie miał żadnych skoków w bok. Ale w 1918 roku zmarła jego żona i to nagłe uwolnienie się od więzów małżeńskich uderzyło mu do głowy. Przygruchał sobie parę węgiersko-amerykańskich ślicznotek znanych w kręgach musicalowych jako Dolly Sisters i zaczął wieść hulaszcze życie. Z Dolly pod każdą pachą szalał po europejskich kasynach i przegrywał ogromne sumy. Prawie co wieczór jadał w restauracji, inwestował krocie w konie wyścigowe i samochody, zbudował Highcliffe Castle i planował budowę dwustupięćdziesięciopokojowej rezydencji w pobliskim Hengistbury Head. W ciągu dziesięciu lat roztrwonił osiem milionów dolarów, stracił firmę, zamek, londyński dom, konie wyścigowe i rolls-royce'y, i skończyło się na tym, że zamieszkał w małym mieszkaniu w Putney i jeździł autobusem. Zmarł bez grosza przy duszy i w prawie całkowitym zapomnieniu 8 maja 1947 roku. Zaznał jednak bezcennej przyjemności posuwania sióstr bliźniaczek, a nie ma w życiu nic ważniejszego.

Dzisiaj dostojną gotycką skorupę zamku Highcliffe otaczają parterowe domy, co daje w wyniku dosyć rażący kontrast. Z tyłu grunta zamkowe schodzą aż do morza przez publiczny parking. Chętnie bym się dowiedział, dlaczego dom popadł w taką ruinę, ale koło posępnego gmaszyska nie było nikogo, a na parkingu nie stał ani jeden samochód. Po chybotliwych drewnianych schodach zszedłem na plażę. Deszcz ustał w nocy, ale niebo wyglądało groźnie, a porywisty wiatr rozwiewał mi włosy i ubranie i okrywał morze pianą. Nie słyszałem nic oprócz huku fal. Walcząc z wiatrem, szedłem wzdłuż plaży w pozycji osoby, która pcha samochód pod górę. Minąłem półkole kabin plażowych, wszystkich pod jeden strychulec, ale pomalowanych na różne jasne kolory. Większość była zamknięta na zimę, ale mniej więcej w trzech czwartych drogi jedna stała otwarta; wyglądała jak czarodziejska skrzynia. Na malutkiej werandzie mężczyzna i kobieta siedzieli na krzesłach ogrodowych, opatuleni jak polarnicy, z pledami na kolanach. Wiatr nacierał tak mocno, że w każdej chwili groził wywróceniem krzeseł do tyłu. Mężczyzna usiłował czytać gazetę, ale wiatr bezustannie owijał mu ją wokół twarzy.

Oboje wyglądali na przeszczęśliwych — a jeśli nie przeszczęśliwych, to bardzo zadowolonych, jakby pili gin z tonikiem pod palmami na Seszelach, nie zaś siedzieli bez mała zamarznięci na angielskiej plaży podczas sztormu. Ich zadowolenie brało się z tego, że byli właścicielami małego kawałka cennej plaży, na którego zakup z pewnością czekali w kolejce tudzież — i tu tkwiła prawdziwa tajemnica ich szczęścia — w każdej chwili mogli schronić się w kabinie, gdzie byłoby im odrobinę mniej zimno, zrobić sobie herbaty, jak również — szczyt ekstrawagancji — zjeść herbatnika zbożowego w polewie czekoladowej. Potem czekały ich dwa radosne kwadranse pakowania rzeczy i zamykania klap. Niczego więcej w życiu nie potrzebowali, aby doprowadzić się do stanu bliskiego ekstazy.

Brytyjczycy między innymi dlatego potrafią tak zauroczyć, że w niewielkim stopniu zdają sobie sprawę ze swoich zalet, co dotyczy zwłaszcza ich poczucia szczęścia. Pewnie będziecie się śmiali, ale według mnie są najszczęśliwszymi ludźmi na świecie. Mówię to z ręką na sercu. Poobserwujcie dwóch rozmawiających ze sobą Brytyjczyków i sprawdźcie, ile upłynie czasu, zanim się uśmiechną albo roześmieją z jakiegoś żartu lub sympatycznej uwagi. Zapewniam was, że nie więcej niż kilka sekund. Jechałem kiedyś z Dunkierki do Brukseli w tym samym przedziale kolejowym z dwoma francuskojęzycznymi biznesmenami, których zachowanie wskazywało, że znają się od dawna. Przez całą podróż rozmawiali ze sobą przyjaźnie, lecz w ciągu tych dwóch godzin na twarzy żadnego z nich ani razu nie pojawił się choćby cień uśmiechu. Można sobie wyobrazić to samo z Niemcami, Szwajcarami, Hiszpanami, a nawet Włochami, ale z Brytyjczykami — nigdy!

Brytyjczykom bardzo łatwo jest sprawić radość. Coś niezwykłego. Oni wręcz wolą małe przyjemności od dużych. Podejrzewam, że właśnie dlatego tak wiele spośród ich specjałów — krakersy, scones*, crumpets**, keks maślany, herbatniki, owocowe shrewsburys — ma tak powściągliwe walory smakowe. Są też jedynym narodem na świecie, który uważa dżem i porzeczki za atrakcyjne składniki deseru. Jeśli naprawdę wystawić ich na pokuszenie — częstując ich tortem albo pralinkami z bombonierki — to zaczną się wahać i martwić, że to niezasłużony luksus, jakby powyżej pewnego poziomu każda przyjemność była czymś nieprzyzwoitym.

---

* Scones — bułeczki na ciepło (przyp. red.).

** Crumpets — placki z konfiturami (przyp. red.).

— Och, nie powinienem — mówią.

— Ależ poczęstuj się — zachęcasz wytrwale.

— W takim razie jedną małą — odpowiadają i dyskretnym ruchem biorą jedną małą, po czym robią taką minę, jakby dopuścili się jakiegoś wielkiego zuchwalstwa. Takie zachowania są zupełnie obce amerykańskiej mentalności. Dla Amerykanina cały sens życia polega na tym, żeby maksymalnie skracać okres pomiędzy kolejnymi rozkoszami zmysłowymi. Przyjemność uważa on za swoje przyrodzone prawo. Czy zaprotestujesz: „Och, nie powinienem", kiedy ktoś ci powie, żebyś oddychał?

Ta osobliwa postawa Brytyjczyków kiedyś była dla mnie zagadką, podobnie jak ich niestrudzony, uparty optymizm, który pozwala im opatrzyć najgorszą okoliczność pozytywnym komentarzem — „Mogło być gorzej", „Niby nic, a cieszy" bądź „Tak naprawdę było całkiem przyjemnie". Stopniowo jednak sam przestawiłem się na ich sposób myślenia i od tej pory jestem szczęśliwy jak nigdy. Siedziałem kiedyś w przemoczonym ubraniu w zimnej kawiarni na brzydkiej nadmorskiej promenadzie i kiedy podano mi herbatę plus bułeczkę z rodzynkami, powiedziałem: „Och, jak cudownie!". Wtedy już wiedziałem, że jestem na dobrej drodze. Wkrótce mnóstwo rzeczy, które robiłem — poprosić w hotelu o parę dodatkowych tostów, kupić u Marksa & Spencera skarpety z czystej wełny, kupić dwie pary spodni, choć przecież można nosić tylko jedną naraz — wydawało mi się strasznie odważne, niemalże zakazane. Moje życie stało się nieskończenie bogatsze.

Wymieniłem uśmiechy ze szczęśliwą parą przed kabiną i poszedłem plażą do Mudeford, wioski położonej na piaszczystym cyplu między morzem a zarośniętym sitowiem Christchurch Harbour. Rozpościera się stamtąd piękny widok na Christchurch Priory. Niegdyś Mudeford było gniazdem przemytników, ale dzisiaj składa się z otoczonego domami ciągu dosyć obskurnych sklepów i serwisu Volvo.

Zostawiłem Mudeford za sobą, by przez Tuckton, Southbourne i Boscombe dojść do Christchurch. Czas nie obszedł się łaskawie z żadną z tych miejscowości. Dzielnice handlowe Christchurch i Southbourne systematycznie chyliły się ku upadkowi, a w Tuckton Bridge w miejscu trawnika koło niegdyś uroczego pubu nad brzegiem rzeki Stour powstał duży parking. Teraz lokal nazywał się Brewers Fayre i należał do browaru Whitbread. Był okropny, lecz oblegany. Płakać się chce. Tylko Boscombe trochę się pozbierało. Kiedyś główna ulica była taka brzydka, że człowiek tracił chęć do życia. Wszędzie walały się śmieci, a za wiktoriańskie fasady powciskano tandetne sklepy i zupełnie nieprzystające do tej architektury supermarkety i domy handlowe. Teraz część ulicy była przerobiona na ładny deptak, Royal Arcade pieczołowicie i ze smakiem restaurowano i pełno było sklepów z antykami, z pewnością ciekawszych do oglądania niż wcześniejsze solaria i sklepy z pościelą. W oknie sklepu Boscombe Antique Market na końcu strefy pieszej wisiała tabliczka z napisem „Kupujemy wszystko!". Oferta wydała mi się niesłychanie wielkoduszna, toteż wszedłem do środka, naplułem na ladę i warknąłem: „Ile mi za to dacie?". Oczywiście niczego takiego nie zrobiłem — sklep był zamknięty — ale miałem na to wielką ochotę.

Z Highcliffe do Bournemouth jest chyba z dziesięć mil i kiedy dotarłem do East Overcliff Drive, moja codzienna *happy hour* już dawno się zaczęła. Stanąłem i oparty o białą poręcz podziwiałem widok. Wiatr ucichł i w bladym świetle wieczoru Poole Bay, jak nazywa się morze koło Bournemouth, wyglądała hipnotyzująco: od wyspy Wight po fioletowawe Purbeck Hills ciągnął się długi, majestatyczny łuk wietrzejących skał i szerokich, złocistych plaż. Światła Bournemouth i Poole mrugały uwodzicielsko w zapadającym zmierzchu. Daleko w dole świeciły radośnie oba mola, a na morzu światła przepływających statków migotały w półmroku. Świat, a przynajmniej ten jego mały zakątek, wydawał się miejscem dobrym i przyjaznym i niezmiernie mnie cieszyło, że tam jestem.

Przez całą tę podróż co jakiś czas wpadałem w panikę na myśl, że będę musiał opuścić tę przytulną i swojską wyspę. Bardzo smutna historia ta moja podróż — trochę jak chodzenie po raz ostatni po ukochanym domu. Bo fakt jest taki, że mi się tutaj podobało. Bardzo mi się podobało. Wystarczył jeden przyjazny gest sklepikarza, miejsce przy kominku w prowincjonalnym pubie albo widok taki jak ten, abym zaczął sobie myśleć, że popełniam wielki błąd i wielką nieroztropność.

I dlatego jeśli spacerowaliście w ten pogodny wieczór po nadmorskich skałach w Bournemouth, mogliście spotkać Amerykanina w średnim wieku, który chodził całkowicie zaabsorbowany własnymi myślami i mruczał pod nosem jak mantrę: „Pomyśl o włosach Cecila Parkinsona. Pomyśl o 17,5-procentowym podatku VAT. Pomyśl o tym, że miałbyś w sobotę załadować samochód po dach śmieciami, pojechać na wysypisko i kolejny raz stwierdzić, że jest zamknięte. Pomyśl o tym, że nie wolno podlewać ogrodu i myć samochodu, mimo że od dziesięciu miesięcy pada deszcz. Pomyśl o tym, że BBC1 w nowej ramówce po raz enty zaserwuje ci powtórkę *Cagney i Lacey*. Pomyśl o...".

ROZDZIAŁ 7

Czerwonym piętrusem pojechałem do Salisbury i byłem zachwycony, kiedy pojazd przechylał się na krętych wiejskich drogach i ocierał o zwisające gałęzie. Bardzo lubię Salisbury, które ma optymalne rozmiary jak na miasto — dostatecznie duże, żeby były tam kina i księgarnie, ale dostatecznie małe i przyjazne, żeby człowiek miał ochotę tam mieszkać.

Przedzierałem się przez zatłoczony plac targowy i zachodziłem w głowę, dlaczego Brytyjczycy tak przepadają za tego typu targowiskami. Zawsze wyglądają przygnębiająco obskurnie, z postawionymi na sztorc skrzynkami, rozdeptanymi liśćmi sałaty i brudnymi plastikowymi plandekami przymocowanymi za pomocą klamerek do wieszania bielizny. Na francuskich targowiskach można przebierać w pięknie zaaranżowanych wiklinowych koszykach z lśniącymi oliwkami, czereśniami i krążkami koziego sera. W Wielkiej Brytanii kupuje się ręczniki kuchenne i pokrowce na deski do prasowania sprzedawane z plastikowych skrzynek po piwie. Brytyjskie targowiska zawsze wpędzają mnie w ponury i krytyczny nastrój.

Spacerując tłocznymi ulicami handlowymi, stwierdziłem, że rzucają mi się w oczy wyłącznie rzeczy nieatrakcyjne — Burger King, Prontaprint, Super Drug i inni rozliczni wrogowie angielskiej High Street, powciskani w budynki bez najmniejszego poszanowania dla ich stylu i wieku, z witrynami oklejonymi plakatami „Wyprzedaż". W centrum miasta, na rogu, który powinien być rozkoszą dla oczu, stał mały budynek mieszczący siedzibę agencji turystycznej Lunn Poly. Na górnych piętrach budowla zachwycała spokojną urodą konstrukcji ryglowej, a na parterze, między wielkimi szybami z odręcznie napisanymi informacjami o tanich lotach na Teneryfę i do Malagi, położono mozaikę z różnobarwnych płytek ceramicznych, która kojarzyła się z ubikacją na dworcu kolejowym King's Cross. Zatrzymałem się i próbowałem sobie wyobrazić, co za ekipa architektów, firmowych projektantów i miejskich urzędników dopuściła do tego gwałtu na pięknym siedemnastowiecznym zabytku, ale mi się nie udało. A przecież fasada nie była gorsza od wielu innych przy tej samej ulicy.

Czasem sobie myślę, że Brytyjczycy mają przewrócone w głowach od nadmiaru dziedzictwa historycznego. Przy takiej ilości wszystkiego łatwo jest potraktować te zasoby jako niewyczerpywalne. Oto kilka liczb: czterysta czterdzieści pięć tysięcy budynków pod ochroną, dwanaście tysięcy średniowiecznych kościołów, sześćset tysięcy hektarów państwowych terenów zielonych, sto dwadzieścia tysięcy mil ogólnodostępnych ścieżek pieszych, sześćset tysięcy stanowisk archeologicznych (w tym zaledwie dwa procent pod ochroną). W mojej wiosce w Yorkshire jest więcej siedemnastowiecznych budynków niż w całej Ameryce Północnej! A jest to dziura o liczbie mieszkańców grubo poniżej stu. Przemnóżcie to sobie przez inne brytyjskie wioski i miasteczka, a zobaczycie, że skarbnica zabytkowych domów, stodół, kościołów, zagród dla zabłąkanych zwierząt, murów, mostów i innych konstrukcji jest przeogromna. Przy takiej obfitości łatwo jest dojść do przekonania, że można część tego usunąć — tu fasadę ryglową, tam georgiańskie okna albo kilkaset jardów prastarego żywopłotu czy muru bezzaprawowego — bo i tak mnóstwo zostanie. W rzeczywistości kraj jest obskubywany na śmierć.

Zdumiewa mnie, jak mało rygorystyczne są reguły planowania przestrzennego w tak wrażliwym środowisku. Nawet w dzielnicach chronionych właściciel domu może wymienić oryginalne drzwi i okna na nowe, położyć dachówki w stylu meksykańskiej hacjendy, pokryć ścianę frontową okładziną ze sztucznego kamienia, zlikwidować murek wokół ogrodu, ozdobić trawnik mozaikami i dobudować ganek ze sklejki, a mimo to zostać uznanym za człowieka, który pieczołowicie chroni zabytkowy charakter okolicy! W gruncie rzeczy nie wolno mu tylko jednego — zburzyć domu, ale i to jest uważane jedynie za drobne wykroczenie. W 1992 roku firma deweloperska z Reading zburzyła pięć zabytkowych budynków, stanęła za to przed sądem i zapłaciła sześćset siedemdziesiąt pięć funtów grzywny.

Mimo że w ostatnich latach trochę podniosła się świadomość społeczna w tej dziedzinie, właściciele nieruchomości nadal mogą robić prawie wszystko ze swoimi domami, rolnicy nadal mogą stawiać gigantyczne szopy z blachy i likwidować żywopłoty, British Telecom może zastępować czerwone budki telefoniczne kabinami prysznicowymi, rafinerie mogą w dowolnym miejscu rozciągać nad stacjami benzynowymi wielkie płaskie wiaty, a detaliści mogą narzucać plastikowy styl swojej sieci istnym perłom architektury i nie da się nic w tej sprawie zrobić. To znaczy jest jedna rzecz: można przestać być ich klientem. Z dumą informuję, że od lat nie byłem w drogerii Boots i moja noga tam nie postanie, dopóki nie odrestaurują fasad swoich głównych placówek w Cambridge, Cheltenham, Yorku i innych miastach, które na życzenie chętnie dopiszę do tej listy, i z ochotą przemókłbym do suchej nitki przy tankowaniu, gdybym w promieniu dwudziestu mil od domu znalazł stację benzynową bez wiaty.

Muszę uczciwie przyznać, że Salisbury dba o siebie znacznie lepiej niż większość innych miast. Pociąga to za sobą paradoksalny skutek: właśnie dlatego, że miasto jest takie piękne, szczególnie trudno znieść nieliczne przypadki jego oszpecenia. Można jednak odnieść wrażenie, że następuje stopniowa poprawa. Władze miejskie wymogły niedawno na właścicielu kina, żeby zachował ryglową fasadę szesnastowiecznego budynku w centrum, zauważyłem też dwa miejsca, w których deweloperzy pieczołowicie przywracali stan pierwotny budynków okaleczonych w mrocznych latach sześćdziesiątych i siedemdziesiątych. Jeden z inwestorów chwalił się na tablicy, że taką przyjął strategię. Życzę tej firmie, aby rozkwitała po wieczne czasy.

Wybaczę Salisbury wszystko, byle nikt nie majstrował przy placu katedralnym. Nie ulega dla mnie wątpliwości, że katedra w Salisbury jest najpiękniejszą budowlą w Anglii, a Cathedral Close najpiękniejszym placem. Każdy kamień, każda ściana, każdy krzak jest dokładnie taki, jak być powinien. Wydaje się, że każdy człowiek, który przyłożył do tego rękę, przyczynił się do upiększenia tego miejsca. Usiadłem na ławce i przez dobre pół godziny zachwycałem się piękną kompozycją złożoną z katedry, zieleni i dostojnych kamienic. Zostałbym dłużej, ale zaczęło mżyć, więc wstałem, żeby jeszcze trochę pozwiedzać. Najpierw poszedłem do muzeum miejskiego w nadziei, że trafię w kasie na życzliwego pracownika, który pozwoli mi zostawić plecak na czas zwiedzania muzeum i katedry. (Trafiłem, wielkie dzięki dla niego!). Muzeum jest genialne i zachęcam was, żebyście je jak najszybciej obejrzeli. Zamierzałem zabawić tam tylko chwilę, ale nie mogłem się oderwać od starorzymskich znalezisk, starych obrazów, makiet Old Sarum i tym podobnych historii, od których jestem uzależniony.

Szczególnie zainteresowała mnie Stonehenge Gallery, bo wybierałem się obejrzeć megality następnego dnia rano. Z uwagą przestudiowałem wszystkie opisy. Zdaję sobie sprawę, że prawię banały, ale Stonehenge to naprawdę niesamowite osiągnięcie. Każdy głaz ciągnęło pięciuset ludzi, a dodatkowych stu przekładało rolki. Wyobraźcie sobie, że próbujecie namówić sześciuset ludzi do pomocy w przeciągnięciu pięćdziesięciotonowego kamienia na odległość osiemnastu mil, potem stawiacie go pionowo i mówicie: „Dobra, chłopaki, jeszcze dwadzieścia takich, plus trochę nadproży i ewentualnie kilkadziesiąt pięknych bloków walijskiego piaskowca — i możemy zabalować!". Kierownik robót w Stonehenge był sakramencko skutecznym motywatorem.

Z muzeum przeszedłem po szerokim trawniku do katedry. Jeśli należycie do tych nieszczęśników, którzy jeszcze nigdy tam nie byli, to pragnę was z tego miejsca ostrzec, że katedra w Salisbury od dawna dzierży prymat wśród angielskich świątyń, jeśli chodzi o pazerność na pieniądze. Dawniej miałem mocno nieprzychylny stosunek do wyciągania funduszy od turystów przez zarządców budynków kościelnych, ale podczas rozmowy z wikarym uniwersyteckiego kościoła Najświętszej Marii Panny w Oksfordzie (najczęściej zwiedzanego kościoła parafialnego w Anglii) dowiedziałem się, że trzysta tysięcy gości rocznie zostawia w skarbonkach zaledwie osiem tysięcy funtów i od tej pory mój pogląd na tę sprawę zdecydowanie złagodniał. Wszystkie te wspaniałe zabytki zasługują na nasze hojne wsparcie. Aliści Salisbury wychodzi daleko poza — nazwijmy to — dyskretne pozyskiwanie funduszy.

Najpierw — jak w kinie — człowiek mija kasę biletową, gdzie jest zachęcany do uiszczenia „dobrowolnej" opłaty za wstęp w wysokości dwóch funtów i pięćdziesięciu pensów, a po wejściu do środka co krok czyhają na niego kolejne roszczenia finansowe. Każą mu zapłacić za wysłuchanie nagranej informacji, wykonanie estampażu, na wsparcie katedralnego chóru żeńskiego i Towarzystwa Miłośników Katedry, jak również pomoc w odrestaurowaniu tak zwanej flagi Eisenhowera, poważnie spłowiałego i postrzępionego Gwiaździstego Sztandaru, który powiewał nad kwaterą dowództwa amerykańskiego w pobliskim Wilton House. (Wrzuciłem dziesięć pensów i karteczkę z pytaniem: „Ale czemu dopuściliście do tego, żeby uległa takiemu zniszczeniu?"). W sumie doliczyłem się dziewięciu różnych skarbonek między kasą biletową a sklepem z pamiątkami — dziesięciu, jeśli uwzględnić świece wotywne. Poza tym nie dało się ujść więcej niż kilku jardów bez trafienia na pionową przeszkodę: stelaż z tablicą ze zdjęciami przedstawiającymi pracowników katedry (uśmiechali się jak personel Burger Kinga) lub działalność misjonarską Kościoła bądź też na szklaną gablotę ukazującą kolejne fazy powstawania katedry — bardzo ciekawe, ale nadające się raczej do muzeum po drugiej stronie placu. Co za cyrk! Kiedy zaczną nas wsadzać na elektryczny wózek i każą się zanurzyć w „Fascynującym Świecie Katedry w Salisbury", zaludnionym przez cybernetycznych wolnomularzy i mnichów? Daję im góra pięć lat.

Odebrałem od sympatycznego kasjera w muzeum swój plecak i poszedłem do biura informacji turystycznej, gdzie młodemu człowiekowi za ladą przedstawiłem projekt skomplikowanej trasy przez Wiltshire i Dorset, ze Stonehenge przez Avebury i Lacock do Stourhead Gardens, a może Sherborne, po czym spytałem, którymi mam jeździć autobusami, żeby zdążyć zobaczyć wszystkie te miejscowości w trzy dni. Spojrzał na mnie jak na wariata i spytał: „Czy podróżował pan już kiedyś po Wielkiej Brytanii autobusem?". Zapewniłem go, że tak, w 1973 roku. „Przekona się pan, jak sądzę, że od tego czasu trochę się zmieniło".

Przyniósł mi ulotkę z cząstkowym rozkładem jazdy i pomógł zlokalizować króciutką tabelkę z kursami do Stonehenge. Liczyłem na to, że pojadę do Stonehenge wcześnie rano, by po południu znaleźć się już w Avebury, ale natychmiast się zorientowałem, że jest to plan niewykonalny: pierwszy autobus do Stonehenge odjeżdżał parę minut przed jedenastą. Prychnąłem z niedowierzaniem.

— Według mojej wiedzy tutejsi taksówkarze zabiorą pana do Stonehenge, zaczekają na pana i odwiozą z powrotem za jakieś dwadzieścia funtów. Wielu naszych amerykańskich gości wysoko sobie ceni tę usługę.

Wyjaśniłem mu, że chociaż formalnie rzecz biorąc jestem Amerykaninem, mieszkam w Wielkiej Brytanii dostatecznie długo, aby ostrożnie obchodzić się z pieniędzmi i nie rozstałbym się dobrowolnie z sumą dwudziestu funtów za żadną usługę czy towar, którego nie mógłbym zabrać ze sobą do domu, żeby wiernie mi służył przez całe lata. Z całym plikiem rozkładów jazdy autobusów udałem się do pobliskiej kawiarni, wyjąłem z plecaka nabyty specjalnie na tę podróż rozkład kolejowy i przystąpiłem do żmudnej analizy możliwości poruszania się po Wessex środkami komunikacji publicznej.

Z pewnym zaskoczeniem odkryłem, że z wieloma sporymi miejscowościami nie ma połączenia kolejowego — między innymi z Marlborough, Devizes i Amesbury. Poszczególne rozkłady autobusowe nie były ze sobą w żadnym stopniu skoordynowane. Autobusy do takich miejscowości jak Lacock kursowały tragicznie rzadko i natychmiast wracały, dając podróżnemu wybór między pobytem czternastominutowym i siedmiogodzinnym. Nad wyraz zniechęcające.

Z ponurą miną poszedłem do redakcji miejscowego dziennika, gdzie zastałem za biurkiem Petera Blacklocka, starego znajomego z „Timesa", który pracował teraz w Salisbury. Peter powiedział kiedyś nieopatrznie, że on i jego żona Joan z wielką przyjemnością mnie przenocują, gdybym kiedyś zahaczył o Salisbury. Kilka dni wcześniej zawiadomiłem go, że odwiedzę go w redakcji o 16.30 jeszcze niewiadomego dnia. List chyba do niego nie dotarł, bo kiedy przybyłem o 16.29, właśnie wyskakiwał przez okno z tyłu. Oczywiście żartuję! Czekał na mnie z roziskrzonym wzrokiem i roztaczał wokół siebie taką atmosferę, jakby wraz z anielską Joan nie mogli się doczekać, kiedy wtargnę do ich domu, żeby opróżnić im lodówkę i barek, nabałaganić w pokoju gościnnym i umilić im noc siedmiogodzinną wersją mojej słynnej *Symphonie nasale*. Byli wcieleniem gościnności.

Nazajutrz rano Peter pokazał mi kilka tutejszych atrakcji — miejsce, gdzie po raz pierwszy wystawiono *Jak wam się podoba*, czy most występujący w *Barchester Chronicles* Trollope'a — po czym rozstaliśmy się przed budynkiem redakcji. Miałem dwie godziny do odjazdu autobusu, więc wałęsałem się po mieście, zaglądałem do sklepów i wypijałem kolejne kawy, by w końcu iść na dworzec, gdzie na autobus z 10.55 do Stonehenge czekał już tłum ludzi. Autobus przyjechał dopiero po jedenastej, a potem sprzedaż biletów zajęła kierowcy prawie dwadzieścia minut, bo wielu zagranicznych turystów nie mogło zrozumieć, że muszą wyłożyć pieniądze i odebrać pasek papieru, zanim zajmą miejsce. Zapłaciłem trzy funty dziewięćdziesiąt pięć pensów za bilet w obie strony i dwa funty osiemdziesiąt pensów za wstęp w Stonehenge. „Czy interesowałby pana przewodnik za dwa funty sześćdziesiąt pięć pensów?", spytała mnie kasjerka, na co zareagowałem pustym śmiechem.

Od początku lat siedemdziesiątych, kiedy po raz pierwszy odwiedziłem Stonehenge, wiele się tam zmieniło. Zbudowano elegancki nowy sklep z pamiątkami i kawiarnię, ale wciąż nie ma żadnej sali ekspozycyjnej, co jest najzupełniej zrozumiałe. W końcu Stonehenge to tylko jeden z najważniejszych zabytków prahistorii w Europie i jedna z kilkunastu najczęściej odwiedzanych atrakcji turystycznych w Anglii, więc byłoby absurdem wywalać astronomiczne sumy na to, żeby człowiek mógł się czegoś dowiedzieć o tym miejscu. Najdrastyczniejsza zmiana polega na tym, że nie można już podejść do samych kamieni i wydrapać na nich napisu KOCHAM DENISE czy coś w tym guście. Drogę zagradza dyskretna lina znacznie oddalona od potężnego kamiennego kręgu. Oznacza to istotną poprawę, ponieważ dostojne megality nie giną pośród hord turystów, lecz emanują niezakłóconym majestatem.

Stonehenge jest wprawdzie imponujące, ale mniej więcej jedenaście minut po przybyciu nadchodzi moment, kiedy uświadamiasz sobie, że widziałeś już wszystko, co chciałeś zobaczyć. Potem przez następne czterdzieści minut spacerujesz wokół liny, kierując się uprzejmością oraz zażenowaniem, że miałbyś odjechać jako pierwszy ze swojego autobusu, tudzież gorącym pragnieniem, żeby wycisnąć maksymalne korzyści z wydanych dwóch funtów i osiemdziesięciu pensów. W końcu wróciłem do sklepu z pamiątkami, przyjrzałem się książkom i souvenirom, wypiłem kawę ze styropianowego kubka i poszedłem na przystanek, żeby zaczekać na autobus do Salisbury z 13.10. Pozostały do odjazdu czas poświęciłem rozważaniom o dwóch kwestiach: dlaczego nie postawiono ławek i dokąd się teraz wybrać.

ROZDZIAŁ 8

Spośród wielu tysięcy rzeczy, których nigdy nie umiałem pojąć, szczególnie wyróżnia się jedna, a mianowicie kto był pierwszym człowiekiem, który stanął koło kupy piasku i powiedział: „Założę się, że gdybyśmy wzięli trochę piasku, zmieszali z odrobiną potażu i podgrzali, wyszedłby z tego materiał, który byłby twardy, a jednocześnie przezroczysty. Moglibyśmy nazwać go szkłem". Może jestem tępakiem, ale choćbym stał na plaży do końca czasów, nigdy nie przyszłoby mi do głowy, że można z tego robić szyby okienne.

Chociaż podziwiam nadprzyrodzoną zdolność piasku do przeobrażania się w takie użyteczne rzeczy jak szkło i beton, nie przepadam za nim w jego naturalnej postaci. Dla mnie piasek jest przede wszystkim nieprzyjazną przeszkodą między parkingiem i wodą. Sypie w twarz, włazi do kanapek i połyka takie niezbędne do życia przedmioty jak kluczyki i monety. W ciepłych krajach parzy w stopy i każe krzyczeć „auć!", i wskakiwać do wody w sposób, który bawi ludzi lepiej wysportowanych. Do mokrej skóry przywiera jak gips i nie da się go usunąć nawet sikawką strażacką. Ale — czy to nie dziwne? — jak tylko wejdziesz na ręcznik plażowy, wsiądziesz do samochodu lub przebiegniesz przez niedawno odkurzony dywan, natychmiast spada.

Później przez wiele dni przy każdym ściąganiu butów wysypujesz zadziwiająco duże i tajemniczo niemalejące kupki piasku na podłogę, a przy zdejmowaniu skarpetek rozsiewasz dokoła dalsze jego ilości. Piasek trzyma się człowieka dłużej niż wiele zakaźnych chorób. I psy używają go jako klozetu. Informuję was zatem, że możecie sobie zabrać cały piasek, ja rezygnuję ze swojej działki.

Gotów jestem jednak zrobić wyjątek dla Studland Beach, na której znalazłem się teraz w wyniku burzy mózgu, jaką sobie urządziłem poprzedniego dnia w autobusie do Salisbury. Pogrzebałem w pamięci i trafiłem na obietnicę złożoną przed laty samemu sobie: któregoś dnia przejdę się nadmorskim szlakiem w Dorset. I oto w ten słoneczny jesienny poranek, świeżo po zejściu z promu do Sandbanks i ściskając w garści sękatą laskę zakupioną w przypływie lekkomyślności w Poole, wędrowałem wzdłuż tego majestatycznego, przepięknego wybrzeża.

Cudowny dzień na wycieczkę. Na błękitnym morzu tańczyły błyski światła, po niebie snuły się chmury białe jak pościel, a od domów i hoteli Sandbanks za moimi plecami bił niemal śródziemnomorski blask. Z radosnym sercem odwróciłem się i ruszyłem po mokrym, zbitym piasku na skraju wody w stronę miejscowości Studland i urodziwych zielonych wzgórz za nią.

Półwysep Studland jest znany jako jedyne miejsce, gdzie można oglądać wszystkie siedem brytyjskich gadów — zaskrońca, gniewosza plamistego, żmiję, padalca, jaszczurkę żyworodną, jaszczurkę piaskową i Michaela Portillo*. Na sporym odcinku plaża jest zarezerwowana dla naturystów, co zawsze zwiększa atrakcyjność spaceru, aczkolwiek tego dnia na całych jej trzech milach nie spotkałem żywej duszy. Przed sobą miałem wyłącznie dziewiczy piasek, a za sobą odciski własnych stóp.

Studland to ładna mała miejscowość rozproszona pośród drzew, z normańskim kościołem i pięknymi widokami na zatokę. Poszedłem ścieżką wokół wsi, a potem do góry w stronę Handfast Point. W połowie drogi spotkałem parę spacerującą z dwoma dużymi psami bliżej nieokreślonego pochodzenia. Psy baraszkowały w wysokiej trawie, ale jak zawsze na mój widok naprężyły mięśnie, ich spojrzenie zapłonęło, a kły wydłużyły się o co najmniej cal — krótko mówiąc, miałem naprzeciwko siebie dwa drapieżniki. Natychmiast były przy mnie, ujadały wściekle, walczyły ze sobą o moje ścięgna i okropnie żółtymi zębami szarpały mnie za roztańczone kostki.

— Moglibyście zabrać ode mnie te zasrane psy? — zawołałem głosem Myszki Minnie.

Właściciel podbiegł wielkimi susami i wziął je na smycz. Miał na głowie idiotyczną czapkę bejsbolową.

— To przez pana laskę — powiedział oskarżycielskim tonem. — Nie lubią lasek.

---

* Michael Portillo — konserwatywny polityk, były minister obrony Wielkiej Brytanii (przyp. red.).

— Co, atakują tylko kaleków?

— Nie, po prostu nie lubią lasek.

— W takim razie może pańska durna żona powinna iść z przodu z tablicą: „Uwaga! Nadchodzą wściekłe psy!".

Jak możecie sobie wyobrazić, byłem troszkę podenerwowany.

— No, no, słonko, po co te osobiste wycieczki?

— Pana psy zaatakowały mnie bez powodu. Nie powinien pan mieć psów, skoro pan nad nimi nie panuje. I nie mów pan do mnie „słonko", koleś.

Piorunowaliśmy się wzrokiem. Przez moment wyglądało na to, że skoczymy sobie do gardeł i zaczniemy tarzać się w błocie. Z najwyższym trudem powstrzymałem w sobie chęć strącenia mu czapki z głowy. Potem jeden z psów znowu zainteresował się moimi kostkami i odstąpiłem kilka kroków do tyłu. Stałem tam i wygrażałem im laską jak obłąkaniec z rozwianym włosem.

— Czapkę też pan ma durną! — krzyknąłem, kiedy poszli na dół.

Następnie otrzepałem kurtkę, spróbowałem się uspokoić i ruszyłem w dalszą drogę. No bo co w końcu, kurczę blade.

Handfast Point to porośnięty trawą cypel, który nagle opada dwieście stóp do groźnie spienionego morza. Potrzeba szczególnego połączenia odwagi i głupoty, żeby podejść do samej krawędzi i spojrzeć w dół. Kawałek od brzegu stoją dwa wapienne słupy zwane Old Harry i Old Harry's Wife, jedyne pozostałości mostu lądowego, który niegdyś łączył Dorset z wyspą Wight. Wyspa leży osiemnaście mil od wybrzeża i ledwo ją było widać pośród słonych mgieł.

Za cyplem ścieżka wspina się stromo na Ballard Down. Dla takiego świszczącego starego dziadygi jak ja była to ciężka przeprawa, ale opłaciło się ze względu na niesamowity widok — jakby człowiek znajdował się na szczycie świata. Wzgórza Dorset falowały aż po horyzont jak strzepnięte prześcieradło. Wiejskie drogi wiły się pośród szerokich żywopłotów, a zbocza były upstrzone zagajnikami, gospodarstwami i kremowymi plamkami owiec. Ogromne srebrzystobłękitne morze ciągnęło się aż po spiętrzoną górę cumulusów. Daleko pode mną Swanage przywierało do skalistego cypla na skraju zatoki w kształcie podkowy, za mną leżało Studland i płaskie mokradła Poole Harbour i Brownsea Island, a jeszcze dalej bezkresne pola uprawne. Było zbyt pięknie, żeby wyrazić to słowami. Przeżyłem jedną z tych rzadkich chwil, kiedy życie wydaje się doskonałe. Gdy tak stałem zahipnotyzowany i zupełnie sam, kłęby chmur nasunęły się na słońce i światło przebiło je cudownymi opalizującymi włóczniami. Wyglądało to jak schody ruchome do nieba. Jedna włócznia kończyła się u moich stóp i w pewnej chwili mógłbym przysiąc, że słyszę niebiańską muzykę, perliste arpeggio harf, i głos, który powiedział do mnie: „Właśnie wysłałem te psy do gniazda żmij. Życzę miłego dnia".

Usiadłem na kamiennej ławce, którą z myślą o takich słabeuszach jak ja przetransportowano na tę strzelistą górę — to naprawdę niesamowite, jak często można się w Wielkiej Brytanii spotkać z tego rodzaju życzliwym gestem — i wyjąłem topograficzną mapę Purbeck. Generalnie nie przepadam za mapami, na których nie ma strzałki JESTEŚ TUTAJ, ale mapy topograficzne to całkiem inna historia. Pochodzę z kraju, w którym kartografowie mają skłonność do pomijania mniejszych elementów krajobrazu, toteż imponuje mi bogactwo szczegółów na mapach tej serii o skali 1:25 000. Podają tam każdą fałdę krajobrazu, każdą kostkę darni, stodołę, kamień milowy, pompę i kurhan. Odróżniają hałdy piasku od hałd żwiru oraz linie energetyczne na słupach drewnianych od linii energetycznych na słupach betonowych. Na tej mapie zaznaczyli nawet kamienną ławkę, na której w tej chwili siedziałem. Niesamowite: spojrzeć na mapę i dowiedzieć się z dokładnością do metra kwadratowego, w którym miejscu spoczywają twoje pośladki.

Studiując leniwie mapę, zauważyłem, że o mniej więcej milę na zachód stoi historyczny obelisk. Ponieważ chciałem się dowiedzieć, dlaczego ktoś postawił pomnik w takim niedostępnym miejscu, ruszyłem w tamtą stronę, żeby rzucić okiem. Była to najdłuższa mila, jaką w życiu przeszedłem. Maszerowałem przez łąki, przez stada płochliwych owiec, przez przełazy i furtki, ale nie widziałem żadnych oznak tego, bym zbliżał się do celu. Uparcie brnąłem jednak do przodu, bo... bo człowiek miewa w życiu chwile głupoty. W końcu dotarłem do skromnego, niczym się niewyróżniającego granitowego obelisku. Częściowo zatarty przez żywioły napis informował, że przedsiębiorstwo wodociągowe z Dorset w 1887 roku doprowadziło do tego miejsca rurę. Hip, hip, hurra, pomyślałem. Zacisnąłem zęby, znowu spojrzałem na mapę i stwierdziłem, że kawałek dalej jest coś, co nazywa się Giant's Grave — Grób Olbrzyma. Brzmi ciekawie, pomyślałem.

Powlokłem się więc dalej, żeby zobaczyć ów grób. I na tym właśnie polega problem. Za każdą poziomicą czeka jakaś intrygująca ciekawostka. Można by spędzić całe życie na przechodzeniu od kamiennego kręgu do rzymskiej osady (a ściślej do pozostałości rzymskiej osady) czy ruin opactwa i nawet na małym obszarze zobaczyć tylko drobny ułamek zaznaczonych obiektów, zwłaszcza jeśli ktoś, tak jak ja, rzadko je znajduje. Grobu Olbrzyma nie znalazłem. Myślę, że byłem blisko, ale nie mam pewności. Wyraźną wadą map topograficznych jest to, że czasem podają zbyt wiele szczegółów. Przy tak szerokim wyborze punktów odniesienia człowiek łatwo sobie wmówi, że jest tam, gdzie chce być. Widzisz grupę drzew, drapiesz się w podbródek i myślisz: „Zaraz, to musi być Hanging Snot Wood, a to znaczy, że ten dziwny pagórek to niemal z całą pewnością jest Jumping Dwarf Long Barrow, a w takim razie to, co widać na tym wzgórzu w oddali, to musi być Desperation Farm"*. Z pełnym zaufaniem maszerujesz więc naprzód, póki nie dotrzesz do jakiegoś punktu orientacyjnego, którego się nie spodziewałeś, na przykład Portsmouth, i zdajesz sobie sprawę, że trochę pobłądziłeś.

W ten właśnie sposób spędziłem ciche, ale męczące popołudnie na łażeniu po dużym, zapomnianym, lecz bardzo zielonym i ładnym zakątku Dorset, poszukując drogi lądowej do Swanage. Im głębiej w (nie zawsze metaforyczny) las, tym mniej rozpoznawalne stawały się ścieżki. Koło trzeciej coraz częściej czołgałem się pod drutem kolczastym, brodziłem przez potoki z plecakiem na głowie, wyrywałem nogę z sideł na niedźwiedzie, wywracałem się i marzyłem o tym, żeby być gdzie indziej. Co jakiś czas zatrzymywałem się, aby odpocząć i próbować zidentyfikować w dookolnym krajobrazie jakiś punkt, który pozwoliłby mi zlokalizować się na mapie. W końcu wstawałem, odlepiałem od siedzenia krowi placek, ponownie zaciskałem zęby i ruszałem w zupełnie nowym kierunku. Tą metodą ku swojemu niemałemu zaskoczeniu dotarłem pod wieczór, brudny, skonany, zakrwawiony i z obolałymi stopami, do Corfe Castle.

Dla uczczenia faktu, że tak mi się poszczęściło, poszedłem do najlepszego hotelu w całym miasteczku, czyli elżbietańskiego pałacu przy głównej ulicy: Mortons House. Hotel robił bardzo przyjemne wrażenie i nastrój nieskończenie mi się poprawił. Na dodatek mieli dla mnie pokój.

---

* Hanging Snot Wood — Las Wiszącego Smarka; Jumping Dwarf Long Barrow — Długi Kurhan Skaczącego Karła; Desperation Farm — Farma Desperacji (przyp. red.).

— Z daleka pan idzie? — spytała recepcjonistka, kiedy wypełniałem kartę meldunkową.

Pierwszą zasadą piechura jest kłamać w żywe oczy.

— Z Brockenhurst — odparłem, kiwając znacząco głową.

— Rany boskie, to kawał drogi!

Prychnąłem po męsku.

— Może, ale mam dobrą mapę.

— A jutro dokąd?

— Do Cardiff.

— Kurczę, na nogach?

— Innego podróżowania nie uznaję.

Dźwignąłem plecak, wziąłem klucze do pokoju i poczęstowałem recepcjonistkę mrugnięciem światowca, które — pochlebiam sobie — przyprawiłoby ją o omdlenie, gdybym był dwadzieścia lat młodszy, znacznie przystojniejszy i nie miał na końcu nosa sporego maźnięcia krowiego łajna.

Przefarbowałem wielki biały ręcznik na czarno, a potem poszedłem zobaczyć wieś, zanim wszystko pozamykają. Corfe to chętnie odwiedzana i ładna miejscowość, złożona z kamiennych wiejskich domów, nad którymi górują szczerbate mury słynnego i obfotografowanego na wszystkie strony zamku — najulubieńszej ruiny brytyjskiej po księżnej Małgorzacie. W zatłoczonej, ale sympatycznej herbaciarni prowadzonej przez fundację ochrony dziedzictwa narodowego National Trust zafundowałem sobie czajniczek herbaty i ciastko, a następnie pomaszerowałem do pobliskiego wejścia na zamek. Wstęp kosztował dwa funty i dziewięćdziesiąt pensów, co wydało mi się trochę wygórowane za kupę gruzu, a poza tym do pory zamknięcia zostało już tylko dziesięć minut, jednak kupiłem bilet, bo nie wiedziałem, kiedy znowu odwiedzę te strony. Zamek dosyć gruntownie rozebrali antyrojaliści podczas wojny domowej, po czym mieszkańcy miasteczka rozdrapali większość tego, co pozostało, więc nie za bardzo jest co oglądać oprócz poszarpanych fragmentów murów, ale widok na dolinę był przepiękny, gasnące słońce okładało zbocza wzgórz długimi cieniami, a z zagłębień terenu wypełzała wieczorna mgła.

W hotelu wziąłem długą gorącą kąpiel, a potem, czując się przyjemnie wypompowany, postanowiłem zadowolić się tymi rozrywkami, które może mi zaoferować Mortons House. Wypiłem w barze parę drinków, po czym wezwano mnie do jadalni. Siedziało tam ośmioro innych gości, bez wyjątku siwych i milczących. Dlaczego Anglicy tak mało mówią w hotelowych jadalniach? Słyszało się tylko delikatny brzęk sztućców i pomruk dwusekundowych wymian zdań w rodzaju:

— Jutro ma być ładnie.

— Tak? To świetnie.

— Mhm.

I cisza.

Albo:

— Zupa jest pyszna.

— Tak.

I cisza.

Zważywszy na charakter hotelu, spodziewałem się w jadłospisie takich pozycji jak brązowa zupa windsorska, rostbef i Yorkshire pudding, ale również w branży hotelarskiej życie nie stoi w miejscu. Karta potraw obfitowała w snobistyczne słowa, których dziesięć lat temu byś nie uświadczył w brytyjskim menu — *noisettes, tartare, duxelle, coulis, timbale* — do czego dochodziła kuriozalnie pretensjonalna frazeologia i duże litery w nieoczekiwanych miejscach. Wybrałem, tu cytat, „Półkole z melona Galia i Suszoną w Powietrzu Szynkę Cumbryjską podaną z Mieszanymi liśćmi Sałaty" na przystawkę, a potem, tu cytat, „Stek Filetowany podany z Sosem z mielonych Czarnych Ziaren Pieprzu, podsmażany na Brandy ze Śmietaną". Lektura nazw sprawiła mi niemal taką samą przyjemność jak konsumpcja potraw.

Ten nowy język szalenie przypadł mi do gustu i z wielką przyjemnością posługiwałem się nim w rozmowach z kelnerem. Poprosiłem go o błysk wody świeżo zaczerpniętej z hotelowego kranu i podanej w szklanym cylindrze, a kiedy przyszedł z bułkami, spytałem, czy mógłbym dostać ujęty w kleszcze szczypiec rondet spulchnionej w piecu pszenicy obłożonej powłoką maku. Kiedy zaczynałem już się rozkręcać i chciałem poprosić o delikatnie napachnione Omo, świeżo wyprane i wyprasowane okrycie nakolanowe w zastępstwie tego, które ześliznęło się z moich kolan i spoczywało na horyzontalnej powierzchni u moich stóp, kelner wręczył mi menu z napisem „Desery" i zrozumiałem, że wróciliśmy do zdroworozsądkowego świata angielskiej mowy.

Anglicy mają osobliwe podejście do jedzenia. Pozwalają się mamić byle jakimi *duxelles* tego i nędznymi *noisettes* tamtego, ale ręce precz od deserów! W karcie widniały wyłącznie kleiste desery o porządnych angielskich nazwach. Zamówiłem ciągnący się pudding karmelowy, który był pyszny. Kiedy skończyłem, kelner zaprosił mnie do salonu, gdzie czekał na mnie *caisson* świeżo zmielonej kawy i rekomendowany przez szefa kuchni wybór płatków miętowych. Udekorowałem blat stołu kółeczkiem miedzianych środków płatniczych wybitych w królewskiej mennicy, powstrzymałem małe wezbranie gazów jelitowych i przemieściłem swoją osobę do salonu.

Pierwszym zadaniem, jakie postawiłem sobie nazajutrz rano, był powrót na nadmorski szlak. Opuściłem Corfe i ciężko zdyszany pokonałem diabelsko stromą drogę do pobliskiego Kingston. Słońce znowu jasno świeciło i widoki z Kingston na Corfe i zamek — z tej odległości miniaturowy — były niezapomniane.

Potem po litościwie płaskiej ścieżce przeszedłem dwie mile lasami i polami koło głębokiej doliny, by powrócić na wybrzeże przy samotnej, dramatycznej wyniosłości o nazwie Houns-tout Cliff. Widok znowu zapierał dech: wzgórza podobne do grzbietów wielorybów, olśniewająco białe klify, małe zatoczki i schowane plaże obmywane przez błękitne, bezkresne morze. Wzrok sięgał aż do Lulworth, celu mojej wędrówki tego dnia, oddalonego o jakieś dziesięć mil i wiele zatrważająco stromych wzgórz na zachód.

A zatem do góry i na dół. Mimo wczesnej godziny jak na tę porę roku było bardzo ciepło. Większość nadmorskich wzgórz w Dorset ma nie więcej niż pareset stóp wysokości, ale są strome i liczne, toteż bardzo szybko byłem spocony, wykończony i spragniony. Zdjąłem plecak i z jękiem skonstatowałem, że zostawiłem w hotelu moją szpanerską butelkę na wodę zakupioną w Poole i troskliwie napełnioną tego ranka. Niełatwo ugasić palące pragnienie, kiedy człowiek nie ma ze sobą nic do picia. Powlokłem się dalej, robiąc sobie nadzieje, że w Kimmeridge będzie pub albo kawiarnia, ale kiedy schodziłem stromą ścieżką do przepięknej zatoki, zrozumiałem, że w tak małej miejscowości raczej nie znajdę tego typu lokalu. Wyjąłem lornetkę, skierowałem ją na Kimmeridge i po chwili namierzyłem parking z pakamerą o bliżej nieokreślonej funkcji. Może mała herbaciarnia na kółkach. Przyspieszyłem kroku, ale dotarłem do Kimmeridge dopiero po prawie godzinie. Zacisnąłem kciuki i pomaszerowałem wzdłuż plaży do rzeczonej pakamery. Był to punkt werbunkowy fundacji na rzecz ochrony zabytków — National Trust, na dodatek zamknięty.

Skrzywiłem się zrozpaczony. Gardło miałem wysuszone, znajdowałem się dziesiątki mil od cywilizacji i nie widziałem wokół siebie żywej duszy. I oto zdarzył się cud: na parking zajechała furgonetka z lodami, rozbrzmiewając radosną muzyką. Niecierpliwie odczekałem dziesięć minut, aż młody lodziarz niespiesznie pootwiera różne klapy i wszystko porozkłada. Jak tylko otworzyło się okienko dla klientów, spytałem go, co ma do picia. Pomyszkował wokół siebie i zakomunikował, że ma sześć małych butelek panda-coli. Kupiłem wszystkie, usiadłem w cieniu furgonetki, gorączkowo odkręciłem jedną plastikową zakrętkę i wlałem sobie do gardła życiodajny płyn.

Absolutnie nie chciałbym sprawiać wrażenia, że panda-cola w jakimkolwiek stopniu ustępuje jakością coca-coli, pepsi, seven-up, sprite'owi czy dziesiątkom innych napojów orzeźwiających, które z niezgłębionych przyczyn są tak chętnie konsumowane. Nie jest również prawdą, abym uważał podawanie napoju orzeźwiającego na ciepło za przejaw angielskiej ekscentryczności. Niemniej jednak panda-cola miała w sobie coś wysoce niezadowalającego. Opróżniałem jedną butelkę po drugiej i w brzuchu mi chlupotało, ale nie mogę powiedzieć, żebym zaspokoił pragnienie. Z ciężkim westchnieniem schowałem ostatnie dwie butelki do plecaka (aby oddalić od siebie groźbę odwodnienia) i ruszyłem w dalszą drogę.

Parę mil za Kimmeridge, po drugiej stronie monumentalnie wysokiego wzgórza, leży zapomniana wieś Tyneham, a raczej to, co z niej zostało. W 1943 roku wojsko na jakiś czas eksmitowało mieszkańców Tyneham, bo chciało poćwiczyć strzelanie z armat w okoliczne wzgórza. Mieszkańcom uroczyście obiecano, że kiedy Hitler dostanie ostatecznego kopniaka w tyłek, będą mogli wrócić. Po pięćdziesięciu latach dalej czekali. Wybaczcie obrazoburczy ton, ale takie zachowanie wydaje mi się skandaliczne, dlatego że jest to potwornie niewygodne nie tylko dla mieszkańców (zwłaszcza tych, którzy zapomnieli odwołać zamówienie na mleko), ale również dla takich biedaków jak ja, którzy muszą liczyć na to, że droga przez poligon jest otwarta. Bo czasem jest. Tego dnia akurat była — roztropnie to wcześniej sprawdziłem — więc mogłem pokonać strome wzgórze za Kimmeridge i rzucić okiem na skupisko pozbawionych dachu domów, czyli z grubsza to, co zostało z Tyneham. Pod koniec lat siedemdziesiątych, kiedy pojechałem tam po raz pierwszy, Tyneham było smętne, zarośnięte i prawie nieznane. Od tego czasu stało się swoistą atrakcją turystyczną. Władze hrabstwa zbudowały duży parking, a szkołę i kościół odrestaurowały i urządziły tam muzea z fotografiami pokazującymi, jak wyglądało Tyneham w dawnych czasach. Trochę szkoda, bo znacznie bardziej mi się podobało, kiedy było prawdziwą wymarłą wsią.

Wiem, że wojsko musi gdzieś ćwiczyć strzelanie, ale mogłoby sobie wybrać jakieś nowe i mniej atrakcyjne wizualnie miejsce do rozwalenia — na przykład Keighley. Co dziwne, na zboczach wzgórz nie dostrzegłem żadnych śladów zniszczenia. W strategicznie istotnych miejscach stały wielkie czerwone tablice z numerami, ale były tak samo nietknięte jak krajobraz dokoła. Może armia strzela piankowymi kulami. Ja nie umiałbym tego stwierdzić, ponieważ całkowicie mnie wyczerpała zakończona powodzeniem próba zdobycia wierzchołka Rings Hill, położonego wysoko nad zatoką Worbarrow. Widok był rewelacyjny, sięgał aż do Poole, moją uwagę przykuło jednak bolesne odkrycie, że ścieżka gwałtownie schodzi z powrotem na poziom morza, by po chwili wspiąć się jeszcze bardziej stromo na kolejną wyniosłość. Wzmocniłem się panda-colą i ruszyłem dalej.

Wspomniane wzniesienie, Bindon Hill, było zabójcze. Nie dość, że sięgało dolnych rejonów stratosfery, to jeszcze było uwieńczone ciągnącym się mniej więcej w nieskończoność sinusoidalnym grzbietem. Zanim w moim polu widzenia znalazła się rozproszona miejscowość West Lulworth i rozpocząłem długie, niezborne zejście, nogi się pode mną rozłaziły we wszystkie strony, a między palcami stóp pulsowały bąble. Dotarłem do Lulworth zataczającym się krokiem osoby, która w filmie przygodowym wróciła z pustyni po wielodniowej samotnej wędrówce, zlany potem, mruczący do siebie jak obłąkaniec i puszczający nosem pieniste kółka od panda-coli.

Ale przynajmniej pokonałem najtrudniejszy etap drogi i znowu znalazłem się pośród cywilizacji, w jednym z najbardziej uroczych małych kąpielisk w Anglii. Mogło być już tylko lepiej.

ROZDZIAŁ 9

Wiele lat temu, z myślą o dzieciach, które rzeczywiście później się pojawiły, ktoś z rodziny mojej żony dał nam całe pudło książeczek z serii Ladybird z lat pięćdziesiątych i sześćdziesiątych. Wszystkie miały takie tytuły jak *Na słońcu* czy *Słoneczne dni nad morzem*, a precyzyjnie narysowane wielobarwne ilustracje przedstawiały dostatnią, zadowoloną i niezaśmieconą Wielką Brytanię, w której słońce zawsze świeciło, sklepikarze się uśmiechali, a dzieci w świeżo wyprasowanych ubrankach czerpały szczęście i przyjemność z niewinnych rozrywek — jazdy autobusem na zakupy, puszczania łódki w parkowym stawie czy rozmowy z przyjaznym policjantem.

Moja ulubiona książeczka nazywała się *Przygoda na wyspie*. Przygód jako takich znalazłem tam niewiele — o ile dobrze sobie przypominam, kulminacją było znalezienie przyssanej do skały rozgwiazdy — ale strasznie mi się podobała ze względu na ilustracje (autorstwa utalentowanego i nieodżałowanego J.H. Wingfielda), przedstawiające wyspę ze skalistymi zatoczkami i rozległymi widokami, która była niemylnie brytyjska, ale panował na niej śródziemnomorski klimat, a parkingi z parkomatami, salony bingo i salony gier biły po oczach swoją nieobecnością. Sfera komercyjna ograniczała się do paru cukierni i herbaciarni.

Pod dziwnym wpływem tej książki przez ileś lat zgadzałem się zabierać rodzinę na wakacje nad brytyjskie morze, wierzyłem bowiem, że któregoś dnia znajdziemy to zaczarowane miejsce, gdzie lato jest zawsze słoneczne, woda ciepła jak w jacuzzi, a masowa turystyka nieznana.

Kiedy nareszcie zaczęliśmy taśmowo produkować dzieci, okazało się, że te książeczki w ogóle im się nie podobają, a to dlatego, że postacie nigdy nie robiły niczego bardziej dramatycznego niż wizyta w sklepie ze zwierzętami czy patrzenie, jak rybak maluje swój kuter. Próbowałem im tłumaczyć, że jest to pożyteczne przygotowanie do życia w Wielkiej Brytanii, ale nie dały się przekonać i ku mojej rozpaczy zainwestowały swoje uczucia w parę denerwujących matołów imieniem Topsy i Tim.

Wspominam o tym teraz, bo ze wszystkich małych nadmorskich miejscowości, w których spędziliśmy wakacje, Lulworth najbardziej zbliżyło się do wyidealizowanego obrazu w mojej głowie. Było niewielkie, sympatyczne, z miłą, staroświecką atmosferą. W sklepach sprzedawano ekwipunek plażowy z bardziej niewinnej epoki — drewniane żaglówki, zabawkowe siatki na patyku, kolorowe piłki plażowe w długich sznurkowych workach — a w nielicznych restauracjach zawsze siedzieli radośni wycieczkowicze, którzy pili herbatę z mlekiem. W prześlicznej, prawie okrągłej zatoczce u stóp miasteczka było pełno kamieni i głazów, na które dzieci mogły się wspinać, i płytkich rozlewisk, w których mogły szukać miniaturowych krabów. W sumie uroczy zakątek.

Wyobraźcie sobie zatem moje zdumienie, kiedy świeżo oskrobany z brudu wyszedłem z hotelu, aby udać się na poszukiwania zasłużonej sutej kolacji, i odkryłem, że prawdziwe Lulworth ma niewiele wspólnego z tym, które zachowałem w pamięci. Jego centralnym punktem był wielki i mało urodziwy parking, o którego istnieniu zupełnie zapomniałem. Sklepy, puby i pensjonaty przy ulicy prowadzącej do zatoczki były zaniedbane i chyba nie narzekały na nadmiar klientów. Wszedłem do dużego pubu i prawie natychmiast tego pożałowałem. Cuchnęło tam zjełczałym piwem i wszędzie stały przyprawiające o oczopląs automaty do gry. Byłem jednym z nielicznych klientów, ale na prawie każdym stole stały puste szklanki po piwie, a popielniczki osypywały się od niedopałków, opakowań po chipsach i innych śmieci. Moja szklanka była lepka, a piwo ciepłe. Wypiłem i sprawdziłem inny pub w pobliżu. Okazał się trochę mniej obskurny, ale tylko odrobinę bardziej zachęcający: wystrój sfatygowany, a z głośników leciała muzyka w stylu Kylie Minogue, czyli „głośno wrzeszcz i machaj cycuszkami". Nic dziwnego (a przemawiam tutaj jako entuzjasta tego sposobu spędzania wolnego czasu), że tak wiele pubów traci klientelę.

Zniechęcony udałem się do pobliskiej restauracji, w której jadaliśmy kiedyś z żoną sałatkę krabową i snobowaliśmy się na wytworne towarzystwo. Również tutaj sporo się zmieniło. Menu zeszło do poziomu „krewetki, frytki i groszek", jedzenie było z gruntu przeciętne. Najbardziej jednak zapadała w pamięć obsługa. W żadnej innej restauracji nie widziałem takiej mistrzowskiej nieudolności. Lokal pękał w szwach i wkrótce stało się oczywiste, że nikt ze stołowników nie jest zadowolony. Prawie każde danie, które przychodziło z kuchni, rozmijało się z zamówieniem. Niektórzy siedzieli całe wieki bez jedzenia, a innym przynoszono wszystko naraz. Zamówiłem koktajl z krewetek, czekałem pół godziny, a potem odkryłem, że część krewetek jeszcze się nie rozmroziła. Odesłałem je z powrotem i już nigdy więcej ich nie widziałem. Po kolejnych czterdziestu minutach kelnerka przyszła z gładzicą, frytkami i groszkiem, a że nie znalazła na to danie innych chętnych, to wziąłem, chociaż zamówiłem łupacza. Kiedy skończyłem jeść, obliczyłem rachunek według karty, zostawiłem pieniądze na stole, potrąciwszy sobie trochę za zamrożone krewetki, i wyszedłem.

Potem wróciłem do głęboko odstręczającego hotelu z nylonową pościelą i zimnymi kaloryferami, położyłem się do łóżka, poczytałem książkę w świetle siedmiowatowej żarówki i przysiągłem sobie solennie, że póki żyję, już nigdy nie odwiedzę Lulworth.

Rano po przebudzeniu zobaczyłem, że za oknami jest ulewa i wieje porywisty wiatr. Zjadłem śniadanie, uregulowałem rachunek i spędziłem sporo czasu na wbijaniu się w rozmaite przeciwdeszczowe rzeczy. Zagadkowa sprawa: normalnie ubieram się bez przygód, ale dajcie mi parę ortalionowych spodni, a będzie to tak wyglądało, jakbym nigdy w życiu nie ubierał się bez czyjejś pomocy. Przez dwadzieścia minut wpadałem na ściany i meble, wywracałem się do donic, ale moim największym osiągnięciem z dziedziny sportów ekstremalnych było przeskoczenie na jednej nodze piętnastu stóp odcinka i owinięcie szyi wokół słupka poręczy.

Nareszcie w pełnym rynsztunku ujrzałem się przypadkiem w lustrze i stwierdziłem, że wyglądam zupełnie jak wielka niebieska prezerwatywa. Z denerwującym szelestem ortalionu przy każdym kroku włożyłem plecak, chwyciłem laskę i wyruszyłem w góry. Wspiąłem się na Hambury Tout, mijając Durdle Door tudzież dolinę o stromych zboczach i ekscytującej nazwie Scratchy Bottom*, po czym stromą, błotnistą, zygzakującą ścieżką zmierzałem ku samotnej, spowitej mgłą wyniosłości zwanej Swyre Head. Pogoda była okropna, deszcz wpędzał w obłęd.

Czy mogę was prosić o przeprowadzenie małego eksperymentu? Bębnij-

---

* Scratchy Bottom — Swędzący Zadek (przyp. red.).

cie w czubek głowy palcami obu rąk i sprawdźcie, po jakim czasie zacznie wam to działać na nerwy — albo po jakim czasie wszyscy ludzie w pobliżu zaczną się na was gapić. W obu przypadkach zauważycie, że bardzo chętnie byście przerwali tę czynność. A teraz wyobraźcie sobie, że te bębniące palce to krople deszczu, które bezustannie spadają na wasz kaptur i nie może-cie nic w tej sprawie zrobić, na dodatek wasze okulary są dwoma zupełnie bezużytecznymi krążkami zaparowanego szkła i ślizgacie się na rozmokłej ścieżce w sytuacji, gdy jeden fałszywy krok oznacza długi upadek na kamie-nistą plażę — upadek, po którym zostałaby z was mokra plama na kawałku skały, jak dżem na chlebie. Wyobraziłem sobie nagłówki — „Amerykański autor runął w objęcia śmierci — ale i tak miał wyjechać z kraju" — i pełen najgorszych przeczuć maszerowałem dalej.

Z Lulworth do Weymouth jest dwanaście mil. Z lektury *Kingdom by the Sea* Paula Theroux wynosi się wrażenie, że dystans ten można pokonać w tak krótkim czasie, żeby zdążyć przed lunchem wypić herbatę z mlekiem i obsmarować mieszkańców w swoich pamiętnikach, ale zakładam, że The-roux miał lepszą pogodę niż ja. Mnie to zajęło większość dnia. Za Swyre Head na szczęście szło się głównie po płaskich, chociaż wysokich klifach nad trupioszarym morzem, ale grunt był zdradliwy i tempo niezbyt szybkie. Koło zatoki Ringstead góry nagle się kończyły stromym zejściem na plażę. Zjechałem na lawinie błotnej, zatrzymując się tylko po to, żeby przyjąć na brzuch parę głazów i przeprowadzić kilka testów wytrzymałości drzew. Na dole wyjąłem mapę i robiąc z palców suwmiarkę, obliczyłem, że pokonałem zaledwie pięć mil. Zmarszczywszy brwi w obliczu tego ślimaczego tempa, schowałem mapę do kieszeni i powlokłem się dalej.

Deszcz trochę odpuścił i zamienił się w dokuczliwą mżawkę — ten szcze-gólny angielski gatunek mżawki, która wisi w powietrzu i odbiera czło-wiekowi chęć do życia. Koło pierwszej Weymouth wyłoniło się z mgły po drugiej stronie zatoki. Wydałem z siebie okrzyk radości, ale bliskość celu mojej wędrówki była okrutnym złudzeniem. Na rogatki miasta dotarłem po dwóch godzinach, a do centrum wzdłuż nabrzeża po kolejnej godzinie, skonany i utykający. Wziąłem pokój w małym hotelu i długo leżałem na łóżku, nadal w butach i niebieskiej prezerwatywie. W końcu na tyle zrege-nerowałem siły, żeby przebrać się w coś mniej komicznego, z grubsza się umyć i pójść na miasto.

Weymouth spodobało mi się znacznie bardziej niż oczekiwałem.

Miasto posiada dwa tytuły do sławy. W 1348 roku miała tutaj swoją angielską premierę epidemia „czarnej śmierci", a w 1789 roku Weymouth stało się pierwszym na świecie nadmorskim kurortem, kiedy ten obłąkany nudziarz Jerzy III zapoczątkował modę na kąpiele w morzu. Dzisiaj miasto próbuje pielęgnować atmosferę georgiańskiej elegancji i prawie mu się to udaje, aczkolwiek jak w przypadku większości kąpielisk w Anglii można tu dostrzec oznaki powolnego rozkładu, przynajmniej w aspekcie turystycznym. Gloucester Hotel, w którym zatrzymywał się Jerzy ze swoją świtą (wówczas był to prywatny dom), niedawno zamknął podwoje i Weymouth nie mogło się pochwalić ani jednym dużym hotelem wyższej kategorii. Smutne jak na stare nadmorskie miasto. Z radością jednak donoszę, że wciąż jest tutaj wiele dobrych pubów i jedna wyśmienita restauracja, Perry's — wszystko w odrestaurowanej dzielnicy portowej, gdzie kutry rybackie kolebią się na wodzie, a zdrowe morskie powietrze każe oczekiwać, że zza rogu za chwilę wyskoczy Popeye. W porównaniu do pubów Lulworth restauracja Perry's była tłoczna i sympatyczna, co natychmiast poprawiło mi nastrój. Zamówiłem małże z lokalnego połowu, czyli z Poole — po trzech dniach wyczerpującego marszu trochę mnie zaskoczyło, że Poole wciąż liczy się jako „lokalne" — i ze wszech miar godnego polecenia strzępiela, po czym przeniosłem się do ciemnego, zadymionego pubu z gatunku tych, w których człowiek ma poczucie, że powinien włożyć gruby sweter z arrańskiej wełny i kapitańską czapkę. Doskonale się bawiłem i tak dużo wypiłem, że stopy przestały mnie boleć.

Na zachód od Weymouth ciągnie się pięćdziesięciomilowy łuk Lyme Bay. Okolice tuż za miastem nie oferują niczego szczególnie ciekawego, wziąłem więc taksówkę do Abbotsbury i rozpocząłem wędrówkę w połowie długości Chesil Beach. Nie wiem, jak wygląda ta plaża od strony Weymouth, ale na tym odcinku składała się z wielkich hałd kamyczków w kształcie nerki, przez miliony lat gładko wyszlifowanych przez fale. Chodzenie po nich jest prawie niemożliwe, bo przy każdym kroku zapadasz się po kostki. Tuż za plażą biegnie wygodniejsza ścieżka, ale nie widać z niej morza, bo kamienne wydmy je zasłaniają. Nie pamiętam innej równie nudnej pieszej wycieczki. Moje bąble wkrótce zaczęły pulsować. Potrafię wytrzymać większość rodzajów bólu, nawet oglądanie Jeremy'ego Beadle'a, lecz bąble wyjątkowo źle znoszę. Zanim dotarłem do West Bay, byłem gotowy na dłuższy odpoczynek przy smacznym posiłku.

West Bay to dziwna miejscowość, uboga, szara, chaotycznie porozrzucana pośród wydm. Skojarzyła mi się z naprędce skleconym miasteczkiem z czasów gorączki złota. Poszukałem jakiegoś lokalu gastronomicznego i trafiłem na bezpłciową od zewnątrz Riverside Café. Kiedy otworzyłem drzwi, natychmiast otoczyła mnie niezwykła atmosfera. W środku panował ścisk. W powietrzu unosiły się odgłosy pogawędek w londyńskim stylu, a wszyscy klienci wyglądali jak żywcem wyjęci z reklamy Ralpha Laurena: pulowery niedbale zarzucone na ramiona i okulary przeciwsłoneczne nasunięte na włosy. Miałem wrażenie, że jakiś czarodziej przeniósł kawałek Fulham albo Chelsea do tego zapomnianego przez Boga zakątka na wybrzeżu Dorset.

Poza światem londyńskiej gastronomii z pewnością nigdy nie widziałem takiego tempa. Kelnerzy i kelnerki latali jak z piórkiem, próbując zaspokoić niewyczerpany apetyt klientów na jedzenie, a przede wszystkim wino. Było to dla mnie niezwykłe przeżycie. Kiedy tak stałem i próbowałem rozeznać topografię terenu, minął mnie Keith Floyd, telewizyjny guru kulinarny.

W normalnych okolicznościach traktuję lunch dosyć zdawkowo, ale tutaj jedzenie pachniało tak kusząco i atmosfera była tak wyjątkowa, że zamawiałem jak obżartuch. Na przekąskę uraczyłem się *terrine* z przegrzebka i homara, potem zjadłem wyśmienity filet ze strzępiela z zielonym groszkiem i górą frytek, do tego wszystkiego dwa kieliszki wina, a na deser kawałek sernika i kawa. Właściciel, przesympatyczny Arthur Watson, spacerował między stolikami i znalazł czas nawet dla mnie. Powiedział mi, że przed dziesięciu laty był to zwykły bar, w którym serwowano kotlety, hamburgery i frytki, ale stopniowo zaczęli wprowadzać świeże ryby i bardziej wyrafinowane dania, po czym się okazało, że jest na nie duży popyt. Teraz lokal wypełniał się do ostatniego stolika o każdej porze posiłku i otrzymał tytuł restauracji roku w regionie Dorset, mimo że dalej mieli w karcie hamburgery i wszystko podawali z frytkami. Coś fantastycznego.

Minęła trzecia, kiedy opuściłem Riverside Café z ciężką głową, żołądkiem, nogami i wszystkim innym. Usiadłem na ławce, wyjąłem mapę i z konsternacją uzmysłowiłem sobie, że od Lyme Regis wciąż dzieli mnie dziesięć mil i Golden Cap, szczyt o wysokości sześciuset dwudziestu sześciu stóp, najwyższy na południowym wybrzeżu. Bąble pulsowały, nogi bolały, żołądek był groteskowo wzdęty i zaczęło padać.

Nagle zatrzymał się przede mną autobus. Wstałem i wsunąłem głowę w otwarte drzwi.

— Na zachód? — spytałem kierowcy.

Skinął głową. Bez chwili zastanowienia wsiadłem, kupiłem bilet i zająłem miejsce z tyłu. Zawsze powtarzam, że wytrawny piechur musi przede wszystkim wiedzieć jedno: kiedy sobie odpuścić.

ROZDZIAŁ 10

Przenocowałem w Lyme Regis i następnego dnia rano porozglądałem się trochę po mieście, a potem pojechałem autobusem do Axminster i pociągiem do Exeter. Pochłonęło to znacznie więcej czasu, niż się spodziewałem. Zapadał już zmrok, kiedy wysiadłem z pociągu na dworcu St. David's w Exeter. I niestety znowu zaczęło padać.

Spacerowałem po mieście i oglądałem hotele od zewnątrz, ale wszystkie wydawały mi się trochę za bardzo ekskluzywne jak na moją kieszeń. W końcu wylądowałem w biurze turystycznym. Nieco zagubiony i daleko od domu, nie bardzo wiedziałem, czego tutaj szukam. Przewertowałem foldery reklamujące konie pociągowe z Midlands, ośrodki sokolnictwa, stadniny kucyków, galerie zabawkowych kolejek, fermy motyli i — nie żartuję — lecznicę dla żółwi. Nic z tego nie mieściło się w moich wymaganiach rekreacyjnych. Poza tym w prawie wszystkich folderach roiło się od rażących błędów, zwłaszcza interpunkcyjnych — czasem sobie myślę, że jeśli w kolejnym folderze zobaczę „Englands Best" albo „Britains Largest", to pójdę i podpalę rzeczonego lidera. Na liście dodatkowych atrakcji z reguły widniał „darmowy parking", „sklep z pamiątkami i herbaciarnia" tudzież „dziecięca kraina przygód" (a pod spodem ci durnie zamieszczali zdjęcie, z którego wynikało, że jest tam tylko jedna drabinka i kilka plastikowych zwierząt na sprężynach). Kto daje się nabrać na te plewy? Nie umiem powiedzieć.

Na ladzie stała tabliczka z informacją, że rezerwują pokoje, poprosiłem więc sympatyczną panią o pomoc w tej sprawie. Odpytała mnie bez ogródek na okoliczność, ile jestem gotów zapłacić, co zawsze mnie krępuje i wydaje mi się nieangielskie. Drogą eliminacji ustaliliśmy, że należę do kategorii, którą można nazwać tanią, lecz wymagającą. Tak się złożyło, że w Royal Clarence mieli ofertę specjalną: dwadzieścia pięć funtów za dobę pod warunkiem, że obiecam nie ukraść ręczników. Skwapliwie skorzystałem z okazji, bo mijałem ten hotel po drodze i bardzo przypadł mi do gustu: duży, biały georgiański budynek na placu katedralnym. Pokój był świeżo wyremontowany i taki wielki, że można by tam zorganizować hotelową olimpiadę z takimi dyscyplinami jak rzut piłką do kosza na śmieci, bieg meblowy z przeszkodami, skok wspomagany na łóżko (człowiek wiesza się na drzwiach od łazienki, odpycha nogami od framugi i w odpowiednim momencie puszcza) i inne ulubione sporty samotnego podróżnego. Zrobiłem krótki, lecz intensywny trening, wziąłem prysznic, przebrałem się i wygłodzony ruszyłem w miasto.

Exeter nie jest łatwo pokochać. Podczas wojny został gruntownie zbombardowany, dzięki czemu władze miejskie miały możliwość odbudować go w betonie i z możliwości tej entuzjastycznie skorzystały. Chociaż niedawno minęła szósta, centrum było prawie wymarłe. W nikłym świetle latarni ulicznych zaglądałem w witryny sklepowe i czytałem te dziwne nagłówki prowincjonalnych gazet, które zawsze mnie fascynowały, bo są albo zupełnie niezrozumiałe dla przyjezdnych (*Pocztowy gwałciciel znowu atakuje*, *Beulah ucieka z domu*), albo takie nudne, że trudno sobie wyobrazić, jak ktoś mógł pomyśleć, że podniosą sprzedaż (*Kontrakt na wywózkę śmieci: w ratuszu wrze*, *Telefoniczni wandale znowu w akcji*). Mój ulubiony nagłówek — przysięgam, że autentyczny, widziałem go przed laty w Hemel Hempstead — brzmiał: *Kobieta, 81, zmarła*.

Może trafiłem na nieodpowiednie ulice, ale wyglądało na to, że w centrum Exeter nie ma żadnych restauracji. Szukałem czegoś bezpretensjonalnego bez słów „Nadobny", „Wegański" i „Miedziany Kocioł" w nazwie. W końcu dotarłem do pagórkowatej ulicy z kilkoma niepozornymi lokalami i na chybił trafił wszedłem do restauracji chińskiej. Nie umiem tego wytłumaczyć, ale w chińskich restauracjach zawsze czuję się nieswojo, zwłaszcza jeśli jem sam. Zawsze mam wrażenie, że kelnerka mówi do kucharza: „Wołowe chop suey z ryżem dla tego imperialistycznego psa przy stoliku pięć". A pałeczki potwornie mnie stresują. Czy jestem samotnym wyznawcą poglądu, że naród dostatecznie pomysłowy, aby wynaleźć papier, proch, latawce i całe mnóstwo innych pożytecznych rzeczy, naród, który przed wieloma tysiącami lat stworzył wielką cywilizację, do tej pory nie pokapował, że para drutów dziewiarskich to nie jest najlepsze narzędzie do nabierania jedzenia? W każdym razie spędziłem godzinę na dźganiu ryżu, paćkaniu obrusa sosem i unoszeniu pięknie zbalansowanych kawałków mięsa do ust, by w którymś momencie odkryć, że zniknęły po drodze i nigdzie nie można ich znaleźć. Kiedy skończyłem, stół wyglądał tak, jakby odbyła się przy nim ostra awantura. Paląc się ze wstydu, zapłaciłem rachunek, wymknąłem się na ulicę i wróciłem do hotelu, gdzie trochę pooglądałem telewizję i pożywiłem się obfitymi resztkami jedzenia, które znalazłem w fałdach swetra i za podwinięciami spodni.

Rano wstałem wcześnie i o ósmej godzinie poszedłem rozejrzeć się po Exeter. Ponura mgła nie przydawała miastu urody, chociaż plac katedralny był bardzo ładny, a sama katedra otwarta mimo tak wczesnej pory, co mi bardzo zaimponowało. Posiedziałem trochę z tyłu i posłuchałem porannej próby chóru. Coś cudownego. Potem pomaszerowałem do starego portu, żeby sprawdzić, co można tam zobaczyć. Dzielnicę pięknie odrestaurowano i urządzono tam sklepy i muzea, które o tej porze dnia — a może roku — były jednak zamknięte i nie widziałem dokoła żywej duszy.

Kiedy wróciłem na High Street, właśnie otwierano sklepy. Nie zjadłem śniadania, ponieważ nie było zawarte w promocyjnej cenie mojego pokoju, wyruszyłem więc na poszukiwania kawiarni. Znowu szukaj wiatru w polu. Skończyło się na tym, że poszedłem do Marksa & Spencera kupić sobie kanapkę.

Chociaż dom handlowy dopiero co otworzył podwoje, dział spożywczy był zatłoczony i do kas stały długie kolejki — miałem przed sobą ośmiu innych zakupowiczów. A raczej osiem zakupowiczek, były to bowiem same kobiety, które bez wyjątku wykonały ten sam zagadkowy manewr: udały zaskoczenie, kiedy przyszło do płacenia. Nigdy nie mogłem zrozumieć tego zjawiska. Kobieta stoi i patrzy, jak jej zakupy są nabijane, a kiedy kasjerka mówi: „To będzie cztery funty dwadzieścia pensów, złotko", kupująca robi nagle taką minę, jakby nigdy wcześniej nie była w sklepie. Mówi: „Och!" i zaaferowana zaczyna szukać w torebce portmonetki albo książeczki czekowej, tak jakby nikt jej nie uprzedził o możliwych konsekwencjach wizyty w placówce zaopatrzeniowej.

Mężczyźni przy wszystkich swoich wadach — takich jak mycie dużych, lepkich od smaru części maszyn w zlewie kuchennym albo zapominanie, że świeżo pomalowane drzwi nie wysychają w pół minuty — generalnie nieźle sobie radzą z płaceniem. Czas spędzony w kolejce poświęcają na inwentaryzację portfela ze szczególnym uwzględnieniem bilonu. Kiedy kasjerka podaje sumę, natychmiast wręczają jej przygotowane pieniądze, trzymają rękę wyciągniętą po resztę tak długo, jak potrzeba, nawet jeśli zaczyna to wyglądać głupio, bo na przykład jest jakiś problem z kasą, a potem — uwaga! — wkładają resztę do kieszeni, już odchodząc, zamiast dojść do wniosku, że teraz jest najlepszy moment na poszukanie kluczyków albo zrobienie porządku w kwitkach za ostatnie pół roku.

Skoro już się wdałem w tę seksistowską dygresję, to chciałbym postawić kilka pytań. Dlaczego kobiety nigdy nie wyciskają pasty do zębów od końca tubki i zawsze proszą kogoś innego o zmianę żarówki? Jak to możliwe, że odbierają bodźce zapachowe i dźwiękowe, które pozostają poza zasięgiem ludzkich narządów zmysłowych, i skąd wiedzą, przebywając w innym pomieszczeniu, że zamierzasz za chwilę wsadzić palec w lukier na świeżo upieczonym cieście? A przede wszystkim dlaczego tak bardzo je denerwuje, kiedy spędzasz w ubikacji więcej niż cztery minuty dziennie? Nad tą ostatnią zagadką głowię się najdłużej. Z pewną kobietą, z którą jestem na dosyć zażyłej stopie, regularnie prowadzimy surrealistyczne rozmowy, które przebiegają mniej więcej tak:

— Co ty tam robisz? — pada poirytowane pytanie.

— Odkamieniam czajnik. A co myślałaś?

— Siedzisz tam już pół godziny. Czytasz?

— Nie.

— Nie bujaj, słyszę, jak szeleścisz.

— Naprawdę nie czytam.

To znaczy chwilę temu czytałem, ale teraz rozmawiam z tobą, moja droga.

— Zasłoniłeś dziurkę od klucza? Nic nie widzę.

— Błagam cię, powiedz mi, że nie próbujesz zajrzeć na czworakach przez dziurkę od klucza, żeby zobaczyć, jak twój mąż wypróżnia się we własnej łazience. Błagam cię.

— Wychodź natychmiast. Siedzisz tam prawie trzy kwadranse i czytasz.

Odchodzi, a ja myślę sobie: „Czy to się naprawdę zdarzyło, czy też może zabłądziłem na wystawę dadaistów?". A potem, kręcąc głową, wracam do lektury czasopisma.

Trzeba jednak powiedzieć, że kobiety doskonale sobie radzą z dziećmi, wymiocinami i pomalowanymi drzwiami — trzy miesiące po tym, jak farba wyschła, kobieta dotyka drzwi w taki sposób, jakby podejrzewała, że się na nią rzucą — co wiele rekompensuje, uśmiechałem się więc wyrozumiale do pleców skonfundowanych pań, które stały przede mną. Kiedy przyszła moja kolej, zademonstrowałem tym, które stały za mną, jak się załatwia takie sprawy, ale szczerze mówiąc, nie sądzę, żeby przyswoiły sobie tę lekcję.

Zjadłem kanapkę na ulicy, wróciłem do hotelu, spakowałem się, zapłaciłem za pokój, znowu wyszedłem na ulicę i pomyślałem: „Co teraz?". Pomaszerowałem na dworzec kolejowy i przyjrzałem się migoczącym ekranom telewizyjnym. A może by pojechać do Plymouth albo Penzance? Najbliższy pociąg odchodził jednak dopiero za kilka godzin. Za to do Barnstaple mógłbym pojechać od razu. A więc najpierw do Barnstaple, stamtąd zaś autobusem wzdłuż wybrzeża północnego Devonu do Taunton albo Minehead. Po drodze mógłbym się zatrzymać w Lynton i Lynmouth, a może również w Porlock i Dunster. Pomysł wydawał się doskonały.

Poprosiłem kasjera o bilet do Barnstaple. Powiedział, że bilet w jedną stronę kosztuje osiem funtów osiemdziesiąt pensów, ale może mi sprzedać powrotny za połowę tej ceny.

— Byłby pan tak dobry i wyjaśnił mi, jaka kryje się za tym logika?

— Byłbym, gdybym wiedział, sir — odparł z chwalebną szczerością.

Z plecakiem i biletem poszedłem na odpowiedni peron, usiadłem na ławce i obserwowałem dworcowe gołębie. Cóż to za płochliwe i nierozgarnięte stworzenia! Nie umiem sobie wyobrazić bardziej pustego, mniej satysfakcjonującego życia. Oto instrukcja, jak być gołębiem:

1. Pospaceruj chwilę bez określonego planu, dziobiąc niedopałki i inne nienadające się do spożycia obiekty. 2. Przestrasz się kogoś idącego po peronie i ucieknij na dźwigar. 3. Wysraj się. 4. Powtórz cały cykl.

Monitory na peronie nie działały, a informacji podawanych przez głośniki nie rozumiałem — dopiero po dłuższym czasie wykombinowałem sobie, że „Egzema" to tak naprawdę Exmouth — więc za każdym razem, kiedy przyjeżdżał jakiś pociąg, musiałem wstawać i zasięgać języka. Z powodów, które nie poddają się racjonalnemu wyjaśnieniu, koleje brytyjskie zawsze umieszczają tablicę z nazwą stacji docelowej na przodzie lokomotywy, co byłoby bardzo wygodne, gdyby pasażerowie czekali na torach, ale nie jest chyba idealnym rozwiązaniem z punktu widzenia tych, którzy wsiadają z boku. Najwyraźniej nie byłem jedynym pasażerem, który nie rozumiał tego, co mówili przez głośniki, bo kiedy pociąg do Barnstaple wreszcie przyjechał, kilkoro z nas cierpliwie ustawiło się w kolejce do pracownika British Rail i spytało go, czy to jest pociąg do Barnstaple.

Zagraniczni czytelnicy mogą nie wiedzieć, że wiąże się z tym pewien rytuał. Chociaż słyszałeś, jak konduktor powiedział do poprzedzającej cię osoby, że to jest pociąg do Barnstaple, musisz podejść i zapytać: „Przepraszam, czy to jest pociąg do Barnstaple?". Ale to jeszcze nie koniec. Kiedy konduktor potwierdzi, że długi skład po prawej to istotnie jest pociąg do Barnstaple, musisz pokazać na niego ręką z pytaniem: „Ten?". Po wejściu do wagonu musisz jeszcze rzucić w eter kolejne: „Przepraszam, czy to jest pociąg do Barnstaple?", na co wszyscy ci odpowiedzą, że według ich wiedzy tak, z wyjątkiem jednego człowieka, który zrobi spanikowaną minę, pozbiera swoje rozliczne manatki i wysiądzie.

Koniecznie musisz usiąść na jego miejscu, ponieważ w większości przypadków stwierdzisz, że zostawił gazetę i ledwo napoczęty batonik, a czasem nawet piękne rękawice z kożuszkiem.

Odjeżdżałem więc z dworca St. David's w Exeter, podczas gdy człowiek obładowany pakunkami truchtał koło mojego okna i dawał wyraz uczuciom, których przez grubą szybę nie byłem w stanie rozszyfrować. Przyjrzałem się łupom: „Daily Mirror" i Kit Kat, ale niestety żadnych rękawic. Z turkotem mknęliśmy przez przedmieścia Exeter, a potem przez bujny krajobraz Devonu. Jechałem tak zwaną Tarka Line — ma to jakiś związek z napisaną w tej okolicy historią pewnej wydry. Krajobraz był przepiękny i wyjątkowo zielony. Nasuwał się wniosek, że podstawową gałęzią brytyjskiego przemysłu jest produkcja chlorofilu. Sunęliśmy między lesistymi wzgórzami, pojedynczymi gospodarstwami i kościołami o kwadratowych wieżach, które wyglądały jak figury z jakichś nadwymiarowych szachów. Wkrótce spłynęła na mnie przyjemna hipnoza, w którą zawsze wprawia mnie ruch pociągu, i tylko półświadomie rejestrowałem nazwy małych miejscowości, przez które przejeżdżaliśmy — Pinhead, West Stuttering, Bakelite, Ham Hocks, Sheepshanks.

Do oddalonego o trzydzieści osiem mil od Exeter Barnstaple jechaliśmy ponad półtorej godziny. Z dworca do centrum idzie się długim mostem nad wartką rzeką Taw. Przez pół godziny spacerowałem wąskimi ulicami handlowymi i po dużej, smętnej hali targowej, w której parę osób handlowało rękodziełem. Ucieszyłem się, że nie muszę tutaj zostawać. Barnstaple było kiedyś ważnym węzłem kolejowym z trzema dworcami, ale teraz jest tylko jeden, z którego odjeżdżają wlokące się żółwim tempem pociągi do Exeter, plus dworzec autobusowy nad rzeką. Wszedłem do tego ostatniego budynku. Dwie kobiety siedziały w biurze przy otwartych drzwiach. Rozmawiały z tym cudacznym akcentem — „Oi be drinkin zoider" — który rządzi w tych stronach świata.

Spytałem je o autobusy do Minehead, położonego na wybrzeżu jakieś trzydzieści mil na wschód. Spojrzały na mnie takim wzrokiem, jakbym spytał o połączenia z Tierra del Fuego.

— O tej porze roku to się pan do Moinhead nie dostanie, mowy nie ma — powiedziała jedna.

— Po pierwszym października nie ma autobusów do Moinhead.

— A Lynton i Lynmouth?

Prychnęły wzgardliwie w obliczu mojej naiwności. Wielka Brytania, rok 1994, a facet chce dojechać autobusem z Barnstaple do Lynton?!

— Porlock?

Prychnięcie.

— Dunster?

Prychnięcie.

Najlepsze, co mogły mi zasugerować, to żebym pojechał autobusem do Bideford i spróbował tam się przesiąść.

— Może z Bideforrrrrd chodzi Scarrrrrlet Loin, ale nie wiem na pewno.

— A będzie tam więcej takich jak wy? — chciałem zapytać, ale nie zapytałem.

Wobec tylu niewiadomych wyszedłem na zewnątrz i zastanowiłem się, co dalej. Wszystkie moje starannie przemyślane plany legły w gruzach. Wróciłem do hotelu o dziwnej nazwie Royal and Fortescue, u milczącej i niesympatycznej kelnerki zamówiłem kanapkę z tuńczykiem i kawę, wygrzebałem z plecaka rozkład jazdy kolei i odkryłem, że mam dwadzieścia trzy minuty na zjedzenie kanapki, wypicie kawy i galop na oddalony o milę dworzec, żeby złapać pociąg do Exeter, gdzie mogłem zacząć od nowa.

Kanapkę zjadłem na kilka gryzów, kawy wypiłem dwa łyki, rzuciłem pieniądze na stolik i poleciałem na dworzec, przerażony, że spóźnię się na pociąg i będę zmuszony spędzić noc w Barnstaple. Zdążyłem na styk. Po przyjeździe do Exeter poszedłem prosto do monitorów z odjazdami. Powziąłem stanowcze postanowienie: wsiądę w pierwszy pociąg dokądkolwiek.

Los skierował mnie w stronę Weston-super-Mare.

ROZDZIAŁ 11

Według mnie istnieją trzy powody, aby nigdy nie czuć się nieszczęśliwym.

Po pierwsze, urodziłeś się. Już samo to jest niezwykłym osiągnięciem. Czy wiedziałeś, że przy każdej ejakulacji (a trzeba powiedzieć, że było ich od metra) twój ojciec produkował z grubsza dwadzieścia pięć milionów plemników, co wystarczyłoby do podwojenia ludności Wielkiej Brytanii w dwa dni? Żebyś się urodził, nie tylko musiałeś się znaleźć pośród tych nielicznych zastrzyków spermy, które miały choćby teoretyczną szansę na rozwój — prawdopodobieństwo śladowe — ale również pokonać dwadzieścia cztery miliony dziewięćset dziewięćdziesiąt dziewięć tysięcy dziewięciuset dziewięćdziesięciu dziewięciu konkurentów.

Po drugie, żyjesz. Przez mikroskopijną na tle wieczności chwilę masz przywilej istnienia. Przez miliardy lat nie był ci on dany. Wkrótce znowu przestaniesz istnieć. To, że możesz przeżywać tę niepowtarzalną chwilę, czytać tę książkę, jeść cukierki, marzyć o gorącym seksie z tą apetyczną panią z księgowości czy sprawdzająco obwąchiwać się pod pachami — po prostu istnieć — jest tak fantastyczne, że aż niewiarygodne.

Po trzecie, masz co jeść, żyjesz w czasach (względnego) pokoju i masz to szczęście, że *Tie a Yellow Ribbon Round the Old Oak Tree* już nigdy nie zajmie pierwszego miejsca na listach przebojów.

Jeśli o tym wszystkim nie zapomnisz, to już nigdy nie będziesz nieszczęśliwy — chociaż trzeba uczciwie przyznać, że jeśli znajdziesz się sam w Weston-super-Mare w deszczowy wtorkowy wieczór, to będziesz bliski tego stanu.

Była szósta z minutami, kiedy wysiadłem z pociągu i poszedłem do miasta, ale całe Weston już się zabarykadowało w domach. Na pustych, ciemnych ulicach zacinał deszcz. Przez betonową dzielnicę handlową dotarłem na promenadę, gdzie niewidoczne czarne morze wydawało z siebie wzburzone szumiące odgłosy. Większość hoteli na nabrzeżu była zamknięta na głucho, a te nieliczne czynne nie wyglądały zbyt zachęcająco. Przeszedłem ponad milę do grupy trzech jasno oświetlonych placówek na drugim końcu promenady i metodą losową wybrałem jedną z nich. Hotel nazywał się Birchfield. Trochę spartański, ale czysty i niedrogi. Można trafić gorzej, o czym wiedziałem z autopsji.

Po krótkiej toalecie wyruszyłem na poszukiwania kolacji i rozrywek. Miałem dziwne wrażenie, że już kiedyś tutaj byłem, chociaż mój jedyny związek z Weston polegał na tym, że John Cleese (nie jestem mitomanem, naprawdę robiłem z nim kiedyś wywiad; nawiasem mówiąc, przemiły człowiek) powiedział mi, iż swego czasu mieszkał z rodzicami w Weston, a po nich wprowadziła się tam rodzina Jeffreya Archera — co wydało mi się niesamowitym zbiegiem okoliczności. Moje déjà vu wynikało z tego, że Weston niczym się nie różniło od dziesiątek innych prowincjonalnych miasteczek. Mieli Boots, Marksa & Spencera, Dixons, W.H. Smitha i całą resztę. Ze smutkiem uzmysłowiłem sobie, że nie było tam ani jednej rzeczy, której bym już milion razy nie widział.

Wypiłem dwa piwa w niesympatycznym i pustym pubie Britannia Inn, po czym znowu wylądowałem w restauracji chińskiej. Nie dlatego, że miałem ochotę na chińskie jedzenie — po prostu nie znalazłem żadnej innej otwartej restauracji. Byłem jedynym klientem. Spokojnie paćkałem obrus ryżem z sosem słodko-kwaśnym, aż tu nagle zagrzmiało i otworzyły się wszystkie upusty niebieskie — naprawdę wszystkie. Rzadko widywałem w Anglii tak ulewne deszcze. Krople waliły o jezdnię jak kulki łożyskowe i po paru chwilach przez okna restauracji nie było nic widać, jakby ktoś je polewał wężem ogrodowym. Do hotelu miałem daleko, więc przedłużałem posiłek w nadziei, że pogoda się poprawi — marzenie ściętej głowy. W końcu nie miałem innego wyboru, jak tylko paść w objęcia deszczowej nocy.

Stanąłem pod markizą sklepową i zastanawiałem się, co dalej. Deszcz bębnił o markizę jak obłąkany, a rynsztoki zamieniły się w rwące strumienie, które wylewały się na chodniki. Kiedy zamknąłem oczy, brzmiało to jak wielki konkurs stepowania. Naciągnąłem kurtkę na głowę, dzielnie wyszedłem na ulicę, po czym sprintem dobiegłem do pierwszego otwartego lokalu, który zobaczyłem — salonu gier. Wytarłem okulary w chustkę i rozejrzałem się. Stałem w wielkiej sali pełnej rozmigotanych automatów do gier. Niektóre emitowały elektroniczne melodie i inne hałasy. Poza pracownikiem, który siedział za ladą z petem w kąciku ust i kolorowym czasopismem na kolanach, w środku nie było nikogo, więc wyglądało to tak, jakby automaty grały same ze sobą.

Z wyjątkiem maszyn, w których strąca się monety z ruchomych progów, tudzież tych oszukaństw, gdzie masz trzy milisekundy na złapanie pluszowego zwierzęcia, chociaż ruchy chwytaka nie są skoordynowane z ruchami sterownika, nie rozumiem się na automatach do gier. Z reguły nie wiem nawet, gdzie wrzucić monetę, a kiedy przypadkiem mi się to uda, nie wiem, jak zacząć grę. Jeśli jakimś cudem pokonam te dwie przeszkody, nie zauważam tego i dalej szukam otworu wrzutowego i guzika z napisem „Start", a cenne sekundy płyną. Potem zostaje mi pół minuty na zorientowanie się w tym zgiełkliwym chaosie, w czym moje dzieci nie bardzo mi pomagają, wrzeszcząc: „Właśnie rozwaliłeś księżniczkę Leilę, ty idioto!". A potem na ekranie pulsuje napis „Game over!".

Nie inaczej było tym razem. Bez żadnego podlegającego racjonalnemu wyjaśnieniu powodu wrzuciłem pięćdziesiąt pensów do automatu do gry o nazwie *Killer Kickboxer*, *Kick His Fucking Brains Out* czy coś w tym guście, po czym przez minutę uderzałem w czerwony guzik i wywijałem joystickiem, a mój bohater — umięśniony blondyn — kopał w zasłony i rzucał w powietrze czarodziejskie talerze, podczas gdy banda równie umięśnionych, ale pozbawionych skrupułów Azjatów tłukła go po nerach i rzucała nim o dywan.

Przez godzinę chodziłem po sali jak w transie, wrzucałem pieniądze i grałem w gry, których nie rozumiałem. Wjeżdżałem samochodami wyścigowymi w stogi siana, unicestwiałem swoich sojuszników za pomocą broni laserowej i nieświadomie pomagałem mutantom zombi w masakrowaniu dziecka. Wreszcie skończyły mi się pieniądze i wyszedłem na ulicę. Ledwo zdążyłem odnotować, że deszcz trochę zelżał, ale ulice spływają strugami wody, która nie mieści się w studzienkach, kiedy czerwony ford fiesta z wielką prędkością przejechał tuż koło krawężnika, przenosząc na mnie całą zawartość sporej kałuży.

Wyświechtane określenie „przemoczony do nitki" nie oddaje sytuacji. Wyglądałem tak, jakbym wpadł do morza. Kiedy otrząsałem się i łapałem oddech, samochód zwolnił, trzy ogolone głowy wyskoczyły z okien, poczęstowały mnie jakimś radosnym pozdrowieniem z gatunku „Nyaa-nyaa, nyaa-nyaa!" i fiesta pojechała dalej. Posępnie człapałem promenadą, chlupocząc przy każdym kroku i trzęsąc się z zimna. Wolałbym w tej radosnej kronice nie uderzać w patetyczne tony, ale stosunkowo niedawno przeszedłem względnie poważne zapalenie płuc. Nie chcę powiedzieć, że stałem nad grobem, ale byłem na tyle chory, że oglądałem *This Morning with Richard and Judy* i nie miałem najmniejszej ochoty znowu znaleźć się w takim stanie. Jakby mało było tych wszystkich upokorzeń, fiesta wykonała rundę honorową i jej złaknieni rozrywek pasażerowie znowu zwolnili, by obdarzyć mnie kolejnym triumfalnym „Nyaa-nyaa!" i odjechać z piskiem opon. Ostro ich przy tym zarzuciło, ale niestety nie wylądowali na latarni.

Zanim dotarłem do mojego odległego hotelu, byłem przemarznięty i mocno nie w sosie. Wyobraźcie sobie zatem, jaką konsternację wzbudziło we mnie odkrycie, że w recepcji nie pali się światło, a drzwi są zamknięte. Spojrzałem na zegarek. Na litość boską, dopiero dziewiąta! Co to za zadupie? Były dwa dzwonki, nacisnąłem je po kolei. Bez reakcji. Może klucz do pokoju pasuje? Nie pasował. Zadzwoniłem jeszcze raz, a raczej oparłem się na dzwonkach coraz bardziej wściekły. Moje wysiłki nie przynosiły jednak żadnego rezultatu i w końcu, w przypływie paniki, plasnąłem w szklane drzwi otwartą dłonią, potem walnąłem w nie pięścią, a na koniec potraktowałem je z buta. Sądzę również, że nocną ciszę rozdarły moje krzyki.

Wreszcie właściciel z zaskoczoną miną pojawił się u szczytu schodów do przyziemia.

— Przepraszam pana — powiedział spokojnie, wpuściwszy mnie do środka. — Długo pan czekał?

Do tej pory czerwienię się na myśl o tym, jak zrugałem tego biedaka. Używałem nieobyczajnych słów i zatraciłem wszelkie poczucie stosowności. Zarzuciłem właścicielowi hotelu i innym mieszkańcom Weston istotne braki w dziedzinie inteligencji i uroku osobistego. Powiedziałem mu, że właśnie spędziłem w tej zapadłej dziurze najokropniejszy wieczór mojego życia, że ekipa młodych ludzi, których łączny iloraz inteligencji wynosił o dziesięć punktów mniej niż u kretyna, ochlapała mnie całą kałużą wody, że przeszedłem milę w mokrym ubraniu, po czym przez prawie pół godziny dygotałem z zimna, bo o dziewiątej wieczór — do jasnej cholery! — nie chcieli mnie wpuścić do hotelu.

— Pozwoli pan sobie przypomnieć — ciągnąłem ochrypłym głosem — że dwie godziny temu powiedziałem panu do widzenia i widział pan, jak wychodzę. Myślał pan, że już nie wrócę? Że przenocuję w parku i rano przyjdę po swoje rzeczy? A może po prostu jest pan kompletnym imbecylem? Proszę mi odpowiedzieć, bo bardzo mnie to interesuje.

Właściciel kulił się pod tym gradem obelg, nerwowo ruszał dłońmi i zasypał mnie przeprosinami. Zaproponował, że poczęstuje mnie herbatą i kanapkami, wysuszy i wyprasuje mi ubranie, odprowadzi mnie do pokoju i osobiście włączy mi ogrzewanie. Zabrakło tylko tego, żeby padł mi do kolan i błagał mnie o przebicie go mieczem. Bez ustanku powtarzał swoją prośbę, abym pozwolił mu przynieść coś ciepłego do jedzenia i picia.

— Mam tylko jedno pragnienie: iść do swojego pokoju i liczyć minuty do wyjazdu z tej zasranej dziury! — krzyknąłem może trochę zanadto teatralnie, ale skutecznie, i polazłem na górę. Tam szwendałem się rozgorączkowany po korytarzu i dopiero po dłuższej chwili uzmysłowiłem sobie, że nie mam pojęcia, który jest mój pokój. Na kluczu nie było numeru.

Wróciłem do recepcji, gdzie znowu nie paliły się światła, i wsunąłem głowę w drzwi do przyziemia.

— Przepraszam — spytałem słabym głosem — czy mógłby mi pan powiedzieć, który mam pokój?

— Numer dwadzieścia siedem, proszę pana — rozległ się głos w ciemnościach.

— Dziękuję — odparłem po chwili.

— Nie ma za co, proszę pana. Życzę dobrej nocy.

Zmarszczyłem brwi i przełknąłem ślinę.

— Dziękuję — powtórzyłem i poszedłem do swojego pokoju.

Noc minęła bez dalszych przygód.

Rano zameldowałem się w jadalni. Tak jak się obawiałem, właściciel już czekał, żeby mnie ugościć. Teraz, kiedy było już sucho, ciepło i słonecznie, a ja porządnie się wyspałem, miałem okropne wyrzuty sumienia z powodu moich nocnych ekscesów.

— Dzień dobry panu! — powiedział właściciel raźnym tonem, jakby nic się nie stało, i posadził mnie przy stoliku koło okna z ładnym widokiem na morze. — Dobrze się panu spało?

Jego przyjacielskość kompletnie zbiła mnie z tropu.

— Mm, tak, owszem.

— Świetnie! Doskonale! Soki i płatki na wózku. Proszę się częstować. Czy podać panu pełne angielskie śniadanie?

Nie mogłem znieść jego niezasłużonej serdeczności. Spuściłem głowę i wybąkałem pod nosem:

— Okropnie mi przykro z powodu tego, co powiedziałem wczoraj wieczorem. Byłem wytrącony z równowagi.

— Nie ma sprawy, proszę pana.

— Naprawdę bardzo pana przepraszam. Strasznie mi wstyd.

— Proszę to uznać za puszczone w niepamięć. To jak — pełne angielskie śniadanie?

— Tak, proszę.

— Już się robi!

Nigdy nie miałem takiej dobrej i miłej obsługi i nigdy aż tak bardzo nie czułem się jak skończona gnida. Migiem przyniósł mi śniadanie, gadając o tym, jaki piękny dzień się zapowiada. Nie mogłem zrozumieć, dlaczego jest taki wybaczający. Dopiero po dłuższym czasie przyszło mi do głowy, jaki dziwny widok sobą przedstawiałem — mężczyzna w średnim wieku poza sezonem przyjeżdża z plecakiem do takiej miejscowości jak Weston, bierze pokój w hotelu, a potem wrzeszczy i tupie tylko dlatego, że deszcz go trochę zmoczył. Pewnie uznał mnie za wariata, zbiega ze szpitala psychiatrycznego, i taka strategia wydała mu się najbezpieczniejsza. A może był po prostu wyjątkowo sympatycznym człowiekiem. Tak czy owak pozdrawiam go z tego miejsca.

W porannym słońcu Weston było zaskakująco ładne. W tle wyspy Flat Holm na środku zatoki ciągnęły się zielone wzgórza Walii, oddalone o jakieś dwanaście mil. Nawet hotele, które poprzedniego dnia tak spostponowałem, teraz prezentowały się całkiem nieźle.

Poszedłem na stację i pojechałem pociągiem do Chepstow, a stamtąd autobusem do Monmouth. Dolina rzeki Wye była taka piękna, jaką ją zapamiętałem sprzed laty — ciemne lasy, wijąca się rzeka, pojedyncze białe domy wysoko na stromych zboczach — ale miasteczka nie poraziły swoją urodą i składały się głównie ze stacji benzynowych, pubów z wielkimi parkingami i sklepów z pamiątkami. Rozglądałem się za Tintern Abbey, rozsławionym przez znany wiersz Wordswortha pod tytułem *Potrafię przynudzać nie tylko w Lake District*, i z rozczarowaniem stwierdziłem, że na przekór mojej pamięci opactwo nie stoi samotnie pośród krajobrazu, lecz na skraju bezpłciowej miejscowości.

Monmouth było jednak ładnym miasteczkiem z pochyloną High Street i okazałym ratuszem. Przed budynkiem wznosił się pomnik Charlesa Stewarta Rollsa, syna lorda i lady Llangattocków, „pioniera baloniarstwa, motoryzacji i awiacji, który w lipcu 1910 roku zginął w wypadku lotniczym w Bournemouth", jak głosił napis. Rzeźbiarz uwiecznił go z modelem wczesnego dwupłatowca w dłoniach, przez co wyglądał jak King Kong, który opędza się od atakującego go samolotu. Nie doczytałem się żadnej wzmianki na temat jego związków z Monmouth. W witrynie księgarni przy Church Street stała jedna z moich książek, co odnotowuję z czysto kronikarskiego obowiązku.

Planowałem kolejną krótką wędrówkę, póki pogoda sprzyjała, nie zabawiłem więc w Monmouth długo. Kupiłem w piekarni drożdżówkę i zjadłem ją po drodze nad Wye. Pięknym kamiennym mostem przeszedłem na walijski brzeg rzeki i ruszyłem w kierunku północnym. Przez pierwsze czterdzieści minut towarzyszył mi nieustanny ruch samochodów na A40, ale w miejscowości Goldsmith's Wood rzeka odbiła od drogi i nagle znalazłem się w innym, nieskończenie bardziej zacisznym świecie. Ptaki urzędowały i ćwierkały pośród drzew, a małe, niewidoczne stworzenia u moich stóp pluskały do wody, kiedy się zbliżałem. Rzeka wiła się opalizująco między wzgórzami porośniętymi przez drzewa w jesiennej szacie. Była przepiękna i miałem ją całą dla siebie. Parę mil dalej zatrzymałem się, aby spojrzeć na mapę, i zauważyłem, że w pobliskim wzgórzu jest Jaskinia Króla Artura. Nie mogłem przepuścić czegoś takiego, więc ruszyłem do góry i rozpocząłem poszukiwania. Po godzinie przełażenia przez głazy i zwalone drzewa znalazłem jaskinię, co mnie trochę zaskoczyło. Nic szczególnego — nieduża grota wyżłobiona przez naturę w wapieniu — ale miałem przyjemne poczucie, że jestem tam pierwszym gościem od wielu lat. W każdym razie brakowało typowych śladów ludzkiej bytności — graffiti i puszek po piwie — co czyniło z Jaskini Króla Artura unikatowe miejsce w Wielkiej Brytanii, a może nawet na całym świecie.

Czas nie stał w miejscu, postanowiłem zatem pójść na skróty po lesistym zboczu. Przegapiłem jednak zagęszczenie poziomic na mapie i po chwili w sposób całkowicie niekontrolowany zbiegałem po prawie pionowej stromiźnie. Wielkimi susami i z rozłożonymi ramionami gnałem przez las niby

George Chakiris w *West Side Story*, z tą różnicą, że znajdowałem się w Walii, a George Chakiris nie narobił w majtki ze strachu. W końcu, po kilku sprężystych fikołkach i epickim osiemdziesięciojardowym ślizgu na brzuchu, zatrzymałem się na krawędzi stustopowej przepaści i wybałuszonymi oczami patrzyłem na rzekę Wye, która iskrzyła się na dole. Jedno spojrzenie na moje nagle znieruchomiałe ciało zdradziło mi, że moja lewa stopa przypadkowo zawadziła o korzeń drzewa. Gdyby korzenia tam nie było, to nie przeczytalibyście tej książki.

Mruknąłem pod nosem: „Dzięki, Boże, masz u mnie duże piwo", dźwignąłem się na nogi, otrzepałem się z gałązek i zgniłych liści, po czym mozolnie wspiąłem się na ścieżkę, którą tak nieroztropnie porzuciłem. Upłynęła kolejna godzina, zanim wróciłem nad rzekę. Jeszcze więcej czasu zajęło mi dojście do Symonds Yat, zakończonego urwiskiem wierzchołka wysokiej góry z widokami w wielu kierunkach. Coś fantastycznego — jak paralotniarz oglądałem zakręty rzeki i arkadyjski krajobraz pól i lasów ciągnący się aż po dalekie Black Mountains.

— Niezłe — powiedziałem — naprawdę niezłe.

Czy w okolicy jest jakieś miejsce, gdzie mógłbym napić się herbaty i ewentualnie zmienić majtki?

ROZDZIAŁ 12

Trzeba być Brytyjczykiem lub człowiekiem starszym ode mnie, a najlepiej jedno i drugie, żeby docenić pewne rzeczy, takie jak Sooty, Tony Hancock, kreskówka *Bill and Ben the Flowerpot Men*, muzyka skiffle, scena z filmu *Morecambe and Wise*, w której Angela Rippon pokazuje w tańcu nogi, Gracie Fields śpiewająca *Sally*, George Formby robiący cokolwiek, serial *Dixon of Dock Green*, sosy HP, solniczki z jedną dużą dziurą, objazdowe wesołe miasteczka, robienie kanapek z własnoręcznie pokrojonego chleba, herbata z dużą ilością mleka, działki rekreacyjne, przekonanie, że domowa elektryka jest ciekawym tematem do rozmowy, parowozy, tosty zrobione w gazowym opiekaczu, pogląd, że wyprawa z partnerem życiowym po tapety jest przyjemnym sposobem na spędzenie dnia, wino pędzone z czegoś innego niż winogrona, nieogrzewane sypialnie i łazienki, landrynki seaside rock, stawianie parawanów na plaży (po co przyszedłeś na plażę, skoro potrzebny ci jest parawan?) i zainteresowanie wyborami uzupełniającymi. I może jeszcze parę atrakcji, które w tej chwili wypadły mi z głowy.

Nie twierdzę, że są to wszystko rzeczy złe, nudne czy poronione. Twierdzę tylko, że ich walory na razie mi umykają. Do tej samej kategorii ostrożnie zaliczyłbym Oksford.

Nobliwa uczelnia o osiemsetletniej tradycji niestrudzonej pracy umysłowej budzi mój najwyższy szacunek, ale muszę przyznać, że nie do końca wiem, po co ona istnieje, skoro Wielka Brytania nie potrzebuje już zarządców kolonialnych umiejących okrasić swoje wypowiedzi łacińskimi sentencjami. Idę sobie oksfordzką ulicą, mijam tych wszystkich profesorów pogrążonych w dyskusjach na temat sporu Leibniza z Clarkiem albo estetyki postkantowskiej i myślę: imponujące, ale może odrobinę próżniacze w kraju, w którym są trzy miliony bezrobotnych, a ostatni wielki wynalazek to światełka odblaskowe wtopione w asfalt? Wczoraj wieczorem Trevor McDonald z radością oznajmił w wiadomościach, że Samsung buduje w Tyneside nową fabrykę z miejscami pracy dla ośmiuset osób gotowych nosić pomarańczowe kombinezony i co rano przez pół godziny ćwiczyć tai-chi. Możecie mnie zwyzywać od zatwardziałych szowinistów, ale moim zdaniem — wygłaszam tę uwagę w duchu przyjaźni — kiedy gospodarka danego kraju tak bardzo oklapła, że jego bezpieczeństwo ekonomiczne zależy od firm koreańskich, to może przyszła pora na rewizję priorytetów edukacyjnych i zastanowienie się, jak obywatele będą zarabiali na chleb w 2010 roku.

Przed laty oglądałem teleturniej, w którym ekipa uczonych brytyjskich zmierzyła się z ekipą uczonych amerykańskich. Drużyna brytyjska zwyciężyła tak przekonywająco, że moderator i publiczność w studio byli głęboko zakłopotani. Miażdżący pokaz intelektualnej wyższości! Wynik końcowy brzmiał mniej więcej dwanaście tysięcy do dwóch. Ale uwaga: jestem przekonany, że gdybyście prześledzili dalsze losy uczestników teleturnieju, to stwierdzilibyście, że wszyscy Amerykanie kasują trzysta pięćdziesiąt tysięcy dolców rocznie, handlując obligacjami albo zarządzając koncernami, podczas gdy Brytyjczycy badają aspekty tonalne szesnastowiecznej muzyki chóralnej z Dolnego Śląska i chodzą w dziurawych swetrach.

Ale bez obawy. Oksford od średniowiecza jest najważniejszą uczelnią brytyjską i gotów jestem się założyć, że nią pozostanie na długo po tym, jak ją przemianują na University of Oxford (Sony UK) Ltd. Trzeba przyznać, że w ostatnich latach można zaobserwować karierę znacznie bardziej komercyjnego myślenia. Podczas mojej wizyty właśnie dobiegał końca pięcioletni program zbierania funduszy, który przyniósł imponujące trzysta czterdzieści milionów funtów wpływów, a uczelnia doceniła wartość korporacyjnego sponsoringu. W folderze z programem studiów można znaleźć takie pozycje, jak Płatki Pszeniczne (Nowość: Bez Dodatku Cukru i Soli) — Katedra Filozofii Wschodu bądź też Wykładziny Dywanowe Harris (Po Co Przepłacać? Codziennie Tysiące Rolek Po Niskich Cenach) — Szkoła Zarządzania.

Praktyka sponsoringu korporacyjnego zakradła się do brytyjskiego życia bez większego rozgłosu. Mamy dzisiaj Canon League, Coca-Cola Cup, Ever-Ready Derby, Embassy World Snooker Championship. Niedługo z pewnością doczekamy się takich rzeczy, jak Kellogg's Pop Tart Queen

Mother, Mitsubishi Corporation Proudly Presents Regents Park i Samsung City (dawniej Newcastle).

Odszedłem jednak od tematu. Moje pretensje do Oksfordu nie mają nic wspólnego ze zbieraniem funduszy ani priorytetami edukacyjnymi. Moje pretensje do Oksfordu wiążą się z tym, że jest taki brzydki. Przespacerujcie się ze mną po Merton Street, a zobaczycie, o co mi chodzi. Kiedy mijamy od tyłu Christ Church College, zwróćcie uwagę na harmonijne formy Corpus Christi College i delikatny złocisty blask Merton College. Znajdujemy się w istnej skarbnicy architektonicznej, jednym z najgęstszych na świecie skupisk zabytkowych budynków, a Merton Street bez wątpienia prezentuje się nader urodziwie: budynki z mansardami, kunsztowne bramy z kutego żelaza, piękne siedemnastowieczne i osiemnastowieczne kamienice. Niektóre budynki zostały nieco oszpecone, bo po ich fasadach biegną kable elektryczne (mniej roztargniony naród puściłby je w środku), ale pal sześć, łatwo je przegapić. Ale cóż to za intruz na dole? Podstacja elektryczna? Szpital psychiatryczny zaprojektowany przez pacjentów? Nie, to dziekanat Merton College! To szkaradzieństwo bezmyślnie dowalono tej skądinąd przepięknej ulicy w latach sześćdziesiątych.

Teraz cofnijmy się na Kybald Street, zapomnianą boczną ulicę, która gubi się w malowniczym labiryncie uliczek między Merton Street i High Street. Od strony wschodniej Kybald Street wychodzi na kieszonkowy placyk, który aż się prosi o małą fontannę i parę ławek. A co widzimy? Samochody chaotycznie zaparkowane w dwóch albo trzech rzędach. A na Oriel Square? To samo, tylko w jeszcze bardziej nieuporządkowanym wydaniu. Teraz idziemy wzdłuż Cornmarket Street (nie patrzcie, bo zwymiotujecie), by zatrzymać się pod skandalicznym betonowym klocem budynku administracji uniwersytetu na Wellington Square. Albo lepiej nie zatrzymujmy się, tylko przejdźmy przez okropne, źle oświetlone, smutne Clarendon Shopping Centre na Queen Street, mińmy równie niepiękne Westgate Shopping Centre i główną bibliotekę z jej bezdusznymi oknami i odpocznijmy pod krostą, w której urzędują władze hrabstwa Oksford. Moglibyśmy iść dalej na St. Ebbes Street, koło brutalistycznego kompleksu sądów grodzkich albo przespacerować się długą i smętną Oxpens Road z warsztatami wulkanizacyjnymi i blacharskimi, parkingami i lodowiskiem położonym wśród żałośnie niedorozwiniętej zieleni, a stamtąd trafić na ruchliwą i zaśmieconą Park End Street, ale sądzę, że możemy spokojnie zakończyć ten rekonesans pod siedzibą rady hrabstwa i nie męczyć niepotrzebnie nóg.

To wszystko by mi zbytnio nie przeszkadzało, gdyby nie fakt, że wszyscy, ale to wszyscy oksfordczycy uważają, że ich miasto należy do najpiękniejszych na świecie, ze wszystkim, co się z tym wiąże w dziedzinie ochrony substancji zabytkowej i ogólnej jakości życia. Oczywiście wiem, że w Oksfordzie są niewypowiedzianie piękne zakątki. Christ Church Meadow, Radcliffe Square, dziedzińce kolegiów, Catte Street i Turl Street, Queens Lane i znaczna część High Street, ogród botaniczny, Port Meadow, parki uniwersyteckie, Clarendon House, cały północny Oksford — palce lizać. Są tutaj najlepsze księgarnie na świecie, kilka genialnych pubów i najwspanialsze muzea, jakie można znaleźć w mieście tej wielkości. Oksford ma niesamowitą halę targową. Ma Sheldonian Theatre. Ma Bodleian Library. Ma trochę urzekających widoków.

Ma jednak również wiele ohydnych naleciałości. Jak do tego doszło? To poważne pytanie. Cóż to za szaleństwo ogarnęło władze miejskie, władze uniwersyteckie i architektów w latach sześćdziesiątych i siedemdziesiątych? Wiedzieliście, że swego czasu zupełnie serio proponowano, aby zburzyć Jericho, dzielnicę pięknych domów rzemieślniczych, i puścić obwodnicę przez Christ Church Meadow? To nie były pomysły chybione, lecz kryminalnie obłąkane. A przecież na mniejszą skalę zrealizowano je w różnych częściach miasta. Widzieliśmy już dziekanat Merton College — bynajmniej nie jest to najgorszy budynek w mieście. Ile nieprawdopodobnych rzeczy musiało się stać, żeby coś takiego zbudowano! Najpierw jakiś architekt musiał to zaprojektować, dokładnie obejrzeć miasto zanurzone w ośmiusetletniej tradycji architektonicznej i po dojrzałej refleksji wymyślić budynek, który wygląda jak toster z oknami. Potem komisja światłych dżentelmenów z Merton College musiała wykazać się wyjątkowym lekceważeniem dla swoich obowiązków wobec potomności i powiedzieć sobie: „Wiecie, od 1264 roku stawiamy ładne budynki, teraz dla odmiany postawmy brzydki". Potem wydział architektury musiał powiedzieć: „Jasne, czemu nie? W Basildon mają dużo gorsze". Potem już tylko całe miasto — studenci, profesorowie, sklepikarze, urzędnicy, członkowie Oxford Preservation Trust — musiało zamknąć gębę na kłódkę i stulić uszy po sobie. Dwieście, trzysta, może czterysta takich nieprawdopodobnych zbiegów okoliczności i mamy współczesny Oksford. I wy mi chcecie wmówić, że to jest jedno z najpiękniejszych i najlepiej zachowanych miast na świecie? Szczerze wątpię. To jest piękne miasto, które już zdecydowanie zbyt długo traktuje się ze skandalicznym lekceważeniem i godną pożałowania niekompetencją. Każdy, kto mieszka w Oksfordzie, powinien się trochę wstydzić.

Rany boskie, ależ wygłosiłem tyradę! Zejdźmy z tych wysokich tonów i przyjrzyjmy się paru ładnym rzeczom. Na przykład Ashmolean. Wspaniała instytucja, najstarsze muzeum poświęcone naszej planecie i bez wątpienia jedno z najlepszych. Dlaczego zawsze świeci pustkami? Przez całe przedpołudnie grzecznie oglądałem tam starożytności i miałem ten cały kram dla siebie, jeśli nie liczyć grupy dzieci szkolnych, które goniły się po salach ścigane przez zestresowanego nauczyciela. Potem poszedłem do Pitt-Rivers i University Museums, na swój sposób („Witamy w latach siedemdziesiątych XIX stulecia") bardzo przyjemnych. Przebrnąłem przez Blackwell's i Dillon's, poszwendałem się po Balliol i Christ Church College, pospacerowałem po University Parks i Christ Church Meadow, obejrzałem Jericho i dostojne, urodziwe rezydencje w północnym Oksfordzie.

Może jestem zbyt surowy dla biednego Oksfordu. Z jego zadymionymi pubami, księgarniami i akademicką atmosferą jest to w sumie rozkoszne miasto, byle nie odrywać wzroku od ładnych rzeczy i nie zbliżać się do Cornmarket czy George Street. Szczególnie podoba mi się tam wieczorem, kiedy ruch samochodowy do tego stopnia zamiera, że można się obejść bez maski gazowej, a High Street biorą w swoje władanie te tajemniczo popularne furgonetki z kebabami, które nie wiodą mnie na pokuszenie (jak można jeść coś, co wygląda jak zeskrobane z nogi trupa?), ale mają w sobie pewien uwodzicielski urok rodem z obrazów Hoppera. Lubię ciemne boczne uliczki biegnące między wysokimi murami, gdzie człowiek na poły oczekuje, że nadzieje się na nóż Kuby Rozpruwacza — albo szpikulec kebabowego hurtownika. Chętnie odwiedzam Brown's Restaurant przy Giles Street, gdzie zawsze panuje gwarna atmosfera — świetny, sympatyczny lokal, zapewne jedyny w całej Wielkiej Brytanii, w którym można dostać wyśmienitą sałatkę z kurczakiem i cheesburgera z bekonem i nie trzeba siedzieć pośród łomotu muzyki i mnóstwa podrabianych znaków drogowych z Route 66. A przede wszystkim lubię pić piwo w tutejszych pubach, w których można usiąść z książką i nie jest się traktowanym jako człowiek aspołeczny, w których można przebywać wśród roześmianej, żywiołowej młodzieży i pomarzyć o czasach, kiedy samemu miało się energię i płaski brzuch, a seks traktowało jako coś więcej niż tylko pretekst do przyjęcia pozycji horyzontalnej.

Po przybyciu do hotelu pochopnie powiedziałem, że wezmę pokój na trzy noce. Trzeciego dnia przed południem już mnie trochę nosiło, więc postanowiłem przejść się do Sutton Courtenay, wyłącznie dlatego, że jest tam pochowany George Orwell i że odległość wydała mi się odpowiednia. Przez podmokłe łąki pomaszerowałem do North Hinksey, a potem w stronę Boar's Hill przez okolicę, którą z dziwnym niezdecydowaniem nazywają Chilswell Valley albo Happy Valley. W nocy padało, toteż gliniasta gleba lepiła mi się do butów i utrudniała marsz. Szybko nazbierałem tyle błota, że stopy miałem dwa razy większe niż zazwyczaj. Od pewnego miejsca ścieżka jest posypana żwirem, co w zamyśle ma ułatwiać piechurom życie, ale w rzeczywistości kamyczki przyczepiały się do moich zabłoconych butów, przez co wyglądałem tak, jakbym szedł z dwoma wielkimi drożdżówkami z porzeczkami na nogach. Na szczycie Boar's Hill przystanąłem, żeby ponapawać się widokiem — tym samym, który zainspirował strzeliste brednie Matthew Arnolda o „marzycielskich wieżycach" i który został brutalnie zeszpecony przez rzędy betonowych słupów wysokiego napięcia, w Oxfordshire liczniejszych niż w jakimkolwiek innym znanym mi hrabstwie — jak również zeskrobać patykiem błoto z butów.

Na Boar's Hill stoi trochę apetycznych domów, ale nie sądzę, żebym mógł tutaj osiąść. Przy bramach trzech domów zauważyłem tablice z napisami „Zakaz zawracania". Ależ trzeba być małodusznym i kurczowo przywiązanym do swojej własności, żeby postawić coś takiego! Cóż jest złego w tym, że jakiś kierowca, który zabłądził albo został źle poinstruowany, zawróci na skraju twojego podjazdu? Dla zasady zawsze zawracam przed takimi bramami, nawet jeśli nie potrzebuję — i namawiam was, żebyście się przyłączyli do tej kampanii. Warto przy tym zatrąbić parę razy, żeby właściciel na pewno was zauważył. A skoro już mowa o kampaniach społecznych — czy mogę was prosić, żebyście darli na małe kawałki przysłane pocztą ulotki reklamowe (zwłaszcza te nakłaniające was do zwiększenia zadłużenia), wkładali je do opłaconej koperty zwrotnej i odsyłali nadawcy? Gest ten byłby znacznie skuteczniejszy, gdyby wykonywały go tysiące ludzi.

Z Sunningwell trzeciorzędną drogą dotarłem do Abingdon. Jest to jedno z najlepiej utrzymanych osiedli komunalnych, jakie w życiu widziałem —

mnóstwo zieleni i w miarę estetyczne bloki — i ma niebrzydki ratusz zbudowany na słupach, jakby spodziewano się czterdziestodniowej powodzi, ale nic
więcej dobrego o Abingdon nie potrafię powiedzieć. Dzielnica handlowa nie
dość, że jest ohydna, to jeszcze, jak się później dowiedziałem, powstała na miejscu grupy zburzonych średniowiecznych budynków. Daje się również dostrzec
konsekwentne dążenie do tego, żeby obrzeża osiedla były jak najbrzydsze.

Sutton Courtenay zdawało się znacznie bardziej oddalone od Oksfordu,
niż to wynikało z mapy, ale trasa była przyjemna, z częstym widokiem na
Tamizę. Urocze miasteczko, piękne domy, trzy sympatyczne puby, niewielki
park z pomnikiem ofiar wojny i tuż obok przykościelny cmentarz, na którym spoczywa nie tylko George Orwell, ale również H.H. Asquith. Pewnie
uznacie mnie za przysłowiowego parobka z Iowa, ale nie przestaje na mnie
robić wrażenia, jak gęsto upchana wybitnymi osobistościami jest ta wysep-
ka. Nie widzicie nic niezwykłego w tym, że na jednym wiejskim cmentarzu
można znaleźć dwóch światowej sławy ludzi? W Iowa bylibyśmy dumni
choćby z jednego takiego — ba, bylibyśmy dumni z Cudownego Konia
Triggera, człowieka, który wynalazł lizak do sterowania ruchem, i w ogóle
z prawie każdej osoby choć trochę odbiegającej od przeciętnej.

Wszedłem na cmentarz i znalazłem grób Orwella. Rosły na nim trzy
potargane krzewy różane, a sztuczne kwiaty w słoiku stały przed prostą
kamienną tablicą z zaskakująco lakonicznym napisem:

Tutaj leży Eric Arthur Blair
Ur. 25 czerwca 1903
Zm. 21 stycznia 1950

Mało wylewne, nieprawdaż? W pobliżu znajdował się grób Herberta
Henry'ego Asquitha. Należał do gatunku grobowców podobnych do puszki na herbatę i niepokojąco zapadał się w ziemię. Napis również zagadkowo
rzeczowy:

Earl Oksfordu i Asquith
Premier Anglii
Od kwietnia 1908 do grudnia 1916
Ur. 12 września 1852
Zm. 15 lutego 1928

Czy coś rzuca się wam tutaj w oczy? Jeśli jesteście Szkotami albo Walijczykami, to na pewno tak. Dziwna historia. No bo mamy cmentarz z grobem sławnego pisarza, którego skazano na anonimowość jak zmarłego w nędzy żebraka, tudzież innego człowieka, którego potomkowie najwyraźniej zapomnieli, jakiego państwa był premierem, i którego grobowcowi poważnie groziło pochłonięcie przez ziemię. Obok Asquitha leżał niejaki Ruben Loveridge, „który zasnął 29 kwietnia 1950", był także podwójny grób: „Samuel Lewis 1881-1930" i „Alan Slater 1924-1993". Cóż za fascynująca miejscowość — mężczyzn chowa się parami i grzebie się człowieka, kiedy zaśnie.

Po namyśle dochodzę do wniosku, że my z Iowa pozwolilibyśmy Anglikom zatrzymać Orwella i Asquitha, byle dali nam faceta, którego zakopano żywcem.

ROZDZIAŁ 13

Zawiesiłem swoje zasady i wynająłem na trzy dni samochód. Niestety inaczej się nie dało. Chciałem zobaczyć wzgórza Cotswold, a każde dziecko wie, że bez własnego środka lokomocji jest to niewykonalne. Już w 1933 roku J.B. Priestley odnotował w swojej *English Journey*, że przez Cotswold prowadzi tylko jedna linia kolejowa. Teraz nie ma żadnej, jeśli nie liczyć tej, która biegnie opłotkami i jest zupełnie zbędna.

Pożyczyłem więc w Oksfordzie auto i zasiadłem za kierownicą z tym upajającym poczuciem bezgranicznych możliwości, które mnie ogarnia, kiedy jestem panem dwóch ton nieznajomego żelastwa. Moje doświadczenie z wynajmowanymi samochodami jest takie, że nie pozwolą ci wyjechać z miasta, jeśli się nie pożegnasz z większością jego zakątków. Mój zabrał mnie na długą wycieczkę przez Botley i Hinkley, z nostalgicznym objazdem koło fabryki Rovera w Cowley, potem zawiózł mnie do Blackbird Leys, a następnie dwa razy objechał rondo i niby statek kosmiczny na orbicie rzucił mnie z powrotem w kierunku miasta. Nie miałem w tej kwestii nic do powiedzenia przede wszystkim dlatego, że moja uwaga była skoncentrowana na próbach wyłączenia niezwykle upartej tylnej wycieraczki, jak również usunięcia z przedniej szyby nieprzezroczystej błony pienistego płynu do spryskiwania, który chlustał wielkimi strumieniami niezależnie od tego, który guzik nacisnąłem i za którą wajchę pociągnąłem.

Należy jednak powiedzieć, że auto dało mi szansę zobaczyć mało znany, ale fascynujący budynek Centrali Handlu Ziemniakami w Cowley, na którego parking wjechałem, kiedy uzmysłowiłem sobie, że kompletnie zabłądziłem. Był to solidny, czterokondygnacyjny gmach z lat sześćdziesiątych, w którym na moje oko zmieściłoby się czterysta do pięciuset pracowników. Wysiadłem, żeby przetrzeć przednią szybę kartkami wydartymi z instrukcji obsługi znalezionej w schowku, ale po chwili zapatrzyłem się w zapierający dech ogrom Centrali Handlu Ziemniakami. Ilu ludzi potrzeba do organizacji tej branży handlu? Pewnie mają osobne oddziały dla każdej odmiany i każdego sposobu wykorzystania kartofli. Ubrani w białe koszule ludzie siedzą przy długich stołach i jakiś facet z wykresami na kartkach przedstawia im ekscytujące plany jesiennej kampanii sprzedaży Pentland Squires. W jakim dziwnym, ciasnym świecie muszą żyć. Wyobraźcie sobie, że całe wasze życie zawodowe obraca się wokół jadalnych bulw, że nie śpicie po nocach, bo ktoś inny został mianowany wicedyrektorem działu chipsów albo mąki ziemniaczanej. Wyobraźcie sobie, w jaki sposób oni imprezują! Albo lepiej nie.

Wróciłem do auta, trochę poeksperymentowałem z pokrętłami i myślałem sobie, jak bardzo nienawidzę samochodów. Niektórzy mężczyźni są do tego stworzeni, niektórzy nie. Po prostu. Nienawidzę jeździć samochodami, nienawidzę myśleć o samochodach i nienawidzę rozmawiać o samochodach. A szczególnie nienawidzę tego momentu, kiedy kupuję nowy samochód i jadę nim do pubu. Ludzie zawsze zasypują mnie pytaniami, których panicznie się boję, ponieważ ich nie rozumiem.

— O, masz nowe auto — mówią. — Jak się prowadzi?

I już jestem zdezorientowany.

— Normalnie, jak auto. Nigdy nie siedziałeś w aucie?

I zaczynają bombardować mnie pytaniami.

— Jakie zużycie? Jaka pojemność? Jaki moment obrotowy? Ma wytrysk, kontrolę frakcji, CBŚ, centralny dzwonek i przepony zimowe?

Za diabła nie mogę zrozumieć, po co komu wiedzieć te wszystkie kretyństwa na temat maszyny. Nic innego tak bardzo ludzi nie interesuje. Zawsze mnie korci, żeby powiedzieć: „Ty, słyszałem, że masz nową lodówkę. Ile galonów freonu mieści to cacko? Ile kilodżuli zużywa? Jak chłodzi?".

Wynajęty samochód miał niezwykle bogatą kolekcję przycisków i wajch, opatrzonych symbolami, których jedyną rolą jest budzić dezorientację. Do czego służy przycisk, na którym widnieje | ∅ |? Jak można wymyślić, że prostokąt, który wygląda jak telewizor o kiepskiej jakości odbioru, oznacza podgrzewanie tylnej szyby? Na środku deski rozdzielczej znajdowały się dwie jednakowej wielkości okrągłe tarcze. W jednej bez większego trudu rozpoznałem prędkościomierz, ale druga pozostawała dla mnie kompletną zagadką. Miała dwie wskazówki, z których jedna powoli się poruszała, a druga stała w miejscu. Wpatrywałem się w nią całe wieki, zanim w końcu mi zaświtało — nie bujam — że to jest zegar.

Kiedy dotarłem do Woodstock, położonego dziesięć mil na północ od Oksfordu, byłem wykończony i przeszczęśliwy, że mogę ze zgrzytem kołpaków o krawężnik zaparkować to cholerstwo i porzucić je na kilka godzin. Muszę powiedzieć, że bardzo lubię Woodstock. Podobno w lecie panuje tam koszmarny tłok, ale ja zawsze zwiedzałem je poza sezonem i było pysznie. Georgiańskie domy emanują królewskim majestatem, jest wiele sympatycznych pubów i ciekawych sklepów z zachowanymi w oryginalnej postaci fasadami. W całym miasteczku nie uświadczysz ani jednego kawałka miedzi, która by nie błyszczała. Urząd pocztowy ma staroświecki czarno-srebrny szyld, znacznie bardziej elegancki i stylowy niż obecne czerwono-żółte logo, i nawet Barclays Bank jakimś sposobem zdołał oprzeć się pokusie pokrycia frontu swojej siedziby mnóstwem akwamarynowego plastiku.

Po High Street kursowały samochody volvo i odziani w tweed zakupowicze z wiklinowymi koszykami. Mijałem sklepy i dumne georgiańskie kamienice, by nagle znaleźć się przed wejściem do Blenheim Palace i parku. Pod okazałym, bogato zdobionym łukiem znajdowała się kasa biletowa z tablicą, która informowała, że wstęp dla osoby dorosłej kosztuje sześć funtów dziewięćdziesiąt pensów. Uważniejsza lektura wykazała, że obejmuje to oprowadzanie po pałacu, zwiedzanie domku z kolekcją motyli oraz korzystanie z kolejki, placu zabaw i całej palety innych atrakcji. Poniżej można było przeczytać, że wstęp do samego parku kosztuje dziewięćdziesiąt pensów. Nie jestem aż takim frajerem, żeby dać się bez powodu naciągnąć na dziewięćdziesiąt pensów. Moja wierna mapa topograficzna informowała, że jest to teren ogólnodostępny, więc stanowczym krokiem przemaszerowałem przez bramę z szyderczym uśmiechem i ręką na portfelu. Kasjer postanowił mnie nie zaczepiać.

Za bramą wszystko natychmiast się zmienia. Przed chwilą byłeś w zatłoczonym miasteczku, a teraz nagle znalazłeś się w wiejskiej arkadii, w której do pełni szczęścia brakuje tylko paru postaci z obrazów Gainsborougha. Rozpościerało się przede mną dziesięć hektarów starannie zakomponowanego krajobrazu — grube kasztanowce, urodziwe jawory, gładkie jak stół bilardowy trawniki, jeziorko z brzegami spiętymi mostkiem, a na środku monumentalny barokowy gmach Blenheim Palace. Coś pięknego.

Poszedłem alejką, minąłem zapełniony prawie do ostatniego miejsca parking dla zwiedzających, a potem Pleasure Gardens. Zamierzałem tutaj wrócić, ale na razie kierowałem się ku wyjściu od strony drogi do Bladon. Bladon to bezpłciowa niewielka miejscowość, która dygoce od przejeżdżających tędy ciężarówek, ale na przykościelnym cmentarzu w centrum leży Winston Churchill. Zaczęło padać i miałem spory kawałek do przejścia po ruchliwej drodze, zacząłem się więc zastanawiać, czy wyprawa jest warta wysiłku, ale potem nie żałowałem. Cmentarz był przepiękny i zaciszny, a grób Churchilla taki skromny, że musiałem go trochę poszukać wśród poprzechylanych na wszystkie strony płyt nagrobnych. Oprócz mnie nikogo tam nie było. Churchill i Clemmie spoczywali w jednym prostym i jakby zapomnianym grobie, co mnie zarazem zdziwiło i wzruszyło. Pochodzę z kraju, w którym nawet najbardziej nieudanemu prezydentowi buduje się wielką pamiątkową bibliotekę, kiedy kopnie w kalendarz — nawet Herbertowi Hooverowi zbudowano w Iowa muzeum, które przypomina siedzibę Światowej Organizacji Handlu — toteż nie mogłem wyjść ze zdumienia, że jeden z najwybitniejszych brytyjskich mężów stanu został upamiętniony prostym pomnikiem na Parliament Square i tym ascetycznym grobem. Ta chwalebna powściągliwość zrobiła na mnie wielkie wrażenie.

Wróciłem do Blenheim, by rzucić okiem na Pleasure Gardens i inne parkowe atrakcje. „Pleasure Gardens" to najwyraźniej skrót od „Sprawia nam wielką przyjemność wyciągać wam pieniądze z kieszeni", ponieważ służyły głównie do tego, żeby pomóc zwiedzającym w rozstaniu się z kolejnymi sumami pieniędzy w sklepie z pamiątkami i herbaciarni bądź też drogą zakupu bram ogrodowych, ławek i innych artykułów produkowanych przez tartak Blenheim Palace. Dziesiątki ludzi radośnie tam buszowały i zupełnie im nie przeszkadzało, że zapłacili za przywilej obejrzenia towarów, które można zobaczyć w każdym porządnym centrum ogrodowym. Wyszedłem z Pleasure Gardens i ruszyłem w stronę pałacu. Po drodze skorzystałem z okazji i obadałem miniaturowy pociąg parowy. Jeździł po nader umiarkowanej długości torach w jednym z rogów parku. Nieprędko zapomnę ten widok: pięćdziesięcioro Anglików w zimnej, dżdżystej szarudze ciśnie się do malutkiej kolejki, czeka, żeby się przejechać dwieście jardów i uważa, że to jest świetna zabawa.

Brukowaną alejką dotarłem przed pałac, a potem przez piękny most Vanbrugha poszedłem w stronę wielkiej, absurdalnie megalomańskiej kolumny, którą pierwszy diuk Marlborough postawił na szczycie wzgórza górującego nad pałacem i zamkiem. Niezwykła konstrukcja — nie tylko dlatego, że taka okazała, ale również dlatego, że monopolizuje widok z co najmniej stu okien pałacowych. Cóż to za człowiek, dumałem, który we własnym parku postawił kolumnę wysokości stu stóp na cześć siebie samego? Frapujący kontrast z prostym grobem kochanego Winniego.

Może jestem mało wyrafinowany, ale zawsze mi się wydawało, że wielkość pałacu i kolumny pozostają wobec siebie w znacznej dysproporcji. Potrafiłbym zrozumieć, gdyby w upajającej chwili radości wdzięczny naród zafundował facetowi dożywotnio dwutygodniowe wakacje na Wyspach Kanaryjskich, zestaw sztućców albo automat do parzenia herbaty, ale za diabła nie mogę pojąć, dlaczego uznano, że parę zwycięstw w takich zapadłych dziurach jak Oudenard czy Malplaquet stanowi wystarczający powód do tego, by podarować temu wiecznie knującemu intrygi staremu pierdzielowi jeden z najwspanialszych pałaców w Europie i tytuł diuka. Jeszcze bardziej mnie zdumiewa, że prawie trzysta lat później potomkowie rzeczonego diuka mogą zaśmiecać park miniaturowymi pociągami i dmuchańcami, pobierać pieniądze za wstęp tudzież cieszyć się niezasłużonymi przywilejami i wysoką pozycją społeczną tylko dlatego, że ich odległy przodek miał talent do wygrywania pomniejszych bitew. Taki układ wydaje mi się kompletnie zwichrowany.

Czytałem kiedyś, że podczas wizyty w jednym z domów swojej córki dziesiąty diuk Marlborough oznajmił skonsternowanym tonem ze szczytu schodów, że jego szczoteczka do zębów nie pieni się jak należy. Co się okazało? Kamerdyner diuka zawsze nakładał mu pastę, skutkiem czego diuk nie zdawał sobie sprawy, że przyrządy do pielęgnacji uzębienia nie pienią się samoczynnie. Chyba nie muszę nic więcej dodawać.

Kiedy tak stałem, podziwiałem widok i rozmyślałem o zdumiewającym zjawisku przyrodzonych przywilejów, zadbana młoda kobieta przejechała blisko mnie na gniadym koniu. Nie mam pojęcia, kim była, ale wyglądała na bogatą arystokratkę. Uśmiechnąłem się do niej nieznacznie, jak to zawsze robię, spotykając obcą osobę w miejscu publicznym, a ona spojrzała na mnie jak na śmiecia, który nie zasługuje na to, żeby się do niego uśmiechać. No to ją zastrzeliłem, wróciłem do auta i pojechałem dalej.

Przez dwa dni jeździłem po wzgórzach Cotswold i zupełnie mi się to nie podobało — nie z winy Cotswold, tylko z winy samochodu. W prywatnym środku lokomocji człowiek jest kompletnie odcięty od świata i przemieszcza się zdecydowanie za szybko. Przywykłem do poruszania się z prędkością piechura albo z prędkością kolei brytyjskich, co często wychodzi na to samo. Po całym dniu śmigania przez rozmaite Chippings, Slaughters i Tweeness-upon-the-Waters z wielką ulgą zostawiłem więc auto na parkingu w Broadway i przestawiłem się na turystykę pieszą.

Kiedy poprzedni raz odwiedziłem tę miejscowość — w sierpniowe popołudnie przed laty — powitały mnie koszmarne korki i hordy jednodniowych wycieczkowiczów, ale teraz, poza sezonem, Broadway było ciche i zapomniane, a High Street prawie pusta. Broadway jest prześliczne, ze stromymi dwuspadowymi dachami, oknami kwaterowymi, mnóstwem mansard i starannie wypielęgnowanych ogródków. Cotswoldzki piaskowiec ma w sobie coś szczególnego. Pochłania światło słońca, a potem je oddaje, dzięki czemu nawet w najsmętniejsze dni takie miasteczka jak Broadway zdają się skąpane w złocistym blasku. Ten dzień był jednak słoneczny i piękny, z nutką jesiennej rześkości, dzięki której świat wyglądał cudownie czysto, jak świeżo wyprany. W połowie High Street zobaczyłem drogowskaz Cotswold Way i podążyłem dróżką między starymi domami. Przeciąłem rozsłonecznioną łąkę i po długiej pochyłości dotarłem pod broadwayowską basztę. Jak przystało na tak wysoko położone miejsce, roztaczał się stamtąd rewelacyjny widok nad Vale of Evesham — łagodnie sfalowane, trapezoidalne pola ciągną się aż po rozmyte lesiste wzgórza w oddali. Ze wszystkich znanych mi krajów Wielka Brytania wciąż ma najwięcej krajobrazów, które wyglądają jak ilustracje książeczek dla dzieci — niezwykłe osiągnięcie jak na tak gęsto zaludnioną i uprzemysłowioną małą wyspę. Mimo to nie mogłem oprzeć się wrażeniu, że dziesięć czy dwadzieścia lat temu widok byłby jeszcze bardziej idylliczny i zachwycający.

Pośród krajobrazu tak ponadczasowego i urokliwego, tak harmonijnie zakorzenionego w zamierzchłej przeszłości, łatwo jest zapomnieć, jak szybko można utracić to piękno. Panorama, którą miałem przed sobą, obejmowała betonowe słupy elektryczne, nowe osiedla mieszkalne i migoczące w słońcu hurtownie. Gorzej jednak, że gęsta, starannie udziergana siatka żywopłotów wyraźnie się strzępiła, jak aplikowany wzór na narzucie zbyt często z roztargnienia pocierany palcami. Resztki przerośniętego żywopłotu tu i ówdzie stały samotne i zapomniane pośród pozbawionych innych cech charakterystycznych pól.

Czy wiedzieliście, że w latach 1945-1985 Anglia straciła dziewięćdziesiąt sześć tysięcy mil żywopłotów — tyle, ile starczyłoby do czterokrotnego opasania ziemi? Polityka krajobrazowa rządu była do tego stopnia niespójna, że przez dwadzieścia cztery lata rolnicy mogli dostać jedną dotację na sadzenie żywopłotów i drugą na ich karczowanie. W latach 1984-1990, mimo że ta druga dotacja została zlikwidowana, zniknęły kolejne pięćdziesiąt trzy tysiące mil żywopłotów. Często się słyszy (wiem coś o tym, bo spędziłem kiedyś trzy dni na sympozjum o żywopłotach; jeżdżę na takie imprezy, bo muszę za coś kupować dzieciom reeboki), że żywopłoty są przejściowym elementem krajobrazu, reliktem procesu grodzenia łąk gromadzkich, a próby ich ratowania hamują naturalną ewolucję krajobrazu. W ogóle coraz częściej można się spotkać z poglądem, że wszelkiego typu ochrona krajobrazu jest głupia, wsteczna i antyrozwojowa. Mam w tej chwili przed sobą cytat z lorda Palumbo, który twierdzi, że mgliste pojęcie dziedzictwa „niesie w sobie bagaż tęsknoty za nieistniejącą złotą epoką, która, gdyby istniała, najprawdopodobniej oznaczałaby śmierć wynalazczości". Serce mi pęka, kiedy czytam takie brednie.

Pomijając kwestię, że gdyby konsekwentnie stosować tę logikę, należałoby zburzyć Stonehenge i londyńską Tower, trzeba zauważyć, iż jest wiele żywopłotów, które rosną od dawien dawna. Pewien wyjątkowo piękny żywopłot w Cambridgeshire, który nazywa się Judith's Hedge, jest starszy od katedry w Salisbury, starszy od katedry w Yorku, starszy od wszystkich budowli w Wielkiej Brytanii poza kilkoma, a mimo to nie chroni go żadne prawo. Gdyby trzeba było poszerzyć drogę albo gdyby właściciele uznali, że wolą, aby ich posiadłość otaczał płot z drutu kolczastego, zniszczenie dziewięciuset lat żywej historii byłoby kwestią paru godzin. To jest przecież chore! Co najmniej połowa brytyjskich żywopłotów pochodzi z czasów sprzed grodzenia i może nawet jedna piąta powstała w epoce anglosaskiej. Zresztą to nie ma znaczenia — trzeba je chronić nie dlatego, że istnieją od zawsze, tylko dlatego, że niezaprzeczalnie upiększają krajobraz. Bez nich Anglia nie byłaby Anglią, lecz Indianą z wieżami kościelnymi.

Dostaję piany na ustach, kiedy sobie o tym pomyślę. Ten kraj ma najurokliwszy, najbardziej parkowy, najdoskonalej zakomponowany krajobraz, jaki znał świat, krajobraz będący wytworem całych stuleci niestrudzonego, intuicyjnego ulepszania, a przecież zaledwie pół pokolenia dzieli nas od utraty większości tego skarbu. Tu nie chodzi o „tęsknotę za nieistniejącą złotą epoką". Tu chodzi o coś, co jest zielone, żywe i nieporównanie piękne. A zatem jeśli jeszcze raz usłyszę od kogoś, że „żywopłoty w rzeczywistości nie są prastarym elementem krajobrazu", to chyba dam mu w mordę. Jestem zagorzałym zwolennikiem słynnej maksymy Woltera: „Proszę pana, mogę nie zgadzać się z tym, co pan mówi, ale będę własnym życiem bronił pańskiego prawa do bycia kompletnym matołem", istnieją jednak jakieś granice tolerancji.

Pomaszerowałem leśną drogą do oddalonego o trzy mile Snowshill. Złote liście szeleściły, a bezkresne błękitne niebo było puste, jeśli nie liczyć okazjonalnych kluczy wędrownych ptaków. Cudowny dzień na wycieczkę — w taki dzień człowiek ma ochotę nabrać powietrza w płuca i zaśpiewać *Zippity Doo Dah* głosem Paula Robesona. Snowshill podrzemywało w słońcu. Składało się z garstki kamiennych domów rozlokowanych wokół pochyłej łąki. Kupiłem bilet wstępu do Snowshill Manor, pałacyku, który obecnie znajduje się w rękach National Trust, ale w latach 1919-1956 był domem ekscentryka Charlesa Wade'a, który poświęcił swoje życie tworzeniu ogromnej i w żaden sposób nieusystematyzowanej kolekcji różnych rzeczy, zarówno cennych, jak i kompletnie bezwartościowych — klawesynów, mikroskopów, flamandzkich gobelinów, tabakierek i papierośnic, map i sekstantów, uzbrojenia samurajów, bicykli, co tylko sobie człowiek zamarzy. W końcu nazbierało się tego tyle, że w dworku zabrakło miejsca dla samego Wade'a. Resztę swoich dni szczęśliwie przemieszkał w przybudówce, w której, podobnie jak w głównym budynku, nic po jego śmierci nie zmieniono. Bardzo mi się tam podobało i kiedy zaszło słońce, a świat wypełnił się długimi cieniami tudzież delikatnym, hipnotyzującym zapachem dymu drzewnego, wracałem do samochodu szczęśliwy.

Przenocowałem w Cirencester i następnego dnia, po zwiedzeniu przyjemnego Corinium Museum z bardzo ciekawymi, ale dziwnie mało znanymi zbiorami rzymskich mozaik, monet i innych starożytności, pojechałem do Winchcombe, żeby zobaczyć to samo *in situ*. Na wzgórzu koło Winchcombe jest mianowicie pewna rzadko odwiedzana, ale tak wyjątkowa i piękna atrakcja, że waham się, czy w ogóle o niej wspominać. Większość tych względnie nielicznych turystów, którzy zahaczają o ten cichy zakątek wzgórz Cotswold, generalnie zadowala się wizytą w Sudeley Castle albo wędrówką do słynnego kurhanu Belas Knap. Ja jednak skierowałem swoje kroki ku trawiastej górskiej ścieżce zwanej Salt Way, która zawdzięcza swoją nazwę temu, że w średniowieczu transportowano tędy sól. Był to czarujący spacer przez otwarte przestrzenie, z rozległymi widokami na głęboko wcięte doliny, które sprawiały takie wrażenie, jakby nigdy nie widziały samochodu ani nie słyszały dźwięku piły łańcuchowej.

W miejscu zwanym Cole's Hill ścieżka dała nura do gęstego lasu, ciemnego, dziewiczego i tak zarośniętego jeżynami, że prawie nie do przebycia. Wiedziałem, że gdzieś w głębi znajduje się cel mojej wędrówki — zaznaczony na mapie jako „rzymska willa (ruiny)". Przez bodaj pół godziny przedzierałem się przez zarośla za pomocą laski, aż wreszcie trafiłem na fundamenty starego muru. Nic szczególnego — mogły to być resztki chlewika — ale parę jardów dalej, niemal przesłonięte przez dziki bluszcz, po obu stronach ścieżki ciągnęły się kolejne niskie mury. Sama ścieżka była w tym miejscu wybrukowana kamiennymi płytami ukrytymi pod kobiercem mokrych liści. Wiedziałem, że znajduję się w szukanej przeze mnie willi. W pozostałościach jednej z sal posadzkę starannie przykryto foliowymi workami po nawozach, obciążonymi w rogach kamieniami. Właśnie to przyszedłem zobaczyć. Słyszałem o tym od znajomego, ale nie bardzo chciałem mu uwierzyć. Pod workami znajdowała się bowiem prawie kompletna rzymska mozaika, mniej więcej pięć stóp na pięć stóp, z pięknym wzorem i doskonale zachowana, nie licząc paru obtłuczeń na brzegach.

Przedziwne uczucie stać pośród zapomnianego lasu w domu zamieszkanym w niewyobrażalnie odległej przeszłości przez rzymską rodzinę i patrzeć na mozaikę położoną co najmniej tysiąc sześćset lat temu, czyli w czasach, kiedy rozciągała się tutaj otwarta przestrzeń i ten stary las jeszcze nie wyrósł. Na miejscu takie rzeczy ogląda się zupełnie inaczej niż w muzeum. Nie mam pojęcia, dlaczego mozaiki nie przeniesiono na przykład do Corinium Museum. Podejrzewam, że doszło do jakiegoś skandalicznego zaniedbania, ale jestem niezmiernie wdzięczny, że miałem okazję obejrzeć to cudo. Nie wiem, co mnie bardziej poruszyło — że odziani w togi ludzie stali tutaj kiedyś i rozmawiali ze sobą po łacinie czy że mozaika wciąż tutaj jest, piękna i nienaruszona pośród tych chaszczy.

Może wyjdę na idiotę, ale po raz pierwszy naprawdę do mnie dotarło, że tych wszystkich rzymskich starożytności, które przez lata oglądałem, nie stworzono po to, żeby któregoś dnia trafiły do muzeów. Ponieważ mozaika wciąż znajdowała się tam, gdzie powstała, ponieważ nie przywiązano jej linami i nie wywieziono do współczesnego budynku, nadal niezaprzeczalnie była posadzką, nie zaś miłym dla oka dziełem sztuki. Służyła kiedyś do tego, by po niej chodzić, bez wątpienia szurały po niej rzymskie sandały. Tak mnie zahipnotyzowała, że przez dłuższy czas siedziałem z rozdziawionymi ustami.

W końcu wstałem, starannie położyłem worki po nawozach na swoim miejscu i obciążyłem je kamieniami. Wziąłem do ręki laskę, jeszcze raz sprawdziłem, czy worki dokładnie przykrywają mozaikę i zacząłem się na powrót przedzierać do tego dziwnego, bezmyślnego miejsca, które znamy pod nazwą XX wieku.

ROZDZIAŁ 14

Pojechałem do Milton Keynes, miałem bowiem poczucie, że powinienem podczas tej podróży przynajmniej rzucić okiem na jakieś nowe miasto. Chociaż Milton Keynes znajduje się o rzut beretem od Oksfordu, wcale nie jest łatwo tam dotrzeć. Wybrałem je jako cel wycieczki po szybkim spojrzeniu na mapę samochodową, ponieważ uznałem, że w najgorszym razie będę musiał pojechać pociągiem do Bicester czy gdzieś i tam się przesiąść. Naiwny! W rzeczywistości musiałem wrócić do Londynu, przedostać się metrem na dworzec Euston i tam wsiąść w bezpośredni pociąg do Milton Keynes — w sumie prawie studwudziestomilowa podróż do miasta oddalonego o jakieś trzydzieści mil.

Kosztowało mnie to sporo pieniędzy i czasu, więc dotarłem na miejsce ździebko rozdrażniony, między innymi dlatego, że w pociągu z Euston nie było zbyt dużego wyboru wolnych miejsc i z konieczności siedziałem naprzeciwko wrzaskliwej kobiety i jej dziesięcioletniego syna, który ciągle kopał mnie po łydkach rozfikanymi nogami, a dodatkowo irytował mnie w ten sposób, że gapił się na mnie świńskimi oczkami, dłubiąc w nosie i zjadając kozy. Najwyraźniej traktował swój nos jak prywatny automat z przekąskami. Próbowałem zagłębić się w lekturze książki, ale moje spojrzenie mimowolnie kierowało się na tego chłopaka, który patrzył na mnie z prowokacyjną miną i zapracowanym palcem. Wyglądało to tak odrażająco, że kiedy pociąg nareszcie dojechał do Milton Keynes, z wielką przyjemnością zdjąłem plecak z półki i przeciągnąłem temu bęcwałowi po głowie.

Milton Keynes nie odrzuciło mnie na pierwszy rzut oka, co jest wielkim osiągnięciem jak na tego typu miasto. Po wyjściu z dworca człowiek staje na wielkim placu ograniczonym z trzech stron budynkami z lustrzanego szkła. Daje to poczucie przestrzenności, o które bardzo trudno w angielskich miastach. Właściwe miasto stoi na zboczu wzgórza oddalonego od dworca o dobre pół mili, za siecią podziemnych pasaży i asfaltowo-trawiastą powierzchnią parkingową porośniętą tymi dziwnymi nowomiejskimi drzewami, które sprawiają takie wrażenie, jakby w ogóle nie rosły. Ogarnęło mnie nieodparte przekonanie, że następnym razem, kiedy będę tędy przechodził, zobaczę tutaj ceglane biurowce z miedzianymi oknami.

Chociaż spędziłem wiele czasu na wędrówkach po nowych miastach, usiłując sobie wyobrazić, co chodziło po głowie ich projektantom, nigdy wcześniej nie byłem w Milton Keynes. Muszę przyznać, że pod wieloma względami zdecydowanie przewyższało tamte. Przejścia podziemne były pokryte lśniącym granitem i prawie nie widziało się w nich graffiti ani też nigdy niewysychających mętnych kałuż, które najwyraźniej są elementem projektu Basingstoke i Bracknell.

Miasto prezentowało się dziwnie eklektycznie. Pozbawione trawy cieniste pasy, które ciągnęły się środkiem głównych bulwarów, tworzyły jakby francuski klimat. Wtopione w zieleń parki przemysłowe na obrzeżach wyglądały po niemiecku. Układ urbanistyczny i numerowane nazwy ulic kojarzyły się z Ameryką. Budynki należały do tego bezpłciowego gatunku, który można spotkać wokół każdego lotniska międzynarodowego. Innymi słowy, o Milton Keynes można powiedzieć wszystko tylko nie to, że wygląda angielsko.

Najbardziej mnie zafrapowało, że nie było sklepów ani ludzi. Przeszedłem spory kawałek przez centrum, zarówno bulwarami, jak i łączącymi je węższymi ulicami. Każdy parking był pełny i w oknach biurowców coś tam się ruszało, ale prawie nic nie jeździło, a przechodniów widziałem jak na lekarstwo. Wiedziałem, że jest gdzieś ogromne centrum handlowe, bo czytałem o nim w *The Battle for Room Service* Marka Lawsona, ale za diabła nie mogłem go znaleźć i nie miałem kogo zapytać. Najbardziej denerwowało mnie to, że prawie wszystkie budynki wyglądały jak centra handlowe. Co rusz zauważałem potencjalnych kandydatów i szedłem zbadać sprawę, ale zawsze się okazywało, że jest to siedziba firmy ubezpieczeniowej czy coś w tym rodzaju.

Skończyło się na tym, że wylądowałem w dzielnicy mieszkalnej z bezkresnymi rzędami żółtych domów zbudowanych pod jeden strychulec. Nadal jednak nie widziałem żywej duszy. Ze szczytu wzgórza ujrzałem oddalone o jakieś trzy czwarte mili niebieskie dachy. To może być to, uznałem, i ruszyłem w tamtą stronę. Pasaże, które w pierwszej chwili wydawały mi się całkiem sympatyczne, zaczęły mnie irytować. Leniwie prowadziły głębokimi parowami, wprawdzie bardzo estetycznymi, ale robiącymi takie wrażenie, że nie spieszy im się z tym, aby dotrzeć do jakiegoś konkretnego miejsca. Ludzie, którzy je projektowali, najwyraźniej potraktowali sprawę jako ćwiczenie z plastyki. Zawiłe trasy zapewne ładnie wyglądały na papierze, ale nie uwzględniały faktu, że jak ludzie mają do pokonania spory dystans między domem i sklepami, to chcą tam dotrzeć w miarę bezpośrednią drogą. Jeszcze gorsze było poczucie zagubienia w na poły podziemnym świecie pozbawionym widocznych punktów orientacyjnych. Co jakiś czas wychodziłem na górę dla sprawdzenia, gdzie się znajduję, i konkluzja zawsze była taka sama: daleko od miejsca, w którym chciałem się znaleźć. Za którymś razem zobaczyłem, że jestem tuż obok ruchliwej drogi ekspresowej, dokładnie naprzeciwko niebieskich dachów, których zacząłem szukać przed godziną. Widziałem szyldy Texas Homecare, McDonald's i innych tego typu placówek. Po powrocie na dół stwierdziłem jednak, że nie mam pojęcia, dokąd się udać. Pasaże rozwidlały się w rozmaitych kierunkach i znikały za zakrętami, a kiedy wyzierałem zza węgła, za żadnym z nich nie zobaczyłem niczego obiecującego. W końcu wybrałem pasaż, który po jakimś czasie osiągał poziom ulicy, co miało tę zaletę, że wiedziałem, gdzie jestem, i poszedłem z powrotem na dworzec, który teraz wydawał się tak absurdalnie oddalony od dzielnic mieszkalnych, że tylko kompletny idiota mógł wpaść na pomysł, że Milton Keynes jest rajem dla spacerowiczów. Nic dziwnego, że przez całe przedpołudnie nie spotkałem ani jednego przechodnia.

Dotarłem na dworzec znacznie bardziej zmęczony, niżby to uzasadniał przebyty dystans, i mój organizm usilnie domagał się kawy. Na zewnątrz dworca stała tablica z planem miasta, której wcześniej nie zauważyłem. Przestudiowałem ją uważnie, bo umierałem z ciekawości, gdzie też jest owo mityczne centrum handlowe. Otóż okazało się, że centrum handlowe znajduje się mniej więcej trzydzieści kroków od miejsca, z którego wyruszyłem na jego poszukiwania, ale go nie rozpoznałem.

Westchnąłem, ale po chwili poczułem przypływ niezrozumiałej determinacji, by zobaczyć ten hipermarket. Jeszcze raz pokonałem więc przejścia podziemne i wielki parking, by na powrót zagłębić się w drętwym skupisku biurowców. Po drodze pomyślałem sobie, jakie to jest wybitne osiągnięcie urbanistyczne, aby mając przed sobą czystą kartkę papieru i niemal nieskończoną gamę możliwości, zaprojektować wzorcowe miasto, w którym centrum handlowe znajduje się o milę od dworca kolejowego.

Nie uwierzycie mi, ale obiekt ten był jeszcze gorzej zaprojektowany niż miasto wokół niego. Projektanci centrów handlowych muszą mieć niezły ubaw, kiedy o nim rozmawiają. Było gigantyczne — około stu tysięcy metrów kwadratowych — i mieściło wszystkie sieci sklepów, które istnieją lub będą istniały. Jeśli w swoim delirium ich nie przegapiłem (mimo wszystko nie sądzę), to nie było części gastronomicznej, nie było centralnego punktu spotkań, nie było miejsc, w których chciałoby się usiąść, nie było niczego, co pozwoliłoby człowiekowi poczuć choćby cień sympatii do tego miejsca. Czułem się tak, jakbym trafił na największy dworzec autobusowy świata. Trudnych do zlokalizowania toalet było tak mało, że panował w nich ścisk jak podczas przerwy w meczu piłkarskim. Za największy koszmar stworzony ręką człowieka zawsze uważałem stację metra w Gateshead, ale w porównaniu do centrum handlowego w Milton Keynes jest to iście uroczy zakątek.

Wypiłem kawę w najbrudniejszym McDonaldzie, jaki w życiu widziałem. Kiedy już udało mi się odgruzować stolik z resztek jedzenia zostawionych przez moich poprzedników, wyjąłem rozkład kolejowy z towarzyszącym mu planem linii. Ogarnęła mnie czarna rozpacz, kiedy się okazało, że stoję przed następującym wyborem: albo wrócić do Londynu, albo pojechać dalej do Rugby, Coventry lub Birmingham. Żadne z tych rozwiązań nie budziło mojego entuzjazmu. Miałem wrażenie, że upłynęło wiele dni od momentu, gdy zwróciłem w Oksfordzie wynajęty samochód i udałem się na dworzec z prostym planem, żeby pojechać z Oksfordu do Cambridge, zatrzymując się na lunch w Milton Keynes.

Czas przeciekał mi między palcami. W jakimś odległym, na poły zapomnianym życiu siedziałem przy stole kuchennym w Yorkshire i obliczyłem sobie, że mogę bez większego wysiłku zwiedzić cały kraj w sześć, góra siedem tygodni. Te ambitne plany obejmowały właściwie wszystko — wyspy na kanale La Manche, Lundy, Szetlandy, Fair Isle i wszystkie wielkie miasta. Czytałem *Journey Through Britain* Johna Hillaby'ego, który odległość z jednego końca kraju na drugi — z Land's End do John O'Groats — pokonał nie w siedem, tylko w osiem tygodni, ale na piechotę. A ja miałem do pomocy cały system komunikacji publicznej! Zużyłem już jednak prawie połowę przewidzianego czasu i nie dotarłem nawet do Midlands.

Mocno przygnębiony zabrałem swoje rzeczy, poszedłem na dworzec i wsiadłem w pociąg do Londynu. Nie miałem pomysłu na dalszą podróż, więc zrobiłem tak, jak często robię. Kiedy pociąg sunął między pagórkowatymi, pustymi jesiennymi polami Buckinghamshire, rozłożyłem mapę i zatopiłem się w nazwach. Jest to dla mnie jedna z wielkich przyjemności, jakie niesie ze sobą życie w Wielkiej Brytanii. Nigdy mi się to nie znudzi.

Zadaję sobie pytanie, czy inni ludzie też zauważają, o ile przyjemniej jest pić piwo w pubie, który nazywa się The Eagle and Child albo Lamb and Flag niż na przykład Joe's Bar. Osobiście znajduję w tym bezmiar szczęścia. Uwielbiam słuchać wyników meczów piłkarskich i usypiającej litanii nazw drużyn — Sheffield Wednesday, West Bromwich Albion, Partick Thistle, Queen of the South — i znajduję dziwną pociechę w egzotycznej i tajemniczej psalmodii prognoz pogody dla marynarzy. Ni w ząb ich nie rozumiem — „Viking pięć w górę, cztery w dół, Dogger mocno wieje, Minches dwanaście Beauforta, o Kurdystan" — ale wywierają na mnie silnie kojący efekt. Nic nie odwiedzie mnie od przekonania, że Wielka Brytania jest takim stabilnym, cywilizowanym krajem między innymi dzięki uspokajającemu działaniu podawanych przez radio wyników meczów piłkarskich i prognoz pogody dla marynarzy.

Trudno znaleźć obszar brytyjskiego życia, w którym nie ujawniłby się nazewniczy geniusz mieszkańców tych wysp. Przyjrzyjmy się choćby nazwom więzień. Gdyby posadzono mnie z ołówkiem w garści nad kartką papieru i kazano wymyślić bardziej pocieszne idiotyczną nazwę więzienia niż Wormwood Scrubs albo Strangeways, nie przebiłbym ich, choćbym nad tym ślęczał do końca życia. Nawet pospolite nazwy polnych kwiatów — *stitchwort* (gwiazdnica), *lady's bedstraw* (przytulia właściwa), *blue fleabane* (przymiotno ostre), *feverfew* (wrotycz maruna) — mają w sobie nieodparty urok.

Onomastyczny talent Brytyjczyków swój najlepszy wyraz znajduje jednak w dziedzinie nazw miejscowych. Jest ich około trzydziestu tysięcy, w tym, jak oceniam, co najmniej połowa w jakiś sposób interesujących lub ujmujących. Nie zliczę wsi, których nazwy wywołują obraz leniwych letnich popołudni i motyli latających nad łąkami: Winterbourne Abbas, Weston Lullingfields, Theddlethorpe All Saints, Little Missenden. Niektóre miejscowości zdają się skrywać jakąś starą i prawdopodobne mroczną tajemnicę: Husbands Bosworth, Rime Intrinseca, Whiteladies Aston. Niektóre nazwy kojarzą się ze środkami do dezynfekcji muszli klozetowych (Potto, Sanahole, Durno), inne z dolegliwościami skórnymi (Scabcleuch, Whirerashes, Scurlage, Sockburn). W każdym indeksie znajdziesz nawozy (Hastigrow), dezodoranty do stóp (Powfoot), odświeżacze oddechu (Minto), karmę dla psów (Whelpo), a nawet szkocki odplamiacz (Sootywells). Niektóre wsie mają problem charakterologiczny (Seething, Mockbeggar, Wrangle), a w innych występują dziwne zjawiska (Meathop, Wigtwizzle, Blubberhouses). Trudno też zliczyć nazwy, które są po prostu uroczo surrealistyczne — Prittlewell, Little Rollright, Chew Magna, Titsey, Woodstock Slop, Lickey End, Stragglethorpe, Yonder Bognie, Nether Wallop i bezkonkurencyjne Thornton-le-Beans. (Tam mnie pochowajcie!). Wystarczy rzucić okiem na mapę albo zajrzeć do skorowidza, aby się przekonać, że jesteś w kraju, w którym wszystko jest możliwe.

Niektóre obszary kraju zdają się specjalizować w określonych tematach. Kent ma słabość do kulinariów: Ham, Sandwich, Rye*. Dorset preferuje postaci z powieści Barbary Cartland: Bradford Peverell, Compton Valence, Langton Herring, Wootton Fitzpaine. Lincolnshire pragnie stworzyć wrażenie, że jest trochę pomylone: Thimbleby Langton, Tumby Woodside, Snarford, Fishtoft Drove, Sots Hole i autentycznie intrygujące Spitall in the Street.

Da się też zauważyć, że ciekawe nazwy wykazują instynkt stadny. Na przykład na zwartym obszarze na południe od Cambridge można znaleźć Blo Norton, Rickinghall Inferior, Hellions Bumpstead, Ugley i (mój osobisty faworyt) Shellow Bowells. Miałem wielką ochotę wybrać się tam na etymologiczną kwerendę, ale kiedy przebiegłem okiem po mapie, mój wzrok zatrzymał się na linii podpisanej Devil's Dyke**. Nigdy o tym nie słyszałem, ale brzmiało bardzo obiecująco. Podjąłem spontaniczną decyzję, że właśnie tam pojadę.

Następnego dnia maszerowałem zatem polną drogą koło wsi Reach w Cambridgeshire i szukałem początku diabelskiej grobli. Pogoda była paskudna, mgła gęsta jak para w łaźni ograniczała widoczność prawie do zera. Grobla tak nagle wyskoczyła z szarej zupy, że aż się przestraszyłem, ale wszedłem na nią. Jest to dziwna, melancholijnie nastrajająca wyniosłość,

---

* *Ham* — szynka; *sandwich* — kanapka, *rye* — żyto (przyp. red.).

** Devil's Dyke — Diabelska Grobla (przyp. red.).

zwłaszcza w gęstej mgle i poza sezonem. Devil's Dyke powstała około tysiąca trzystu lat temu, w najciemniejszych mrokach średniowiecza, wznosi się nawet na sześćdziesiąt stóp ponad okolicę i w prostej linii biegnie przez siedem i pół mili między Reach i Ditton Green. Niestety nikt nie wie, na czym miałyby polegać jej związki z diabłem. Nazwa pojawia się dopiero w XVI wieku. Wyrastając pośród płaskich wrzosowisk, grobla ma w sobie coś groźnego i prahistorycznego, ale sprawia również wrażenie monumentalnej pomyłki. Budowa tej reduty wymagała ogromnego wysiłku, ale nie trzeba być genialnym strategiem, aby uświadomić sobie, że armii najeźdźcy wystarczy ją obejść — i większość armii najeźdźców tak właśnie robiła. Od samego początku Devil's Dyke służyła więc jedynie do tego, aby pokazać mieszkańcom Cambridgeshire, jak to jest znaleźć się na wysokości sześćdziesięciu stóp.

Po jej trawiastym grzbiecie przyjemnie się jednak spaceruje, a w to brzydkie przedpołudnie miałem ją całą dla siebie. Dopiero kiedy dotarłem mniej więcej do połowy, zobaczyłem jakichś ludzi, z których większość tresowała swoje psy na rozległym wrzosowisku Newmarket Heath. W nieziemskiej mgle wyglądali jak zjawy. Grobla przecina tereny toru wyścigowego Newmarket (co wydawało mi się przezabawne, aczkolwiek guzik widziałem) i biegnie dalej przez zamożną krainę koni. Mgła zaczęła powoli rzednąć i między gołymi jak szkielety drzewami dostrzegłem cały szereg stadnin. Każda składała się z otoczonego białym płotem padoku, dużego domu i fantazyjnie zaprojektowanych budynków stajennych z kopułami i wiatrowskazami, dzięki którym przypominały hipermarkety. Przechadzka po takiej płaskiej i widocznej do samego końca (po rozwianiu się mgły) drodze była przyjemna, ale również trochę nudna. Maszerowałem dwie godziny, nie spotkawszy nikogo, i kiedy na polu koło Ditton Green grobla się skończyła, ogarnęło mnie uczucie rozczarowania i niepokoju. Była dopiero druga z minutami, a ja nie odczuwałem najmniejszego zmęczenia. Wiedziałem, że w Ditton nie ma stacji kolejowej, ale przed wyprawą założyłem, że będę mógł wrócić do Cambridge autobusem. Sprawdziłem na przystanku i okazało się, że istotnie mogę — za dwa dni. Ruchliwą drogą powlokłem się więc cztery mile do Newmarket, trochę pozwiedzałem miasto i pojechałem pociągiem do Cambridge.

Jedną z rzeczy, które podtrzymują na duchu wędrowca, zwłaszcza poza sezonem, jest perspektywa, że w końcu uda mu się znaleźć pokój w gościnnym schronisku, napić się czegoś przy kominku, a potem zjeść pożywną wieczerzę, na którą całym dniem zdrowego wysiłku fizycznego na świeżym powietrzu z pewnością sobie zasłużył. Przybyłem jednak do Cambridge świeży, niezmęczony i bez żadnych zasług. Co gorsza, założywszy, że trasa będzie trudniejsza i mogę wrócić późno, zarezerwowałem pokój w hotelu University Arms, spodziewając się obowiązkowego trzaskającego ognia, posilnej wieczerzy i atmosfery uczelnianej świetlicy profesorskiej. Tymczasem, jak się ku mojej cichej rozpaczy okazało, hotel mieścił się w nowoczesnym budynku, uprawiał klasyczne zdzierstwo, a mój smętny pokój w stopniu skandalicznym nie odpowiadał opisowi w przewodniku.

Bez entuzjazmu rozejrzałem się po mieście. Wiem, że Cambridge to piękne miasto i kopalnia oryginalnych nazw — choćby dla Christ's Pieces* długo by się szukało konkurencji — ale tego dnia jakoś nie potrafiłem się nim zachwycić. Główny targ w centrum prezentował się niechlujnie i chaotycznie, w centrum widziało się zdecydowanie za dużo betonowych budynków, a późnym popołudniem wszystko zmoczyła przygnębiająca mżawka. W końcu zacząłem szperać po antykwariatach. Nie szukałem niczego konkretnego, ale w jednym z nich trafiłem na ilustrowaną historię domu handlowego Selfridges. Skwapliwie zdjąłem ją z półki, mając nadzieję, że mi wyjaśni, dlaczego Highcliffe Castle popadł w taką ruinę, a może nawet dorzuci parę pikantnych anegdot o Selfridge'u i lubieżnych Dolly Sisters.

Niestety, była to wersja ocenzurowana. Znalazłem tylko jedną nawiasową wzmiankę o Dolly Sisters, wynikało z niej, że była to para niewinnych sierotek, o które Selfridge troszczył się jak dobry wujek. O zejściu Selfridge'a z drogi cnoty było niewiele, a o Highcliffe Castle zgoła nic. Odstawiłem więc album na półkę. W przekonaniu, że tego dnia każde moje przedsięwzięcie skończy się rozczarowaniem, z rezygnacją wypiłem piwo w pustym pubie, zjadłem przeciętną kolację w restauracji indyjskiej, pospacerowałem samotnie w deszczu i wreszcie udałem się do swojego pokoju, gdzie odkryłem, że w telewizji nie ma nic do oglądania, jak również uświadomiłem sobie, że zostawiłem w Newmarket laskę.

Postanowiłem położyć się z książką, ale wystąpił problem z żarówką, która nie przepaliła się, tylko wyparowała, toteż spędziłem resztę wieczoru, leżąc bez ruchu na łóżku i oglądając powtórkę *Cagney i Lacey*, częściowo

---

* Christ's Pieces — Chrystusowe Cząstki (przyp. red.).

z chęci dowiedzenia się, co jest takiego w tym starym serialu, że tak otumania twórców ramówki BBC1 (jedyna możliwa odpowiedź: piersi Sharon Gless), a częściowo ze względu na gwarantowane działanie usypiające. Zasnąłem w okularach, a kiedy się obudziłem o nieznanej mi porze, w telewizji pokazywali apokaliptyczną śnieżycę. Wstałem, żeby wyłączyć telewizor, potknąłem się o jakiś nieustępliwy przedmiot i dokonałem interesującej sztuki, wyłączając odbiornik głową. Zaciekawiony, jak mi się to udało (a poza tym mogłem z tego zrobić pokazowy numer na imprezy), odkryłem, że winowajcą była moja laska, która wcale nie została w Newmarket, tylko leżała na podłodze zaklinowana między krzesłem a nogą łóżka.

Chociaż tyle dobrego, pomyślałem, po czym włożyłem do dziurek od nosa dwie zwinięte w kły morsa chusteczki higieniczne, żeby zatamować nagły krwotok, i ponownie wdrapałem się znużony na łóżko.

ROZDZIAŁ 15

Pojechałem do Retford. Nie potrafię tego wytłumaczyć. Podczas porannej toalety, podczas usuwania chusteczek higienicznych z opuchniętego nosa, podczas śniadania, podczas oddawania klucza i długiego marszu na dworzec moim solennym, odpowiedzialnym zamiarem było pojechać do Norwich, a stamtąd do Lincoln. Ale jak tylko wszedłem do hali dworcowej i zobaczyłem na ścianie mapę kolejową, ogarnęło mnie dziwne pragnienie, żeby zobaczyć coś zupełnie nowego i natychmiast wpadło mi w oko Retford.

W ciągu ostatnich siedmiu lat przejeżdżałem przez Retford podczas każdej podróży pociągiem na trasie Leeds-Londyn. Jest to jedna z największych stacji na wschodnim wybrzeżu, ale nigdy nie widziałem, żeby ktoś tam wsiadał albo wysiadał. Na moim planiku z liniami kolejowymi Retford przyznano wersaliki, stawiając go na jednej płaszczyźnie typograficznej z Liverpoolem, Leicester, Nottingham, Glasgow i innymi dużymi ośrodkami miejskimi w Wielkiej Brytanii, a mimo to nic nie wiedziałem o tym mieście. W ogóle o nim nie słyszałem, póki po raz pierwszy nie zobaczyłem pustego peronu tamtejszego dworca. Mało tego: nigdy nie poznałem nikogo, kto był w Retford i cokolwiek o nim wiedział. *AA Book of British Towns* Automobilklubu Brytyjskiego zawierała obszerne i entuzjastyczne opisy każdej zapadłej dziury — Kirriemuir, Knutsford, Prestonpans, Swadlincote, Bridge of Allan, Duns, Forfar, Wigtown — ale na temat Retford nabrała wody w usta. Bardzo tajemnicze i z pewnością była już najwyższa pora, żeby zbadać tę sprawę.

Pojechałem zatem do Peterborough i tam przesiadłem się na pociąg, który jechał główną linią na północ. W nocy nie spałem zbyt dobrze ze względu na koszmar senny, w którym występowały panie policjantki Cagney i Lacey (dowiedziały się, że od 1975 roku nie wypełniłem w USA deklaracji podatkowej, i zagroziły, że przekażą mnie temu facetowi, który w tle napisów początkowych zdejmuje koszulę, możecie więc sobie wyobrazić, w jakim stanie znajdowała się moja pościel, kiedy obudziłem się bez tchu w okolicach świtu), toteż liczyłem na jedną z tych spokojnych, kołysankowych podróży, jakie zawsze obiecuje British Rail — twoje buty zamieniają się w pantofle, a potem Leon Redbone daje znak, że można zasnąć.

Ze sporym niepokojem odkryłem zatem, że miejsce za moimi plecami zajmuje komórkowiec. Ci ludzie stają się prawdziwym utrapieniem, prawda? Ten był wyjątkowo denerwujący, ponieważ krzykliwym, zadufanym głosem i kretyńskim żargonem prowadził rozmowy, które kompletnie nic nie wnosiły:

„Halo, tu Clive. Jestem w pociągu 10.07 i zgodnie z planem powinienem o trzynastej być w biurze. Będę potrzebował szybkiego briefingu odnośnie do projektu Pentland Squire. Że jak? Nie, co do Maris Pipers nie jestem w kursie. Słuchaj, potrafisz mi podać choćby jeden powód, dla którego ktoś miałby zatrudnić taką totalną odbytnicę jak ja? Że co? Bo jestem typem, który jest szczęśliwy jak świnia w gnojówce tylko dlatego, że ma komórkę? Ty, ciekawy koncept!". Po chwili: „Cześć, kochanie. Jestem w pociągu 10.07. Koło piątej będę w domu. Tak, jak zawsze. Nie mam żadnego powodu ci o tym mówić, poza tym że mam komórkę i jestem kompletnym palantem. Zadzwonię znowu z Doncaster, też bez powodu". Potem: „Tu Clive. No, wciąż jestem w pociągu 10.07, ale była awaria zwrotnicy w Grantham, no i szacuję teraz czas przybycia na 13.02 zamiast zapowiadanej 13.00. Jak zadzwoni Phil, to proszę cię, powiedz mu ode mnie, że nadal jestem kompletnym palantem. Super". I tak dalej przez całe przedpołudnie.

Z niejaką ulgą jako jedyny spośród licznych pasażerów wysiadłem zatem w Retford — to rzadkie wydarzenie ściągnęło wszystkich pracowników stacji do okien — i w gęstych opadach deszczu poszedłem do miasta. Z przyjemnością informuję, że Retford to urzekająca i piękna miejscowość nawet pod ołowianym niebem, pod jakim znacznie bardziej znane miasta wyglądają monotonnie i nieświeżo. Główną atrakcją jest wyjątkowo duży i urodziwy rynek otoczony malowniczym zbiorowiskiem dostojnych georgiańskich kamienic. Koło największego kościoła stoi ciężka czarna armata z tabliczką „Zdobyta w Sewastopolu 1865". Nietypowa inicjatywa ze strony miejscowych, ale w końcu nie zdarza się aż tak często, żeby mieszkańcy miasteczka targowego w Nottinghamshire szturmowali redutę na Krymie i przywozili do kraju łupy. Także sklepy robiły kwitnące i schludne wrażenie. Nie powiem, że chętnie spędziłbym tam wakacje, ale ucieszyłem się, że nareszcie zobaczyłem Retford i że przypadło mi do gustu.

Wypiłem herbatę w małej kawiarni, a potem wsiadłem w autobus do Worksop, miasta o porównywalnych rozmiarach i tempie życia (ale wymienianego w *AA Book of British Towns*). Podobno Retford i Worksop walczyły ze sobą o to, gdzie będzie się mieściła siedziba władz Bassetlaw District i Worksop najwyraźniej wygrało, czyli przegrało, bo tam właśnie stanął ohydny, bezkompromisowo nowoczesny budynek, ale reszta miasta była bezpretensjonalnie przyjemna.

Przyjechałem tutaj nie dlatego, że chciałem zobaczyć Worksop, lecz ze względu na pobliskie Welbeck Abbey, uchodzące za jeden z najpiękniejszych zabytków w tym niewielkim regionie zwanym Dukeries. W odległości maksimum dwudziestu mil od siebie w tym zapomnianym zakątku North Midlands znajduje się pięć historycznych siedzib książęcych — Newcastle, Portland, Kingston, Leeds i Norfolk. Rody diuków Leeds i Portland wymarły, a pozostałe, jak sądzę, wyjechały. (Jak można przeczytać w *Their Noble Lordships* Simona Winchestera, diuk Newcastle mieszka w niepozornym domu w Hampshire. Mam nadzieję, że dzięki temu zrozumiał, jakim szaleństwem jest skąpić środków na inwestycje w dmuchańce i miniaturowe pociągi parowe).

Welbeck to rodowa siedziba klanu z Portland, który wszelako nie mieszka tutaj od 1954 roku — także nie przewidział trendów rynkowych i nie założył przygodowego placu zabaw tudzież minizoo. Piąty diuk Portland, niejaki W.J.C. Scott-Bentinck (1800-1879), od dawna należał do grona moich bohaterów. Stary W.J.C., jak czule go nazywam, był jednym z największych odludków w dziejach ludzkości i ze wszystkich sił unikał kontaktu z innymi przedstawicielami rodzaju człowieczego. Mieszkał w jednym małym kącie swojej rezydencji i komunikował się ze służbą za pośrednictwem karteczek wrzucanych do skrzynki w drzwiach. Jedzenie transportowano mu miniaturową kolejką z kuchni. Jeśli już doszło do jakiegoś przypadkowego spotkania, diuk zamieniał się w słup soli i służba była poinstruowana, żeby mijać go jak mebel. Kto złamał ten przepis, musiał do wyczerpania ślizgać się na prywatnym lodowisku diuka. Publiczność mogła zwiedzać pałac i ogrody — „pod warunkiem — jak to ujął diuk — że będziecie państwo łaskawi nie oglądać mnie".

Z powodów, których można się tylko domyślać, za część swego niemałego majątku rodowego diuk wybudował drugą rezydencję pod ziemią. W szczytowym okresie przy budowie pracowało piętnaście tysięcy osób, a skończone dzieło obejmowało między innymi długą na ponad dwieście pięćdziesiąt stóp bibliotekę i największą salę balową w Anglii, mieszczącą do dwóch tysięcy gości — sporo jak na człowieka, który nie przyjmował gości. Sieć tuneli i tajemnych przejść łączyła ze sobą poszczególne sale i sięgała daleko poza rezydencję. Tak jakby „spodziewał się wojny atomowej", napisał pewien historyk. Kiedy diuk musiał pojechać do Londynu, kazał się zamykać w konnym powozie, którym go wieziono półtoramilowym tunelem w pobliże stacji kolejowej w Worksop, tam ładowano powóz na specjalny wagon i transportowano, wciąż zaplombowany, do londyńskiej rezydencji diuka, czyli Harcourt House.

Po śmierci starego ekscentryka jego spadkobiercy stwierdzili, że w nadziemnych salach nie ma żadnych mebli, nie licząc sedesu pokojowego na środku jednej z komnat, a w największej sali z tajemniczych powodów brakowało podłogi. Większość pomieszczeń była pomalowana na różowo. W jednej z sal na górze stały sięgające po sam sufit stosy zielonych pudełek, każdy z jedną ciemnobrązową peruką w środku. Słowem, tego człowieka warto było poznać.

Z pewną niecierpliwością poszedłem przez Worksop do Clumber Park, sąsiedniej posiadłości zarządzanej przez National Trust, i znalazłem — a w każdym razie taką miałem nadzieję — szlak prowadzący do oddalonego o trzy lub cztery mile Welbeck Abbey. Czekał mnie długi marsz błotnistą leśną drogą. Według drogowskazów znajdowałem się na Robin Hood Way, ale zupełnie nie miałem poczucia, że otacza mnie Sherwood Forest. Była to raczej bezkresna plantacja drzew iglastych, nienaturalnie cicha i pozbawiona życia. W takim klimacie człowiek nie byłby zbytnio zdziwiony, gdyby potknął się o przykryte liśćmi zwłoki. Strasznie się boję czegoś takiego, bo policja by mnie przesłuchała i natychmiast postawiła mi zarzuty z racji mojej wyjątkowej nieumiejętności udzielania odpowiedzi na pytania w rodzaju: „Gdzie pan był w środę trzeciego października o godzinie szesnastej?". Wyobrażam sobie, jak siedzę w pozbawionej okien sali przesłuchań i mówię: „Zaraz, chyba byłem w Oksfordzie, a może na nadmorskiej ścieżce w Dorset. Kurczę, nie wiem". Zanim bym się obejrzał, trafiłbym do aresztu śledczego w Pankhurst czy gdzieś, a przy moim pechu Michael Howard na pewno akurat w tym dniu przestałby być ministrem spraw wewnętrznych, więc nie miałbym możliwości po prostu nacisnąć klamki i wyjść.

Robiło się coraz dziwniej. Jakiś nietypowy wiatr rozkołysał korony drzew, ale nie zszedł na dół, więc na poziomie ziemi panowała cisza. W sumie dosyć upiorny efekt. Potem wszedłem do stromego piaszczystego parowu, z którego ścian sterczały korzenie drzew. Między korzeniami zobaczyłem setki wydrapanych napisów. Imiona, daty, czasem złączone serca. Daty obejmowały zadziwiająco długi okres: 1861, 1962, 1947, 1990. Naprawdę dziwne miejsce. Albo trafiłem do ulubionego zakątka zakochanych, albo jakaś para bardzo długo ze sobą chodziła.

Trochę dalej stała samotna portiernia z machikułami. Ciągnęło się za nią rozległe pole pszenicy ozimej, a jeszcze dalej, ledwo widoczny za parawanem drzew, ogromniał wielopłaszczyznowy zielony dach z miedzi — Welbeck Abbey, jak uznałem. Poszedłem ścieżką wokół tego wielkiego, błotnistego pola i po trzech kwadransach dotarłem do utwardzanej dróżki. Teraz miałem już pewność, że znalazłem właściwe miejsce. Dróżka mijała wąskie, porośnięte sitowiem jeziorko, a według mojej niezawodnej mapy topograficznej w całej okolicy był tylko jeden akwen. Przemaszerowałem z grubsza jedną milę i zatrzymałem się przed okazałą bramą z tablicą WŁASNOŚĆ PRYWATNA — WSTĘP WZBRONIONY. Nie było żadnej wskazówki, co się kryje za bramą.

Przez chwilę tkwiłem w kleszczach niezdecydowania (tak przy okazji: gdyby mnie kiedyś uszlachcili, chciałbym dostać tytuł lord Kleszczy Niedecydowania), a potem postanowiłem wejść parę kroków za bramę — tylko tyle, żeby móc rzucić okiem na budynek, do którego się wlokłem taki kawał drogi. Jak pomyślałem, tak zrobiłem. Park był starannie wypielęgnowany, ale drzewa wszystko zasłaniały, więc podszedłem jeszcze trochę dalej. Po kilkuset krokach drzewa trochę się przerzedziły i zobaczyłem rozległe trawniki z czymś w rodzaju parku linowego. Gdzie ja trafiłem? Trochę dalej kawałek terenu był wybrukowany, co mnie odrobinę zaskoczyło — parking w szczerym polu? Zaraz jednak uzmysłowiłem sobie z okrzykiem radości, że jest to słynne lodowisko diuka. Zaszedłem tak daleko, że mogłem spokojnie odrzucić precz ostrożność. Maszerowałem dalej, aż stanąłem przed samą rezydencją. Owszem, była wielka, ale dziwnie pozbawiona charakteru, a szereg nowych dobudówek niezbyt jej się przysłużył. Na jej tyłach znajdowało się boisko do krykieta z eleganckim pawilonem. Ludzi żadnych nie widziałem, ale na parkingu stało kilka samochodów. Wygląda na to, pomyślałem, że mieści się tutaj jakaś instytucja — ośrodek szkoleniowy IBM albo coś w tym guście. Ale skąd ta anonimowość? Właśnie miałem podejść i zaglądnąć do okien, kiedy otworzyły się jakieś drzwi i umundurowany mężczyzna stanowczym krokiem ruszył ku mnie ze srogą miną. Na kurtce miał napisane „Ochrona MON". Ojejku.

— Dzień dobry — powiedziałem z głupawym uśmieszkiem.

— Czy zdaje pan sobie sprawę, że bezprawnie wszedł pan na teren obiektu należącego do Ministerstwa Obrony?

Przez chwilę nie mogłem się zdecydować, czy wykonać numer pod tytułem „turysta z Iowa" („Jak to, chce pan powiedzieć, że to nie jest Hampton Court Palace? Właśnie zapłaciłem taksówkarzowi sto siedemdziesiąt pięć funtów") czy przyznać się do winy. Wybrałem to drugie rozwiązanie. Cichym, pełnym szacunku głosem powiedziałem mu, że od dawna fascynuje mnie postać piątego diuka Portland, że od wielu lat pragnąłem zobaczyć jego rezydencję i że skoro już pokonałem taki kawał drogi, nie umiałem oprzeć się pokusie rzucenia okiem na pałac. Trafiłem w dziesiątkę, bo ochroniarz najwyraźniej też miał sentyment do starego W.J.C. Z miną służbisty eskortował mnie do bramy, ale w duchu chyba był zadowolony, że ktoś podziela jego zainteresowania. Potwierdził, że wybrukowany kawałek terenu to istotnie było lodowisko, i pokazał mi, gdzie biegną tunele — właściwie wszędzie. Dodał, że chociaż są w dobrym stanie technicznym, używa się ich tylko jako magazynów. Z kolei w sali balowej i innych podziemnych pomieszczeniach urządzane są różne imprezy, a w jednej zrobiono siłownię. Ministerstwo Obrony właśnie wydało miliony funtów na renowację sali balowej.

— Ale co tutaj właściwie jest? — spytałem.

— Ośrodek szkoleniowy, proszę pana.

Więcej nie chciał powiedzieć. Dotarliśmy zresztą do bramy. Obserwował mnie, żeby sprawdzić, czy rzeczywiście się oddalę. Minąłem wielkie pole i zatrzymałem się na jego końcu, żeby spojrzeć na dach Welbeck Abbey prześwitujący między koronami drzew. Ucieszyło mnie, że Ministerstwo Obrony odrestaurowało tunele i podziemne sale, ale wydało mi się strasznie smutne, że rezydencja jest tak kategorycznie niedostępna dla publiczności.

W końcu nie każdego dnia brytyjska arystokracja wydaje z siebie kogoś tak zwichrowanego jak W.J.C. Scott-Bentinck, aczkolwiek trzeba jej uczciwie przyznać, że bardzo się stara.

Z tą refleksją w sercu odwróciłem się i rozpocząłem długą, mozolną wędrówkę z powrotem do Worksop.

ROZDZIAŁ 16

Spędziłem sympatyczny wieczór w Lincoln, przed kolacją i po niej spacerowałem stromymi starymi ulicami, podziwiałem potężną ciemną bryłę katedry z dwoma gotyckimi wieżami i nie mogłem się doczekać porannego zwiedzania. Lubię Lincoln, po części dlatego, że jest ładne i dobrze zachowane, a po części dlatego, że wydaje się przyjemnie oddalone od zgiełku tego świata. W *In Search of England* H.V. Morton porównał to miasto do śródlądowej Mont St. Michel, górującej nad wielkim morzem niziny Lincolnshire, i trafił w samo sedno. Chociaż z mapy wynika, że tuż za rogiem leżą Nottingham i Sheffield, człowiek ma wrażenie, iż Lincoln jest miastem odległym i zapomnianym. Bardzo mi się podoba.

W okolicach mojej wizyty na łamach „Independent" ukazał się ciekawy reportaż na temat długotrwałego sporu między dziekanem katedry w Lincoln i jej skarbnikiem. Sześć lat wcześniej skarbnik pojechał wraz z żoną, córką i przyjacielem rodziny do Australii z kopią Magna Carta*, aby przez pół roku obwozić ten bezcenny dokument po całym kraju w ramach zbiórki funduszy na katedrę. Podobno Australijczycy odwiedzający wystawę przez sześć miesięcy wysupłali dziewięćset trzydzieści osiem funtów wolnych datków, co sugeruje, że albo mieszkańcy kraju kangurów mają wyjątkowo jadowitego węża w kieszeni, albo reporterzy „Independent" niezbyt skrupulatnie przestrzegają zasad dziennikarskiej rzetelności. Jedno nie ulega wątpliwości: wystawa była finansową katastrofą. Koszty wyniosły ponad pięćset tysięcy funtów — całkiem sporo jak na cztery osoby i kawałek pergaminu. Rząd australijski wielkodusznie pokrył większą część tej sumy, ale i tak

---

* Magna Carta (Magna Charta Libertatum), czyli Wielka Karta Swobód wydana w 1215 roku, ograniczająca władzę monarszą i uznająca prawa i przywileje stanów niższych (przyp. red.).

katedra poniosła stratę w wysokości pięćdziesięciu sześciu tysięcy funtów. W końcu dziekan poszedł z tą historią do mediów, co wzbudziło oburzenie kapituły. Biskup Lincoln zarządził dochodzenie i kiedy poznał jego wyniki, polecił kapitule podanie się do dymisji. Kapituła odmówiła i teraz wszyscy skakali sobie nawzajem do gardeł. Trwało to już od sześciu lat.

Wchodząc do przepięknej, rozbrzmiewającej tysiącem ech katedry w Lincoln, miałem nadzieję, że zobaczę fruwające w powietrzu modlitewniki i duchownych biorących się za łby w transepcie, ale przeżyłem kolejne rozczarowanie, bo spowiła mnie uroczysta cisza. Z drugiej strony ucieszyło mnie, że znalazłem się w świątyni, po której nie biegają tabuny turystów. Jeśli zważyć, jakie tłumy ściągają do Salisbury, Yorku, Canterbury, Bath i innych wielkich kościołów angielskich, należy uznać za cud, że Lincoln wciąż pozostaje względnie na uboczu szlaków turystycznych. Nie przychodzi mi do głowy równie mało znane arcydzieło architektury sakralnej — może z wyjątkiem katedry w Durham.

Cała nawa główna była zastawiona metalowymi krzesłami. Nigdy nie umiałem tego zrozumieć. Co im się nie podoba w drewnianych ławkach? W każdej angielskiej katedrze, którą zwiedziłem, widziałem to samo — mniej lub bardziej nierówne rzędy krzeseł, które można złożyć albo powkładać jedne w drugie. Dlaczego? Usuwają krzesła przed sobotnimi potańcówkami? Niezależnie od powodu krzesła zawsze są tanie i nie licują ze splendorem strzelistych sklepień, witraży i gotyckich maswerków. Czasem pęka człowiekowi serce, że żyje w epoce takiej ekstremalnej racjonalności ekonomicznej. Z drugiej strony współczesne naleciałości pomagają zauważyć, jak rozrzutnie wykorzystywano fachowość średniowiecznych kamieniarzy, szklarzy i snycerzy oraz jak mało oglądano się na ceny materiałów.

Chętnie zostałbym dłużej, ale musiałem dotrzymać pewnego terminu żywotnej wagi. Koło drugiej po południu musiałem być w Bradford, aby obejrzeć jedną z największych atrakcji wizualnych, jakie ma do zaoferowania świat. W pierwszą sobotę każdego miesiąca w Pictureville Cinema, części dużego i chętnie odwiedzanego Muzeum Fotografii, Filmu i Czegoś Jeszcze, wyświetlają oryginalną, pełną wersję *This Is Cinerama*. W żadnym innym kinie na świecie nie można zobaczyć tego arcydzieła kinematografii, a mieliśmy właśnie pierwszą sobotę miesiąca.

Nie potrafię opisać, jak bardzo się na to cieszyłem. Najpierw się zamartwiałem, że nie zdążę z przesiadką w Doncaster, a potem że za późno przyjadę do Leeds, ale dotarłem do Bradford z dużym wyprzedzeniem — trzy godziny przed czasem, co napełniło mnie lekką zgrozą, bo co można robić w Bradford przez trzy godziny?

Rola Bradford polega na tym, żeby wszystkie inne miasta świata wypadały lepiej w porównaniu do niego — i wywiązuje się z niej doskonale. Podczas całej mojej podróży nie widziałem tak smutnego miasta. Nigdzie nie mijałem tylu pustych sklepów, tylu podartych plakatów reklamujących koncerty muzyki pop w jakichś innych, bardziej dynamicznych ośrodkach miejskich typu Huddersfield czy Pudsey, tylu biurowców ozdobionych tablicami DO WYNAJĘCIA. Przynajmniej co trzeci sklep w centrum był pusty, a reszta najwyraźniej z trudem utrzymywała się na powierzchni. Niedługo po mojej wizycie największy dom handlowy Rackham ogłosił likwidację. Jeśli gdzieś toczyło się jakieś życie, to tylko w bezpłciowym kompleksie o nazwie Arndale Centre. Nawiasem mówiąc, dlaczego wszystkie kompleksy handlowe z lat sześćdziesiątych nazywają się Arndale Centre? Generalnie jednak Bradford zdawało się nieodwracalnie chylić ku upadkowi.

Niegdyś było to jedno z największych skupisk architektury wiktoriańskiej w całym kraju, ale teraz nie sposób się tego domyślić. Dziesiątki wspaniałych budynków zrównano z ziemią, żeby zrobić miejsce pod szerokie nowe ulice i kanciaste biurowce z pomalowanymi wstawkami ze sklejki pod każdym oknem. Trudno znaleźć miejsce, które by nie ucierpiało na skutek poronionych pomysłów kierujących się zbożnymi intencjami urbanistów. Przez wiele ruchliwych ulic musicie przechodzić etapami — najpierw na wysepkę, potem długo czekacie z tłumem innych przechodniów i wreszcie macie cztery sekundy na sprint na drugą stronę — skutkiem czego załatwienie najprostszej sprawy staje się męczące, zwłaszcza jeśli chcecie się przedostać na róg leżący po przekątnej skrzyżowania i musicie odczekać cztery zmiany świateł, żeby pokonać odległość, która w linii prostej wynosi trzydzieści jardów. Jakby tego było mało, na znacznym odcinku Hall Ings i Princess Way nieszczęsny przechodzień jest zsyłany do systemu odstręczających i niebezpiecznych przejść podziemnych, które schodzą się ze sobą na wielkich rondach, niezadaszonych, ale zawsze pogrążonych w cieniu i tak fatalnie drenowanych, że — jak słyszałem — ktoś się kiedyś utopił na jednym z nich podczas oberwania chmury.

Nie zaskoczy zapewne nikogo informacja, że kiedyś dużo się zastanawiałem nad tymi urbanistycznymi szaleństwami. Pewnego dnia wypożyczyłem z biblioteki w Skipton książkę zatytułowaną *Bradford — miasto jutra* czy jakoś tak. Została napisana pod koniec lat pięćdziesiątych albo na początku sześćdziesiątych i pełno w niej było czarno-białych rysunków architektonicznych pokazujących wypieszczone strefy piesze zaludnione przez zamożne, maszerujące pewnym krokiem postacie z kresek tudzież biurowce z gatunku tych, które teraz wznosiły się groźnie przede mną. I nagle w przypływie olśnienia zrozumiałem, do czego oni dążyli. Im się autentycznie wydawało, że budują nowy świat — Wielką Brytanię, w której posępne, czarne od sadzy budynki i wąskie ulice z przeszłości zostaną wyparte przez słoneczne place, błyszczące biura, biblioteki, szkoły i szpitale, a wszystko połączone przejściami podziemnymi, które bezpiecznie odgrodzą przechodniów od ruchu ulicznego. Wyglądało to jasno, czysto i radośnie. Były nawet obrazki kobiet z wózkami dziecięcymi, zatrzymujących się na odsłoniętych okrągłych placykach pod ziemią, żeby porozmawiać. W rzeczywistości powstało miasto pustych, łuszczących się biurowców, zniechęcających ulic, pasaży „kanalizujących ruch pieszy" i ekonomicznej beznadziei. Może tak czy owak by do tego doszło, ale przynajmniej zostałoby nam miasto pełne zapyziałych starych budynków zamiast zapyziałych nowych budynków.

Dzisiaj władze zdecydowały się na gest, który budzi zarazem śmiech i płacz: usiłują promować swoje ubogie zasoby zabytkowych budynków. Na niewielkim obszarze wąskich ulic, które znajdują się na zboczu wzgórza dostatecznie daleko od centrum miasta, aby uniknęły zburzenia, wciąż stoi kilkadziesiąt ciekawych magazynów, w większości zbudowanych w latach 1860-1874 w dumnym stylu neoklasycznym. Wyglądają bardziej jak banki handlowe niż hale do przechowywania wełny i tworzą dzielnicę zwaną Little Germany. Kiedyś takich dzielnic było wiele — jeszcze w latach pięćdziesiątych prawie całe centrum Bradford składało się z magazynów, przędzalni, banków i biurowców związanych wyłącznie z przemysłem włókienniczym. I wtedy, diabli wiedzą dlaczego, przemysł włókienniczy po prostu sobie poszedł. Podejrzewam, że przesądziły o tym nadmierna pewność siebie i brak inwestycji, a potem panika i ucieczka. W każdym razie przędzalnie zniknęły, biurowce pociemniały, tętniąca niegdyś życiem giełda wełny pokryła się kurzem i człowiek nigdy by nie zgadł, że Bradford było kiedyś ważnym miastem.

Ze wszystkich kwitnących dzielnic włókienniczych — Bermondsey, Cheapside, Manor Row, Sunbridge Road — zachowało się tylko trochę budynków w Little Germany, ale nawet ten niewielki rejon wygląda tak ponuro, jakby nie miał przed sobą żadnej przyszłości. Podczas mojej wizyty dwie trzecie budynków było zasłoniętych rusztowaniami, a na reszcie wisiały tablice DO WYNAJĘCIA. Odnowione budynki wyglądały ładnie i elegancko, ale również tak, jakby miały wiecznie stać puste, z tą pociechą, że niedługo dołączą do nich dwa tuziny innych, na razie wciąż restaurowanych.

To byłby świetny pomysł, uznałem, gdyby rząd nakazał ewakuację Milton Keynes i zmusił wszystkie tamtejsze firmy ubezpieczeniowe i inne, aby przeniosły się do prawdziwych miast takich jak Bradford i przywróciły je do życia. Wtedy Milton Keynes stałoby się tym, czym dzisiaj jest Little Germany: pustym miejscem, po którym ludzie mogą spacerować i snuć refleksje. Oczywiście państwo nigdy czegoś takiego nie zarządzi, ale rynek również tego nie wymusi, bo firmy chcą dużych, nowoczesnych budynków z mnóstwem miejsca do parkowania obok. I trudno mieć o to do nich pretensje. Zresztą nawet gdyby nastąpił cud i znaleziono by najemców tych pięknych starych zabytków, powstałaby mała, dobrze zachowana enklawa w umierającym mieście.

Bradford nie jest jednak zupełnie pozbawione atrakcji. Alhambra Theatre, zbudowany w 1914 roku w interesująco przeładowanym stylu z minaretami i wieżyczkami, starannie odnowiono, nie szczędząc środków, i nadal jest to najlepsze miejsce (może poza Empire w Hackney) do oglądania pantomimy. (Co zresztą należy do moich ulubionych rozrywek. Parę tygodni po tej wizycie znowu pojechałem do Bradford, żeby zobaczyć Billy'ego Pearce'a w *Aladdin*. Czy było śmiesznie? Zasikiwałem się). Muzeum Filmu, Fotografii, Kina Trójwymiarowego i Czegoś Jeszcze (jakoś nie potrafię zapamiętać dokładnej nazwy) przyniosło pożądaną iskierkę życia do części miasta, której największym walorem rozrywkowym wcześniej było najokropniejsze kryte lodowisko na świecie. Teraz jest tu kilka fajnych pubów. W Mannville Arms wypiłem piwo i zjadłem talerz chili. Pub jest znany z tego, że przesiadywał w nim Rozpruwacz z Yorkshire, ale ja za bardziej godne rozreklamowania uważam serwowane tam znakomite chili.

Została mi jeszcze godzina, więc poszedłem do Muzeum Telewizji, Fotografii Itepe, którym jestem zachwycony, bo wpuszczają za darmo, jak również dlatego, że ideę zakładania tego rodzaju placówek na prowincji uważam za godną najwyższej pochwały. Obejrzałem ekspozycję i z pewnym zaskoczeniem zobaczyłem, jakie długie kolejki ustawiają się po drodze bilety na projekcję filmu trójwymiarowego. Byłem już w Imaksie i zupełnie nie rozumiem, co jest w tym takiego atrakcyjnego. Owszem, ekran wielki i efekt wizualny oszałamiający, ale filmy są zawsze nieprawdopodobnie nudne, z tymi poważnymi, drewnianymi komentarzami na temat osiągnięć Człowieka i przeznaczeń Ludzkości. Ten najnowszy film, na który ludzie walili drzwiami i oknami, rzeczywiście nazywał się *Tajemnice kosmosu*, a przecież każdy głupi wie, że widzowie woleliby jazdę kolejką górską i bombardowanie celów naziemnych pod hasłem: „Uwaga! Leci mój lunch!".

Ludzie z Cinerama Corporation zrozumieli to już czterdzieści lat temu i dlatego jazda kolejką górską stanowiła motyw przewodni ich kampanii reklamowej. Po raz pierwszy i ostatni widziałem *This Is Cinerama* w 1956 roku podczas rodzinnej wycieczki do Chicago. Film był w rozpowszechnianiu od 1952 roku, ale w wielkich miastach przyciągał tłumy, a na takiej głuchej prowincji jak Iowa był nie do obejrzenia, więc przez lata nie schodził z ekranów. Moje wspomnienia były mgliste — latem 1956 roku miałem zaledwie cztery lata — ale czułe, więc nie mogłem się już doczekać pory seansu.

Niecierpliwiłem się tak bardzo, że z Muzeum Różnych Rzeczy Związanych z Celuloidem wyszedłem pół godziny przed czasem i przez piętnaście minut stałem sam w deszczu pod wejściem do Pictureville Cinema po drugiej stronie ulicy i czekałem, aż otworzą drzwi. Potem kupiłem bilet, zażądawszy miejsca na środku widowni z mnóstwem przestrzeni na rzyganie, i udałem się na salę. Kino jest piękne, z pluszowymi siedzeniami i wielkim zaokrąglonym ekranem zasłoniętym aksamitną kurtyną. Z początku wyglądało na to, że będę miał całą salę dla siebie, ale potem zaczęli schodzić się ludzie i parę minut przed projekcją widownia była wypełniona prawie do ostatniego miejsca.

O drugiej pogasły światła, kurtyna rozsunęła się na mniej więcej piętnaście stóp — ułamek całej szerokości — i na tym fragmencie ekranu pokazano materiał wstępny Lowella Thomasa (coś w rodzaju amerykańskiej wersji Davida Attenborough z lat pięćdziesiątych, aczkolwiek wyglądał jak George Orwell), który siedział w ewidentnie spreparowanym gabinecie wypełnionym pamiątkami globtrotera i przygotowywał nas na cuda, jakie mieliśmy zobaczyć. Rzecz należy umieścić w kontekście historycznym. *Cinerama* była rozpaczliwą reakcją kina na karierę telewizji, która we wczesnych latach pięćdziesiątych groziła Hollywood zagładą. Materiał wstępny, czarnobiały i wyświetlany na prostokątnej powierzchni stylizowanej na ekran telewizyjny, miał na celu przekazanie do podświadomości widza informacji, że jest przyzwyczajony do tego formatu. Po krótkim i całkiem ciekawym streszczeniu historii kinematografii Thomas powiedział nam, żebyśmy usiedli wygodnie i rozkoszowali się najwspanialszym spektaklem, jaki widział świat. Potem zniknął, ze wszystkich stron popłynęła muzyka symfoniczna, kurtyny rozsunęły się do samego końca, odsłaniając gigantyczny ekran, i nagle znaleźliśmy się w przesyconym kolorami świecie, w kolejce górskiej na Long Island — i było super!

Poczułem się jak w raju. Efekt 3-D był znacznie lepszy, niżby się oczekiwało po takim przedpotopowym sprzęcie. Człowiek rzeczywiście czuł się jak w kolejce górskiej, ale z jedną istotną różnicą: była to kolejka górska z 1951 roku, jadąca wysoko nad parkingami pełnymi studebakerów, de soto i innych aut w stylu retro, dudniąca przeraźliwie nad tłumami ludzi w dzwonach i luźnych kolorowych koszulach. To nie był film, to była podróż w czasie.

Naprawdę takie miałem wrażenia. Trójwymiarowe czary-mary, stereofoniczny dźwięk i genialna ostrość obrazu sprawiły, że poczułem się tak, jakbym został magicznie przeniesiony czterdzieści lat wstecz. Miało to dla mnie szczególną wymowę, ponieważ latem 1951 roku, kiedy ten film był kręcony, przebywałem zwinięty w kłębuszek w jamie brzusznej mojej matki i przybierałem na wadze w tempie, które drugi raz udało mi się osiągnąć dopiero trzydzieści pięć lat później, kiedy rzuciłem palenie. To był świat, na którym miałem się zaraz pojawić — wydawał mi się piękny, radosny i obiecujący.

Chyba nigdy nie przeżyłem tak szczęśliwych trzech godzin. Podróżowaliśmy po całym świecie, ponieważ *This Is Cinerama* to był swoisty film podróżniczy pozwalający pokazać wszystkie możliwości tego wspaniałego osiągnięcia techniki. Pływaliśmy po Wenecji gondolami, oglądani z mostków przez ludzi w dzwonach i luźnych kolorowych koszulach, słuchaliśmy Wiedeńskiego Chóru Chłopięcego pod pałacem Schönbrun, podziwialiśmy paradę wojskową w Edinburgh Castle, obejrzeliśmy długi fragment *Aidy* z La Scali (to akurat było trochę nudne) i zakończyliśmy długim przelotem nad całą Ameryką. Przefrunęliśmy wysoko nad wodospadem Niagara — byłem tam poprzedniego lata, ale to, co teraz miałem przed oczyma, w niczym nie przypominało koszmaru z hordami turystów tudzież lasami wież widokowych i hoteli. Ta Niagara huczała na tle drzew, niskich budynków i pustawych parkingów. Odwiedziliśmy Cypress Gardens na Florydzie, przelecieliśmy nisko nad falującymi polami uprawnymi Środkowego Zachodu i przeżyliśmy ekscytujące lądowanie na lotnisku w Kansas City. Otarliśmy się o Góry Skaliste, daliśmy nura w zapierające dech czeluście Kanionu Śmierci i przelecieliśmy przez kręte wąwozy Parku Narodowego Zion, gdzie samolot kładł się mocno na skrzydle koło groźnych skał narzutowych, a Lowell Thomas zakomunikował, że nigdy wcześniej nie dokonano w filmie takiej sztuki. Mormon Tabernacle Choir śpiewał w stereo *God Bless America*. Zaczęło się od melodyjnego mruczenia, a skończyło ogłuszającą kulminacją w stylu: „Dajmy łupnia Szwabom!". Łzy radości i dumy napłynęły mi do oczu. Z najwyższym trudem powstrzymałem się od tego, by wejść na oparcie fotela i zawołać: „Szanowni państwo, to jest mój kraj!".

A potem się skończyło i wyszliśmy na deszczowe, szare i ponure ulice Bradford — uwierzcie mi, że był to spory wstrząs dla organizmu. Stanąłem pod odlanym z brązu pomnikiem J.B. Priestleya (który z fruwającymi połami fraka wygląda tak, jakby najadł się grochówki), patrzyłem na smutne, pogrążone w beznadziei miasto i pomyślałem: „Tak, jestem gotów wracać do domu".

Ale najpierw, pomyślałem jeszcze, zjem sobie curry.

ROZDZIAŁ 17

Wyliczając atuty Bradford, zapomniałem o lokalach, w których dają curry. Karygodne zaniedbanie. Bradford straciło wprawdzie przemysł włókienniczy, ale zyskało tysiąc wyśmienitych restauracji indyjskich, co osobiście uważam za opłacalną transakcję, bo moje zapotrzebowanie na bele materiału jest ściśle ograniczone, natomiast indyjskiego jedzenia wepchnę w siebie tyle, ile przede mną postawicie.

Podobno najstarszą, a z pewnością jedną z najlepszych i najtańszych restauracji indyjskich w Bradford jest Kashmir, parę kroków od Alhambra Theatre. Na górze znajduje się prawdziwa restauracja z białymi obrusami, błyszczącymi sztućcami i uprzejmymi kelnerami, ale koneserzy schodzą do piwnicy, gdzie można posiedzieć z obcymi ludźmi przy stołach z blatami z laminatu. Przychodzą tam hardcorowcy, którzy nie dbają o takie rzeczy jak sztućce. Jedzenie nakłada się do ust kawałkami chlebka nan i upaćkanymi palcami. Za trzy funty urządziłem sobie pyszną małą ucztę, taką pikantną, że plomby mi skwierczały.

Po jedzeniu, syty, wzdęty i z żołądkiem bąbelkującym jak podgrzana probówka w filmie o obłąkanym naukowcu, wyszedłem na ulicę i zadałem sobie pytanie, co zrobić z tak mile rozpoczętym wieczorem. Chociaż było dopiero parę minut po szóstej, miasto sprawiało wrażenie wymarłego.

Miałem dotkliwą świadomość, że tuż za następnym pasmem wzgórz mieszka moja ukochana rodzina. Ubzdurałem sobie, że byłoby oszustwem pojechać do domu w połowie mojej podróży, ale potem pomyślałem: „Mam to gdzieś, zmarzłem, czuję się samotny i nie zamierzam nocować w hotelu dwadzieścia mil od domu". Poszedłem więc na stację Forster Square, rozklekotanym pustym pociągiem pojechałem do Skipton, a stamtąd taksówką do położonej w dolinie wsi, w której mieszkam. Poprosiłem taksówkarza o wysadzenie mnie trochę wcześniej, żebym mógł dotrzeć do domu na nogach, jak przystało na wędrowca.

Co za radość, przybyć w ciemnościach do przytulnego domu z oknami rozjaśnionymi zapraszającym światłem i pomyśleć sobie: „To mój dom, a wewnątrz jest moja rodzina!". Podszedłem do okna kuchni i kuknąłem do środka. Siedzieli przy stole i grali w monopol, moje kochane, słodkie niewiniątka. Pełen miłości i rozczulenia, patrzyłem na nich całe wieki, czując się jak Jimmy Stewart w *To wspaniałe życie*, kiedy ma okazję poobserwować własne życie. A potem wszedłem.

Tego, co później nastąpiło, nie umiem opisać tak, żeby to nie wyglądało jak odcinek *Waltonów*. Aby odwrócić waszą uwagę od tego ckliwego powitania, opowiem wam prawdziwą, ale niezwiązaną z tematem historię.

Na początku lat osiemdziesiątych w wolnym czasie sporo chałturzyłem, przede wszystkim dla magazynów linii lotniczych. Wpadłem na pomysł, żeby napisać artykuł o niezwykłych zbiegach okoliczności. Spytałem jedną z tych gazet, czy jest zainteresowana. Była zainteresowana i obiecano mi pięćset dolarów honorarium w razie publikacji — takie sumy wówczas piechotą nie chodziły. Ale kiedy przystąpiłem do pracy, okazało się, że chociaż mam sporo informacji na temat badań naukowych dotyczących prawdopodobieństwa zbiegów okoliczności, to brakuje mi materiału na ciekawy artykuł długości tysiąca pięciuset słów. Napisałem do redakcji, że nic z tego nie będzie, i zostawiłem list na maszynie do pisania, z zamiarem wysłania go następnego dnia. Potem przebrałem się i pojechałem do pracy w „Timesie".

Philip Howard, przemiły szef działu literackiego (nie podlizuję się, rzeczywiście prawdziwy z niego dżentelmen), kilka razy w roku organizował wyprzedaż książek dla personelu, kiedy jego gabinet do tego stopnia wypełnił się przysłanymi do recenzji książkami, że nie dało się już znaleźć biurka. Z niecierpliwością wyczekiwałem tych dni, bo można było za bezcen kupić stos książek. Howard liczył sobie bodajże dwadzieścia pięć pensów za wydania w twardej oprawie i dziesięć pensów za broszurowe, a wpływy przeznaczał na fundację wspierającą chorych na marskość wątroby czy jakieś inne stowarzyszenie bliskie sercom dziennikarzy. W ten konkretny dzień po przybyciu do pracy zobaczyłem koło wind ogłoszenie, że o czwartej odbędzie się wyprzedaż książek. Była za pięć czwarta, więc szybko rzuciłem płaszcz na swoje krzesło i pobiegłem do pokoju Howarda. W środku było już pełno ludzi, ale jakoś udało mi się wcisnąć. Jaki tytuł miała pierwsza książka, na którą padł mój wzrok? *Niezwykłe prawdziwe zbiegi okoliczności.* Czy to nie był niezwykły zbieg okoliczności? Ale to jeszcze nic. Otworzyłem książkę i stwierdziłem, że nie tylko zawiera znacznie więcej materiału, niż potrzebuję, ale pierwszy omawiany zbieg okoliczności dotyczy człowieka nazwiskiem Bryson.

Od lat opowiadam tę historię w pubach i kiedy skończę, słuchacze przez chwilę refleksyjnie kiwają głowami, a potem odwracają się do siebie nawzajem i mówią: „Wiesz, tak mi się przypomniało, że jest jeszcze jedna droga do Barnsley z pominięciem M62. Znasz to rondo z Happy Eater w Guiseley? No to jak skręcisz w drugi zjazd...".

Spędziłem w domu trzy dni, szczęśliwy jak szczenię pogrążyłem się w chaosie rodzinnego życia, baraszkowałem z małymi, zasypywałem wszystkich czułością, jak pies łaziłem za żoną z pokoju do pokoju, gryzmoliłem coś na kawałku gazety w kącie w kuchni. Poza tym posprzątałem plecak, przejrzałem pocztę, gospodarskim okiem obejrzałem ogród, smakowałem rozkosz budzenia się co rano we własnym łóżku.

Na myśl o tak szybkim ponownym wyjeździe ogarniała mnie rozpacz, postanowiłem więc zostać trochę dłużej i urządzić sobie parę jednodniowych wycieczek. Trzeciego dnia zabrałem mojego drogiego przyjaciela i sąsiada Davida Cooka — utalentowanego malarza, którego obraz zdobi okładkę tej książki — na wędrówkę po Saltaire i Bingley, jego rodzinnych terenach. Miło było dla odmiany mieć jakieś towarzystwo i ciekawie się oglądało ten mały zakątek Yorkshire oczami kogoś, kto tutaj dorastał.

Nigdy wcześniej porządnie nie zwiedziłem Saltaire i czekała mnie fantastyczna niespodzianka. Może nie wszyscy wiedzą, że Saltaire to jest wzorcowe osiedle fabryczne zbudowane w latach 1851-1876 przez Titusa Salta. Z jednej strony należał on do tego mało apetycznego gatunku moralizujących, abstynenckich, bogobojnych przemysłowców, w których specjalizowało się XIX stulecie — był człowiekiem, który nie chciał po prostu zatrudniać swoich pracowników, lecz mieć ich na własność. Pracownicy jego fabryki musieli mieszkać w jego domach, chodzić do jego kościoła i ściśle przestrzegać jego przykazań. Nie pozwolił założyć na osiedlu pubu, a w parku wprowadził takie restrykcje dotyczące hałasowania, palenia, uprawiania sportów i innych nieprzystojnych rozrywek, że chodzenie tam nie sprawiało nikomu większej frajdy. Pracownikom wolno było pływać łodziami po rzece — ale z jakiegoś powodu tylko do czterech osób naraz. Jednym słowem, niezależnie od tego, czy im to pasowało, musieli być trzeźwi, oszczędni i cisi.

Z drugiej strony Salt dawał świadectwo rzadkiej w tych czasach wrażliwości na kwestie socjalne i nie ulega wątpliwości, że jego pracownicy mieli bardziej higieniczne, zdrowsze i wygodniejsze warunki życia niż większość robotników przemysłowych na całym świecie.

Dzisiaj Saltaire należy do wielkiej aglomeracji Leeds-Bradford, ale na początku stało pośród rozległego pustego krajobrazu — ogromna różnica w porównaniu do chorobotwórczego piekła centrum Bradford, gdzie w latach pięćdziesiątych XIX wieku było więcej burdeli niż kościołów i ani kawałka krytych rynsztoków. Z ponurych, czarnych od sadzy klitek złączonych tylnymi ścianami pracownicy Salta przenieśli się do przestronnych wiejskich chat, z których każda miała podwórze, przyłącze gazowe i co najmniej trzy pokoje z kuchnią. Z pewnością myśleli sobie, że trafili do raju.

Na zboczu z widokiem na rzekę Aire i kanał Leeds-Liverpool Salt zbudował gigantyczną fabrykę, którą nazwał Palace of Industry. W tamtym czasie był to największy zakład przemysłowy w Europie. Na ponad czterech hektarach wznosiła się między innymi wieża wzorowana na kampanili weneckiego kościoła Santa Maria Gloriosa. Dodatkowo Salt założył park, kościół, „instytut konwersacji, rekreacji i edukacji", szpital, szkołę i osiedle ośmiuset pięćdziesięciu zgrabnych i solidnych kamiennych domów przy geometrycznej siatce brukowanych ulic, z których większość nazwał na cześć swojej żony i jedenastki dzieci. Najciekawszym z tych projektów był chyba instytut. Powstał oczywiście po to, żeby odciągnąć robotników od alkoholu, i obejmował salę gimnastyczną, laboratorium, salę bilardową, bibliotekę, czytelnię i salę wykładowo-koncertową. Nigdy wcześniej robotnicy fabryczni nie mieli tak wspaniałych możliwości dokulturalniania się i całe setki ludzi z możliwości tej entuzjastycznie skorzystały. Niejaki James Waddigton, pracownik zakładów włókienniczych, który nigdy nie chodził do szkoły, został światowym autorytetem językoznawczym i gwiazdą Brytyjsko-Irlandzkiego Towarzystwa Fonetycznego.

Trudno w to uwierzyć, ale Saltaire przetrwało do dzisiaj w nienaruszonym stanie, chociaż fabryka dawno przestała produkować sukno, a domy mają prywatnych właścicieli. W jednej z hal fabrycznych urządzono znakomitą — i darmową — stałą wystawę prac Davida Hockneya, a w innych sprzedaje się markowe ubrania, stylowe rzeczy do domu, książki i artystyczne pocztówki. Coś niesamowitego, znaleźć ten raj dla japiszonów w zapomnianym zakątku aglomeracji bradfordzkiej. A do tego miasteczko miało się doskonale.

Z Davidem Cookiem niespiesznie zwiedziliśmy galerię — nigdy nie zwracałem większej uwagi na Hockneya, ale jedno mogę wam powiedzieć: ten chłopak umie rysować — a potem spacerowaliśmy ulicami z dawnymi domami robotników. Wszystkie były ładne, zadbane i dobrze zachowane. Przez Roberts Park przeszliśmy do Shipley Glen, leśnego wąwozu prowadzącego na rozległe błonia z rodzaju tych, na których z reguły widzi się ludzi tresujących swoje psy. Chociaż teren sprawia wrażenie od niepamiętnych czasów porośniętego chaszczami, sto lat temu znajdowało się tutaj doskonale prosperujące wesołe miasteczko — jedno z pierwszych na świecie.

Do jego licznych atrakcji należała napowietrzna kolejka z gondolami, spora kolejka górska i „największy, najbardziej stromy i najwspanialszy tor saneczkowy, jaki kiedykolwiek zbudowano". Widziałem zdjęcia, panie z parasolami i wąsaci panowie w krochmalonych kołnierzykach korzystali z tych atrakcji, które rzeczywiście wyglądały całkiem groźnie, zwłaszcza tor saneczkowy, który ciągnął się na jakieś ćwierć mili po strasznie stromym zboczu. Pewnego dnia w 1900 roku, kiedy grupa elegancko ubranych klientów wyjeżdżała saneczkami do góry po kolejną mrożącą krew w żyłach przygodę, pękła lina wyciągu i wszystko skończyło się mało estetyczną, lecz efektowną śmiercią całej ekipy na samym dole. I to był w gruncie rzeczy koniec wesołego miasteczka Shipley Glen. Dzisiaj z pierwotnych rozrywek został tylko niewielki Glen Tramway, który od 1895 roku dyskretnie i statecznie kursuje w górę i w dół po pobliskim zboczu, ale pośród wysokiej trawy zobaczyliśmy resztkę starej szyny wyciągu saneczkowego i lekki dreszcz przeszedł nam po plecach.

Cały rejon jest swoistym stanowiskiem archeologicznym z niezbyt odległej przeszłości. Mniej więcej milę dalej, przy zarośniętej ścieżce, wznosił się Milner Field, bogato zdobiony kamienny pałac zbudowany przez Titusa Salta Młodszego w 1870 roku, czyli w okresie, kiedy możliwości finansowe rodu Saltów wydawały się nieograniczone i po wieczne czasy zabezpieczone. Aż tu nagle niespodzianka! W 1893 roku przemysł włókienniczy pogrążył się w kryzysie i Saltowie, którzy przeinwestowali w okresie dobrej koniunktury, błyskawicznie stracili płynność finansową. Skonsternowani i upokorzeni, musieli sprzedać dom, fabrykę i inne kapitały. I wtedy rozpoczęła się dziwna, by nie rzec — diaboliczna seria wydarzeń. Wszystkich późniejszych właścicieli Milner Field spotykały zaskakujące dopusty boże. Jeden walnął się w stopę kijem golfowym i zmarł na skutek zakażenia rany. Inny zastał młodą żonę na igraszkach w skłębionej pościeli z własnym wspólnikiem biznesowym. Zastrzelił wspólnika, a może oboje kochanków, kronikarze nie są w tej kwestii zgodni. W każdym razie potwornie zapaskudził sypialnię i przekazano go w ręce kata.

Niedługo Milner Field wyrobił sobie renomę domu, w którym człowieka na sto procent spotka jakaś przygoda. Ludzie się wprowadzali, a potem wyprowadzali ze spopielałymi twarzami i makabrycznymi okaleczeniami. W 1930 roku, kiedy dom został po raz ostatni wystawiony na sprzedaż, nie znalazł nabywcy. Przez dwadzieścia lat stał pusty i w 1950 roku wreszcie zrównano go z ziemią. Obecnie teren ten jest porośnięty chaszczami i można przejść obok, nie domyślając się, że niegdyś stał tam jeden z najokazalszych pałaców północnej Anglii. Ale wystarczy trochę pobuszować w wysokiej trawie, tak jak my zrobiliśmy, żeby znaleźć posadzkę jednej z oranżerii, ułożoną w geometryczne wzory z czarnych i białych płytek ceramicznych. Skojarzyła mi się z rzymską mozaiką, którą widziałem w Winchcombe, i była nie mniej zadziwiająca.

Czy to nie niezwykłe, pomyślałem, że sto lat temu Titus Salt Młodszy stał w tym miejscu, we wspaniałym pałacu, i patrzył w głąb doliny rzeki Aire na ogromną huczącą i dymiącą fabrykę swego ojca, w której tle rozciągał się najbogatszy ośrodek włókienniczy na świecie — a teraz tego wszystkiego już nie ma? Co pomyślałby sobie Titus Starszy, gdyby go tutaj sprowadzić i pokazać mu, że majątek rodzinny przepadł, a w jego fabryce handluje się teraz snobistycznymi chromowanymi utensyliami kuchennymi i pedalskimi obrazami przedstawiającymi gołych pływaków z połyskującymi tyłkami?

Długo staliśmy na tym samotnym wzgórzu. Mieliśmy stamtąd rozległy widok na Airedale, z tłocznymi miastami i domami wspinającymi się po stromych zboczach aż po romantyczne wrzosowiska. Jak to mi się często zdarza, kiedy stoję na wzgórzu w północnej Anglii, zadałem sobie pytanie, co robią ci wszyscy ludzie w tych wszystkich domach. Kiedyś w Airedale funkcjonowały dziesiątki fabryk — kilkanaście w samym Bingley — a teraz nie została prawie żadna, zburzono je pod supermarkety bądź przerobiono na muzea, mieszkaniówkę albo centra handlowe. French's Mill, ostatni zakład włókienniczy w Bingley, zamknięto parę lat wcześniej i teraz straszył powybijanymi oknami.

Kiedy przeniosłem się na północ, najbardziej mnie zaskoczyło, do jakiego stopnia człowiek czuje się tutaj jak w innym kraju. Po części wynika to z odmienności atmosfery i krajobrazu — wysoko położone rozległe wrzosowiska pod bezkresnym niebem, długie, kręte murki bezzaprawowe, czarne od sadzy fabryczne miasta, wsie z urokliwymi kamiennymi domami w Dales i Lake District — a po części z różnic akcentu i słownictwa, jak również ożywczej, choć czasem trochę bulwersującej szczerości wypowiedzi. I jeszcze jeden powód: mieszkańcy południa i północy wykazują się nieprawdopodobną, czasem wynikającą z przekory niewiedzą na temat geografii drugiej połowy kraju. Pracując w londyńskich gazetach, nie mogłem wyjść ze zdumienia, że kiedy zadawałem pytanie typu „Czy Halifax leży w północnym czy południowym Yorkshire?", widziałem wokół siebie same zafrasowane czoła. A kiedy przeprowadziłem się na północ i mówiłem ludziom, że poprzednio mieszkałem w Surrey koło Windsoru, często reagowali taką samą miną, wyrażającą nerwową niepewność, jakby się bali, że zaraz powiem: „A teraz proszę mi to pokazać na mapie".

Ale najważniejszą cechą, która odróżnia północ od południa, jest wszechogarniające poczucie utraty znaczenia gospodarczego, przebrzmiałej chwały, kiedy jedzie się przez Preston czy Blackburn albo stoi na takim wzgórzu. Kiedy połączymy łamaną linią Bristol i The Wash, podzielimy kraj na dwie części, zamieszkane przez mniej więcej dwadzieścia siedem milionów ludzi każda. W latach 1980-1985 w części południowej ubyło sto trzy tysiące sześćset miejsc pracy, a w części północnej milion trzydzieści dwa tysiące, czyli prawie dokładnie dziesięć razy więcej. I fabryki nadal są zamykane. Lokalne wiadomości telewizyjne dzień w dzień co najmniej w połowie są poświęcone likwidacjom zakładów pracy (a druga połowa dotyczy kota, który utkwił na drzewie; nie ma nic bardziej przygnębiającego niż lokalne wiadomości telewizyjne). A zatem pytam ponownie: Co robią wszyscy ci ludzie we wszystkich tych domach — i jeszcze istotniejsze, co będą robiły ich dzieci?

*

Zostawiliśmy Milner Field za sobą i poszliśmy w stronę Eldwick, mijając po drodze okazałą stróżówkę. David westchnął ze smutkiem.

— Kiedyś w tym dworku mieszkał mój znajomy — powiedział.

Teraz budynek się sypał, otwory okienne i drzwiowe były zamurowane. Żeby zmarnować taki skarb architektury! Otoczony murem stary ogród był zaniedbany i zarośnięty.

David pokazał mi dom po drugiej stronie drogi. Wychowywał się tam Fred Hoyle. W swojej autobiografii (*It'll Start Getting Cold Any Minute Now, Just You See*) Hoyle wspomina, że widywał służbę kursującą w białych rękawiczkach przez bramę Milner Field, natomiast zagadkowo milczy na temat skandali i tragedii rozgrywających się za wysokim murem. Kupiłem tę książkę w antykwariacie aż za trzy funty, licząc na to, że pierwsze rozdziały będą obfitowały w sensacyjne informacje o strzelaninach i nocnych wrzaskach, możecie więc sobie wyobrazić moje rozczarowanie.

Trochę dalej minęliśmy trzy duże bloki mieszkań komunalnych, nie tylko paskudne i odizolowane od świata, ale również tak idiotycznie ustawione, że chociaż stały na rozległym zboczu wzgórza, mieszkańcy nie mieli żadnego widoku. Projekt zdobył oczywiście mnóstwo nagród architektonicznych, powiedział mi David.

Kiedy schodziliśmy po falistej pochyłości do Bingley, David opowiadał mi o spędzonym w tym mieście dzieciństwie, które przypadało na lata czterdzieste i pięćdziesiąte. Odmalował radosny obrazek szczęśliwych czasów, w których człowiek chodził do kina (w środy Hippodrome, w piątki Myrtle), jadł rybę z frytkami zawiniętą w gazetę, słuchał w radiu *Dicka Bartona* i *Top of the Form* — czarodziejski utracony świat z przerwą obiadową, pocztą przychodzącą dwa razy dziennie, ludźmi jeżdżącymi na rowerach i bezkresnym latem. Opisywane przez Davida Bingley było pewnym siebie, zamożnym trybikiem dumnego i mocarnego imperium, z pracującymi pełną parą fabrykami i tętniącym życiem centrum pełnym kin, herbaciarni i ciekawych sklepów — uderzający kontrast z nieestetycznym, zapyziałym, zmaltretowanym przez ruch samochodowy miastem, do którego teraz wchodziliśmy. Myrtle i Hippodrome dawno zlikwidowano. Do budynku po tym drugim wprowadziło się Woolworth's, ale też już dawno zniknęło. Dzisiaj w Bingley nie ma ani jednego kina i w ogóle niczego, co by zachęcało do wybrania się tam. Centrum jest zdominowane przez gmach banku spółdzielczego Bradford and Bingley Bulding Society — w swojej kategorii nawet znośnego, ale zupełnie nieproporcjonalnego do okolicznej zabudowy. Między tym wieżowcem a iście slumsową dzielnicą handlową z lat sześćdziesiątych centrum Bingley zostało nieodwracalnie zniszczone. Przeżyłem więc przyjemne zaskoczenie, kiedy się okazało, że poza centrum miasto nadal urzeka swoim urokiem.

Minąwszy szkołę i pole golfowe, dotarliśmy do Beckfoot Farm, ładnego kamiennego domu nad szemrzącym ruczajem w lesistym wąwozie. Zaledwie kilkaset jardów dalej biegła główna droga do Bradford, ale tutaj człowiek czuł się jak w innym, jeszcze niezmotoryzowanym stuleciu. W łagodnym słońcu spacerowaliśmy piękną nadbrzeżną dróżką. Kiedyś była tutaj tłuszczarnia, powiedział mi David. W całej okolicy okropnie cuchnęło, a pokryta pienistą mazią woda miała paskudny rdzawokremowy kolor. Teraz rzeka iskrzyła zielono i zdrowo, a dolina sprawiała wrażenie nietkniętej upływem czasu i rewolucją przemysłową. Starą fabrykę oskrobano z brudu, wypatroszono i urządzono w środku eleganckie mieszkania. Dotarliśmy do Five-Rise Locks, czyli pięciu śluz, dzięki którym kanał Leeds-Liverpool podnosi się o sto stóp. Z najwyższego punktu zajrzeliśmy w powybijane okna French's Mill za ogrodzeniem z drutu kolczastego. Uznawszy, że widzieliśmy już wszystkie atrakcje, które ma do zaoferowania Bingley, poszliśmy do gościnnego pubu Old White Horse i wypiliśmy dużą ilość piwa, co mieliśmy od początku zaplanowane.

Następnego dnia pojechałem z żoną na zakupy do Harrogate — a raczej ja rozejrzałem się po Harrogate, kiedy ona robiła zakupy. Moim zdaniem mężczyźni i kobiety nie powinni chodzić razem na zakupy, bo mężczyźni chcą sobie kupić coś głośnego w rodzaju wiertarki i szybko wrócić do domu, żeby się nią pobawić, natomiast kobiety nie będą zadowolone, dopóki nie obejrzą całej oferty handlowej w mieście i nie dotkną co najmniej tysiąca pięciuset różnych materiałów. Czy tylko dla mnie jest zagadką, dlaczego kobiety odczuwają ten dziwny przymus dotykania wszystkiego w sklepach? Wielekroć widziałem, jak moja żona zboczyła z trasy o dwadzieścia albo trzydzieści kroków, żeby coś pomacać — moherowy sweter, aksamitną narzutę albo jeszcze coś innego.

— Podoba ci się? — pytam zdziwiony, ponieważ rzecz raczej nie jest w jej guście, a ona patrzy na mnie jak na wariata.

— To?! Nie, ohydne.

— To po kiego diabła lazłaś taki kawał drogi, żeby tego dotknąć? — chcę zapytać, ale podobnie jak wszyscy doświadczeni mężowie nauczyłem się nie wygłaszać żadnych komentarzy podczas zakupów, bo niezależnie od tego, co powiem — „Jestem głodny", „Nudzi mi się", „Nogi mnie bolą", „Tak, w tym też ci ładnie", „No to kup oba", „Do jasnej cholery", „Możemy już jechać do domu?", „Do Monsoon? Znowu?", „Gdzie byłem? Raczej gdzie ty byłaś?", „To po kiego diabła lazłaś taki kawał drogi, żeby tego dotknąć?" — skutki są zawsze negatywne, więc trzymam gębę na kłódkę.

Tego dnia pani B. była w nastroju do kupowania obuwia, co oznacza wiele godzin zmuszania jakiegoś biedaka w tanim garniturze do tego, żeby przynosił setki pudełek mniej więcej identycznych butów, by potem niczego nie kupić, toteż rozsądnie postanowiłem się ulotnić i zwiedzić miasto. W ramach świadectwa mojej miłości najpierw zabrałem żonę na kawę i ciastko do Betty's (tylko zakochany po uszy mężczyzna zaprosi kobietę do takiego drogiego lokalu), gdzie udzieliła mi jak zawsze precyzyjnych instrukcji co do naszego późniejszego spotkania.

— O trzeciej pod Wollworth's. Ale uważaj — przestań się tym bawić i słuchaj — jeśli nie znajdę niczego odpowiedniego u Russella & Bromleya, będę musiała iść do Ravel, a wtedy spotkasz się ze mną piętnaście po trzeciej przy wejściu do działu mrożonek u Marksa. Ewentualnie będę w Hammick's w dziale kulinarnym albo w dziale literatury dziecięcej — chyba żebym poszła do Boots obmacywać tostery. Ale najprawdopodobniej będę siedziała u Russella & Bromleya i po kilka razy przymierzała te same buty. W takim wypadku spotkajmy się pod Next najpóźniej dwadzieścia siedem po. Skapowałeś?

— Tak.

Nie.

— Nie nawal.

— Oczywiście, że nie.

Chciałaby dusza do raju.

Potem daliśmy sobie buzi i poszła. Dopiłem kawę i napawałem się wytworną, staroświecką atmosferą tego wyśmienitego lokalu, w którym kelnerki wciąż noszą falbaniaste czepki i białe fartuchy do czarnych sukni. Uważam, że powinno być więcej takich kawiarni. To prawda, że za czajniczek kawy i pączka trzeba zapłacić krocie, ale zapewniam was, że warto. Pozwalają siedzieć cały dzień i poważnie rozważałem taką możliwość, tak było przyjemnie. Ale potem pomyślałem, że naprawdę powinienem obejrzeć miasto, zapłaciłem więc rachunek i pomaszerowałem przez dzielnicę handlową, żeby zobaczyć najnowszą atrakcję Harrogate, czyli centrum handlowe Victoria Gardens. Nazwa jest trochę naciągana, bo centrum zbudowano na Victoria Gardens, więc tak naprawdę powinno się nazywać „Piękne małe ogrody zniszczone przez to centrum handlowe".

Nie miałbym aż takich pretensji, gdyby przy okazji nie zburzono ostatnich wspaniałych toalet publicznych w Wielkiej Brytanii — podziemnej perły architektury z błyszczącej ceramiki i lśniącego mosiądzu upiększającej rzeczone ogrody. Męska była wprost urzekająca, a na temat damskiej też opowiadano mi w samych superlatywach. Może i to by mi tak bardzo nie przeszkadzało, gdyby nie fakt, że nowe centrum handlowe jest rozdzierająco okropne, najgorszy przykład architektury pastiszu — z gatunku Crescent w Bath spotyka się z Crystal Palace pod poliestrowym dachem. Z niedocieczonych dla mnie przyczyn balustradę wzdłuż krawędzi dachu ozdobiono naturalnej wielkości posągami zwyczajnych mężczyzn, kobiet i dzieci. Diabli wiedzą, co to miało sugerować — pewnie, że jest to coś w rodzaju Hali Ludowej — ale efekt jest taki, jakby kilkudziesięciu obywateli w różnym wieku miało zaraz popełnić zbiorowe samobójstwo.

Po stronie Station Parade, gdzie wcześniej znajdowały się sympatyczne Victoria Gardens z sympatycznymi toaletami publicznymi, teraz jest schodkowy amfiteatr. Podejrzewam, że ludzie mają tam siedzieć w te dwa albo trzy dni w roku, kiedy w Yorkshire świeci słońce. Z kolei wysoko nad drogą zbudowano łączącą centrum handlowe z wielopoziomowym parkingiem idiotyczną krytą kładkę dla pieszych utrzymaną w tym samym georgiańsko-palladiańsko-kij-wie-jakim stylu.

Być może na podstawie moich wcześniejszych uwag na temat traktowania przez Brytyjczyków ich dziedzictwa architektonicznego doszliście do pochopnego wniosku, że jestem entuzjastą tego typu rzeczy. Otóż nie jestem. Jeśli przez pastisz rozumiemy budynek, który pożycza od sąsiadów jakiś akcent i generalnie stara się dostosować do otoczenia pod względem rozmiarów, klimatu, rozmieszczenia drzwi i okien i tak dalej, to jestem za, ale jeśli przez pastisz rozumiemy disneylandową wersję „Jolly Olde England" w stylu tej bezsensownej kupy, którą miałem przed sobą, to dziękuję, postoję.

Można dowodzić — i projektanci Victoria Gardens z pewnością wysunęliby taki argument — że realizacja ta przynajmniej usiłuje wprowadzić do miejskiego krajobrazu pewne tradycyjne walory architektoniczne i niewątpliwie mniej zgrzyta niż pobliskie szklano-plastikowe pudło, w którym wygodnie usadowił się Co-op (budynek, pozwolę sobie powiedzieć, niepoślednio brzydki), ale dla mnie oba są przykładami kompletnie poronionej architektury. (Aczkolwiek, pozwolę sobie dodać, żaden nie może się pod tym względem równać z budynkiem Maples, blokiem z lat sześćdziesiątych, który wznosi się jak jakiś kretyński żart na kilkanaście pięter w połowie długiej ulicy z Bogu ducha winną wiktoriańską zabudową. Jak do tego doszło, ja się zapytuję?).

Co zatem mamy zrobić z biednymi, sponiewieranymi miastami brytyjskimi, skoro nie chcę się zgodzić ani na Richarda Seiferta, ani na Walta Disneya? Sam chciałbym to wiedzieć. Chciałbym jednak również, aby wiedzieli to architekci. Z pewnością istnieje jakiś sposób na to, żeby tworzyć budynki gustowne i nowoczesne, ale zachowujące ogólny klimat otoczenia. W większości innych krajów europejskich jakoś sobie z tym radzą (z intrygującym i godnym uwagi wyjątkiem Francji), więc dlaczego w Wielkiej Brytanii sobie nie radzą?

Ale starczy tego głędzenia. Harrogate to generalnie ładne miasto, które znacznie mniej ucierpiało na skutek bezmyślności urbanistów niż wiele innych ośrodków miejskich. Stray, dziesięć hektarów publicznych terenów zielonych między dużymi, zamożnymi domami, zalicza się do największych i najpiękniejszych parków w kraju. W mieście jest trochę ładnych starych hoteli, przyjemna dzielnica handlowa, jak również cywilizowana mieszczańska atmosfera. Słowem, sympatyczniejsze miasteczko niełatwo byłoby znaleźć. Na urokliwą angielską modłę Harrogate trochę przypomina mi Baden-Baden, i nic dziwnego, bo też kiedyś było uzdrowiskiem, zresztą bardzo popularnym. W folderze, który dostałem w muzeum przy pijalni wód, napisano, że jeszcze w 1926 roku wypijano aż dwadzieścia sześć tysięcy szklanek siarczanej wody dziennie. Z tabliczki przy kranie wynikało, że jest „dobra na wzdęcia", co opacznie zrozumiałem i o mało nie wypiłem jednej szklanki, zanim sobie uświadomiłem, że woda nie powoduje wzdęć, tylko im zapobiega. Przedziwny pomysł.

Zwiedziłem muzeum, a po wyjściu na zewnątrz minąłem stary Swan Hotel, w którym szukała schronienia Agatha Christie, kiedy się dowiedziała, że jej mąż, ten bydlak, jest kobieciarzem. Potem skręciłem w Montpellier Parade, bardzo ładną ulicę pełną koszmarnie drogich sklepów z antykami. Obejrzałem wysoki na siedemdziesiąt pięć stóp pomnik ofiar wojny, a później poszwendałem się po Stray, myśląc sobie, jakie to musi być przyjemne mieszkać w jednym z tych dużych domów i móc chodzić na zakupy przez ten zachwycający park.

Człowiek nigdy by nie zgadł, że takie kwitnące i porządne miasto jak Harrogate leży w tej samej części kraju co Bradford czy Bolton, ale to jest oczywiście kolejna cecha charakterystyczna północy Anglii — można tu znaleźć enklawy ogromnej zamożności, takie jak Harrogate czy Ilkley, jeszcze bogatsze niż podobne miasta na południu. Kiedy zaczęło już zmierzchać, wróciłem do dzielnicy handlowej, gdzie podrapałem się w głowę i z paniką graniczącą ze zgrozą uzmysłowiłem sobie, że nie mam bladego pojęcia, gdzie i kiedy umówiłem się z moją połowicą. Sterczałem tam jak kołek z taką miną, jaką robi Stan Laurel, kiedy odwraca się i widzi, że fortepian, którym się opiekował, zjeżdża w dół stromego zbocza z Olliem na pokładzie, a tu nagle stał się cud i podeszła do mnie moja żona.

— Cześć, kochanie! — powiedziała radosnym tonem. — Muszę przyznać, że nie spodziewałam się, że będziesz tu na mnie czekał.

— O rany, mogłabyś mieć do mnie trochę więcej zaufania. Stoję tu całe wieki.

I ramię w ramię zanurzyliśmy się w wietrznym zachodzie słońca.

ROZDZIAŁ 18

Pojechałem pociągiem do Leeds i następnym do Manchesteru — długa, powolna, ale w sumie przyjemna podróż przez doliny o stromych zboczach, bardzo podobne do tej, w której mieszkałem, poza tym że gęsto usiane starymi fabrykami i ściśniętymi, czarnymi od sadzy miasteczkami. Stare fabryki dzieliły się na trzy kategorie: 1) rozpadówy z powybijanymi oknami i tablicami DO WYNAJĘCIA; 2) nieistniejące, czyli błotniste puste parcele; 3) zakłady nieprodukcyjne, na przykład magazyn firmy kurierskiej, skład budowlany czy coś w tym guście. Minąłem chyba ze sto starych fabryk, ale dopiero na przedmieściach Manchesteru zauważyłem pierwszą, która sprawiała wrażenie prowadzącej działalność wytwórczą.

Późno wyjechałem z domu, więc była już czwarta i robiło się ciemno, kiedy wyszedłem z dworca Piccadilly. Ulice lśniły od deszczu, a ruch samochodowy i pieszy nadawał miastu atrakcyjny wielkomiejski klimat. W chwili jakiegoś zaćmienia umysłu zarezerwowałem pokój w drogim hotelu Piccadilly. Znajdował się na jedenastym piętrze, ale widok z okna sugerował raczej osiemdziesiąte piąte. Gdyby moja żona miała rację i lubiła wchodzić na dach, to chyba byłbym w stanie ją zobaczyć. Manchester wydawał się olbrzymi — bezkresny miejski krajobraz mętnych żółtych świateł i samochodów wolno sunących ulicami.

Pobawiłem się telewizorem, skonfiskowałem papeterię i zapasowe mydełko oraz włożyłem spodnie do maglownicy — przy tych cenach chciałem wycisnąć, ile się da, z mojego hotelowego doświadczenia — chociaż wiedziałem, że w najdziwniejszych miejscach porobią mi się nieusuwalne kanty. (Czy ja robię coś nie tak czy też może te przyrządy nie spełniają swojej funkcji?). Kiedy odwaliłem już całą tę robotę, poszedłem do miasta coś zjeść.

Dostrzegłem pewną ciekawą zależność — im więcej lokali gastronomicz-nych, tym trudniej mi znaleźć choćby w przybliżeniu adekwatny do moich umiarkowanych zasobów finansowych. Najbardziej by mi odpowiadała re-stauracyjka włoska przy bocznej ulicy — taka z obrusami w kratę, świecz-kami w butelkach po chianti i sympatyczną atmosferą z lat pięćdziesiątych. W brytyjskich miastach było kiedyś od groma takich lokali, ale teraz dia-belnie trudno je znaleźć. Złaziłem pół Manchesteru, ale znajdowałem tylko sieci ogólnokrajowe z wielkimi plastikowymi jadłospisami i paskudnym żarciem albo restauracje hotelowe, w których trzeba zapłacić prawie osiem-naście funtów za trzy pompatycznie opisane i rozczarowująco rozgotowane dania.

W końcu wylądowałem w Chinatown, które wita przybysza wielkim ko-lorowym łukiem, a potem prawie natychmiast traci zapał. Między wielkimi biurowcami było trochę restauracji, ale nie mogę powiedzieć, żebym poczuł się tak, jakbym zawędrował do małego zakątka Orientu. W większych, lep-szych lokalach mieli komplet, więc w końcu poszedłem do restauracji na piętrze, gdzie wystrój był tandetny, jedzenie tylko znośne, a obsługa kom-pletnie zblazowana. Na rachunku zauważyłem dodatkową sumę obok lite-rek „S.C.".

— Co to jest? — spytałem kelnerkę, która, pozwolę sobie powiedzieć, cały czas była wyjątkowo naburmuszona.

— Suhvice chawge — opłata za obsługę.

Spojrzałem na nią zaskoczony.

— W takim razie proszę mi łaskawie powiedzieć, dlaczego jest też rubry-ka „napiwek".

Wzruszyła ramionami ze znudzoną miną w stylu: to nie mój problem.

— To okropne — orzekłem. — Naciągacie ludzi na podwójny napi-wek.

Westchnęła ciężko, jakby takie pretensje ze strony klientów to nie była dla niej pierwszyzna.

— Pan ma żalenie? Pan chce rozmawiać kierownik?

Ton sugerował, że jeśli kierownik się ze mną zobaczy, to w obstawie pa-ru osiłków w ciemnym zaułku. Postanowiłem nie drążyć sprawy i posze-dłem na długi spacer mokrymi, źle oświetlonymi ulicami Manchesteru. Nie przypominam sobie ciemniejszego miasta. Nie umiem powiedzieć, gdzie dokładnie chodziłem, ponieważ ulice Manchesteru są dla mnie dziwnie nieodróżnialne. Ciągle miałem wrażenie, że kręcę się wokół własnego ogona.

W końcu wylądowałem pod ciemnym kolosem Arndale Centre (znowu ta nazwa). Co za monstrum! Zapewne miło jest w tak deszczowym mieście jak Manchester robić zakupy pod dachem, a skoro już muszą być hipermarkety, to znacznie lepiej jest mieć je w mieście niż poza nim. Ale w nocy Arndale Centre jest tylko dziesięciohektarową martwą przeszkodą na drodze przez centrum. Zobaczyłem przez okno, że od czasu mojej ostatniej wizyty je wyremontowali — i robiło teraz całkiem ładne wrażenie — ale od zewnątrz wciąż było pokryte tymi okropnymi płytkami, przez które wyglądało jak największa ubikacja świata. Zresztą kiedy szedłem Cannon Street, trzech młodzieńców z wygolonymi głowami i obficie wytatuowanymi ramionami wykorzystywało jedną ze ścian budynku właśnie do tego celu. Nie zwracali na mnie uwagi, ale nagle przyszło mi do głowy, że robi się późno i na ulicach nie widać zbyt wielu porządnych obywateli takich jak ja. Postanowiłem zatem wrócić do hotelu, zanim sam zostanę obsikany.

Obudziłem się wcześnie i wyszedłem na dżdżystą ulicę z mocnym postanowieniem, że wyrobię sobie jakiś konkretny obraz miasta. W przypadku Manchesteru bardzo ciężko mi to przychodzi. Każde inne wielkie miasto brytyjskie ma jakąś dominantę, która utrwala je w moim umyśle: Newcastle ma most, Liverpool ma Liver Building i doki, Edynburg ma zamek, Glasgow ma olbrzymi Kelvingrove Park i budynki Charlesa Renniego Mackintosha, nawet Birmingham ma centrum handlowe Bull Ring (i absolutnie może je sobie zatrzymać). Ale Manchester to dla mnie biała plama — lotnisko z doczepionym miastem. Na dźwięk słowa „Manchester" w mojej głowie pojawiają się tylko różne ogólnikowe, rozmyte wyobrażenia. Ena Sharples*, L.S. Lowry**, Manchester United, plany wprowadzenia tramwajów, bo mają je w Zurychu czy gdzieś i tam świetnie się sprawdzają, Hallé Orchestra, stary „Manchester Guardian" i te wzruszające, podejmowane mniej więcej co cztery lata próby uzyskania prawa do organizacji następnej letniej olimpiady, zazwyczaj ilustrowane ambitnymi planami budowy welodromu za czterysta milionów funtów, sali pingpongowej za dwieście pięć-

---

* Ena Sharples — bohaterka serialu *Coronation Street* (przyp. red.).

** Laurence Stephen Lowry (1887-1976) — malarz brytyjski (przyp. red.).

dziesiąt milionów funtów czy innego obiektu niezbędnego dla przyszłości podupadającego ośrodka przemysłowego.

Poza Eną Sharples i L.S. Lowrym nie umiałbym wymienić ani jednego wielkiego manchesterczyka. Obfitość pomników koło ratusza wskazuje, że w swoim czasie miasto wydało sporo znakomitości, ale fraki i bokobrody sugerują z kolei, że dawno wstrzymało produkcję albo znakomitości, albo pomników. Przyjrzałem się teraz wszystkim dokładnie i nie rozpoznałem ani jednego nazwiska.

To, że nie mam konkretnego obrazu Manchesteru, nie jest wyłącznie moją winą. „Miasto jutra kształtujemy dzisiaj", brzmi oficjalne motto, ale Manchester najwyraźniej nie umie się zdecydować, jakie jest jego miejsce w świecie. W Castlefield pracowicie kształtowano dzisiaj miasto wczorajsze — czyszczono stare ceglane wiadukty i magazyny, wymieniano nawierzchnię nabrzeży, odmalowywano stare, łukowate mostki dla pieszych i wszędzie stawiano ławki, polery i latarnie w stylu retro. Kiedy dzieło zostanie skończone, będzie można dokładnie zobaczyć, jak wyglądało manchesterskie życie w XIX wieku — to znaczy jak by wyglądało, gdyby były w nim winiarnie, kosze na śmieci z kutego żelaza i drogowskazy kierujące do zabytków. Z drugiej strony w Salford Quays przyjęto odwrotną strategię i zrobiono wszystko, co się dało, żeby wymazać przeszłość: w miejsce niegdyś kwitnących doków Manchester Ship Canal stworzono coś w rodzaju mini-Dallas. Osobliwy widok — pośród rozległej wielkomiejskiej ziemi jałowej stado szklanych biurowców i luksusowych apartamentowców, które najwyraźniej stoją puste.

Trudno jest natomiast znaleźć w Manchesterze to, czego człowiek ma absolutne prawo oczekiwać — dziesiątki małych, ciasnych Coronation Streets. Podobno kiedyś było ich co niemiara, ale teraz można przejść wiele mil, nie uświadczywszy ani jednej ceglanej szeregówki. Ale to nie ma znaczenia, bo zawsze można zobaczyć prawdziwą Coronation Street w studiach filmowych Granada. I tak właśnie zrobiłem — w towarzystwie większości mieszkańców północnej Anglii. Przy ulicy prowadzącej do studiów rozpościerały się wielkie połacie parkingów samochodowych i autobusowych, które za kwadrans dziesiąta rano już się wypełniały. Autokary z dalekich stron — z Workington, Darlington, Middlesbrough, Doncaster, Wakefield i wielu innych miast północy — wylewały z siebie strumienie rześkich, siwowłosych staruszków, a z samochodów osobowych wysiadały szczęśliwe i życzliwie usposobione do świata rodziny.

Stanąłem w niezwykle długiej kolejce szerokiej na trzy, cztery osoby i zadałem sobie pytanie, czy to nie jest błąd, ale kiedy obrotowe bramki poszły w ruch, kolejka posuwała się wartkim tempem i po kilku minutach byłem w środku. Ku mojemu głębokiemu zaskoczeniu było to wspaniałe przeżycie. Spodziewałem się spaceru po Coronation Street i pospiesznego oprowadzania po studiach, ale zrobiono z tego coś w rodzaju parku rozrywki, i to bardzo udanego. Było tam kino Motionmaster z przechylającymi się i szarpiącymi fotelami, na których człowiek czuje się tak, jakby wystrzelono go w kosmos albo zrzucono w przepaść. W innym kinie zakładało się plastikowe okulary i oglądało uroczo surrealistyczną komedię 3-D. Był rozrywkowy pokaz efektów dźwiękowych, cudownie makabryczna projekcja poświęcona charakteryzacji i niezwykle zabawna parodia debaty w Izbie Gmin z udziałem trupy młodych aktorów. A wszystko nie tylko doskonale dopracowane, ale również autentycznie dowcipne i oryginalne.

Po dwudziestu latach pobytu w Anglii wciąż jestem pod wrażeniem jakości humoru, z którym można się zetknąć w najbardziej nieoczekiwanych miejscach — tam gdzie w innych krajach zupełnie go brakuje. Jest obecny w rozmowach straganiarzy na Petticoat Lane, występach ulicznych artystów — ludzi, którzy żonglują płonącymi pochodniami albo wykonują ekwilibrystyczne sztuczki na jednokołowych rowerach, a jednocześnie nieustannie żartują z siebie i wybranych przedstawicieli publiczności — bożonarodzeniowych pantomimach, rozmowach w pubach i przypadkowych spotkaniach z obcymi ludźmi.

Przyjechałem kiedyś na przykład na dworzec Waterloo, gdzie panował kompletny chaos, ponieważ na Clapham Junction wybuchł pożar. Przez jakąś godzinę setki ludzi z nieprawdopodobną cierpliwością i niewzruszonym spokojem wpatrywały się w pustą tablicę informacyjną. Od czasu do czasu rozchodziła się plotka, że jakiś pociąg zaraz odjedzie z peronu siódmego, więc wszyscy ruszali w tamtą stronę, ale przed wejściem na peron docierała do nich inna plotka, a mianowicie że pociąg odjeżdża z peronu szesnastego lub drugiego. Wreszcie, zwiedziwszy większość peronów i posiedziawszy w szeregu pociągów, które nigdzie się nie wybierały, trafiłem do wagonu towarowego pociągu pospiesznego, który podobno miał niedługo odjechać do Richmond. Oprócz mnie w wagonie znajdował się jeszcze jeden podróżny: mężczyzna w garniturze siedzący na hałdzie listów. Miał potężną rudą brodę — starczyłoby jej na wkład do materaca — i zrezygnowaną minę człowieka, który już dawno porzucił wszelkie nadzieje na dotarcie do domu.

— Długo pan tu siedzi? — spytałem.

Westchnął refleksyjnie.

— Powiem tak: kiedy tutaj przyszedłem, byłem gładko ogolony.

Uwielbiam takie teksty.

Parę miesięcy przed wycieczką do Manchesteru byłem z rodziną w Euro Disneylandzie. Pod względem technicznym wyglądało to imponująco. W każdą atrakcję władowano więcej pieniędzy niż Granada Studios w całą ekspozycję poświęconą *Coronation Street*. Ale kiedy słuchałem parodii debaty w Izbie Gmin, przyszło mi do głowy, że w całym Disneylandzie nie było ani jednej śmiesznej rzeczy. Humor, zwłaszcza cierpki, ironiczny i prześmiewczy, zupełnie przerasta Amerykanów, natomiast w Wielkiej Brytanii jest tak organicznie wrośnięty w codzienne życie, że ledwo się go zauważa. Poprzedniego dnia w Skipton poprosiłem o rachunek za bilet do Manchesteru. Kasjer powiedział: „Proszę, bilet ma pan gratis, ale rachunek wynosi osiemnaście pięćdziesiąt". W Ameryce klient by się wściekł: „Co? Co pan gada? Bilet jest gratis, ale rachunek wynosi osiemnaście pięćdziesiąt? Co to za poroniony układ?". Gdyby Disneyland zorganizował debatę w Izbie Gmin, byłaby śmiertelnie poważna, pompatyczna, przerażająco agresywna i trzyminutowa. Uczestnikom z obu stron sali strasznie zależałoby na zwycięstwie. Tutaj nie chodziło o czyjekolwiek zwycięstwo, ale wyłącznie o dobrą zabawę. Wyszło im to tak zgrabnie i inteligentnie, że wpadłem w przygnębienie, bo wiedziałem, że będzie mi tego bardzo brakowało.

Żadnego humoru nie uświadczysz na samej *Coronation Street,* a to dlatego, że dla milionów z nas jest to przeżycie bez mała religijne. Mam wielką słabość do *Coronation Street*, bo był to jeden z pierwszych seriali, które oglądałem w brytyjskiej telewizji. Oczywiście nie miałem pojęcia, co jest grane. Nie rozumiałem połowy tego, co mówiły postacie ani dlaczego wszystkie mają na imię Chuck. Dziwnie mnie to jednak wciągnęło. Tam, skąd pochodzę, bohaterami oper mydlanych zawsze byli bogaci, pozbawieni skrupułów, odnoszący wielkie sukcesy ludzie w garniturach za tysiąc pięćset dolarów siedzący w biurach na wysokich piętrach drapaczy chmur, a odtwórcy głównych ról należeli do tego gatunku ludzi, którzy mając do wyboru między talentem aktorskim i superfryzurą bez wahania zdecydowaliby się na superfryzurę. A w tym niesamowitym serialu zwykli ludzie mieszkali przy anonimowej ulicy na północy Anglii, mówili językiem, z którego mało rozumiałem, i zajmowali się najzwyklejszymi sprawami. Już przed pierwszą przerwą reklamową byłem głęboko uzależniony.

Potem zostałem brutalnie zmuszony do pracy wieczorami przy Fleet Street i rzuciłem nałóg. Dziś nie wpuszczają mnie do pokoju, kiedy leci *Coronation Street*, bo bym bez przerwy mówił: „Gdzie jest Ernie Bishop? A ten to kto? Myślałem, że Deirdre jest z Rayem Langtonem. Gdzie jest Len? Stan Ogden nie żyje?!" Teraz jednak przekonałem się, że można przez całe lata nie oglądać *Coronation Street*, a mimo to z przyjemnością zwiedzać plan filmowy, bo bez wątpienia jest to ta sama ulica. Nawiasem mówiąc, rzeczywiście tam kręcą nowe odcinki (w prawie każdy poniedziałek zamykają w tym celu park). Człowiek czuje się jak na autentycznej ulicy. Domy są prawdziwe, z prawdziwej cegły, aczkolwiek kiedy jak wszyscy zajrzałem do jednego z nich przez szparę między zasłonami, z rozczarowaniem zobaczyłem, że są to same ściany z kablami elektrycznymi i kozłami stolarskimi. Trochę zdezorientował mnie widok salonu fryzjerskiego i dwóch nowoczesnych budynków, a już głęboko zaniepokoił kiosk, znacznie bardziej elegancki i porządny niż dawniej, ale mimo wszystko miałem poczucie, że znajduję się na znajomym i uświęconym gruncie. Ludzie przechadzali się ulicą w nabożnym skupieniu, rozpoznając drzwi wejściowe i zaglądając przez firanki. Podczepiłem się do sympatycznej staruszki ze srebrnoszarymi włosami i w przezroczystej czapce przeciwdeszczowej zrobionej chyba z folii śniadaniowej. Moja przewodniczka poinformowała mnie nie tylko, kto mieszka w którym domu teraz, ale również kto mieszkał w którym domu wtedy, więc po chwili byłem już na bieżąco. Wkrótce obskoczyło mnie całe stado siwowłosych staruszek, które odpowiadały na moje zaszokowane pytania („Co? Deirdre z tym żigolakiem? Niemożliwe!") i potwierdzały solennymi skinieniami głowy, że istotnie tak się rzeczy mają. To niezwykłe doświadczenie spacerować po tej słynnej ulicy — uśmiechacie się ironicznie, ale dobrze wiecie, że czulibyście się tak samo — i można przeżyć szok, kiedy człowiek dotrze do któregoś z jej końców i stwierdzi, że trafił z powrotem do parku rozrywki.

Zamierzałem tam spędzić około godziny, ale nie zdążyłem jeszcze zaliczyć ani oprowadzania po studiu, ani sklepu z pamiątkami, kiedy spojrzałem na zegarek i skonstatowałem z przerażeniem, że jest już prawie pierwsza. W przypływie paniki pospiesznie wróciłem do hotelu, obawiając się, że policzą mi za następną dobę, a w najlepszym razie rozgotują mi spodnie.

Trzy kwadranse później stałem na skraju Piccadilly Gardens z ciężkim plecakiem i zupełnie niezdecydowany, co dalej robić. Nosiłem się wcześniej z mglistym zamiarem odwiedzenia Midlands, ponieważ podczas moich dotychczasowych eskapad traktowałem ten nobliwy, acz niezbyt gościnny region kraju po macoszemu. Nagle jednak stanął obok mnie czerwony piętrowy autobus z napisem WIGAN w okienku i uznałem sprawę za rozstrzygniętą. Tak się złożyło, że z tylnej kieszeni spodni wystawała mi *Droga na molo w Wigan*, więc bez wahania — i mądrze — potraktowałem to jako znak niebios.

Kupiłem bilet i zająłem miejsce na środku tylnej ławki u góry. Wigan leży nie więcej niż piętnaście czy szesnaście mil od Manchesteru, ale jazda zajęła większość popołudnia. Telepaliśmy się bez końca identycznie wyglądającymi ulicami, zabudowanymi niską szeregówką, przy czym co czwarty dom to był salon fryzjerski. Roiło się też od warsztatów samochodowych i ceglanych ciągów handlowych z identycznym wyborem supermarketów, banków, wypożyczalni wideo, barów przekąskowych i biur bukmacherskich. Jechaliśmy przez Eccles i Worsley, potem był zaskakująco ekskluzywny kawałek, a dalej Boothstown, Tyldesley, Atherton, Hindley i inne tego typu miejscowości, o których nigdy nie słyszałem. Autobus zatrzymywał się często — na niektórych odcinkach co pięć jardów — i na prawie każdym przystanku była spora wymiana pasażerów. Wszyscy wyglądali na ludzi biednych, przepracowanych i dwadzieścia lat starszych, niż naprawdę byli. Poza kilkoma starszymi panami w kaszkietach i burych, zasuniętych pod samą szyję kurtkach od Marksa & Spencera jechały ze mną prawie wyłącznie kobiety w średnim wieku z dziwacznymi fryzurami i tym ochrypłym, charczącym śmiechem zatwardziałych palaczek, ale były życzliwe, pogodne i najwyraźniej zadowolone ze swego losu. Mówiły do siebie *darling* i *love*.

Na największą uwagę — a może najmniejszą, zależy, jak na to spojrzeć — zasługiwał fakt, jak bardzo schludne i zadbane były niekończące się rzędy szeregowych domków. Chociaż wszystkie zdradzały, że ich właściciele ledwo wiążą koniec z końcem, każdy stopień lśnił czystością, każde okno błyszczało, każdy parapet był pociągnięty świeżą warstwą lakieru. Wyjąłem *Drogę na molo w Wigan* i na chwilę zanurzyłem się w innym świecie, usytuowanym w dokładnie tej samej przestrzeni fizycznej, ale zupełnie niepasującym do tego, co miałem przed oczyma, kiedy odrywałem wzrok od książki.

Orwell — nie zapominajmy, że był pochodzącym z uprzywilejowanych sfer wychowankiem elitarnej szkoły w Eton — traktował klasę robotniczą tak, jak większość ludzi traktuje mieszkańców Zadupia Górnego — jako dziwne, ale ciekawe zjawisko antropologiczne. W swojej książce opisuje chwile grozy, które przeżył w dzieciństwie, kiedy znalazł się w towarzystwie grupy robotników i myślał, że będzie musiał się napić z puszczonej w koło butelki. Odkąd to przeczytałem, mam do starego George'a dosyć podejrzliwy stosunek. Z jego książki wynika, że klasa robotnicza składała się w latach trzydziestych z samych odrażających brudasów, ja natomiast spotkałem się wyłącznie z dowodami na to, że przywiązywała niemal obsesyjną wagę do czystości i higieny. Na przykład mój teść dorastał w warunkach piszczącej biedy i opowiadał nam te wszystkie ponure historie o nędzy i wyrzeczeniach — wiecie, o co mi chodzi: ojciec zginął w wypadku w fabryce, trzydzieścioro siedmioro rodzeństwa, na kolację wywar z porostów i kawałek dachówki, nie licząc niektórych niedziel, kiedy udało się przehandlować niemowlę za kilka zgniłych pietruszek i tak dalej w tym stylu — a jego teść, mieszkaniec Yorkshire, miał na podorędziu jeszcze okropniejsze historie o tym, jak kuśtykał czterdzieści siedem mil do szkoły, bo miał tylko jeden but, a jego dieta składała się z suchych bułek i kóz z nosa. „Ale — obaj się nieodmiennie zastrzegali — byliśmy zawsze czyści, a dom wysprzątany na glanc". I trzeba powiedzieć, że w czasach, kiedy ich znałem, rzeczywiście byli najpedantyczniej higienicznymi osobami na świecie, podobnie jak wszyscy ich niezliczeni bracia, siostry, krewni i znajomi.

Tak się składa, że trochę wcześniej poznałem Willisa Halla, powieściopisarza i dramaturga (a na dokładkę przesympatycznego człowieka), i jedna z naszych rozmów zeszła właśnie na ten temat. Hall wychowywał się w biedzie w Leeds i bez wahania potwierdził, że domy były skąpo urządzone, a warunki życia ciężkie, lecz brud zwalczano z całą bezwzględnością. „Kiedy moja mama dostała po wojnie nowe mieszkanie — opowiadał — przez cały ostatni dzień sprzątała dom na wysoki połysk, chociaż wiedziała, że następnego dnia już jej tam nie będzie. Nie potrafiłaby zostawić brudnego domu — i zapewniam cię, że w całej dzielnicy nikt nie dostrzegłby w tym niczego osobliwego".

Chociaż Orwell nieustannie zapewnia o swojej sympatii do mas, z lektury jego tekstów nie wynika, żeby były one zdolne do jakichkolwiek wyższych osiągnięć intelektualnych, a przecież tylko jedna dzielnica Leeds wydała Willisa Halla, pisarza Keitha Waterhouse'a i aktora Petera O'Toole'a, z tak samo biednej dzielnicy Salford pochodzili prezenter Alistair Cooke i malarz Harold Riley. Jestem pewien, że podobnych przykładów można by podać bez liku.

Orwell odmalował tak przerażający obraz brudu, smrodu i ubóstwa, że kiedy po długim zboczu wzgórza zjeżdżaliśmy do Wigan, byłem zaskoczony widokiem tak schludnego i zadbanego miasta. Wysiadłem zadowolony, że znowu jestem na świeżym powietrzu, i udałem się na poszukiwania słynnego mola. Mimo że jest to interesujący i ważny element krajobrazu miasta, Orwell — to kolejny przyczynek do oceny umiejętności reporterskich starego George'a — po kilku dniach pobytu w Wigan doszedł do wniosku, że molo zostało rozebrane. (Zresztą podobnie jak Paul Theroux piszący *Kingdom by the Sea*). Może nie dostrzegam jakichś niuansów, ale czy to nie jest trochę dziwne, żeby pisać książkę zatytułowaną *Droga na molo w Wigan*, spędzić w tym mieście parę dni i nie zapytać, czy molo wciąż istnieje?

Dzisiaj nie sposób je przegapić, bo prawie na każdym rogu kierują do niego drogowskazy z kutego żelaza. Molo — w rzeczywistości stary skład na węgiel nad kanałem Leeds-Liverpool — zostało przerobione na atrakcję turystyczną, która obejmuje muzeum, sklep z pamiątkami, bar szybkiej obsługi i pub nazwany — chyba bez cienia ironii — The Orwell. Niestety w piątki wszystko jest zamknięte, popatrzyłem więc tylko przez okna na eksponaty muzealne, które wydały mi się dosyć ciekawe. Po drugiej stronie ulicy zobaczyłem coś niemal równie fascynującego — prawdziwą fabrykę, która coś produkowała. Na piętrze dużego budynku z cegły widniał napis Trencherfield Mill. Takie rzeczy widuje się dzisiaj na tyle rzadko, że zakład także stanowi swoistą atrakcję turystyczną. Przed budynkiem stały tablice kierujące do oprowadzaczy, sklepu przyzakładowego i snack-baru. Trochę mnie zaskoczyło, że miałbym stać w kolejce, aby móc popatrzeć, jak ludzie szyją kołdry czy co oni tam produkują, ale dylemat został mi oszczędzony, bo w piątki fabryka też była zamknięta dla zwiedzających. Na drzwiach snack-baru wisiała kłódka.

Poszedłem do centrum — dosyć długi marsz, ale opłaciło się. Wigan jest owiane tak głęboko ugruntowaną złą sławą, że nie mogłem wyjść ze zdumienia, widząc, jak piękne i zadbane jest jego centrum. W sklepach był duży ruch, a liczne ławki zapraszały do siadania szerokie rzesze ludzi, którzy nie mogli odgrywać czynnej roli w toczącej się wokół nich działalności gospodarczej. Jakiemuś zdolnemu architektowi udało się w prosty, ale sprytny sposób wkomponować galerię sklepową w strukturę sąsiedniej zabudowy, a mianowicie wpasował szklany baldachim w linię zwieńczeń pierzei. Powstało wejście lekkie i nowoczesne, ale przyjemnie harmonijne — dokładnie to, czego się bez ustanku domagam na tych stronach — i byłem zachwycony, że trafiłem na coś takiego akurat w biednym, zmaltretowanym Wigan.

Aby uczcić to wydarzenie, poszedłem na herbatę i pączka do Corinthia Coffee Lounge. Lokal reklamował się między innymi jako posiadacz „georgiańskiego pieca do ziemniaków". Spytałem młodą dziewczynę za ladą, co zacz. Spojrzała na mnie jak na niedorozwiniętego umysłowo i powiedziała:

— Do pieczenia ziemniaków i tyle.

Ależ oczywiście! Zaniosłem herbatę i pączka do stolika, gdzie przez dłuższy czas rzucałem na lewo i prawo „Mmm, pycha" i uśmiechałem się po kretyńsku do sympatycznych pań z sąsiedniego stolika. Potem, dziwnie zadowolony z tak spędzonego dnia, udałem się na poszukiwania dworca kolejowego.

ROZDZIAŁ 19

Pojechałem do Liverpoolu. Akurat trafiłem na festiwal śmieci. Obywatele oderwali się od swoich absorbujących codziennych zajęć, aby upiększyć i urozmaicić monotonny, zaniedbany krajobraz miejski opakowaniami po chipsach, pustymi pudełkami po papierosach i reklamówkami. Wszystko to trzepotało radośnie w krzakach oraz dodawało kolorytu chodnikom i rynsztokom. I pomyśleć, że gdzie indziej wrzucamy te przedmioty do kubłów na odpadki.

W kolejnym przypływie obłąkanej rozrzutności zarezerwowałem pokój w hotelu Adelphi. Podczas wcześniejszych wizyt widziałem go z ulicy, a że emanował niedzisiejszą świetnością, postanowiłem zbadać rzecz od środka. Z drugiej strony wyglądał na drogi, no i nie byłem pewien, czy moje spodnie wytrzymają kolejne spotkanie z maglownicą. Byłem zatem mile zaskoczony, kiedy się okazało, że mają specjalną zniżkę weekendową, dzięki czemu starczy mi pieniędzy na coś dobrego do jedzenia i kilka piw w dowolnym z fantastycznych pubów, z których słynie Liverpool.

Jak wszyscy świeżo upieczeni przybysze do Liverpoolu wkrótce znalazłem się w dystyngowanym i pełnym blasku Philharmonic, z pintową szklanką w garści pośród gwarnego tłumu piątkowych imprezowiczów. W The Phil (można tak nazywać ten lokal, jeśli ktoś tam był co najmniej dwa razy) panował jak na mój gust trochę za duży ścisk. Trudno było znaleźć miejsce stojące, o siedzącym nie wspominając. Wypiłem dwa piwa, co w moim wieku wystarcza do tego, aby człowiek musiał udać się za potrzebą — a nie ma na świecie lepszego miejsca do sikania niż bogato zdobiona męska toaleta w Philharmonic — i wyruszyłem na poszukiwania czegoś spokojniejszego.

Wylądowałem w pubie The Vines, niewiele skromniej urządzonym, ale nieporównanie mniej uczęszczanym niż Philharmonic. Poza mną było tam tylko trzech gości, co wydało mi się zagadkowe, bo zarówno boazeria, jak i gipsowy sufit zachwycają swoją urodą. Kiedy siedziałem i piłem piwo w tej wytwornej scenerii, podszedł do mnie jakiś facet z puszką do kwestowania, z której nieporadnie zdrapano oryginalny napis, i poprosił mnie o pieniądze na niepełnosprawne dzieci.

— Jakie niepełnosprawne dzieci? — dociekałem.

— No, na wózkach i tego.

— Chodzi mi o to, jaką organizację pan reprezentuje.

— No, tego, Organizację Niepełnosprawnych Dzieci.

— No dobrze, skoro to idzie na taki zbożny cel — powiedziałem i dałem mu dwadzieścia pensów.

I właśnie dlatego tak bardzo lubię Liverpool. Fabryki zniknęły, nie ma pracy, a sens życia mieszkańców w żałośnie dużym stopniu opiera się na futbolu, lecz liverpoolczycy wciąż wykazują charakter i inicjatywę i nie denerwują człowieka niedorzecznymi ambicjami zorganizowania następnej olimpiady.

W The Vines było tak miło, że obaliłem kolejne dwa piwa, po czym uzmysłowiłem sobie, że powinienem wrzucić coś na ruszt, bo inaczej się upiję i będę właził na latarnie i inne przeszkody, śpiewając *Mother McCree*. Kiedy wyszedłem na zewnątrz, wzgórze, na którym stał pub, wydało mi się niewytłumaczalnie strome i niebezpieczne. Dopiero po chwili dotarło do mojego przytępionego umysłu, że przedtem schodziłem na dół, a teraz będę musiał wyjść na górę. Stawiało to sprawę w zupełnie nowym świetle. Po przebyciu niewielkiego dystansu na chwiejnych nogach zatrzymałem się przed restauracją grecką i zacząłem studiować menu. Nie jestem amatorem greckiej kuchni — nie zamierzam deprecjonować tej znakomitej tradycji gastronomicznej, ale zawsze sobie myślę, że gdyby już przyszła mi ochota na tego typu potrawy, to mógłbym sobie sam nagotować liści — ale lokal był tak rozpaczliwie pusty, a właścicielka wabiła mnie tak błagalnym wzrokiem, że nogi same zaniosły mnie do środka. Kolacja była przednia. Nie mam pojęcia, co zjadłem, ale było pyszne i dużo, a na dodatek traktowali mnie jak księcia. Lekkomyślnie do popicia wziąłem kilka kolejnych browarów. Kiedy skończyłem jeść — i uregulowałem rachunek, zostawiwszy tak astronomiczny napiwek, że cała rodzina stanęła w drzwiach kuchni — i rozpocząłem procedurę wkładania ramienia do tajemniczo znikającego rękawa, znajdowałem się w stanie bliskim upojenia alkoholowego. Wytoczyłem się na świeże powietrze, gdzie szybko zrobiło mi się niedobrze, a nogi nie chciały ze mną współpracować.

Drugi punkt regulaminu nadmiernego spożycia (pierwszy jest oczywiście taki, żeby się nagle nie zakochać w kobiecie większej od Hossa Cartwrighta z *Bonanzy*) brzmi, że nie wolno pić w lokalu usytuowanym na stromym zboczu. Szedłem na dół na nogach, z którymi nie odczuwałem żadnej więzi emocjonalnej i które wyginały się pode mną jak kawałki sznurka. Hotel Adelphi, kusząco rozświetlony u stóp wzgórza, dokonał ciekawej sztuki: wydawał się położony zarazem blisko i daleko. Miałem takie wrażenie, jakbym patrzył na niego przez szkło pomniejszające — a złudzenie to potęgował fakt, że moja głowa znajdowała się o dobre siedem jardów z tyłu za kłapiącymi kończynami. Podążałem za nimi bezradnie i jakimś cudem przetransportowały mnie bezpiecznie na sam dół, na drugą stronę ulicy i schodami pod drzwi hotelu. Uczciłem swoje przybycie pełną rundą w drzwiach obrotowych, które wyrzuciły mnie z powrotem na świeże powietrze, ale przy drugiej próbie znalazłem się w wysokim, dostojnym foyer. Przeżyłem moment pod tytułem „Gdzie ja jestem?", po czym uświadomiłem sobie, że nocny personel obserwuje mnie w milczeniu. Zmobilizowałem całą swoją godność osobistą i wiedząc, że obsługiwanie windy zdecydowanie przekracza moje obecne możliwości intelektualne, pomaszerowałem w stronę reprezentacyjnych schodów. Udało mi się — nie wiem jak — spaść po nich do góry, co wyglądało jak film puszczony od tyłu. Wiem tylko, że u szczytu schodów stanąłem na równe nogi, oznajmiłem pochylonym ku mnie zatroskanym twarzom, że nic mi nie jest, i udałem się na poszukiwania swojego pokoju na bezkresnych i zagadkowo ponumerowanych korytarzach Adeplhi.

Mam dla was dobrą radę. Nie płyńcie statkiem po Mersey, jeśli nie uśmiecha wam się perspektywa, że słynna piosenka grupy Gerry and the Pacemakers będzie wam chodziła po głowie przez następne jedenaście dni. Puszczają ten kawałek przy wsiadaniu i wysiadaniu plus całkiem sporo razy po drodze. Popłynąłem następnego przedpołudnia, sądząc, że wycieczka statkiem to będzie najlepsze lekarstwo na mojego zabójczego kaca, ale wszędobylskie dźwięki *Ferry 'cross the Mersey* jeszcze bardziej pogarszały mój stan mózgowo-czaszkowy. Gdyby nie te doznania muzyczne, byłbym gotów przyznać, że wodna wyprawa z nurtem Mersey jest przyjemnym, aczkolwiek trochę wietrznym sposobem na spędzenie przedpołudnia. Coś jak przejażdżka po porcie w Sydney, ale bez Sydney.

Kiedy nie grano *Ferry 'cross the Mersey*, puszczano kasetę z komentarzem na temat widzianych z pokładu znanych atrakcji turystycznych. Akustyka była jednak fatalna i osiemdziesiąt procent tego, co mówiono, natychmiast porywał wiatr. Słyszałem tylko urywki w rodzaju „trzy miliony" albo „największe na świecie", ale nie mam pojęcia, czy dotyczyło to mocy przerobowych miejscowej rafinerii czy garniturów Dereka Hattona. Udało mi się jednak uchwycić ogólne przesłanie: kiedyś było tutaj ważne miasto, a teraz jest Liverpool.

Nie chcę zostać źle zrozumiany. Bardzo lubię Liverpool. Może nawet najbardziej ze wszystkich miast brytyjskich. Rzeczywiście jednak trudno oprzeć się poczuciu, że jest to miasto z przeszłością, a nie przyszłością. Kiedy stałem oparty o reling i patrzyłem na całe mile martwego nabrzeża, trudno mi było uwierzyć, że jeszcze niedawno — i przez dwieście dumnych, kwitnących lat wcześniej — dziesięć mil liverpoolskich doków i stoczni zapewniało zatrudnienie stu tysiącom osób. Tytoń z Afryki i Wirginii, olej palmowy z południowego Pacyfiku, miedź z Chile, juta z Indii i najrozmaitsze inne surowce przechodziły tędy, zanim przerobiono je na coś użytecznego. Co nie mniej istotne, przez Liverpool przewinęło się również dziesięć milionów osób, które zamierzały rozpocząć nowe życie w nowym świecie, skuszonych opowieściami o ulicach brukowanych złotem i możliwością zbicia ogromnego majątku albo, jak moi przodkowie, oszałamiającą perspektywą uciekania przed tornadami i odgarniania śniegu w Iowa.

Liverpool był kiedyś trzecim najbogatszym miastem imperium. Tylko w Londynie i Glasgow mieszkało więcej milionerów. W 1880 roku przynosił większe wpływy podatkowe niż Birmingham, Bristol, Leeds i Sheffield razem wzięte, mimo że miasta te miały w sumie dwa razy więcej mieszkańców. W Liverpoolu znajdowały się siedziby linii okrętowych Cunard i White Star Line, jak również wielu innych, dzisiaj zapomnianych — Blue Funnel, Bank Line, Coast Line, Pacific Steam Line, McAndrews Lines, Elder Dempster, Booth. Było ich więcej niż dzisiaj statków, a przynajmniej takie można odnieść wrażenie, kiedy w porcie człowiek słyszy wyłącznie upiorne trele Gerry'ego Marsdena.

Upadek nastąpił w ciągu jednego pokolenia. W 1966 roku Liverpool wciąż był drugim najruchliwszym portem brytyjskim, zaraz po Londynie.

W 1985 roku lokował się nawet za Teeside, Hartlepool, Grimsby i Immingham. W czasach swojej świetności był jednak wyjątkowym zjawiskiem. Handel morski przyniósł Liverpoolowi nie tylko bogactwo i miejsca pracy, ale także kosmopolityczną atmosferę i pod tym względem mogło z nim konkurować niewiele miast na świecie. Tego klimatu miasto do dzisiaj nie utraciło. W Liverpoolu człowiek nadal ma wrażenie, że jest w jakimś ważnym miejscu.

Z przystani poszedłem do Albert Dock. Snuto kiedyś plany, żeby go osuszyć i zamienić na parking — aż dziw bierze, iż w tym biednym, zagubionym kraju jeszcze cokolwiek zostało — ale teraz doki oskrobano z brudu i zrewitalizowano, w starych magazynach urządzono biura, mieszkania i restauracje dla ludzi z telefonami komórkowymi w aktówkach. Jest tam również filia Tate Gallery i Merseyside Maritime Museum.

Uwielbiam muzeum morskie, nie tylko dlatego, że jest dobrze pomyślane, ale również dlatego, że można tam poczuć atmosferę, jaka panowała w Liverpoolu za czasów dawnej świetności miasta — za czasów, kiedy cały świat wciąż coś produkował, a przedsiębiorczość jeszcze nie utraciła swego prestiżu. Strasznie bym chciał żyć w epoce, kiedy można było pójść do portu i popatrzeć na ludzi ładujących i rozładowujących gigantyczne bele bawełnianego sukna czy ciężkie brązowe worki kawy i przypraw, kiedy w każdej ekspedycji morskiej brały udział setki osób — marynarzy, dokerów i przejętych pasażerów. Dzisiaj widzi się w porcie bezkresne rozłogi sponiewieranych kontenerów i jednego faceta, który je przestawia z podniebnej kabiny.

Kiedyś morze miało w sobie coś nieskończenie romantycznego i twórcom Merseyside Maritime Museum udało się to coś uchwycić. Największe wrażenie zrobiła na mnie sala pełna olbrzymich modeli statków — niegdyś z pewnością takie stały w sali konferencyjnej każdej dużej firmy. Rany, ależ te statki były wspaniałe, nawet jako modele. Miałem okazję zobaczyć wszystkie znane liverpoolskie jednostki — „Titanica", „Imperatora", RMS „Majestic" (który zaczynał jako „Bismarck" i został skonfiskowany w ramach reparacji wojennych) i niewypowiedzianie pięknego TSS „Vaubana", z szerokimi pokładami z błyszczącego klonu i zgrabnymi kominami. Z opisu wynikało, że właścicielem tej jednostki była Liverpool, Brazil and River Plate Steam Navigation Company. Od samego czytania tych słów ogarnęło mnie przygnębienie na myśl, że już nigdy nie zobaczę czegoś tak pięknego. J.B. Priestley nazwał statki oceaniczne najwspanialszymi konstrukcjami epoki nowoczesnej, naszym odpowiednikiem katedr, i miał całkowitą słuszność. Ze smutkiem pomyślałem, że już nigdy nie będę miał sposobności zejść po trapie w kapeluszu panama i białym mundurze, aby udać się na poszukiwania baru z obrotowym wentylatorem pod sufitem. Serce pęka, jakie życie potrafi być niesprawiedliwe.

Spędziłem w muzeum dwie godziny, uważnie oglądając wszystkie eksponaty. Chętnie zostałbym dłużej, ale musiałem się wymeldować z hotelu. Z wielkim żalem wyszedłem i wróciłem pięknymi wiktoriańskimi ulicami w centrum do Adelphi po swoje rzeczy.

Ciągnęło mnie do Port Sunlight, wzorcowego osiedla założonego w 1888 roku przez Williama Levera dla pracowników jego fabryki mydła, bo chciałem sprawdzić, jak wypada w porównaniu z Saltaire. Poszedłem na dworzec centralny i wsiadłem do pociągu. W Rock Ferry poinformowano nas, że z powodu prac remontowych będziemy musieli dokończyć podróż autobusem. To mi nie przeszkadzało, bo nigdzie się nie spieszyłem, a z autobusu zawsze więcej widać. Jakiś czas jechaliśmy przez półwysep Wirral, po czym kierowca zapowiedział przystanek dla udających się do Port Sunlight. Wysiadłem jako jedyny pasażer i z konsternacją stwierdziłem, że najwyraźniej nie jestem w Port Sunlight. Zastukałem w przednie drzwi, które po chwili otworzyły się z sykiem.

— Przepraszam, ale to mi nie wygląda na Port Sunlight.

— Bo to jest Bebington — odparł kierowca. — Do Port Sunlight autobus nie wjedzie. Wiadukt za niski.

Aha.

— Czyli gdzie dokładnie jest Port Sunlight? — spytałem, ale odpowiedziały mi kłęby siwych spalin.

Zarzuciłem plecak na ramię i ruszyłem przed siebie w nadziei, że jestem na właściwej drodze. I byłbym, gdybym wybrał inną. Uszedłem kawałek, ale droga najwyraźniej prowadziła donikąd, a w każdym razie nie do Port Sunlight. Po jakimś czasie spotkałem staruszka w kaszkiecie i spytałem, czy mógłby mi wskazać drogę do Port Sunlight.

— Do Port Sunlight! — ryknął głosem człowieka, który podejrzewa, że świat nie dość że zwariował, to jeszcze ogłuchł. — Trza jechać autobusem!

— Autobusem? — zdziwiłem się. — To aż tak daleko?

— Mówię, że trza jechać autobusem! — powtórzył jeszcze agresywniej.

— Zrozumiałem, ale gdzie to jest?

Dziabnął mnie kościstym palcem w czułe miejsce tuż poniżej barku. Zabolało.

— Toć mówię, że trza jechać autobusem!

— Zrozumiałem. — Ty głuchy stary pierdoło! Dopasowałem się do jego poziomu głośności i krzyknąłem mu do ucha: — Muszę wiedzieć, w którym kierunku mam iść!

Spojrzał na mnie takim wzrokiem, jakby nie mógł zdzierżyć mojej głupoty.

— Autobusem, do jasnej cholery! Trza jechać autobusem!

I odmaszerował, pracując bezgłośnie żuchwami.

— Dziękuję! Szybko zdechnij! — zawołałem za nim, masując obolały bark.

Wróciłem do Bebington i spytałem o drogę w sklepie. Oczywiście należało od razu tak zrobić. Okazało się, że Port Sunlight jest o rzut beretem, za wiaduktem kolejowym i skrzyżowaniem — a może na odwrót. Nie wiem, bo zaczęło lać i tak głęboko wcisnąłem głowę w ramiona, że niewiele widziałem.

Brnąłem po kostki w błocie może przez pół mili, ale się opłaciło. Port Sunlight był przepiękny, prawdziwe miasteczko-ogród, robiące znacznie raźniejsze wrażenie niż ściśnięte na małej przestrzeni kamienne wiejskie domy w Saltaire. Tutaj było dużo terenów zielonych, pub i śliczne domki pochowane wśród listowia. Nie widziałem żywej duszy i wszystko było pozamykane — sklepy, pub, muzeum regionalne i Lady Lever Art Gallery. Nad wyraz frustrujące, ale nie uległem zniechęceniu i przespacerowałem się mokrymi od deszczu ulicami. Z pewnym zaskoczeniem zobaczyłem, że fabryka wciąż stoi i według wszelkich wskazań nadal produkuje mydło. Potem uzmysłowiłem sobie, że wyczerpałem zasoby atrakcji, które Port Sunlight ma do zaoferowania w deszczową sobotę poza sezonem. Powlokłem się z powrotem na przystanek, na którym tak niedawno wysiadałem, i w strugach deszczu przez godzinę i piętnaście minut czekałem na autobus do Hooton, co było jeszcze mniej przyjemne niż się wydaje.

Hooton zasługuje na miejsce w kronikach nie tylko dzięki lekko idiotycznej nazwie, ale także najokropniejszej brytyjskiej stacji kolejowej, na której miałem okazję kichać. Wiaty na peronach przeciekały, co nie miało większego znaczenia, bo i tak byłem przemoczony do suchej nitki. Z sześcioma innymi osobami czekałem wieki całe na pociąg do Chester, gdzie przesiadłem się na inny, do Llandudno.

Pociąg do Llandudno na szczęście był pusty. Usiadłem przy stoliku dla czterech osób i dodawałem sobie otuchy myślą, że wkrótce znajdę się w sympatycznym hotelu lub pensjonacie, gdzie wezmę gorącą kąpiel i zjem sutą kolację. Pooglądałem trochę krajobraz, a potem wyjąłem *Kingdom by the Sea*, żeby sprawdzić, czy Paul Theroux napisał o tych stronach coś, co mógłbym od niego ściągnąć albo wykorzystać do swoich celów. Jak zawsze z osłupieniem przeczytałem, że kiedy się telepał po dokładnie tych samych torach, prowadził ożywioną dyskusję ze współpasażerami. Jak on to robi? Pomijam już kwestię, że mój wagon był prawie pusty, ale nie wiem, jak w Wielkiej Brytanii nawiązuje się rozmowę z nieznajomymi. W Ameryce — nic prostszego. Wyciągasz rękę i mówisz: „Nazywam się Bryson. Ile pan zarobił w zeszłym roku?". I od razu gwarzycie, aż wam z czubów dymi.

Ale w Anglii — a w tym przypadku w Walii — jest ciężko, w każdym razie dla mnie. Wszystkie swoje rozmowy z pociągów wspominam jako katastrofalne, a przynajmniej żałuję, że w ogóle do nich doszło. Albo coś chlapnę („Przepraszam, ale zafrapowały mnie ponadprzeciętne rozmiary pańskiego nosa"), albo się okazuje, że zagajony przeze mnie człowiek cierpi na poważną chorobę psychiczną, która objawia się mamrotaniem bądź przeciągłym bezsilnym łkaniem, albo jest przedstawicielem Hoze-Blo Stucco Company i błędnie interpretuje moje uprzejme zainteresowanie suchymi tynkami jako chęć ich zakupu, i obiecuje do mnie zajrzeć i przygotować dla mnie ofertę podczas swojego następnego pobytu w Yorkshire, albo chce mi ze szczegółami opowiedzieć o swojej operacji raka odbytnicy i każe mi zgadnąć, gdzie ma sztuczny odbyt („Poddaje się pan? Proszę spojrzeć, pod pachą. No, niech się pan nie krępuje i pomaca sobie"), albo jest mormońskim misjonarzem czy jedną z tysiąca innych osób, których wolałbym nie spotkać na swojej drodze. Upłynęło wiele lat, zanim zrozumiałem, że osoba, która zechce ze mną porozmawiać w pociągu, z definicji jest osobą, z którą ja nie chcę rozmawiać w pociągu. Teraz generalnie kontentuję się własnym towarzystwem, a konwersacyjną rozrywkę czerpię z książek bardziej komunikatywnych typów, takich jak Jan Morris i Paul Theroux.

Los bywa jednak złośliwy. Kiedy tak sobie siedziałem i czytałem, nie wadząc nikomu, podszedł do mnie facet w szeleszczącym skafandrze, zobaczył książkę i westchnął: „Ach, ten Thoreau!". Uniosłem głowę. Naprzeciwko mnie zasiadł mniej więcej sześćdziesięcioletni mężczyzna z gęstą czupryną siwych włosów i radosnymi, bujnie rozkrzewionymi brwiami, które wyglądały jak gotyckie sterczyny. Albo jakby ktoś go za nie podnosił.

— Nie zna się na pociągach — stwierdził.

— Słucham? — odpowiedziałem nieufnie.

— Thoreau. — Ruchem głowy pokazał na moją książkę. — Nie zna się na pociągach. Albo nie chce się dzielić swoją wiedzą.

Zaniósł się serdecznym śmiechem i był taki zachwycony swoim dowcipem, że powtórzył go jeszcze raz. Potem położył dłonie na kolanach i uśmiechał się z taką miną, jakby usiłował sobie przypomnieć, kiedy poprzednio mieliśmy razem taki ubaw.

Powściągliwie skinąłem głową na znak, że zarejestrowałem jego żarcik, i na powrót zagłębiłem się w lekturze, licząc na to, że poprawnie zinterpretuje ten gest, a mianowicie jako zachętę do tego, by się ode mnie odwalił. Tymczasem on pochylił się i wygiętym palcem pociągnął za książkę — co nawet w najlepszych okolicznościach zawsze mnie strasznie wkurza.

— Zna pan jego książkę *Wielkie coś tam kolei*? Jedzie przez całą Azję. Zna pan? — Potwierdziłem ruchem głowy. — Wie pan, że on w tej książce jedzie Delhi Express z Lahore do Islamabadu i ani razu nie wymienia typu lokomotywy?

Widziałem, że oczekuje ode mnie komentarza, powiedziałem zatem:

— Tak?

— Ani razu. Wyobraża pan sobie? Po co komu książka o pociągach, skoro nie ma w niej mowy o lokomotywach?

— A, czyli interesuje się pan pociągami? — spytałem i momentalnie tego pożałowałem.

Książka wylądowała na moich kolanach, a ja słuchałem największego nudziarza na świecie. Chociaż słuchałem to może za dużo powiedziane. Skupiłem uwagę na jego strzelistych brwiach, jak również na świeżo odkrytym fakcie, że tak samo bujnie rozkwita mu owłosienie w nosie. Chyba je traktował płynem na porost włosów. Był nie tylko miłośnikiem pociągów, ale i gadaczem o pociągach, a to znacznie bardziej niebezpieczna choroba.

— No więc ten pociąg to jest jednostka samołączna Metro-Cammel wyprodukowana w zakładach kolejowych w Swindon, na moje oko między lipcem a sierpniem 1986 roku, a najpóźniej we wrześniu 88. Z początku myślałem, że to nie może być Swindon 86-88, bo jest ścieg krzyżykowy na oparciach siedzeń, ale potem zauważyłem wklęsłe nity w ścianach bocznych i pomyślałem sobie, Cyril, stary pryku, to jest hybryda. W dzisiejszych czasach nie można być niczego pewnym, ale wklęsłe nity w Metro-Cammel nie kłamią. Skąd pan jest?

Potrzebowałem dłuższej chwili, aby zarejestrować, że zadano mi pytanie.

— Hm, ze Skipton — odparłem, tylko częściowo mijając się z prawdą.

— To ma pan tam Crosse & Blackwell z wypukłymi kołami pasowymi — powiedział (albo coś równie niezrozumiałego). — Ja mieszkam w Upton-on-Severn...

— Severn płynie i płynie... — stwierdziłem sentencjonalnie, ale oczywiście nie złapał aluzji.

— Właśnie. Płynie tuż koło mojego domu. — Spojrzał na mnie z lekkim rozdrażnieniem, jakbym go próbował odciągnąć od tematu. — Mamy tam napędy obrotowe 246 Z-46 Zanussi i poziome amortyzatory Abbott & Costello. Z-46 łatwo jest poznać, bo na złączeniach szyn robią „papam-papam", a nie „dadang-dadang". To je zdradza. Założę się, że pan o tym nie wiedział.

W sumie było mi go żal. Jego żona zmarła dwa lata temu — samobójstwo, jak sądzę — i od tego czasu poświęcił się podróżowaniu liniami kolejowymi Wielkiej Brytanii, liczył nity, notował numery na tabliczkach znamionowych i robił wszystko to, co robią ci biedni ludzie, aby wypełnić czymś czas do momentu, zanim miłosierny Bóg wezwie ich do siebie. Czytałem ostatnio w gazecie, że członek Brytyjskiego Towarzystwa Psychologicznego zdiagnozował train-spotting jako formę autyzmu zwaną zespołem Aspergera.

Mój współpasażer wysiadł w Prestatyn, z powodu dwunastotonowej maszynki do mięsa Faggots & Gravy, która miała tamtędy przejeżdżać rano. Pomachałem mu przez okno i z lubością zanurzyłem się w ciszy. Słuchałem, jak pociąg pędzi po szynach — brzmiało mi to jak „zespół Aspergera, zespół Aspergera" — i przez ostatnie czterdzieści minut jazdy, aż do samego Llandudno, liczyłem nity.

ROZDZIAŁ 20

Z okien pociągu Walia wyglądała jak piekło wczasowicza. Niby w obozie jenieckim bezkresne rzędy przyczep kempingowych stały na polach pośród smaganego wiatrem pustkowia, odgrodzone od wybrzeża linią kolejową i drogą ekspresową, z widokiem na rozłogi mokrego piasku ze zdradliwymi basenami odpływowymi i pasemko morza w oddali. Czy to naprawdę jest dla kogoś wymarzony urlop, żeby w brytyjskim klimacie nocować w puszce sardynek postawionej w szczerym polu, wraz z setkami innych ludzi wychodzić co rano z rzeczonej puszki, przechodzić przez tory kolejowe i drogę ekspresową, a potem maszerować wiele mil po pustyni podziurawionej basenami odpływowymi, żeby móc zamoczyć palce w morzu pełnym liverpoolskich fekaliów? Nie umiem tego zwerbalizować, ale nie wszystko mi się w tym modelu podoba.

Później kempingi przerzedziły się, krajobraz wokół zatoki Colwyn nagle zaczął błyszczeć całą swoją urodą i dostojeństwem, pociąg ostro zawinął w kierunku północnym i po paru minutach byliśmy w Llandudno.

Jest to naprawdę ładna i urokliwa miejscowość, położona nad szeroką zatoką. Przy długiej nadmorskiej promenadzie stoją trochę mieszczańskie, ale urodziwe dziewiętnastowieczne hotele, które w dogasającym świetle słońca skojarzyły mi się z paradą wiktoriańskich niań. Llandudno zbudowano od podstaw jako letnisko w pierwszej dekadzie XIX stulecia i miasteczko kultywuje sympatyczną staroświecką atmosferę. Lewis Carroll, który swego czasu odbywał tutaj swoje słynne spacery z małą Alice Liddell, opowiadał jej wciągające historie o białych królikach i gąsienicach palących fajkę wodną, a w przerwach między tymi bajędami pytał, czy mógłby pożyczyć od niej majteczki, żeby otrzeć pot z rozpalonego czoła, albo czy mógłby jej pstryknąć kilka niewinnych zdjęć w negliżu, chyba nie zauważyłby większych zmian, poza tym że hotele są oświetlone elektrycznie, Alice zaś miałaby — niech policzę — sto dwadzieścia siedem lat i pewnie by tak nie rozpraszała biednego, zboczonego matematyka.

Ku mojej konsternacji w miasteczku było tłoczno od emerytów, którzy przyjechali na weekend. Przy bocznych ulicach parkowały autokary z całego kraju, w każdym hotelu, w którym pytałem o pokój, mieli komplet, a w każdym lokalu gastronomicznym widziałem istne oceany siwych głów pochylonych nad zupą i pogrążonych w wesołych rozmowach. Diabli wiedzą, co ich sprowadziło nad walijskie morze w tej ponurej porze roku.

Trochę dalej przy promenadzie stał szereg dużych, zupełnie nieodróżnialnych od siebie pensjonatów. W oknach części z nich wisiały tabliczki WOLNE POKOJE. Mogłem wybierać z około dziesięciu, co zawsze wpędza mnie w panikę, bo mam nieomylny instynkt turystyczny, który w takich sytuacjach zawsze podsuwa mi najgorsze rozwiązanie. Mojej żonie wystarczy jeden rzut oka na rząd pensjonatów, aby zidentyfikować prowadzony przez życzliwie usposobioną do świata, przepadającą za dziećmi siwowłosą wdowę, która dba o to, żeby pościel zawsze była śnieżnobiała, a urządzenia sanitarne lśniły czystością. Ja z kolei generalnie mogę liczyć na to, że wybiorę pensjonat, którego pazerny szef chodzi z petem przyklejonym do kącika ust i kaszle tak ochryple, że człowiek zadaje sobie pytanie, gdzie się podziewa flegma. Ogarnęło mnie niemiłe przeświadczenie, że tego wieczoru znowu wykonam ten manewr.

Wszystkie szyldy zachwalały rozliczne atuty pensjonatów — „Kolorowe telewizory", „Wszystkie pokoje z łazienką", „Elektryczne czajniki w pokojach", „Centralne ogrzewanie" — co mnie tylko umacniało w najgorszych przeczuciach. Jak mam dokonać mądrego wyboru w takim nieprzebranym korcu możliwości? Jeden z pensjonatów kusił telewizją satelitarną i maglownicą, inny chwalił się przy użyciu zamaszystej kursywy, że posiada *Aktualny certyfikat pożarowy* — nigdy nie przyszło mi do głowy, żeby o to zapytać w Bed & Breakfast. Życie było znacznie łatwiejsze w czasach, kiedy w najlepszym razie można było liczyć na zimną i gorącą wodę we wszystkich pokojach.

Zdecydowałem się na dom, który od zewnątrz wyglądał dosyć zachęcająco. Szyld obiecywał kolorowy telewizor i możliwość parzenia samemu kawy, czyli z grubsza wszystko, co jest mi w tej fazie życia potrzebne do przyjemnego spędzenia soboty, ale jak tylko przekroczyłem próg i wciągnąłem w płuca pleśniowy zapaszek wilgotnego tynku i odłażącej tapety, wiedziałem, że turystyczny instynkt znowu mnie nie zawiódł. Miałem już wziąć nogi za pas, kiedy wyrósł przede mną właściciel i powstrzymał moją rejteradę znudzonym „Tak?". Krótki dialog pozwolił mi uzyskać informację, że jednoosobowy pokój ze śniadaniem mogę mieć za dziewiętnaście funtów pięćdziesiąt pensów — co graniczyło ze zdzierstwem. W życiu bym nie nocował w takiej zawilgłej norze za taką zbójecką cenę.

— Brzmi rozsądnie — powiedziałem i zameldowałem się.

Ach, jak trudno jest odmówić!

Pokój w pełni odpowiadał moim oczekiwaniom — zimny i niegościnny, meble z laminatu, dywan brudny i skudłacony, sufit nakrapiany tymi tajemniczymi plamami, które przywodzą na myśl zwłoki rozkładające się w pokoju piętro wyżej. Lodowaty wiatr przenikał przez szpary w źle dopasowanym przesuwnym oknie. Kiedy zaciągałem zasłony, stwierdziłem bez zdziwienia, że trzeba za nie mocno szarpnąć i że nie schodzą się na środku. Zestaw do kawy, owszem, był, ale szklanka prezentowała się — oględnie mówiąc — obrzydliwie, a łyżeczka przylgnęła do tacy. W łazience, skąpo oświetlonej przez odległą lampę włączaną za pomocą sznurka, kafelki na podłodze odchodziły, a wszystkie kąty i szczeliny pozatykał nagromadzony przez wiele lat brud. Spojrzałem na żółtawy osad wokół wanny i umywalki i już wiedziałem, co właściciel robi z flegmą. Kąpiel nie wchodziła w rachubę, więc opryskałem sobie twarz zimną wodą, wytarłem się ręcznikiem o fakturze wieloziarnistego chleba i z ulgą opuściłem to miejsce.

Aby zaostrzyć sobie apetyt i jakoś spędzić godzinę, wybrałem się na długi spacer po promenadzie. Coś fantastycznego. Powietrze rześkie, ani śladu wiatru i żywej duszy w zasięgu wzroku. Tylko w foyer i jadalniach hotelowych nadal radośnie falowało morze siwych głów. Może mieli konferencję poświęconą chorobie Parkinsona. Przeszedłem wzdłuż prawie całej Parade, napawając się chłodnym jesiennym powietrzem i wypielęgnowaną urodą otoczenia: po lewej łagodna poświata hoteli, po prawej czarna jak atrament pustka niespokojnego morza i światła migoczące na wyspach Ormes.

Nie mogłem nie zauważyć — teraz wydawało się to takie oczywiste, jakby łuski spadły mi z oczu — że prawie wszystkie hotele i pensjonaty wyglądają lepiej od mojego. Ich nazwy niemal bez wyjątku były hołdem na cześć innych miejscowości — Windermere, Stratford, Clovelly, Derby, St. Kilda, nawet Toronto — jakby właściciele uważali, że byłby to zbyt wielki wstrząs dla organizmu, gdyby przypomnieć gościom, że znajdują się w Walii. Tylko jeden szyld, o treści „Gwely a Brecwast/Bed and Breakfast", wskazywał, że przynajmniej w sensie formalnym przebywałem za granicą.

W pozbawionej wyrazu restauracji przy bocznej uliczce od Mostyn Street zjadłem niewyszukaną kolację i nie mając ochoty wracać do mojego zawilgłego pokoju trzeźwy jak świnia, wyruszyłem na poszukiwania pubu. Llandudno może się poszczycić zaskakująco niewielką liczbą tych niezbędnych do życia instytucji. Uszedłem spory kawałek, zanim trafiłem na lokal, który wyglądał choć trochę zachęcająco. W środku zobaczyłem typowy małomiasteczkowy pub — beżowy plusz, stęchły zapach, dym papierosowy — z dużą frekwencją, głównie młodzieżową. Usiadłem przy barze z myślą o tym, że uda mi się podsłuchać sąsiadów i szybciej zwrócić na siebie uwagę obsługi, kiedy skończy mi się piwo, ale obie te nadzieje okazały się płonne. Rozmowy tonęły w głośnej muzyce i ogólnym gwarze, a przy kasie tylu klientów chciało być obsłużonych, że zagoniony barman nie miał szans zauważyć pustej szklanki i błagalnej twarzy na samym końcu kontuaru.

Siedziałem zatem, piłem piwo (jeśli zdołałem się wreszcie o nie doprosić) i jak zawsze w takich sytuacjach obserwowałem pewne interesujące zjawisko. Wypiwszy piwo, klienci wręczali barmanowi szklankę ozdobioną osadem piany i złocistej wydzieliny gruczołów ślinowych, barman precyzyjnie napełniał ją do takiego poziomu, żeby nadmiar piany z niewidoczną zawartością bakterii, śliny i mikrocząstek rozdrobnionego jedzenia spłynął po brzegach szklanki do rynienki, a następnie został grawitacyjnie przetransportowany przezroczystą plastikową rurką z powrotem do beczki w piwnicy. Tam te mikroskopijne nieczystości unosiły się i mieszały ze sobą niby bobki w akwarium, czekając, aż zostaną ściągnięte do szklanki kolejnego klienta. Skoro mam już pić rozcieńczonego gluta i wypłuczyny z cudzej jamy ustnej, to wolałbym to robić w sympatycznych i komfortowych warunkach, usadowiony w wygodnym fotelu przy kominku. Marzenie to staje się jednak coraz mniej realne. Nagle — czasem mi się to zdarza w opisanych powyżej okolicznościach — odechciało mi się piwa. Zsunąłem się z barowego stołka, wróciłem do mojej nadmorskiej kwatery i położyłem się wcześnie spać.

Rano po wyjściu z pensjonatu zobaczyłem świat wyprany z kolorów. Ciężkie, ołowiane niebo wisiało nad bezkresnym, martwym i szarym morzem. Zaczęło padać, krople dziurawiły powierzchnię wody. Zanim dotarłem na stację, lało już solidnie. W niedzielę stacja w Llandudno jest nieczynna — fakt, że największy walijski kurort nie ma w niedziele połączeń kolejowych, jest zbyt groteskowy i przygnębiający, żeby się nad nim rozwodzić — ale z placu przed stacją odjeżdżał o jedenastej autobus do Blaenau Ffestiniog. Ławki czy przystanku oczywiście próżno było szukać. Jeśli ktoś często korzysta z brytyjskiego transportu publicznego, to szybko zaczyna się czuć niczym przedstawiciel niechcianej grupy społecznej, jak na przykład niepełnosprawni i bezrobotni — dla reszty społeczeństwa byłoby najlepiej, gdyby po prostu zniknęli z pola widzenia. W każdym razie ja się tak poczułem — a jestem bogaty, zdrowy i zabójczo przystojny. Jak muszą się zatem czuć ludzie ubodzy, kalecy lub z innych powodów niezdolni do brania udziału w szalonej ogólnonarodowej wspinaczce po słonecznych zboczach Góry Pazerności?

W ciągu ostatnich dwudziestu lat kwestie te zostały postawione na głowie. Kiedyś życie w Wielkiej Brytanii było wielkim zaszczytem. Z samego faktu, że człowiek istniał, chodził do pracy, płacił podatki, od czasu do czasu jechał autobusem i generalnie był osobą przyzwoitą, ale najzupełniej przeciętną, czerpał poczucie, że na swój sposób uczestniczy w wielkim i szlachetnym przedsięwzięciu — budowie solidarnego i cywilizowanego społeczeństwa z darmową służbą zdrowia, sprawnym systemem transportu publicznego, inteligentnym programem telewizyjnym, kompleksowym systemem opieki społecznej i tak dalej. Nie wiem, jak wy, ale ja zawsze byłem dumny, że biorę w tym udział, zwłaszcza że nie trzeba było nic robić — oddawać krwi, kupować wydawanego przez bezdomnych pisma „Big Issue" czy wypełniać jakieś inne powinności — aby mieć poczucie, że dokłada się swoją cegiełkę. Teraz na każdym kroku ogarniają człowieka wyrzuty sumienia. Idź na pieszą wycieczkę, a zaraz ci się przypomni, że przyczyniasz się w ten sposób do zwiększenia zatłoczenia w parkach narodowych i erozji szlaków turystycznych. Spróbuj pojechać kuszetką do Fort William, zwykłym pociągiem linii Settle-Carlisle albo autobusem z Llandudno do Blaenau w niedzielę, a natychmiast sobie uświadomisz, że robisz coś patologicznego i aspołecznego, bo wiesz, że utrzymywanie tych połączeń wymaga gigantycznych subwencji. Jazda samochodem, szukanie pracy albo mieszkania — wszystko to oznacza pozbawianie innych cennej przestrzeni i czasu. A nie daj Boże zachorujesz — czy można sobie wyobrazić coś bardziej bezmyślnego i egoistycznego? („Oczywiście możemy panu wyciąć ten wrośnięty paznokieć, panie Smith, ale to będzie oznaczało konieczność odłączenia jednego dziecka od respiratora").

Nawet nie chcę myśleć, ile Gwynedd Transport musiało wybulić za przewiezienie mnie do Blaenau Ffestiniog w to deszczowe niedzielne przedpołudnie, byłem bowiem jedynym pasażerem, poza pewną młodą kobietą, która dosiadła się w Betws-y-Coed i wysiadła kawałek dalej w miejscowości o ciekawej nazwie Pont-y-Pant. Cieszyłem się na tę podróż, bo sądziłem, że zobaczę trochę Parku Narodowego Snowdonia, ale deszcz tak się rozpadał, że prawie nic nie widziałem przez jego brudne krople na szybie — tylko rozmyte połacie uschniętych paproci w kolorze rdzy i tu i ówdzie plamki smutnych, nieruchomych owiec. Deszcz bębnił o szyby jak grad kamyczków, autobusem zaś huśtało jak statkiem na wzburzonym morzu. Z kłapiącymi wycieraczkami autobus wspiął się mozolnie po krętych górskich drogach na spowitą chmurami przełęcz, a następnie rozpoczął szalony, z pozoru niekontrolowany zjazd do Blaenau Ffestiniog stromymi wąwozami pośród hałd pokruszonego, błyszczącego od deszczu łupku. Blaenau Ffestiniog było kiedyś głównym ośrodkiem walijskiego wydobycia tego surowca. Kamienne okruchy pokrywały niemal każdą piędź ziemi, nadając krajobrazowi nieziemski, oniryczny charakter. W całej Wielkiej Brytanii nigdy nie widziałem czegoś podobnego. W epicentrum tej upiorności przycupnęło miasteczko Blaenau, które w ulewnym deszczu samo wyglądało jak hałda łupku.

Kierowca wysadził mnie w centrum, w pobliżu stacji końcowej słynnej kolei Blaenau Ffestiniog, teraz prywatnej linii prowadzonej przez entuzjastów. Miałem nadzieję, że pociąg zawiezie mnie przez spowite chmurami góry do Porthmadog. Zdołałem wejść na peron, ale na drzwiach poczekalni, toalety i hali kasowej wisiały kłódki. Dokoła żywej duszy. Rzuciłem okiem na zimowy rozkład jazdy i z konsternacją odkryłem, że o włos — dosłownie o parę minut — spóźniłem się na pociąg. Wyjąłem z kieszeni wymiętoszony rozkład jazdy autobusów i moja konsternacja jeszcze się pogłębiła, wyszło bowiem na jaw, że rozkłady zostały tak precyzyjnie zharmonizowane, aby osoba przybywająca z Llandudno mogła zobaczyć tył odjeżdżającego pociągu. (Fakt, że mnie się to nie udało, wynikał wyłącznie z mojego niepozbierania). Następny pociąg odjeżdżał za cztery godziny. Co ja ze sobą zrobię przez cztery godziny w tej zalanej deszczem dziurze, w której diabeł mówi dobranoc? Na peronie zostać nie mogłem. Było zimno, a deszcz padał pod tak perfidnym kątem, że nie dało się przed nim nigdzie schować.

Pomstując pod nosem na Gwynedd Transport, Blaenau Ffestiniog Railway Company, brytyjską pogodę i swoje głupie zachcianki, poszedłem na spacer po miasteczku. Jak wiadomo, Walia plus niedziela równa się wszystko pozamykane i nikogo na wąskich uliczkach. Nie zauważyłem też żadnych hoteli ani pensjonatów. Przyszło mi do głowy, że może przy tej pogodzie pociąg w ogóle nie kursuje, co by oznaczało, że utknąłem na dobre. Byłem przemoczony, zmarznięty i totalnie zdołowany. Na drugim końcu miasteczka znalazłem małą restaurację Myfannwy's, jakimś cudem otwartą. Pospiesznie wszedłem do środka znęcony rozkosznym ciepłem, zdjąłem przemoczoną kurtkę i sweter i usiadłem przy stoliku koło kaloryfera. Byłem jedynym klientem. Zamówiłem kawę i coś do zjedzenia, delektując się ciepłym i suchym powietrzem. Z zaplecza dobiegały mnie dźwięki podnoszącego na duchu kawałka Nat King Cole'a. Patrzyłem na krople deszczu rozbryzgujące się w kałużach i pomyślałem, że kiedyś będę miał to doświadczenie dwadzieścia lat za sobą.

Tego dnia w Blaenau jednego się nauczyłem: konsumpcja kawy i omleta z serem nie zapełni czterech godzin. Jadłem najwolniej, jak umiałem, i poprosiłem o drugą kawę, ale po bez mała godzinie dystyngowanego podjadania i popijania małymi łyczkami stało się dla mnie oczywiste, że muszę opuścić lokal albo zapłacić czynsz, toteż z ciężkim sercem zebrałem swoje rzeczy. Przy kasie przedstawiłem swoją trudną sytuację sympatycznemu małżeństwu, które prowadziło tę restaurację. Oboje mieli na podorędziu te współczujące pomruki typu „ojej", które wydają z siebie życzliwi ludzie na widok zestresowanego bliźniego.

— Mógłby pójść do kopalni łupków — zasugerowała żona mężowi.

— Tak, mógłby pójść do kopalni łupków — potwierdził mąż i odwrócił się do mnie. — Mógłby pan pójść do kopalni łupków — powiedział, jakby sądził, że nie zarejestrowałem powyższego dialogu.

— A co to właściwie jest? — spytałem, starając się, by nie brzmiało to zbyt sceptycznie.

— Stara kopalnia. Mają przewodnika.

— To bardzo interesujące — zakomunikowała żona.

— Tak, to bardzo interesujące — poparł ją mąż. — Ale spory kawałek drogi.

— I w niedzielę może być zamknięta — zatroskała się żona. — Teraz nie ma sezonu — wyjaśniła.

— Oczywiście mógłby pan pojechać taksówką, jeśli nie ma pan ochoty chodzić na piechotę przy tej pogodzie — stwierdził mąż.

Wytrzeszczyłem na niego oczy. Taksówką? Nie przesłyszałem się? Zbyt piękne, żeby było prawdziwe.

— Macie tutaj taksówki?

— Ależ naturalnie — odparł mąż takim tonem, jakby to była jedna ze znanych atrakcji Blaenau. — Zamówić panu, żeby pana zawiozła do kopalni?

— Hm...

Szukałem odpowiednich słów. Nie chciałem wyjść na niewdzięcznika wobec tych przyjaznych ludzi, ale perspektywa zwiedzania kopalni łupku w mokrym ubraniu pociągała mnie z grubsza tak samo jak wizyta u proktologa.

— Myśli pan, że zawieźliby mnie do Porthmadog?

Nie byłem pewien, jak to jest daleko, i nie śmiałem robić sobie nadziei.

— Oczywiście.

Wezwał taksówkę, do której po chwili wsiadałem żegnany kanonadą pozdrowień właścicieli restauracji, czując się jak rozbitek, po którego nagle zleciał z nieba helikopter. Nie umiem oddać słowami radości, która mnie ogarnęła na widok Blaenau znikającego za moimi plecami.

Młody i sympatyczny taksówkarz przez dwadzieścia minut jazdy zasypywał mnie istotnymi danymi socjoekonomicznymi na temat półwyspu Dwyfor. Najbardziej zaskoczyła mnie informacja, że w niedziele obowiązuje tam prohibicja. Między Porthmadog i Aberdaron w dzień święty nie podadzą ci alkoholu nawet w sytuacji zagrożenia życia. Nie wiedziałem, że w Wielkiej Brytanii istnieją takie enklawy purytanizmu, ale radość wynikająca z faktu, że uciekłem z Blaenau, przyćmiła we mnie wszystkie inne doznania.

Porthmadog kuliło się w bezlitosnych strugach deszczu. To szare nadmorskie miasteczko, w którym dominuje ciemny kamień i zaprawa ze żwirem, nie zapada w pamięć. Nie zważając na deszcz, w miarę dokładnie sprawdziłem skąpą ofertę noclegową — po nocy spędzonej w zapyziałym pensjonacie w Llandudno czułem się uprawniony do pewnej dozy komfortu i luksusu — i wybrałem gospodę Royal Sportsman. Pokój był przeciętny, ale czysty i funkcjonalnie urządzony. Nastawiłem wodę i zanim się zagotowała, przebrałem się w suche ubranie. Potem usiadłem na łóżku z kawą i herbatnikiem zbożowym i oglądałem operę mydlaną pod tytułem *Pobol Y Cwm*. Film bardzo mi się podobał. Oczywiście nic nie rozumiałem, ale mogę z całym przekonaniem powiedzieć, że pod względem poziomu aktorstwa i jakości produkcji przewyższał seriale szwedzkie, norweskie czy australijskie. Tutaj przynajmniej ściany nie chodziły, kiedy ktoś zamknął drzwi. To było dziwne doświadczenie oglądać ludzi, którzy funkcjonowali w jednoznacznie brytyjskim środowisku kulturowym — pili herbatę i chodzili w rozpinanych swetrach od Marksa & Spencera — ale mówili po marsjańsku. Z zaciekawieniem odnotowałem, że od czasu do czasu wtrącali angielskie zwroty — *hi ya, right then, OK* — przypuszczalnie z braku walijskich odpowiedników, a w pewnej fascynującej rozmowie jedna z postaci powiedziała mniej więcej coś takiego: „Wlch ylch aargh ybsy cwm dirty weekend, look you", co mnie zachwyciło. Jakie to urzekające, że Walijczycy nie mają własnego określenia na zakazane dymanko między piątkiem a poniedziałkiem.

Kiedy wypiłem kawę i wyszedłem do miasta, deszcz nieco zelżał, ale system kanalizacyjny nie nadążał z odprowadzaniem takich ilości wody i na ulicach potworzyły się ogromne kałuże. A przecież wydawałoby się, że naród brytyjski powinien przodować w świecie pod względem znajomości arkanów kanalizacji. W każdym razie samochody zamieniły się w amfibie, które odważnie pokonywały te tymczasowe jeziora, ochlapując pobliskie domy i sklepy płachtami wody. Pamiętając o moich przygodach z kałużami w Weston i mając świadomość, że w takiej dziurze jak Porthmadog w niedzielę człowiek naprawdę nie ma co ze sobą począć, ostrożnie posuwałem się wzdłuż High Street.

Obwąchałem punkt informacji turystycznej i wziąłem ze stojaka na zewnątrz folder, z którego się dowiedziałem, że Porthmadog zbudował na początku XIX wieku niejaki Alexander Maddocks, aby było jak wywozić łupek z Blaenau, oraz że pod koniec wieku do portu zawijało tysiąc statków rocznie i zabierało sto szesnaście tysięcy ton walijskiego kamienia. Dzisiaj nabrzeże jest — jakżeby inaczej — odrestaurowaną strefą dla japiszonów, z kocimi łbami i luksusowymi apartamentami. Obejrzałem ją z czystej uprzejmości, a potem poszedłem boczną uliczką przez dzielnicę portową ze sklepami żeglarskimi i innymi firmami związanymi z morzem, przeciąłem wzgórze z zabudową mieszkalną i trafiłem do zacisznej wioski Borth-y-Gest, pięknej miejscowości z ceglanymi domami nad zatoczką w kształcie podkowy, z fantastycznymi widokami na Traeth Bach, Harlech Point i Tremadoc Bay. W Borth-y-Gest ujmuje staroświecki klimat. Pośrodku wioski, nad zatoką, znajduje się mały urząd pocztowy z niebieską markizą, na której widnieją napisy SŁODYCZE i LODY. Trochę dalej zobaczyłem lokal o nazwie Sea View Café. Wioska wyglądała jak żywcem przeniesiona ze starej książeczki dla dzieci. Zakochałem się w niej od pierwszego wejrzenia.

Trawiastą nadbrzeżną ścieżką poszedłem w stronę cypla. Mimo pochmurnej pogody widoki na ujście Glaslyn i pasmo Snowdon zapierały dech w piersiach. Wiał porywisty wiatr, morze w dole miotało się o skały, ale przynajmniej deszcz przestał padać, a powietrze było takie rześkie i musujące, jakie bywa tylko nad morzem. Zmierzchało, a że nie miałem ochoty obijać skał wraz z morskimi falami na dole, zawróciłem do miasteczka. Na miejscu okazało się, że te nieliczne placówki, które wcześniej były otwarte, zdążyły pod moją nieobecność zamknąć podwoje. W gęstniejących ciemnościach sączyła się tylko jedna struga nikłego światła. Poszedłem zbadać sprawę i z zaciekawieniem stwierdziłem, że jest to południowa stacja końcowa, jak również główne biuro słynnej Blaenau Ffestiniog Railway.

Pragnąc zobaczyć ośrodkowy układ nerwowy instytucji, która naraziła mnie wcześniej na niemałe stresy i niewygody, wszedłem do środka. Chociaż dawno już minęła piąta, księgarnia na stacji wciąż była otwarta. Dołączyłem do licznej grupy klientów, którzy w milczeniu przeglądali książki. Coś niesamowitego: całe półki książek o takich tytułach, jak *Koleje w dolinie Wnion i estuarium rzeki Mawddach* czy *Wielka encyklopedia nastawni*. Był też wielotomowy cykl *Pociągi w tarapatach*, z setkami stron dokumentacji fotograficznej wykolejeń, zderzeń i innych katastrof — odpowiednik pornograficznego dreszczowca dla osób uzależnionych od kolejnictwa. Zresztą wideoteka też była całkiem obfita. Na chybił trafił zdjąłem z półki kasetę zatytułowaną *Wyścigi parowozów Hunslet and Hundreds 1993*, z nęcącym dopiskiem „50 minut dyszących wrażeń!". Pod spodem zauważyłem naklejkę z następującym ostrzeżeniem: „Uwaga: Zawiera odważne sceny zbliżenia między lokomotywą holowniczą Sturrock-C i wagonem zsypnym Great Western Railway". To ostatnie zmyśliłem, ale byłem głęboko zbulwersowany faktem, że wszyscy inni klienci przeglądali książki i kasety z takim samym zaabsorbowanym, milczącym, zdyszanym skupieniem, jakie można spotkać w sklepach z pornografią. Zadałem sobie pytanie, czy w tym całym poronionym train-spottingu nie ma jakiegoś dodatkowego wymiaru, który do tej pory uchodził mojej uwagi.

Na tabliczce w hali kasowej przeczytałem, że Blaenau Ffestiniog Railway powstała w 1983 roku i jest najstarszą wciąż funkcjonującą spółką kolejową na świecie, a stowarzyszenie jej miłośników liczy sześć tysięcy członków — informacja, która wprawiła mnie w osłupienie. Mimo że ostatni tego dnia pociąg dawno skończył bieg, w kasie wciąż siedział jakiś pan, więc podszedłem do niego i spokojnym tonem zapytałem, dlaczego autobusowy i kolejowy rozkład jazdy w Blaenau nie są ze sobą skoordynowane. Mimo że byłem wcieleniem galanterii, kasjer wpadł w takie wzburzenie, jakbym skrytykował jego żonę, i powiedział nadąsany:

— Jeśli w Gwynedd Transport chcą, żeby ludzie zdążali na ten pociąg z Blaenau, to niech puszczają autobus wcześniej.

— Ale równie dobrze państwo moglibyście puszczać pociąg parę minut później.

Spojrzał na mnie jak na nieprawdopodobnego aroganta i spytał:

— A niby dlaczego?

Widać tutaj jak na dłoni, co jest nie w porządku z tymi kolejowymi fanatykami. Są irracjonalni, kłótliwi, w niebezpiecznym stopniu kapryśni i czasem, tak jak w tym przypadku, noszą irytujący wąsik, na którego widok człowiek ma ochotę dziabnąć ich dwoma rozstawionymi palcami w oczy. Mało tego, w trakcie dziennikarskiego śledztwa w księgarni znalazłem mocne poszlaki wskazujące na to, że dopuszczają się sprzecznych z naturą czynów z udziałem dyszących wideokaset. Dla ich własnego dobra, jak również dla dobra społeczeństwa, należałoby ich internować.

Rozważałem możliwość obywatelskiego zatrzymania — „W imieniu Jej Wysokości Królowej zatrzymuję pana za przestępstwo irracjonalnego uporu w kwestii rozkładów jazdy, a także za to, że nosi pan prowokacyjny i bezsensowny wąsik" — ale w przypływie wielkoduszności ograniczyłem się do srogiego spojrzenia, które sugerowało, że prędzej mi kaktus wyrośnie, niż jeszcze raz choć zbliżę się do jego stacji. Sądzę, że załapał.

ROZDZIAŁ 21

Rano poszedłem na stację w Porthmadog — ale nie zabawkowej kolei Blaenau Ffestiniog, tylko prawdziwej, British Rail. Budynek był zamknięty, ale na peronie zobaczyłem kilkanaście osób. Wszystkie starannie unikały swoich spojrzeń. Jestem przekonany, że codziennie stoją w tych samych miejscach. Na jakiej podstawie tak sądzę? Otóż stałem sobie, nie wadząc nikomu, aż tu nagle przyszedł jakiś pan w garniturze i popatrzył na mnie najpierw z zaskoczeniem, a potem ze złością, bo najwyraźniej zająłem jego metr kwadratowy peronu. Ulokował się parę kroków ode mnie i miotał we mnie spojrzeniem, które bez większej przesady można określić jako pełne nienawiści. Jak łatwo jest w Wielkiej Brytanii narobić sobie wrogów! Wystarczy stanąć w nieodpowiednim miejscu, zawrócić na czyimś podjeździe — ten typ miał wypisany na czole ZAKAZ ZAWRACANIA — czy niechcący zająć czyjeś miejsce w pociągu, żeby do grobowej deski ziali do ciebie milczącą nienawiścią.

W końcu przyjechał Sprinter z dwoma wagonami i wszyscy wsiedliśmy. Ze swoimi twardymi siedzeniami, tajemniczymi zimno-ciepłymi przeciągami, ostrym światłem, a przede wszystkim odstręczającą kolorystyką — pomarańczowe pasy i bezkompromisowe obicia w jodełkę — są to najbardziej niewygodne, niefunkcjonalne i nieestetyczne pociągi świata. Komu przyszło do głowy, że pasażerowie lubią o tak wczesnej porze przebywać w pomarańczowym otoczeniu? Zatęskniłem za tymi staroświeckimi pociągami, które jeszcze kursowały, kiedy przyjechałem do Wielkiej Brytanii. Nie miały korytarzy i składały się z rzędu samodzielnych przedziałów z osobnymi wejściami. Człowiek zawsze przeżywał dreszczyk emocji, kiedy otwierał drzwi, bo nigdy nie wiedział, co za nimi zastanie. Jakie to przyjemnie intymne i nieprzewidywalne doświadczenie siedzieć z zupełnie obcymi ludźmi w ciasnym pomieszczeniu! Jechałem kiedyś takim pociągiem i jeden z pasażerów, nieśmiały młodzieniec w trenczu, bez żadnego ostrzeżenia obficie zwymiotował na podłogę — było to podczas epidemii grypy — a potem bezczelnie wysiadł na następnej stacji. Nasza pozostała trójka jechała przez resztę wieczoru w milczeniu, ze ściągniętymi minami i pochowanymi nosami, zachowując się typowo po brytyjsku, czyli udając, że nic się nie stało. A zatem w gruncie rzeczy może to i lepiej, że tych pociągów już nie ma. Ale i tak nie lubię pomarańczowych obić w jodełkę.

Nadmorska trasa mijała szerokie ujścia rzek i skaliste wzgórza nad szarym rozlewiskiem zatoki Cardigan. Nazwy wszystkich miast po drodze kojarzyły się z wyrzyganą przez kota kulką sierści: Llywyngwril, Morfa Mawddach, Llandecwyn, Dyffryn Ardudwy. W Penrhyndeudraeth pociąg wypełnił się odzianymi w szkolne mundurki dziećmi z wszystkich grup wiekowych. Spodziewałem się wrzasków, dymu papierosowego i latających w powietrzu przedmiotów, ale dzieci zachowywały się nienagannie. Wysiadły w Harlech i nagle w wagonie zrobiło się pusto i cicho — na tyle cicho, że słyszałem, jak małżeństwo siedzące za moimi plecami rozmawia po walijsku, dzięki czemu miałem przyjemne tło dźwiękowe. W Barmouth po chybotliwym drewnianym wiadukcie przejechaliśmy nad kolejną szeroką deltą. Gdzieś przeczytałem, że wiadukt przez wiele lat był zamknięty i do niedawna linia kończyła się w Barmouth. To istny cud, że British Rail wyłożyło pieniądze na remont wiaduktu i utrzymanie połączenia, ale założę się, że kiedy wrócę tutaj za dziesięć lat, ta wolna jak żółw, prawie zapomniana linia do Porthmadog będzie w rękach entuzjastów pokroju Blaenau Ffestiniog Railway i że jakiś baran z pedantycznie przystrzyżonym wąsikiem powie mi, iż nie mogę się przesiąść w Shrewsbury, bo to nie współgra z rozkładem jazdy jego stowarzyszenia.

Ucieszyłem się zatem, że po trzech godzinach i stu pięciu milach jazdy miałem możliwość przesiąść się w Shrewsbury. Moim zamiarem było skręcić na północ i kontynuować niespieszną pielgrzymkę do John O'Groats, ale kiedy szedłem po peronie, usłyszałem zapowiedź pociągu do Ludlow, no to do niego wsiadłem. Od lat ciągle słyszałem, że Ludlow jest zachwycające, i nagle przyszło mi do głowy, że może to jest moja ostatnia szansa, by je zobaczyć. Dwadzieścia minut później wysiadłem na pustym peronie w Ludlow i po chwili szedłem pod górę do miasteczka.

Ludlow to rzeczywiście urocza miejscowość położona na wzgórzu wyso-

209

ko nad rzeką Teme. Ma wszystko, czego człowiek potrzebuje do życia — księgarnie, kino, kilka zachęcających herbaciarni i piekarni, parę „rodzinnych rzeźni" (zawsze mam ochotę wejść do takiego zakładu i zapytać: „Ile za zrobienie kiełbasy z mojej rodziny?"), staroświeckie Woolworth's i typowy melanż drogerii, pubów, pasmanterii i tym podobnych, wszystkich w dobrym guście i harmonijnie wkomponowanych w otoczenie. Ludlow Civic Society zadbało o to, by na wielu budynkach znalazły się tablice z informacją, kto tam kiedyś mieszkał. Tablica na ścianie Angel, dawnej stacji dyliżansów przy Broad Street — teraz niestety zabitej deskami, mam nadzieję, że tymczasowo — mówiła, że słynny dyliżans Aurora pokonywał mniej więcej stumilową trasę do Londynu w nieco ponad dwadzieścia siedem godzin, co pokazuje, jakie zrobiliśmy postępy. Pociągi British Rail jeżdżą dwa razy krócej.

Kawałek dalej trafiłem na główne biuro organizacji o nazwie Ludlow and District Cats Protection League. Zaintrygowało mnie to. Co mieszkańcy Ludlow i okolic robią ze swoimi kotami, że trzeba powoływać specjalną agencję do ich ochrony? Może jestem człowiekiem niewrażliwym, ale dopóki ktoś nie podpali kota i nie rzuci nim we mnie, chyba nic nie skłoni mnie do założenia organizacji broniącej interesów tych stworzeń. Poza wzruszającym zaufaniem do prognoz pogody i powszechnym zamiłowaniem do dowcipów, w których występuje słowo „tyłek", stosunek Brytyjczyków do zwierząt jest rzeczą, która w największym stopniu sprawia, że czuję się w tym kraju jak outsider. Wiedzieliście, że Królewskie Stowarzyszenie Ochrony Dzieci powstało sześćdziesiąt lat po Królewskim Stowarzyszeniu Ochrony Zwierząt, i to jako jego filia? Wiedzieliście, że w 1994 roku Wielka Brytania głosowała za unijną dyrektywą wprowadzającą ustawowe przerwy na odpoczynek dla transportowanych zwierząt, ale przeciwko dyrektywie wprowadzającej ustawowe przerwy na odpoczynek dla robotników fabrycznych?

Ale chociaż ja to wszystko wiedziałem, wydawało mi się osobliwe, żeby tworzyć osobne biuro zajmujące się bezpieczeństwem i pomyślnością kotów z miasta i powiatu Ludlow. Zaintrygowało mnie zwłaszcza dobrowolne zawężenie terytorialnego zakresu działalności stowarzyszenia. Co by się stało, gdyby jego członek zobaczył człowieka dręczącego kota tuż za granicą powiatu? Czy wzruszyłby z rezygnacją ramionami i powiedział: „To jest poza moją właściwością miejscową"? Kto to może wiedzieć? Ja na pewno nie wiem, bo kiedy skierowałem się do biura, żeby zasięgnąć informacji, stwierdziłem, że jest zamknięte. Pracownicy — nie chcę przez to niczego sugerować — najwyraźniej poszli na lunch.

Co i ja postanowiłem uczynić. Po drugiej stronie ulicy zobaczyłem sympatyczny bar sałatkowy Olive Branch, gdzie szybko zrobiłem z siebie pariasa, zajmując stolik dla czterech osób. Kiedy się zjawiłem, lokal był prawie pusty, a że niezbyt wygodnie mi się przemieszczało z plecakiem i chybotliwą tacą, usiadłem przy pierwszym wolnym stoliku. Ale zaraz potem ludzie zaczęli walić drzwiami i oknami, skutkiem czego przez cały posiłek czułem na sobie karcący wzrok grup klientów, którzy mieli mi za złe, że zajmuję stolik ewidentnie nieprzeznaczony dla pojedynczych gości, bo przeze mnie musieli się udać do niepopularnej sekcji WIĘCEJ STOLIKÓW NA GÓRZE. Próbowałem jeść jak najszybciej, a przy tym jak najmniej rzucać się w oczy, ale po chwili mężczyzna siedzący dwa stoły dalej podszedł do mnie i zapytał uszczypliwym tonem, czy może pożyczyć krzesło, które zabrał, nie czekając na moją odpowiedź. Czym prędzej dokończyłem jedzenie i zawstydzony wymknąłem się chyłkiem.

Po powrocie na stację kupiłem bilet do Manchester Piccadilly przez Shrewsbury. Z powodu awarii zwrotnicy gdzieś po drodze pociąg miał czterdzieści minut opóźnienia i był zatłoczony, a pasażerowie rozdrażnieni. Żebym mógł usiąść, towarzystwo zgromadzone przy jednym stole musiało się ścieśnić, co zrobiło niechętnie i patrzyło na mnie ze złością. Kolejni wrogowie! Co za dzień! W przegrzanym wagonie siedziałem w płaszczu i z plecakiem na kolanach wciśnięty między dwie inne osoby. Wybierałem się do Blackpool, ale byłem tak zaklinowany, że nie miałem możliwości wyjąć rozkładu jazdy i sprawdzić, gdzie najlepiej się przesiąść, siedziałem więc bez ruchu i liczyłem na to, że będzie jakieś połączenie z Manchesteru.

Koleje brytyjskie miały zły dzień. Ruszyliśmy, żółwim tempem ujechaliśmy może milę, a potem długo staliśmy z niewiadomej przyczyny. W końcu przez głośniki zapowiedziano, że z powodu uszkodzeń trakcji na dalszym odcinku linii pociąg skończy bieg w Stockport, co wywołało ogólny jęk. Po mniej więcej dwudziestu minutach pociąg wystartował szarpanymi ruchami i telepał się pośród zielonych pól. Na każdej stacji przepraszano nas za opóźnienie i po raz enty informowano, że pociąg skończy bieg w Stockport. Kiedy nareszcie tam dotarliśmy, dziewięćdziesiąt minut po czasie, sądziłem, że wszyscy wysiądą, ale nikt się nie ruszył, więc ja też nie. Tylko jeden pasażer, Japończyk, dał wiarę kolejowej propagandzie, a potem patrzył zrozpaczony z peronu, jak pociąg jedzie dalej do Manchesteru, bez wyjaśnienia i bez niego.

W Manchesterze odkryłem, że muszę dojechać do Preston. Na monitorach podawano tylko stacje końcowe, a nie pośrednie, ustawiłem się zatem w długiej kolejce do strażnika kolejowego, którego pasażerowie prosili o informacje. Pechowo dla niego w Wielkiej Brytanii nie ma stacji Odwal--Się-Ode-Mnie, bo widać było po nim, że tam by najchętniej wszystkich skierował. Mnie kazał iść na peron trzynasty, więc wyruszyłem w drogę, ale perony kończyły się na jedenastym. Wróciłem do strażnika i zakomunikowałem mu, że nie zdołałem znaleźć peronu trzynastego. Okazało się, że na peron trzynasty prowadzą jakieś tajne schody i kładka. Z kolei na miejscu wyszło na jaw, że jest to peron dla zaginionych pociągów. Stały tam całe rzesze zdezorientowanych i zrozpaczonych podróżnych, którzy wyglądali jak ludzie w skeczu Monty Pythona o mleczarzu. W końcu przerzucono nas na peron trzeci. Co przyjechało? Oczywiście Sprinter z dwoma wagonami, do których wcisnęło się zwyczajowe siedemset ludzi.

W ten oto sposób czternaście godzin po wyruszeniu z Porthmadog przybyłem zmęczony, wymięty, głodny i rozżalony do Blackpool, miasta, w którym nie miałem szczególnej ochoty się znaleźć.

ROZDZIAŁ 22

Blackpool — nie obchodzi mnie, ile razy to słyszeliście, mnie to nigdy nie przestanie zadziwiać — przyciąga więcej gości niż Grecja i ma większą bazę noclegową niż cała Portugalia. Konsumpcja frytek *per capita* jest tam największa na całej planecie. (Dzienne zapotrzebowanie na ziemniaki wynosi tyle, ile można zebrać z ponad piętnastu hektarów upraw). W Blackpool jest największe zagęszczenie kolejek górskich w Europie i tutaj znajduje się druga pod względem frekwencji atrakcja turystyczna na Starym Kontynencie, siedemnastohektarowa Pleasure Beach, odwiedzana przez sześć i pół miliona gości rocznie — ustępuje pod tym względem tylko Watykanowi. W piątkowe i sobotnie wieczory Blackpool oferuje największą liczbę publicznych toalet w całej Wielkiej Brytanii. Gdzie indziej nazywają je bramami.

Niezależnie od tego, co się myśli o tym mieście, w swoim fachu jest ono bardzo dobre — a w każdym razie bardzo skuteczne. W ciągu ostatnich dwudziestu lat liczba Brytyjczyków tradycyjnie wyjeżdżających na wakacje nad rodzime morze spadła o jedną piątą, natomiast w Blackpool liczba odwiedzających wzrosła w tym czasie o siedem procent, a miejscowy przemysł turystyczny przynosi obecnie dwieście pięćdziesiąt milionów funtów wpływów rocznie — niemałe osiągnięcie, jeśli zważyć na to, że klimat brytyjski jest deszczowy, Blackpool brzydkie, brudne i położone na końcu świata, że tutejsze morze to kloaka, prawie wszystkie zaś atrakcje są tandetne, prowincjonalne i okropne.

Przywiodło mnie tutaj święto światła*. Tak dużo o nim słyszałem i czy-

---

* Święto światła (ang. *Illuminations*) — co roku na początku września ośmiokilometrową Promenade w Blackpool ozdabia się ponad pięciuset tysiącami żarówek (przyp. tłum.).

tałem, że naprawdę chciałem je wreszcie zobaczyć. Wziąłem więc pokój w skromnym pensjonacie przy bocznej ulicy i podniecony pospieszyłem na deptak. Mogę z całym przekonaniem powiedzieć, że dekoracje świetlne w Blackpool nie olśniewają. Zawsze istnieje groźba rozczarowania, kiedy ktoś nareszcie widzi coś, co od dawna chciał ujrzeć, ale pod względem rozdźwięku między oczekiwaniami a rzeczywistością *light show* w Blackpool jest trudny do pobicia. Myślałem, że będą lasery omiatające niebo, stroboskopy tatuujące chmury i inne oszałamiające dech w piersiach efekty, a była tylko klekocząca karawana starych tramwajów udających rakiety kosmiczne albo bombki choinkowe plus kilka mil światełek wiszących na latarniach. Może osobie, która nigdy nie widziała elektryczności w działaniu, istotnie zaparłoby dech, ale i za to nie ręczę. Przy całej megalomanii tego pomysłu święto światła wydało mi się nieudane i bez klasy, jak samo Blackpool.

Niemniej zdumiały mnie tłumy ludzi, którzy przyjechali obejrzeć to dziadostwo. Samochody jechały wzdłuż deptaka zderzak w zderzak, dziecięce twarze przyciskały się do każdej szyby, a na samej promenadzie roiło się od szczęśliwych spacerowiczów. Co parę kroków handlarze sprzedawali świecące naszyjniki i bransolety czy inne zabawki o krótkim okresie przydatności do spożycia — i zbijali na tym kokosy. Czytałem gdzieś, że połowa odwiedzających Blackpool była tutaj co najmniej dziesięć razy. Diabli wiedzą, co ich tutaj tak ciągnie. Przeszedłem dobrą milę po deptaku i wciąż nie mogłem zrozumieć, co jest w tym takiego atrakcyjnego — a jak już się zapewne zdążyliście zorientować, jestem wielkim miłośnikiem kiczu. Może byłem po prostu zmęczony długą podróżą z Porthmadog, ale nie umiałem wykrzesać z siebie choćby iskry entuzjazmu. Szedłem jasno oświetlonymi arkadami i zaglądałem do salonów bingo, ale świąteczna atmosfera jakoś mi się nie udzielała. Czułem się skonany i wyobcowany, toteż poszedłem do restauracji rybnej, gdzie zjadłem porcję łupacza z frytkami i zielonym groszkiem i gdzie popatrzono na mnie jak na ciotę z południa, kiedy poprosiłem o sos tatarski. Potem położyłem się spać, mimo że była dopiero dziesiąta.

Rano wstałem wcześnie, żeby dać Blackpool jeszcze jedną szansę. W świetle dziennym znacznie bardziej mi się spodobało. Promenada mogła się poszczycić ładnymi barierkami, koszami i innymi elementami z kutego żelaza, jak również zaopatrzonymi w cebulaste kopuły fantazyjnymi budkami, z których sprzedawano watę cukrową, nugata i inne słodkości, co umknęło mojej uwadze w ciemnościach poprzedniego wieczoru, a plaża była ogromna, pusta i bardzo przyjemna. Plaża w Blackpool ma siedem mil długości i oficjalnie nie istnieje. Nie zmyśliłem sobie tego. Pod koniec lat osiemdziesiątych Unia Europejska wydała dyrektywę określającą maksymalny poziom zanieczyszczenia morskich wód kąpielowych, po czym się okazało, że prawie wszystkie brytyjskie letniska zdecydowanie przekraczają normę. W większości dużych ośrodków takich jak Blackpool nie starczyło skali na gównometrze czy czym oni to mierzą. Postawiło to rząd brytyjski przed nie lada problemem, bo przecież nie było mowy o tym, żeby wydawał pieniądze na brytyjskie plaże, skoro są takie piękne plaże dla bogatych na Mustique i Barbados. Wpadł jednak na genialny pomysł i oficjalnie zadekretował — niewiarygodne, ale przysięgam, że prawdziwe — iż w Brighton, Blackpool, Scarborough i wielu innych ważnych kąpieliskach, formalnie rzecz biorąc, nie ma plaż. Diabli wiedzą, jak się teraz nazywają te piaszczyste powierzchnie — pewnie pośrednimi strefami oczyszczania — ale pozbyto się problemu, nie rozwiązując go i nie wydając ani pensa z kasy państwowej, co oczywiście jest najistotniejsze, a w przypadku tego rządu jedynie istotne.

Starczy jednak tej satyry politycznej! Spieszmy do Morecambe. Pojechałem tam — serią rozklekotanych pociągów — po części po to, by móc snuć bolesne paralele z Blackpool, ale przede wszystkim dlatego, że lubię Morecambe. Chociaż nie bardzo wiem za co.

Dzisiaj trudno jest uwierzyć, że jeszcze nie tak dawno Morecambe mogło się równać z Blackpool. Przez kilkadziesiąt lat, począwszy od 1880 roku, było to wręcz najważniejsze kąpielisko w północnej Anglii. Pierwsze w Wielkiej Brytanii zainstalowało sobie na deptaku dekoracje świetlne. Tutaj narodziło się bingo, lizaki z literkami i rury do zjeżdżania. Podczas słynnych Wakes Weeks, kiedy to całe miasta fabryczne na północy wyjeżdżały razem na wakacje (Morecambe nazywano Bradford-by-Sea), w tutejszych pensjonatach i hotelach przebywało do stu tysięcy osób naraz. W okresie największej świetności miasto miało dwa dworce kolejowe, osiem teatrów muzycznych, osiem kin, oceanarium, wesołe miasteczko, menażerię, wieżę obrotową, park z łódkami, Summer Pavillion, Winter Gardens, największy basen w Wielkiej Brytanii i dwa mola. Jedno z nich, Central Pier, było najpiękniejsze i najbardziej fantazyjne w kraju, z baśniowymi wieżyczkami i kopułami — orientalny pałac na wodzie w zatoce Morecambe.

Miasto oferowało ponad tysiąc pensjonatów dla mas, ale także wydarzenia kulturalne dla bardziej wymagających. Renomowane zespoły teatralne i operowe spędzały tutaj całe sezony. Elgar dyrygował orkiestrami w Winter Gardens, śpiewała Nellie Melba. Wiele hoteli, na przykład Grand i Broadway, mogło iść w zawody z najsłynniejszymi przybytkami luksusu w Europie, a na początku XX wieku nadziani przyjezdni mogli wybierać spośród kilkunastu typów terapii wodnych, w tym „igiełki, kąpiel solankowa, kąpiel pianowa à la plombière i szkocki tusz".

Wiem o tym wszystkim, bo przeczytałem *Lost Resort: The Flow and Ebb of Morecambe* miejscowego pastora Rogera K. Binghama. Książka jest nie tylko znakomicie napisana (chciałbym przy okazji powiedzieć, jak wielu jest w tym kraju ludzi, którzy dbają o to, aby historia ich regionu nie poszła w zapomnienie), ale także pełna fotografii Morecambe z okresu największej świetności, mającego bardzo niewiele wspólnego z tym, co ukazało się mym oczom, kiedy jako jeden z trzech pasażerów wysiadłem z pociągu i poszedłem podziwiać skąpane w słońcu, ale przygnębiająco zwiędłe wdzięki Marine Road.

Trudno powiedzieć, kiedy i dlaczego rozpoczął się upadek Morecambe. Jeszcze w latach pięćdziesiątych cieszyło się wielką popularnością — w 1956 roku było tutaj tysiąc trzysta hoteli i pensjonatów, dziesięć razy więcej niż obecnie — ale schyłek miał swój początek znacznie wcześniej. Słynne Central Pier zostało poważnie uszkodzone podczas pożaru w latach trzydziestych i później stopniowo popadało w ruinę. W latach dziewięćdziesiątych władze municypalne usunęły je z planu miasta — udawały, że sterczące w morze zgliszcza, które widać z każdego miejsca na promenadzie, po prostu nie istnieją. W 1974 roku zimowy sztorm zmiótł West End Pier, okazały teatr muzyczny Alhambra spłonął w 1970 roku, a dwa lata później zrównano z ziemią Royalty Theatre, aby zrobić miejsce pod centrum handlowe.

Na początku lat siedemdziesiątych nic już nie mogło powstrzymać upadku Morecambe. Największe atrakcje znikały jedna po drugiej — w 1978 roku zabytkowy basen, w 1982 roku Winter Gardens, w 1989 roku majestatyczny Grand Hotel — bo ludzie nie jeździli już do Morecambe, tylko do Blackpool lub na Costa Brava. Według Binghama pod koniec lat osiemdziesiątych można było kupić wielki hotel przy deptaku, na przykład pięciokondygnacyjny Grosvenor, za cenę połówki bliźniaka w Londynie.

Dzisiaj przy zapyziałym nabrzeżu w Morecambe stoją przede wszystkim pustawe salony bingo, sklepy typu „wszystko za funta" i lumpeksy z tak tanimi i marnymi ubraniami, że można bezpiecznie wystawić wieszaki na zewnątrz bez opieki. Morecambe znowu — ironia losu — stało się Bradford-by-Sea. Miasto tak bardzo podupadło, że w zeszłym roku nikt nie stanął do przetargu na wynajem leżaków. Kiedy takie rzeczy dzieją się w nadmorskim letnisku, to wiadomo, że interes nie kręci się najlepiej.

A przecież Morecambe ma swoje uroki. Deptak jest ładny i zadbany, a rozległa zatoka (sto siedemdziesiąt cztery mile kwadratowe, jeśli ktoś robi notatki) bezapelacyjnie należy do najpiękniejszych na świecie, z niezapomnianymi widokami na zielono-niebieskie góry w Krainie Jezior: Scafell, Coniston Old Man, Langdale Pikes.

Ze złotej epoki Morecambe pozostał dzisiaj właściwie tylko hotel Midland z 1933 roku, elegancki, pogodny, promieniujący bielą budynek w stylu art déco z pełną rozmachu opływową fasadą. W tamtym czasie panowała moda na beton, ale tutejsi budowlańcy nie mieli doświadczenia z tym materiałem, więc użyli cegły, którą tak otynkowali, żeby budynek wyglądał na betonowy, co mnie osobiście rozczula. Dzisiaj hotel powoli się sypie, a tu i ówdzie można dostrzec rdzawe zacieki. Większość oryginalnego wyposażenia wnętrz lekkomyślnie usunięto podczas okresowych remontów, zniknęły też duże rzeźby dłuta Erica Gilla, które niegdyś zdobiły foyer i inne pomieszczenia, ale niepowtarzalny urok z lat trzydziestych okazał się niezniszczalny.

Skąd oni biorą klientów?, zastanawiałem się. Żadnych klientów nie widziałem, kiedy poszedłem wypić kawę na pustej przeszklonej werandzie. Taka sytuacja ma swoją niezaprzeczalną zaletę: wszyscy są ci strasznie wdzięczni, że przyszedłeś zostawić u nich trochę pieniędzy. W sumie miałem wyśmienitą obsługę i ładny widok, czyli rzeczy całkowicie nieosiągalne w Blackpool. Kiedy wychodziłem, moje spojrzenie padło na gipsową rzeźbę morskiej syreny autorstwa Gilla, stojącą w pustej stołówce. Wszedłem ją obejrzeć i stwierdziłem, że ogon posągu, zapewne wartego fortunę, jest przymocowany taśmą klejącą. Bardzo symboliczne.

Wynajiąłem pokój w pensjonacie przy deptaku. Powitano mnie tam z wdzięcznością i zaskoczeniem, jakby właściciele zapomnieli, że te wszystkie puste pokoje na górze się wynajmuje. Po południu spacerowałem po mieście z książką Rogera Binghama, oglądałem zabytki, usiłowałem sobie wyobrazić, jak wyglądało Morecambe w czasach swojej świetności i od czasu do czasu zaszczycałem swoją obecnością, w budzącym współczucie stopniu, wdzięczne herbaciarnie.

Dzień był względnie ciepły i po promenadzie spacerowało trochę ludzi, głównie starszych, ale nie zauważyłem, żeby ktoś wydawał pieniądze. Nie mając nic lepszego do roboty, poszedłem na długą wycieczkę prawie do Carnforth, a potem wróciłem po mokrym piasku, bo akurat był odpływ. Najbardziej zaskakujące jest nie to — pomyślałem — że Morecambe podupadło, lecz że kiedykolwiek rozkwitało. Trudno sobie wyobrazić miejsce mniej nadające się na kąpielisko. Plaże składają się z okropnego lepkiego szlamu, amplituda pływów zaś jest tak duża, że w zatoce przez długie okresy w ogóle nie ma wody. Podczas odpływu można przejść przez zatokę do Cumbrii (sześć mil), ale podobno niebezpiecznie jest to robić bez przewodnika. Jeden z tych ludzi opowiadał mi kiedyś historie pełne grozy o dyliżansach, które usiłowały przekroczyć zatokę przy niskiej wodzie, po czym zapadły się w zdradliwych grząskich piaskach i ślad po nich zaginął. Jeszcze dzisiaj się zdarza, że ludzie wychodzą za daleko i przypływ odcina im drogę powrotną. Szczerze mówiąc, wyobrażam sobie przyjemniejsze sposoby na spędzenie popołudnia.

W przystępie chojractwa powędrowałem kilkaset jardów w te piaski, żeby pooglądać kłębowiska dżdżownic i ciekawą, pofałdowaną rzeźbę terenu zostawioną przez cofające się morze. Czujnie wypatrywałem grząskiego piasku, który tak naprawdę nie jest piaskiem, tylko szlamowatym mułem i rzeczywiście potrafi człowieka wessać. Pływy w Morecambe nie są takie szybkie jak w ujściu rzeki Severn, ale woda podkrada się z różnych stron, toteż człowiek zamyślony może nagle stwierdzić, że stoi na sporej, ale kurczącej się z każdą chwilą piaskowej ławicy pośrodku wielkiej, mokrej zatoki. Byłem więc bardzo uważny i nie wypuszczałem się za daleko.

To było genialne, a już na pewno lepsze od wszystkiego, co miało do zaoferowania Blackpool. Niesamowite uczucie — iść po dnie morza ze świadomością, że za chwilę to wszystko znajdzie się trzydzieści stóp pod wodą. A do tego samotność. Jeśli ktoś pochodzi z dużego kraju, w Anglii bardzo trudno mu przywyknąć do tego, że poza domem rzadko jest sam. W tym kraju ciężko byłoby znaleźć miejsce, gdzie człowiek mógłby — powiedzmy — zrobić siku bez obawy, że pojawi się w lornetce jakiegoś ornitologa amatora albo ściągnie na siebie zgorszone spojrzenie wychodzącej zza zakrętu matrony. Cóż to był zatem za luksus, stać sobie samotnie pośród piasku!

Z odległości kilkuset jardów zatopione w promieniach późnopopołudniowego słońca Morecambe wyglądało przepięknie. Nie prezentowało się najgorzej, nawet kiedy po omszałych betonowych schodach dopełzłem na promenadę w miejscu oddalonym od pustych salonów bingo i sklepów z duperelami. Pensjonaty przy wschodnim odcinku Marine Road emanowały schludnością, porządkiem i rozczulającą nadzieją. Żal mi było właścicieli, którzy zainwestowali w te domy swoje życiowe oczekiwania, a teraz znaleźli się w umierającym wczasowisku. Schyłek, który miał swój początek w latach pięćdziesiątych i dwie dekady później stał się nie do zatrzymania, musiał się wydawać zagadkowy i niewytłumaczalny tym biednym ludziom, którzy patrzyli, jak oddalone zaledwie o dwadzieścia mil na południe Blackpool rośnie w siłę.

Nierozsądnie, lecz zrozumiale Morecambe usiłowało konkurować z Blackpool. Zbudowano drogie delfinarium i nowy odkryty basen, a parę lat temu były jakieś poronione plany stworzenia tematycznego parku rozrywki Mister Blobby'ego. A przecież cały urok Morecambe zasadza się na tym, że nie jest to Blackpool. Właśnie to mi się najbardziej podobało — że Morecambe jest ciche, przyjazne i dobrze wychowane, że w pubach i kawiarniach nie ma tłoku, że bandy rozkrzyczanych wyrostków nie strącają człowieka z krawężnika i że nie trzeba uprawiać łyżwiarstwa figurowego na styropianowych tackach i kałużach rzygowin.

Ach, jak byłoby pięknie, gdyby pewnego dnia ludzie na powrót odkryli uroki spokojnego urlopu nad morzem, z takimi prostymi przyjemnościami jak spacer po zadbanym deptaku, opieranie się o poręcze i podziwianie widoków, siedzenie w kawiarni z dobrą książką czy wałęsanie się po miasteczku. Wtedy Morecambe może by odżyło. I czy nie byłoby sympatycznie, gdyby rząd podjął kroki w kierunku rewitalizacji takich miejscowości jak Morecambe? Na przykład odbudował molo według pierwotnego projektu, przyznał dotację na nowe Winter Gardens, może przeniósł tutaj oddział urzędu skarbowego czy jakiejś innej instytucji państwowej, żeby poza sezonem życie nie do końca zamierało.

Jestem pewien, że wystarczyłoby trochę inicjatywy i przemyślany perspektywiczny plan, żeby przyciągnąć ludzi, którzy chcieliby otwierać księgarnie, restauracyjki, sklepy ze starociami, galerie sztuki, a może nawet bary tapas i ekskluzywne hotele. A czemu by nie?

Morecambe stałoby się północnoangielskim odpowiednikiem Sausalito czy St. Ives. Uśmiechacie się ironicznie, ale czy jest jakaś inna przyszłość dla takiej miejscowości jak Morecambe? Ludzie przyjeżdżaliby w weekendy, żeby dobrze zjeść w nowych restauracjach przy nabrzeżu z widokiem na zatokę, a potem pójść na spektakl teatralny albo koncert w Winter Gardens. Japiszony z zamiłowaniem do górskich wędrówek mogłyby tutaj nocować i tym samym odciążyłyby Krainę Jezior. Byłoby to bardzo rozsądne rozwiązanie, ale oczywiście nigdy do tego nie dojdzie, między innymi dlatego (pozwolę sobie powiedzieć), że uśmiechacie się ironicznie.

ROZDZIAŁ 23

Mam nieduży, postrzępiony wycinek z gazety, który czasem noszę przy sobie i wyjmuję w celach rozrywkowych. Jest to prognoza pogody z „Western Daily Mail", którą przytaczam *in extenso*: „Przewidywania: sucho i ciepło, ale chłodniej i popada".

To jedno lapidarne zdanie idealnie streszcza angielski klimat: sucho, ale deszczowo z chwilowymi ociepleniami/ochłodzeniami. „Western Daily Mail" mógłby zamieszczać taką prognozę codziennie — zresztą niewykluczone, że zamieszcza — i rzadko by się mylił.

Na obcokrajowcu angielski klimat największe wrażenie robi tym, że ma tak niewiele do zaoferowania. Wszystkie te zjawiska, które w innych krajach nadają naturze interesujący, nieprzewidywalny i niebezpieczny charakter — tornada, monsuny, rozszalałe śnieżyce, groźne dla życia i mienia burze gradowe — na Wyspach Brytyjskich są w gruncie rzeczy nieznane, co mi odpowiada. Podoba mi się, że mogę chodzić przez cały rok tak samo ubrany. Umiem docenić fakt, że nie potrzebuję klimatyzacji ani siatek w oknach zatrzymujących owady i inne latające stwory, które spijają człowiekowi krew i zjadają twarz, kiedy śpi. Lubię świadomość, że bylebym nie wchodził w pantoflach na Ben Nevis zimową porą, z prawdopodobieństwem graniczącym z pewnością nie padnę ofiarą żywiołów w tym łagodnym, pełnym umiaru kraju.

Wspominam o tym dlatego, że dwa dni po wyjeździe z Morecambe siedziałem w hotelu Old England w Bowness-on-Windermere i czytałem przy śniadaniu artykuł w „Timesie" na temat niespodziewanej o tej porze roku śnieżycy — „zamieci", która „sparaliżowała" niektóre obszary wschodniej Anglii. Jak donosił „Times", napadały „ponad dwa cale śniegu" i potworzyły się „zaspy do sześciu cali wysokości". Zareagowałem w sposób bezprecedensowy: wyjąłem notes i napisałem list do redakcji, w którym wyjaśniłem, życzliwie i w najlepszych intencjach, że dwa cale śniegu to nie jest zamieć, a sześć cali śniegu to nie jest zaspa. Zamieć — tłumaczyłem cierpliwie — jest wtedy, kiedy nie można otworzyć drzwi wejściowych, w zaspie samochód przepada aż do wiosny, a o zimnej pogodzie można mówić w sytuacji, kiedy człowiek zostawia części ciała na klamkach, skrzynkach pocztowych i innych metalowych przedmiotach. Potem zmiąłem list, ponieważ uzmysłowiłem sobie, że grozi mi przeistoczenie się w starego reakcjonistę z domieszką pierdoły. Zresztą tego typu egzemplarze otaczały mnie w stołówce, wraz ze swoimi szowinistycznymi małżonkami, jedząc płatki kukurydziane bądź owsiankę. Bez nich takie hotele jak Old England by nie przetrwały.

Trafiłem do Bowness, bo musiałem jakoś spędzić dwa dni dzielące mnie od spotkania z dwójką londyńskich znajomych, z którymi miałem pochodzić w weekend po Krainie Jezior. Bardzo się na to cieszyłem, ale nie mogę tego samego powiedzieć na temat czekającego mnie kolejnego długiego dnia w Bowness. Co ja ze sobą zrobię do kolacji? Wiedziałem z doświadczenia, że po obejrzeniu pewnej stosunkowo niewielkiej liczby witryn sklepowych ze ścierkami do naczyń, wzorzystymi swetrami i zastawą stołową z królikiem Piotrusiem tracę zainteresowanie galeriami handlowymi, nie miałem zatem pewności, czy przeżyję kolejny dzień szwendania się po tym wyjątkowo męczącym wczasowisku.

Przyjechałem do Bowness tylko dlatego, że znajduje się tam jedyny dworzec kolejowy na terenie Lake District National Park. Poza tym z perspektywy zatoki Morecambe wydawało mi się kuszące, żeby spędzić parę spokojnych dni w scenerii majestatycznego piękna jeziora Windermere i w dystyngowanym luksusie urocziwego (aczkolwiek drogiego) starego hotelu. Ale teraz, z jednym dniem zaliczonym i drugim jeszcze przede mną, czułem się rozedrgany i zniecierpliwiony jak człowiek, który zbliża się do końca długiego okresu rekonwalescencji. Przynajmniej, dodawałem sobie otuchy, niespodziewane o tej porze roku dwa cale śniegu, które brutalnie sponiewierały wschodnią Anglię, powodując chaos na drogach i zmuszając ludzi do przebijania się przez zaspy (niekiedy sięgające im aż do kostek), litościwie ominęło ten zakątek kraju. Tutaj żywioły były przyjaźnie usposobione i za oknem jadalni świat jaśniał niezbyt intensywnie w bladych promieniach zimowego słońca.

Postanowiłem popłynąć parostatkiem do Ambleside. W ten sposób nie tylko zabiłbym trochę czasu i zobaczył jezioro, ale także trafił do miejscowości bardziej przypominającej miasto i mniej kojarzącej się z morskim kąpieliskiem, które przez pomyłkę zbudowano na śródlądziu. Jak policzyłem poprzedniego dnia, w Bowness jest aż osiemnaście sklepów ze swetrami i co najmniej dwanaście handlujących porcelaną z królikiem Piotrusiem, ale tylko jedna masarnia. Z kolei Ambleside, aczkolwiek doskonale opanowało różnorodne możliwości wyciągania pieniędzy z kieszeni hord turystów, oferuje znakomitą księgarnię i mnóstwo sklepów ze sprzętem turystycznym, które z niezrozumiałych dla mnie samego powodów uwielbiam. Mogę godzinami oglądać plecaki, getry, kompasy i menażki, a potem iść do innego sklepu i wpatrywać się w dokładnie takie same rzeczy. Po śniadaniu szparkim krokiem udałem się zatem na przystań. Niestety, okazało się, że parostatki kursują tylko w miesiącach letnich, co w ten pogodny poranek wydało mi się krótkowzroczne, ponieważ nawet o tej porze roku w Bowness było rojno od wycieczkowiczów. Przeciskając się przez grupy turystów, poszedłem zatem na prom, który pływa między Bowness a starą przystanią na drugim brzegu. Pokonuje tylko kilkaset jardów, ale przynajmniej jest czynny przez cały rok.

Niedługa kolejka samochodów i ośmiu do dziesięciu piechurów w markowych kurtkach turystycznych, pionierkach i z plecakami czekało cierpliwie na przypłynięcie promu. Jeden mężczyzna był w szortach — co u brytyjskiego piechura zawsze jest objawem zaawansowanej demencji. Zamiłowanie do chodzenia — w brytyjskim rozumieniu tego pojęcia — odkryłem w sobie stosunkowo niedawno. Nie dotarłem jeszcze do fazy chodzenia w szortach z wieloma kieszeniami, ale zacząłem wkładać spodnie do skarpetek (chociaż nie znalazłem jeszcze osoby, która umiałaby mi wyjaśnić, jakie z tego płyną praktyczne korzyści, poza tym że człowiek wygląda jak rasowy turysta pieszy).

Niedługo po przyjeździe do Wielkiej Brytanii wszedłem do księgarni i z zaskoczeniem zobaczyłem, że jest tam cały dział zatytułowany „Jak chodzić". Wydało mi się to trochę dziwne i komiczne (tam, skąd pochodzę, ludzie z reguły nie muszą dowiadywać się z książek, jak mają poruszać nogami), ale potem zrozumiałem, że w Wielkiej Brytanii są dwa rodzaje chodzenia, a mianowicie chodzenie zwykłe, które pozwala przedostać się do pubu i w sprzyjających okolicznościach wrócić później do domu, oraz chodzenie specjalistyczne, do którego potrzebne są pionierki, mapy topograficzne w foliowych koszulkach, plecaki z kanapkami i herbatą w termosie i w stadium nieuleczalnym noszenie szortów w kolorze khaki przy każdej pogodzie.

Przez lata obserwowałem, jak ci wytrawni piechurzy wspinają się w deszczu i wichurze na schowane w chmurach górskie szczyty, i byłem przekonany, że są to kliniczni obłąkańcy. A potem mój stary znajomy John Price, który wychowywał się w Liverpoolu i przez całą młodość narażał życie na pionowych skałach w Krainie Jezior, zapytał mnie, czy nie poszedłbym z nim i dwójką jego przyjaciół na spacer — tego określenia użył — na Haystack. Sądzę, że zestawienie dwóch niewinnie brzmiących słów — „spacer" i „Haystacks" — powiązane z obietnicą, że się później upijemy, uśpiło moją wrodzoną czujność.

— Jesteś pewien, że wydolę? — spytałem.

— Ależ oczywiście, to zwykły spacerek — powtórzył John.

Oczywiście nie miało to nic wspólnego ze spacerkiem. Godzinami wdrapywaliśmy się na długie pionowe zbocza, po kamieniach i grudach ziemi, okrążaliśmy strzeliste kamienne cytadele i w końcu wstąpiliśmy do lodowatej i ponurej podniebnej krainy zmarłych, która była tak odstręczająca i niedostępna, że nawet owce zdziwiły się na nasz widok. Dalej wznosiły się jeszcze wyższe i jeszcze bardziej osamotnione szczyty, całkiem niewidoczne z czarnej wstęgi szosy tysiące stóp poniżej. John i jego koledzy w najokrutniejszy sposób igrali z moim pragnieniem przeżycia. Widząc, że odstaję, rozsiadali się na kamieniach, palili, gadali i odpoczywali, ale jak tylko ich dogoniłem z zamiarem padnięcia na ziemię, zrywali się zregenerowani i po kilku mobilizujących słowach rzuconych w moją stronę znowu maszerowali wielkimi żołnierskimi krokami, musiałem zatem powlec się za nimi i nie zaznałem ani chwili wytchnienia. Dyszałem, parskałem, jęczałem z bólu i uświadomiłem sobie, że nigdy wcześniej nie zrobiłem niczego choćby w przybliżeniu tak sprzecznego z naturą. Poprzysiągłem sobie, że więcej nie dam się wciągnąć w takie szaleństwo.

Kiedy miałem się już położyć i wezwać ratowników z noszami, pokonaliśmy ostatnie wzniesienie i nagle, jak za dotknięciem czarodziejskiej różdżki, stanęliśmy na wierzchołku świata, na tarasie w niebie pośród wzburzonego oceanu górskich szczytów. „Ja cię pieprzę!", powiedziałem w przypływie wyjątkowej elokwencji. I byłem uzależniony. Od tej pory zawsze z nimi chodziłem, jeśli tylko mogłem, nigdy się nie skarżyłem i zacząłem nawet wkładać spodnie do getrów. Nie mogłem się już doczekać następnego dnia.

Przypłynął prom i razem z innymi wsiadłem na pokład. Windermere trwało spokojne i przepiękne w łagodnym słońcu. Żadna łódź nie zakłócała szklanego bezruchu jeziora. A przecież powiedzieć, że wodniacy lubią Windermere to nic nie powiedzieć. Zarejestrowanych jest tutaj czternaście tysięcy — powtórzę tę liczbę: czternaście tysięcy — motorówek. W niektóre letnie dni po tafli jeziora pływa do tysiąca sześciuset motorówek naraz, z czego niektóre pędzą czterdzieści mil na godzinę, ciągnąc za sobą narciarzy wodnych. Do tego należy doliczyć tysiące innych obiektów pływających, których nie trzeba rejestrować — pontony, żaglówki, deski z żaglami, kajaki, rozmaite dmuchane pływadełka i materace, parostatki wycieczkowe i stary sapiący prom, na którym się teraz znajdowałem. Efekt jest taki, że każdy szuka kawałka wody wielkości swojej jednostki. Kiedy ktoś stanie w sierpniową niedzielę na brzegu jeziora i zobaczy narciarzy wodnych przecinających ławice pontonów i innego pływającego śmiecia, to musi prędzej czy później rozdziawić usta i złapać się za głowę.

Parę lat wcześniej spędziłem w Krainie Jezior trochę czasu, przygotowując artykuł do „National Geographic". Zaproponowano mi przejażdżkę motorówką parku narodowego. Wątpliwa przyjemność. Żeby mi pokazać, jakie to niebezpieczne pływać wyposażoną w potężny silnik motorówką po tak zatłoczonym jeziorze, strażnik parkowy wywiózł nas powoli na środek jeziora, kazał mi się mocno trzymać — uśmiechnąłem się na to: panie, ja walę dziewięćdziesiąt na autostradach — i otworzył przepustnicę. Powiem krótko: czterdzieści mil na godzinę łodzią to zupełnie co innego niż czterdzieści mil na godzinę samochodem. Przyspieszenie wcisnęło mnie w fotel. Kurczowo uchwyciłem za podłokietniki i podskakiwaliśmy po powierzchni wody jak płaski kamień wystrzelony z pistoletu. Niewiele razy w życiu byłem taki skamieniały z przerażenia. Nawet w ten spokojny poranek poza sezonem na jeziorze roiło się od przeszkód. Mknęliśmy między wysepkami i ocieraliśmy się o cyple, które nagle wyskakiwały nam przed nosem niby upiory w zamku strachów. Wyobraźcie sobie, że po tym samym akwenie śmiga tysiąc sześćset motorówek, w większości sterowanych przez jakichś spasionych kretynów z miasta, którzy nie mają w tym prawie żadnego doświadczenia, a do tego dochodzi jeszcze rój łodzi wiosłowych, kajaków, rowerów wodnych *e tutti quanti*. To prawdziwy cud, że na wodzie nie unoszą się setki zwłok.

Ta przygoda nauczyła mnie dwóch rzeczy: po pierwsze, że przy prędkości czterdziestu mil na godzinę wymiociny rozpylają się w powietrzu, a po drugie Windermere należy do kategorii niewielkich jezior. I tutaj docieramy do sedna sprawy. Przy całej swojej geograficznej różnorodności i ponadczasowych wspaniałościach Wielka Brytania jest krajem rzeczy małych. Pod względem skali ani jeden naturalny element krajobrazu nie lokuje się w czołówce listy światowej. Nie ma wysokich gór, nie ma głębokich dolin, nie ma ani jednej długiej rzeki. Można uważać Tamizę za istotną arterię wodną, ale według kryteriów globalnych jest to taki trochę ambitniejszy potok. Gdyby ją przenieść do Ameryki Północnej, to nie załapałaby się do pierwszej setki. Jeśli chodzi o ścisłość, zajęłaby sto ósme miejsce, zdeklasowana przez takich szerzej nieznanych zawodników jak Skunk, Kuskokwim, a nawet mała Milk. Windermere lokuje się na czele angielskich jezior, ale na każde osiemdziesiąt centymetrów kwadratowych jego powierzchni przypada prawie dwieście hektarów wody w Jeziorze Górnym. W Iowa jest zbiornik wodny o nazwie Dan Green Slough, o którym nie słyszała nawet spora część mieszkańców tego stanu, ale jest większy od Windermere. Cały Lake District zajmuje mniej miejsca niż aglomeracja Minneapolis-St. Paul.

Bardzo mi się to podoba — nie że wszystko jest małe, ale że jest takie zachwycające, mimo że małe i położone na gęsto zaludnionej wyspie. Co za sukces! Macie jakieś konkretniejsze wyobrażenie, nie tylko czysto statystyczne, jak potwornie zatłoczona jest Wielka Brytania? Wiedzieliście na przykład, że aby osiągnąć taką gęstość zaludnienia w Ameryce, trzeba by przesiedlić całą ludność Illinois, Pensylwanii, Massachusetts, Minnesoty, Michigan, Kolorado i Teksasu do Iowa? Dwadzieścia milionów ludzi mieszka w takiej odległości od Lake District, że mogą tam jeździć na jednodniowe wycieczki, a dwanaście milionów (z grubsza jedna czwarta populacji) przybywa co roku nad jeziora. Nic dziwnego, że w niektóre letnie weekendy przejazd przez Ambleside trwa nawet dwie godziny, a na drugą stronę Windermere skoczny człowiek mógłby przebiec po łódkach.

Ale nawet w szczycie sezonu Kraina Jezior jest bardziej urzekająca i mniej drapieżnie skomercjalizowana od wielu słynnych pięknych miejsc w rozleglejszych krajach. Z dala od tłumów — z dala od Bowness, Hawkshead i Keswick, z ich ścierkami do naczyń, herbaciarniami, czajniczkami i całym tym szajsem związanym z Beatrix Potter — zachowały się enklawy czystej doskonałości, o czym mogłem się przekonać, kiedy prom dobił do brzegu i wszyscy wysiedliśmy. Przez chwilę na przystani było jak w ulu, kiedy jedna grupa samochodów zjechała na ląd, druga wjechała na pokład, a tych ośmiu do dziesięciu piechurów rozeszło się na wszystkie strony. Potem zapadła błoga cisza. Poszedłem śliczną drogą przez las wzdłuż jeziora, po czym skręciłem w głąb lądu ku Near Sawrey.

W Near Sawrey znajduje się Hilltop, wiejski dom, w którym wszędobylska Potter malowała swoje słodkie akwarele i wymyślała ckliwe historyjki. Przez większość roku trudno się do niego dopchać przez tłum turystów z całego świata. Wioska składa się głównie z dużych (ale dyskretnie zlokalizowanych) parkingów, a herbaciarnia oferuje swoje menu także po japońsku (przebóg!). Ale okolice wioski ze wszystkich stron są zachwycające i nieskażone: idylla zielonych łąk urozmaiconych krętymi murkami z łupku, leśnych zagajników i białych farm na tle romantycznych wzgórz. Nawet samo Near Sawrey ma nęcący, starannie pielęgnowany urok, którego nie potrafią zniszczyć hordy turystów przybyłych po to, żeby przemaszerować przez najbardziej znane tutejsze domostwo. Hilltop cieszy się tak niepokojącym wzięciem, że fundacja National Trust przestała je reklamować. Mimo to turyści wciąż tłumnie walą. Kiedy ja tam dotarłem, z dwóch autokarów wysypywali się siwowłosi pasażerowie, a główny parking był już prawie pełny.

Zwiedziłem Hilltop rok wcześniej, więc minąłem dom i skręciłem w mało znaną ścieżkę prowadzącą do górskiego stawu. Pani Potter regularnie tutaj przychodziła, żeby popływać łodzią wiosłową — nie wiem, czy traktowała to jako ćwiczenie dla zdrowia czy jako formę umartwiania się, ale zakątek był przecudny i najwyraźniej całkiem zapomniany. Miałem wrażenie, że jestem tutaj pierwszym gościem od wielu lat. Kawałek dalej rolnik naprawiał zawalony odcinek murka. Obserwowałem go przez dłuższą chwilę z dyskretnego oddalenia, bo jeśli jest jakieś bardziej kojące nerwy zajęcie niż naprawianie muru bezzaprawowego, to tylko patrzenie, jak ktoś inny to robi. Niedługo po naszej przeprowadzce do Yorkshire Dales poszedłem kiedyś na spacer i spotkałem znajomego rolnika, który naprawiał mur na odległym wzgórzu. Był właścicielem pól po obu stronach, a furtka pośrodku zawsze stała otworem, mur nie pełnił zatem żadnej funkcji praktycznej. Przyglądałem mu się trochę, a potem spytałem, dlaczego odbudowuje murek w deszczu i zimnie.

Obdarzył mnie tym charakterystycznym, pełnym cierpienia spojrzeniem, które rolnicy z Yorkshire rezerwują dla gapiów i innych matołów, po czym odpowiedział: „Bo się zawalił". Dowiedziałem się dzięki temu dwóch rzeczy. Po pierwsze, rolnikowi z Yorkshire nie należy zadawać pytań, na które nie da się odpowiedzieć „duże piwo". Po drugie, brytyjski krajobraz jest tak niewypowiedzianie cudny i ponadczasowy przede wszystkim dlatego, że większość rolników z jakichś powodów starannie pielęgnuje jego urodę.

Ma to bardzo niewiele wspólnego z pieniędzmi. Wiedzieliście, że w przeliczeniu na głowę państwo brytyjskie wydaje na parki narodowe mniej, niż wy wydajecie na codzienną gazetę, i że na operę Covent Garden przeznacza więcej pieniędzy niż na wszystkie dziesięć parków narodowych razem wziętych? Roczny budżet Parku Narodowego Lake District, opiekującego się obszarem powszechnie uważanym za najpiękniejszy i najbardziej ekologicznie wrażliwy w całej Anglii, wynosi 2,4 miliona funtów, czyli mniej więcej tyle, ile kosztuje utrzymanie jednej dużej szkoły średniej. Za tę sumę władze parku muszą prowadzić dziesięć ośrodków informacji turystycznej, płacić pensje stu dwudziestu siedmiu etatowym pracownikom i czterdziestu dodatkowym osobom zatrudnianym latem, naprawiać i wymieniać sprzęt i tabor, finansować inwestycje upiększające krajobraz, realizować programy edukacyjne i pełnić rolę lokalnego wydziału planowania przestrzennego. To, że Kraina Jezior jest taka piękna, zadbana i nieskalana, wystawia doskonałe świadectwo ludziom, którzy tam pracują, którzy tam mieszkają i którzy tam przyjeżdżają. Przeczytałem niedawno, że ponad połowa ankietowanych Brytyjczyków nie umiała odpowiedzieć na pytanie, z czego mogłaby być dumna w swoim kraju. Niech będzie dumna z powyższego!

Przez kilka godzin łaziłem szczęśliwy i zadowolony pośród majestatycznej i cieszącej oko scenerii między Windermere i Coniston Water. Chętnie zostałbym dłużej, ale zaczęło padać — jednostajny, denerwujący deszcz, którego jak ten kretyn nie uwzględniłem w rachubach, kiedy dobierałem odzienie wierzchnie — a poza tym zgłodniałem, więc poszedłem na prom i popłynąłem z powrotem do Bowness.

Mniej więcej po godzinie, z kosmicznie drogą kanapką z tuńczykiem w żołądku, znowu siedziałem w hotelu Old England i przez duże okno spoglądałem na jezioro, tak znudzony i apatyczny, jak człowiek może się czuć tylko w deszczowe popołudnie w pełnym przepychu otoczeniu. Żeby jakoś przebiedować pół godziny, poszedłem do salonu sprawdzić, czy uda mi się skołować dzbanek z kawą. Starzejący się pułkownicy z małżonkami siedzieli pośród niestarannie złożonych egzemplarzy „Daily Telegraph". Wszyscy emerytowani wojskowi byli niewysokimi, krępymi mężczyznami w tweedowych marynarkach, z wypomadowanymi szpakowatymi włosami, szorstkim obejściem, które skrywało jednak serce z kamienia, i zawadiackim krokiem (o czym mogłem się, rzecz jasna, przekonać, dopiero kiedy wstali). Ich żony, obficie uróżowane i upudrowane, wyglądały tak, jakby właśnie wróciły z mierzenia trumny. Eufemistycznie mówiąc, nie czułem się w swoim żywiole, byłem więc mocno zaskoczony, kiedy siwowłosa pani — która chyba szminkowała usta podczas trzęsienia ziemi — zagadnęła mnie przyjaźnie. W takich sytuacjach zawsze potrzebuję paru sekund, aby sobie przypomnieć, że jestem w miarę cywilizowanie wyglądającym mężczyzną w średnim wieku, nie zaś nieokrzesanym młodym parobkiem, który przed chwilą zszedł z pola kukurydzy w Iowa.

Jak nakazuje zwyczaj, zaczęliśmy od krótkiej wymiany uwag na temat paskudnej pogody, ale kiedy starsza pani odkryła, że jestem Amerykaninem, wdała się w szczegółową opowieść o podróży do znajomych w Kalifornii, którą niedawno odbyła z Arthurem (jak wywnioskowałem z jej zachowania, Arthur to był ten głupkowato uśmiechnięty ciołek, który siedział obok niej). Jej wywód stopniowo przerodził się w zgraną tyradę o tym, jacy Amerykanie są okropni. Nie umiem zrozumieć, co ludzie sobie myślą, kiedy mnie tak obrażają. Sądzą, że docenię ich szczerość? Chcą mnie sprowokować? A może zapomnieli, że jestem przedstawicielem tego narodu? Z podobną niewrażliwością często mam do czynienia wtedy, kiedy jest mowa o imigrantach.

— Amerykanie są tacy nachalni, nie uważa pan? — prychnęła staruszka i wypiła łyk herbaty. — Wystarczy porozmawiać pięć minut z obcym człowiekiem, żeby zaczął się uważać za twojego przyjaciela. W Encino jakiś pan — emerytowany pocztarz czy coś w tym guście — spytał mnie o adres i obiecał, że „wpadnie" do mnie, kiedy następnym razem będzie w Anglii. Wyobraża pan sobie? Nigdy wcześniej nie widziałam go na oczy! — Wypiła kolejny łyk herbaty i zamyśliła się. — Miał niezwykłą sprzączkę u paska. Całą srebrną i wysadzaną koralikami.

— Mnie najbardziej dobija jedzenie — wtrącił jej mąż i trochę się wyprostował, żeby rozpocząć monolog, ale szybko stało się widoczne, że należy do tych mężczyzn, którzy w towarzystwie małżonki nigdy nie wychodzą poza pierwsze zdanie swojej historii.

— O tak, jedzenie! — zawołała, zapalając się do tematu. — Amerykanie mają przedziwny stosunek do jedzenia.

— Bo lubią, żeby było smaczne? — dociekałem z dyskretnym uśmiechem.

— Nie, mój drogi, chodzi o porcje. Porcje w Ameryce są po prostu nieprzyzwoite!

— Zamówiłem kiedyś stek... — zaczął mąż, rechocząc z cicha.

— A co oni wyprawiają z językiem! Zwyczajnie nie znają Queen's English.

Zaraz, zaraz. Gadajcie sobie, co chcecie, o amerykańskich porcjach jedzenia i sympatycznych facetach z kolorowymi sprzączkami do paska, ale uważajcie na to, co mówicie o amerykańskim angielskim.

— Dlaczego mieliby mówić Queen's English? — spytałem dosyć oziębłym tonem. — Przecież ona nie jest ich królową.

— Ale jakich słów używają. I ten akcent. Które to słowo ci się tak bardzo nie podoba, Arthur?

— „Normalcy". Spotkałem kiedyś gościa...

— Kiedy „normalcy" to nie jest amerykanizm — zaprotestowałem. — Ukuto je w Wielkiej Brytanii.

— O nie, nie sądzę, mój drogi — odparła starsza pani z przekonaniem typowym dla ignorantów i uśmiechnęła się do mnie protekcjonalnie. — Jestem pewna, że nie.

— W 1687 roku — łgałem w żywe oczy. To znaczy niezupełnie: słowo „normalcy" rzeczywiście powstało w Anglii. Nie mogłem sobie tylko przypomnieć szczegółów. A potem miałem przebłysk natchnienia: — Daniel Defoe w *Moll Flanders*.

Amerykanin mieszkający w Wielkiej Brytanii szybko oswaja się z rozpowszechnionym poglądem, że Ameryka zabije język angielski. Prognozę tę słyszę zaskakująco często, z reguły na przyjęciach, z reguły od ludzi, którzy za dużo wypili, ale niekiedy od zniedołężniałych umysłowo i za grubo upudrowanych starych ropuch takich jak ta. W końcu człowiek zaczyna tracić cierpliwość, więc powiedziałem jej — powiedziałem im obojgu, albowiem małżonek sprawiał takie wrażenie, jakby zamierzał wyrzucić z siebie kolejny strzęp myśli — że może im to nie pasować, ale brytyjska mowa niezmiernie się wzbogaciła dzięki słowom stworzonym w Ameryce, słowom, bez których nie potrafiliby funkcjonować, a jednym z tych słów jest *moron* — matoł. Błysnąłem do nich zębami, dopiłem kawę i pożegnałem się nieco wyniośle. Potem poszedłem napisać kolejny list do redakcji „Timesa".

Następnego dnia o jedenastej, kiedy John Price i przemiły David Partridge zajechali pod hotel samochodem tego pierwszego, czekałem już na nich przy wejściu. Zabroniłem im postoju na kawę w Bowness, argumentując, że już tu dłużej nie wytrzymam, i kazałem im jechać do hotelu koło Bassenthwaite, gdzie Price zarezerwował dla nas pokoje. Zostawiliśmy tam rzeczy, wypiliśmy po kawie, w kuchni hotelowej zaopatrzyliśmy się w trzy porcje prowiantu, wrzuciliśmy na siebie szpanerskie stroje wytrawnych piechurów i pojechaliśmy do doliny Great Langdale. Od razu zrobiło mi się raźniej na duszy.

Mimo niezachęcającej pogody i późnej pory roku na parkingach i poboczach dróg w dolinie było pełno aut. Ludzie wyjmowali sprzęt z bagażników albo siedzieli w otwartych drzwiach aut i zakładali skarpety i pionierki. Zrobiliśmy to samo, dołączyliśmy do niezbyt zdyscyplinowanej armii turystów pieszych z plecakami tudzież getrami do kolan i wyruszyliśmy w stronę długiej, porośniętej trawą, obłej góry Band. Naszym celem był legendarny Bow Fell, ze swoimi 892 metrami n.p.m. szósty co do wysokości szczyt w Krainie Jezior. Ludzie, którzy szli przed nami, jawili się jako porozrzucane plamy koloru powoli sunące ku niemożliwie odległemu, zatopionemu w chmurach wierzchołkowi. Jak zawsze byłem zaskoczony, że tak wiele osób doszło do wniosku, iż mozolna wspinaczka na wysoką górę w deszczową sobotę pod koniec października to jest dobra zabawa.

Po trawiastych zboczach brnęliśmy przez coraz bardziej surowy teren, po kamieniach i piarżyskach, by wreszcie znaleźć się pośród potarganych strzępów chmur, które wisiały nad położonym może tysiąc stóp niżej dnem doliny. Widoki były rewelacyjne — poszarpane szczyty Langdale Pikes stłoczone na tle długiej i satysfakcjonująco odległej doliny, na zboczach maleńkie pola otoczone kamiennymi murkami, a na zachodzie wzburzone morze brązowych grzbietów górskich znikających we mgle i chmurach.

Maszerowaliśmy dalej, mimo że pogoda dramatycznie się pogorszyła.

W powietrzu fruwały wirujące cząstki lodu, które cięły nas w skórę twarzy jak tępa maszynka do golenia. W okolicy Three Tarns zrobiło się naprawdę groźnie. Do marznącego deszczu dołączyła gęsta mgła, a gwałtowne podmuchy wiatru sprawiały, że poruszaliśmy się żółwim tempem. Mgła ograniczała widoczność do kilku kroków. Parę razy na krótko zgubiliśmy drogę, co mnie poważnie zaniepokoiło, bo nie miałem szczególnej ochoty tam umrzeć — poza wszystkim innym zostało mi cztery tysiące siedemset niewykorzystanych punktów premiowych na mojej karcie kredytowej. Z półmroku przed nami wyłoniło się coś, co deprymująco przypominało pomarańczowego bałwana. Dokładniejsza analiza wykazała, że jest to zaawansowany technicznie strój piechura. Gdzieś w środku znajdował się człowiek.

— Chłodnawo — rzucił ten tobołek nieco eufemistycznie.

John i David spytali go, czy idzie z daleka.

— Tylko od Blea Tarn.

Ładne mi tylko! Dziesięć mil ciężką trasą.

— Bardzo nieciekawie? — spytał John szyfrem, w którym nauczyłem się rozpoznawać skrótowy język angielskich piechurów.

— Miejscami na czworakach — odparł mężczyzna. Pokiwali głowami: wszystko jasne. — Tutaj niedługo też tak będzie. — Znowu pokiwali głowami. — Lepiej będę leciał — stwierdził tonem typu „nie mam czasu na długie pogaduszki" i zanurzył się w białej zupie.

Odprowadziłem go wzrokiem, a potem odwróciłem się, by zasugerować, że należałoby się zastanowić nad zejściem do doliny, gdzie czeka na nas ciepły kąt, gorące jedzenie i zimne piwo. Price i Partridge znikali już we mgle dziesięć kroków z przodu.

— Ej, zaczekajcie na mnie! — wychrypiałem i poczłapałem za nimi.

Dotarliśmy na szczyt bez dalszych przygód. Naliczyłem trzydzieści trzy osoby, które na pobielonych przez mgłę kamieniach cisnęły się z kanapkami, termosami i wściekle furkoczącymi mapami. Próbowałem wymyślić, jak mógłbym to wytłumaczyć obserwatorowi zza granicy — trzy tuziny Anglików urządzają sobie piknik na szczycie góry podczas gradobicia — i doszedłem do wniosku, że nie da się tego wytłumaczyć. Podeszliśmy do dużego kamienia, na którym siedziała już dwójka ludzi, ale uprzejmie przestawili plecaki i zmniejszyli swój stół piknikowy, żeby zrobić dla nas miejsce. Usiedliśmy, smagani wyjącym wiatrem otworzyliśmy papierowe torby, zgrabiałymi palcami obieraliśmy jajka na twardo, popijaliśmy ciepłe napoje z termosów, jedliśmy sflaczałe sandwicze z serem i piklami, wpatrywaliśmy się w nieprzeniknione ciemności, przez które wcześniej brnęliśmy trzy godziny, i pomyślałem sobie najzupełniej poważnie: Boże, jak ja kocham ten kraj!

ROZDZIAŁ 24

Po drodze do Newcastle przez York znowu zrobiłem coś spontanicznego: wysiadłem w Durham, żeby się chwilę pokręcić koło katedry — i natychmiast zakochałem się w tym mieście. Jest przepiękne — idealne małe miasto — i bez przerwy zadawałem sobie pytanie, dlaczego nikt mi wcześniej o nim nie powiedział. Naturalnie wiedziałem, że jest tam piękna katedra, ale nie miałem pojęcia, że wygląda to wszystko aż tak zachwycająco. Nie mogłem uwierzyć, że przez dwadzieścia lat nikt mi nie powiedział: „Nigdy nie byłeś w Durham? Rany boskie, człowieku, musisz tam natychmiast pojechać! Tu masz kluczyki od mojego samochodu". W niedzielnych gazetach czytałem mnóstwo artykułów polecających wyjazd na weekend do Yorku, Canterbury, Norwich, a nawet Lincoln, ale nie przypominałem sobie ani jednego na temat Durham. Spytałem o to później znajomych i okazało się, że prawie nikt tam nie był. A zatem: jeśli nigdy nie byliście w Durham, musicie tam natychmiast pojechać! Tu macie kluczyki od mojego samochodu. Miasto jest przepiękne.

Jego chluba to oczywiście katedra, kolos z czerwonawobrązowego kamienia stojący wysoko nad leniwym zielonym zakolem rzeki Wear. Absolutna doskonałość — nie tylko położenie, otoczenie i sama budowla, ale również, co warto podkreślić, organizacja zwiedzania. Po pierwsze, nie ma natrętnego naciągania na pieniądze, nie ma „dobrowolnej" opłaty za wstęp. Na zewnątrz znajdowała się dyskretna tablica z informacją, że na utrzymanie katedry potrzeba siedemiuset tysięcy funtów rocznie oraz że obecnie realizowany jest kosztowny projekt restauracji wschodniego skrzydła, w związku z czym włodarze świątyni byliby niezmiernie wdzięczni za wszelkie datki. Wewnątrz stały dwie skromne skarbonki i to wszystko — żadnych gratów, żadnych nagabujących napisów, żadnych denerwujących tablic informacyjnych czy kretyńskich flag Eisenhowera. Słowem, nie było niczego, co by przeszkadzało w podziwianiu majestatycznego ogromu wnętrza. A dzień był wprost idealny na oglądanie katedry. Promienie słońca obficie przepływały przez witraże, oświetlając potężne żłobkowane filary i ochlapując podłogę plamami koloru. Były nawet drewniane ławki.

Nie jestem ekspertem od tych rzeczy, ale witraż w prezbiterium jak dla mnie co najmniej dorównuje temu w Yorku, bardziej znanemu, ale schowanemu w transepcie, przez co trudniej go oglądać w pełnej krasie. A witraż na przeciwległym końcu świątyni jest jeszcze piękniejszy. Mógłbym się tak zachwycać godzinami, takie to było cudowne. Kiedy tak stałem pośród ledwie kilkunastu zwiedzających, przechodzący zakrystian pozdrowił mnie z serdecznym uśmiechem. Już wcześniej byłem urzeczony, a to mnie dodatkowo tak ujęło, że bez wahania oddałem swój głos na Durham jako najlepszą katedrę na planecie Ziemia.

Kiedy już się nasyciłem, wsypałem do skarbonki mnóstwo monet i poszedłem pobieżnie rzucić okiem na starówkę, która jest nie mniej wiekowa i czarująca. Potem wróciłem na dworzec, jednocześnie pod wrażeniem i zrozpaczony, że w tym małym kraju jest tak wiele do zobaczenia, a ja jak ten kretyn sądziłem, że przez siedem błyskawicznie umykających tygodni zdążę obejrzeć więcej niż drobny ułamek tego wszystkiego.

Pojechałem InterCity do Newcastle, a następnie podmiejskim do Pegswood, jakieś osiemnaście mil na północ, gdzie powitało mnie zaskakująco jasne jak na tę porę roku słońce, i pomaszerowałem parę mil prostą jak strzała drogą do Ashington.

Ashington od dawna określa się mianem największej wsi górniczej na świecie, ale górnictwa już tu nie ma, a przy liczbie ludności wynoszącej dwadzieścia trzy tysiące trudno mówić o wiosce. Ashington słynie jako miejsce urodzenia całej plejady piłkarzy — Jackie i Bobby Charlton, Jackie Milbourn i około czterdziestu innych dostatecznie utalentowanych, żeby grać co najmniej w drugiej lidze — niesamowity wynik jak na taki niewielki ośrodek. Mnie jednak przyciągnęło tutaj coś innego: niegdyś sławni, a teraz prawie zupełnie zapomniani górnicy-malarze.

W 1934 roku, pod kierunkiem malarza Roberta Lyona, który wykładał w Durham University, powstała szkoła malarska Ashington Group. Składała się prawie wyłącznie z górników, którzy nigdy wcześniej nie malowali — a wielu nie widziało nawet prawdziwego obrazu — zanim nie zaczęli się spotykać w poniedziałkowe wieczory w kopalnianym baraku. Byli nie-spodziewanie utalentowani i „ponieśli imię Ashington poza szare góry", jak później napisał krytyk „Guardiana" (który, jak widać, nie miał poję-cia o futbolu). Zwłaszcza w latach trzydziestych i czterdziestych skupiali na sobie mnóstwo uwagi. Często pisano o nich w ogólnokrajowych gaze-tach i czasopismach artystycznych, mieli też wystawy w Londynie i innych wielkich miastach. Mój znajomy David Cook pokazał mi kiedyś album Williama Feavera zatytułowany *Pitmen Painters*. Reprodukcje były całkiem sympatyczne, ale większe wrażenie zrobiły na mnie fotografie krzepkich górników, którzy w garniturach i krawatach tłoczyli się w małym baraku i ze skupionymi minami pochylali się nad sztalugami i deskami kreślarski-mi. Musiałem zobaczyć Ashington.

Miasto całkowicie rozmijało się z moimi wyobrażeniami. Na zdjęciach w albumie Davida widziałem rozciągniętą, pozarastaną wieś otoczoną hał-dami żużlu i tonącą w dymie z trzech okolicznych kopalń, poprzecinaną błotnistymi dróżkami i wiecznie zraszaną czarną od sadzy mżawką. Tym-czasem moim oczom ukazał się nowoczesny, tętniący życiem ośrodek miej-ski, który oddychał czystym, przejrzystym powietrzem. Był nawet nowy kompleks biurowy z trzepoczącymi na wietrze flagami, cienkimi młodymi drzewami i okazałą ceglaną bramą, z pewnością powstały na zrekultywowa-nym terenie. Główną ulicę, Station Road, przerobiono na elegancką strefę pieszą, w której licznych sklepach kwitł handel. Naturalnie nikt tutaj nie wyrzucał pieniędzy przez okno — placówki handlowe zaliczały się do kate-gorii Morderca cen/Superokazja/Tanie sranie w banię, a witryny oklejono ofertami specjalnymi — ale w odróżnieniu od Bradford ludzie robili tutaj zakupy.

Poszedłem do ratusza, żeby spytać o lokalizację słynnego niegdyś baraku, i ruszyłem Woodhorn Road na poszukiwania budynku Co-op, za którym stał w tamtych czasach. Trzeba powiedzieć, że sława Ashington Group opie-rała się na życzliwym, ale trochę niestosownym paternalizmie. Kiedy czyta się recenzje z ich wystaw w takich miastach jak Londyn czy Bath, trudno oprzeć się wrażeniu, że krytycy i inni esteci patrzyli na nich trochę jak na wytresowanego w cyrkowych sztuczkach psa doktora Johnsona: cud nie po-legał na tym, że malowali dobrze, ale że w ogóle malowali.

Malarze z Ashington stanowili jednak tylko małą cząstkę szerszego zja-wiska: głodu samodoskonalenia w miejscowościach, w których większość ludzi mogła mówić o szczęściu, jeśli udało jej się skończyć więcej niż kilka klas szkoły podstawowej. Z dzisiejszej perspektywy wydaje się zdumiewające, jak bogate było życie takich miejscowości w okresie międzywojennym i z jakim entuzjazmem chwytano się wszelkich możliwości edukacyjnych. W Ashington istniało towarzystwo filozoficzne z całorocznym programem wykładów, koncertów i kursów wieczorowych, towarzystwo operowe, towarzystwo teatralne, robotnicze stowarzyszenie edukacyjne, górniczy instytut opieki społecznej z warsztatami i kolejnymi salami wykładowymi, kluby ogrodnicze, rowerowe i sportowe plus dziesiątki innych podobnych instytucji. Nawet w klubach robotniczych, których Ashington w szczytowym okresie miało dwadzieścia dwa, były biblioteki i czytelnie dla tych, których potrzeby nie ograniczały się do dwóch dużych jasnych. W mieście był prężny teatr, sala balowa, pięć kin i sala koncertowa Harmonic Hall. Kiedy w pewne niedzielne popołudnie w latach dwudziestych gościł tutaj Bach Choir z Newcastle, przyszło dwa tysiące słuchaczy. Wyobrażacie sobie dzisiaj choćby zbliżoną frekwencję?

A potem znikały jedno po drugim — towarzystwo teatralne, towarzystwo operowe, czytelnie i sale wykładowe. Nawet pięć kin zamknęło podwoje. Dzisiaj największą atrakcją z dziedziny rozrywki jest salon gier, który minąłem po drodze do budynku Co-op, nietrudnego do znalezienia. Z tyłu rozciągał się duży, nieutwardzony parking otoczony kilkoma niskimi budynkami — składem budowlanym, harcówką, ośrodkiem pomocy społecznej i drewnianym budynkiem Veteran's Institute w kolorze morskozielonym. Z albumu Williama Feavera wiedziałem, że barak Ashington Group stał koło Veteran's Institute, ale nie miałem pojęcia, z której strony, a nie było żadnych przesłanek do ustalenia tego.

Ashington Group należała do ostatnich lokalnych instytucji, które zniknęły. Agonia była długa i bolesna. W latach pięćdziesiątych liczba członków nieubłaganie spadała, bo starsi artyści umierali, a młodzi mieszkańcy miasta uważali, że to obciach wygłupiać się z farbami w garniturze i krawacie. Przez ostatnie lata w poniedziałkowe wieczory regularnie przychodzili tylko dwaj starzy członkowie, Oliver Kilbourn i Jack Harrison. W lecie 1982 roku otrzymali zawiadomienie, że czynsz zostaje podniesiony z pięćdziesięciu pensów do czternastu funtów rocznie. „W połączeniu z siedmioma funtami co kwartał za elektryczność to wydawało się za dużo", pisze Feaver. W październiku 1983 roku, tuż przed pięćdziesiątymi urodzinami, Ashington Group została rozwiązana z braku czterdziestu dwóch funtów rocznie na opłaty, a barak zburzono.

Teraz można w tym miejscu oglądać tylko parking, ale obrazy są pieczołowicie przechowywane w Woodhorn Colliery Museum, mniej więcej, milę dalej przy Woodhorn Road. Poszedłem tam teraz szpalerem domów, w których dawniej mieszkali górnicy. Stara kopalnia wciąż wygląda jak kopalnia, ceglane budynki stoją, stary dźwig szybowy wisi w powietrzu niby jakaś dziwna, zapomniana karuzela w wesołym miasteczku, a zardzewiałe tory nadal się wiją. Panuje tu jednak cisza, a w miejscu stacji rozrządowych zielenią się starannie przystrzyżone trawniki. Byłem jednym z garstki zwiedzających.

Woodhorn Colliery zlikwidowano w 1981 roku, siedem lat przed setną rocznicą istnienia. Kiedyś była jedną z dwustu kopalni w Northumbrii i około trzech tysięcy w całym kraju. W latach dwudziestych, czyli w szczytowym okresie rozwoju tej branży, w brytyjskim przemyśle węglowym pracowało milion dwieście tysięcy osób. W momencie mojej wizyty czynnych kopalni było w Wielkiej Brytanii zaledwie szesnaście, a zatrudnienie w górnictwie spadło o dziewięćdziesiąt osiem procent.

Ale wszystko to wydaje się smutne tylko do chwili, kiedy człowiek przekroczy próg muzeum i fotografie plus statystyka wypadków przypomną mu, jaka to była ciężka i wyniszczająca praca oraz jak systematycznie utrwalała biedę. Nic dziwnego, że miasto wydało tylu piłkarzy: przez pokolenia nie było innej drogi ucieczki.

Ekspozycja w muzeum — wstęp wolny — w inteligentny i fascynujący sposób przedstawia życie zarówno w kopalnianych korytarzach, jak i w miasteczku na górze. Do tej pory miałem tylko abstrakcyjne wyobrażenie o tym, jak ciężka jest praca na przodku. Jeszcze przez wiele lat XX wieku ginęło ponad tysiąc górników rocznie i każda kopalnia miała swoją tragedię. (W Woodhorn doszło do niej w 1916 roku: trzydziestu górników zginęło w wyniku eksplozji, która nastąpiła na skutek karygodnych zaniedbań nadzoru. Właściciele kopalni usłyszeli, że jeśli jeszcze raz dopuszczą do czegoś takiego, zostaną ciężko zbesztani...). Trudno w to uwierzyć, ale do 1847 roku w kopalniach pracowały nawet czteroletnie dzieci, i to nawet dziesięć godzin dziennie, a jeszcze stosunkowo niedawno dziesięcioletni chłopcy byli zatrudniani do obsługi klap wentylacyjnych. Gnieździli się po ciemku w małych niszach i ich jedynym zadaniem było otwierać i zamykać klapy wentylacyjne za każdym razem, gdy przejeżdżał wagonik z węglem. Szychta trwała od trzeciej w nocy do czwartej po południu przez sześć dni w tygodniu. A była to jedna z lżejszych prac.

Diabli wiedzą, skąd ludzie brali czas i siły, żeby po tej harówie chodzić na wykłady, koncerty i kursy malarstwa, ale niewątpliwie chodzili. W jasno oświetlonej sali wisiało kilkadziesiąt obrazów pędzla członków Ashington Group. Górnicy dysponowali tak szczupłymi środkami, że wiele obrazów namalowali na papierze, tekturze lub desce paździerzowej zwykłą farbą emulsyjną do ścian. Płócien jest zaledwie garstka. Byłoby dalece nierzetelne sugerować, że grupa miała w swoich szeregach talenty na miarę Tintoretta czy choćby Hockneya, ale obrazy stanowią fascynującą dokumentację życia miasteczka górniczego na przestrzeni pięćdziesięciu lat. Prawie wszystkie ukazują scenki rodzajowe — „Sobotni wieczór w klubie", „Charty wyścigowe" — albo pracę na dole. Fakt, że wiszą w muzeum górnictwa, a nie w jakiejś wielkomiejskiej galerii sztuki, znacznie podnosi ich wartość. Po raz drugi tego dnia byłem pod wrażeniem i urzeczony.

Tutaj drobna dygresja. Wychodząc, przeczytałem na tabliczce informacyjnej, że jednym z właścicieli kopalni, czyli beneficjentów tej mordęgi na przodku, był nie kto inny, jak nasz stary znajomy W.J.C. Scott-Bentinck, piąty diuk Portland. Nie po raz pierwszy pomyślałem sobie, jak rozczulająco mała jest Wielka Brytania.

Coś wspaniałego — kraj ten potrafi być intymny i mały, a jednocześnie pękać w szwach od interesujących wydarzeń i rzeczy. Nie przestaje mnie to zachwycać — spacerujesz sobie na przykład przez Oksford i w ciągu kilku minut mijasz dom Christophera Wrena, budynki, z których Halley wypatrzył swoją kometę, a Boyle odkrył swoje pierwsze prawo, tor, na którym Roger Bannister pierwszy przebiegł milę w czasie poniżej czterech minut, i łąkę, po której przechadzał się Lewis Carroll, albo stajesz na Snow Hill w Windsorze i jednym spojrzeniem ogarniasz Windsor Castle, boiska szkoły w Eton, przykościelny cmentarz, na którym Gray napisał swoją słynną elegię, i miejsce, w którym po raz pierwszy wystawiono *Wesołe kumoszki z Windsoru*. Czy istnieje na Ziemi drugie takie miejsce, gdzie na niewielkiej przestrzeni skoncentrowanych jest tyle wspaniałych owoców wielowiekowego ludzkiego trudu?

Ogarnięty podziwem, wróciłem do Pegswood i wsiadłem w pociąg do Newcastle, gdzie znalazłem hotel i spędziłem wieczór w stanie błogości.

Spacerowałem do późna pustymi ulicami, z czułością i szacunkiem oglądałem pomniki i budynki, a dzień zwieńczyłem drobną refleksją, którą niniejszym się z wami dzielę:

Jak to możliwe, że w tej cudownej krainie, w której człowiek co krok napotyka pomniki ludzkiego geniuszu i przedsiębiorczości, w którym zakres ludzkich możliwości został w każdej dziedzinie życia zbadany, zakwestionowany i w większości przypadków poszerzony, w którym miało miejsce wiele spośród największych osiągnięć przemysłowych, handlowych i artystycznych ludzkości — jak to jest możliwe, że kiedy w takim kraju wróciłem do hotelu i włączyłem telewizor, znowu leciały *Cagney i Lacey*?

ROZDZIAŁ 25

Pojechałem do Edynburga. Czy w chłodny, ciemny listopadowy wieczór można przyjechać do piękniejszego i bardziej fascynującego miasta niż stolica Szkocji? Wyjść z tłocznych podziemnych trzewi Waverley Station i znaleźć się w samym sercu tak wspaniałego miasta to niezwykle radosne doświadczenie. Nie byłem w Edynburgu od lat i zapomniałem, jaki potrafi być urzekający. Każdy zabytek był podświetlony — zamek, centrala Bank of Scotland na wzgórzu, hotel Balmoral i pomnik Scotta poniżej — dzięki czemu emanowały onirycznym splendorem. Miasto tętniło aktywnością typową dla końcówki dnia. Autobusy jechały jeden za drugim wzdłuż Princes Street, a pracownicy sklepów i biur przeciskali się chodnikami, spiesząc do domu na haggis* i cock-a-leekie, rosół z porami, tudzież żeby pograć na dudach czy co tam robią Szkoci po zachodzie słońca.

Zarezerwowałem pokój w hotelu Caledonian, co było z mojej strony nieroztropne i rozrzutne, ale ten dostojny gmach jest w Edynburgu prawdziwą instytucją, więc po prostu musiałem się w to włączyć na dwie doby. Droga prowadziła wzdłuż Princes Street, obok gotyckiej rakiety kosmicznej potocznie zwanej pomnikiem Scotta. Marsz pośród spieszących się tłumów i widok zamku piętrzącego się na skalistym wzgórzu na tle ciemniejącego wieczornego nieba wprawiły mnie w nieoczekiwane uniesienie.

W zaskakującym stopniu, znacznie większym niż w Walii, poczułem się w Edynburgu jak w innym kraju. Budynki były nieangielsko wąskie i wysokie, pieniądze się różniły, nawet powietrze i światło miały jakiś nieuchwytny północny charakter. W witrynie każdej księgarni było pełno

---

* Haggis — specjał szkockiej kuchni narodowej, przyrządzany z owczych podrobów (przyp. red.).

książek o Szkocji albo napisanych przez Szkotów. No i oczywiście akcent. Czułem się tak, jakbym zostawił Anglię daleko za sobą, a potem mijałem coś znajomego i myślałem sobie zaskoczony: „O, popatrz, popatrz, oni tu mają Marksa & Spencera", jakbym był w Rejkiawiku czy Stavanger. Bardzo ciekawe przeżycie.

Zameldowałem się w Caledonian, zostawiłem w pokoju rzeczy i zaraz wróciłem na ulicę, złakniony wszystkiego, co Edynburg miał do zaoferowania. Długą, krętą drogą od tyłu poszedłem na zamek, ale brama była już zamknięta, zadowoliłem się zatem niespiesznym spacerem po Royal Mile. Trasa królewska, na której prawie nic się nie działo, była piękna na ascetyczną szkocką modłę. Zaglądałem w witryny licznych sklepów dla turystów i rozmyślałem o tym, jak wiele rzeczy Szkoci dali światu — spódniczki i kaszkiety w kratę z pomponikiem, dudy, puszki herbatników owsianych, jasnożółte swetry w karo, łypiące groźnie gipsowe figurki gliniarza z Greyfriars, wory haggis — a przecież poza samymi Szkotami nikt tego nie chce.

Żeby nie było nieporozumień: Szkocja i jej inteligentni rumianolicy mieszkańcy budzą moją wielką sympatię i podziw. Wiedzieliście, że Szkocja może się poszczycić największą w Europie liczbą studentów na stu mieszkańców? A liczba znakomitości, które wydał ten kraj, jest zupełnie nieproporcjonalna do jego rozmiarów: Stevenson, Watt, Lyell, Lister, Burns, Scott, Conan Doyle, J.M. Barrie, Adam Smith, Alexander Graham Bell, Thomas Telford, lord Kelvin, John Logie Baird, Charles Rennie Mackintosh i Ian McCaskill, by wymienić tylko paru pierwszych z brzegu. Zawdzięczamy Szkotom między innymi whisky, płaszcze przeciwdeszczowe, gumowce, pedał rowerowy, telefon, asfalt, penicylinę i wiedzę na temat działania substancji czynnej marihuany. Bez tych rzeczy życie byłoby nie do zniesienia. Więc dziękuję ci, Szkocjo, i nie przejmuj się, że ostatnimi czasy jakoś nie potrafisz się zakwalifikować do piłkarskich mistrzostw świata.

Na końcu Royal Mile trafiłem na przeszkodę w postaci wejścia do Holyrood Palace i ciemnymi bocznymi uliczkami wróciłem do centrum. W końcu wylądowałem w nietypowym pubie Tiles* przy St. Andrews Square. Nazwa doskonale pasuje, ponieważ lokal jest od podłogi po sufit wyłożony grubymi, ozdobnymi wiktoriańskimi płytkami ceramicznymi. Czułem się

---

* *Tile* — kafelek (przyp. red.).

trochę tak, jakbym pił piwo w klozecie pubu Prince Albert — i wcale nie było to niesympatyczne doświadczenie. Wręcz przeciwnie, coś musiało mi się tam spodobać, ponieważ wlałem w siebie nierozsądną ilość piwa i po wyjściu na ulicę stwierdziłem, że wszystkie restauracje w okolicy są już zamknięte. Dowlokłem się do hotelu, puściłem oko do nocnej zmiany i położyłem się spać.

Rano obudziłem się głodny jak wilk, rześki i z zaskakująco jasnym umysłem. Udałem się do sali jadalnej. Mężczyzna w czarnym garniturze zapytał, czy chciałbym zjeść śniadanie.

— No przecież nie kolację! — odparłem dowcipnie i szturchnąłem go w żebra.

Posadził mnie za stołem. Byłem taki głodny, że odpuściłem sobie przeglądanie menu i kazałem temu człowiekowi przynieść wszystko, co mają w kuchni. Potem rozsiadłem się wygodnie zadowolony z życia i żeby skrócić sobie czas oczekiwania, zajrzałem do karty. Okazało się, że pełny zestaw śniadaniowy kosztuje czternaście pięćdziesiąt! Warknąłem na przechodzącego w pobliżu kelnera.

— Przepraszam — odezwałem się — ale tu jest napisane, że śniadanie kosztuje czternaście pięćdziesiąt.

— Zgadza się, proszę pana.

Nagle poczułem, jak kac stuka w wieczko mojej czaszki.

— Chce mi pan powiedzieć, że do astronomicznej sumy, którą wybuliłem za pokój, muszę jeszcze dorzucić czternaście pięćdziesiąt za jajko sadzone i szkocki herbatnik owsiany?

Przyznał, że w ogólnych zarysach istotnie tak się rzeczy mają. Anulowałem zamówienie i poprosiłem o małą kawę. No bo co w końcu, kurczę blade.

Może zawiniła ta nagła plama na moim szczęściu, która wprawiła mnie w chmurny nastrój, a może dżdżysty deszcz, który powitał mnie na ulicy, w każdym razie Edynburg nie wyglądał w świetle dziennym ani w połowie tak pięknie jak poprzedniego wieczoru. Ludzie chodzili pod parasolami, a samochody przejeżdżały przez kałuże z jakimś takim rozdrażnionym i niecierpliwym chlupotem. George Street, kręgosłup nowego miasta, ze swoimi zabytkami i dystyngowanymi placami prezentowała niepodważalnie urodziwy, aczkolwiek mokry widok. Zbyt wiele georgiańskich budynków zostało jednak brutalnie oszpeconych nowoczesnymi fasadami. O rzut beretem od mojego hotelu znajdował się sklep papierniczy z wielkimi oknami bez po-działów wpakowanymi w osiemnastowieczną fasadę. Dla mnie to czysty kryminał, a w okolicy zauważyłem jeszcze sporo podobnych przykładów.

Łażąc w poszukiwaniu lokalu, w którym mógłbym zjeść śniadanie, trafi-łem na Princes Street. Ona również uległa przez noc metamorfozie. Kiedy spieszyli nią wracający do domów pracownicy, wydawała się nęcąca, tętnią-ca życiem, niemal fascynująca, ale w mdłym świetle dnia była apatyczna i szara. Jeśli nie liczyć paru obskurnych sklepów z tanią odzieżą wełnianą, gdzie towary sprawiały takie wrażenie, jakby umieszczono je w witrynach za pomocą kopniaka albo jakby spontanicznie powyskakiwały z koszy, przy Princes Street były wyłącznie typowe placówki sieciowe — Boots, Littlewo-ods, Virgin Records, British Home Stores, Marks & Spencer, Burger King, McDonald's. W centrum Edynburga brakowało mi jakiejś szacownej i po-wszechnie lubianej instytucji, na przykład kawiarni czy herbaciarni z gaze-tami w trzymadłach, palmami w donicach i może małą grubaską grającą na fortepianie.

Zniecierpliwiony i najeżony wszedłem w końcu do zatłoczonego McDo-nalda, stałem całe wieki w długiej, chaotycznej kolejce, w której zrobiłem się jeszcze bardziej zniecierpliwiony i najeżony, i zamówiłem kawę tudzież Egg McMuffin.

— Życzy pan sobie do tego ciastko jabłkowe? — spytał pryszczaty mło-dzieniec, który mnie obsługiwał.

— Przepraszam, ale czy wyglądam na człowieka upośledzonego umysło-wo?

— Proszę?

— Może się mylę, ale chyba nie zamawiałem ciastka jabłkowego, praw-da?

— No... nie.

— A zatem czy wyglądam na człowieka cierpiącego na chorobę umysło-wą, która uniemożliwiałaby mi zamówienie ciastka jabłkowego, gdybym miał na nie ochotę?

— Nie, ale mamy polecenie pytać każdego.

— Czyli uważacie wszystkich mieszkańców Edynburga za upośledzo-nych umysłowo?

— Kazali nam wszystkich pytać.

— Dobra, nie chcę ciastka jabłkowego i właśnie z tego powodu nie prosiłem o ciastko jabłkowe. Czy chciałby się pan dowiedzieć, czego jeszcze nie chcę?

— Kazali nam wszystkich pytać.

— A pamięta pan, co chcę?

Zdezorientowany spojrzał na kasę.

— Hm, Egg McMuffin i kawę.

— Dostanę ją dzisiaj przed południem czy jeszcze sobie porozmawiamy?

— Już przynoszę.

— Dziękuję pięknie.

No bo co w końcu, kurczę blade.

Kiedy wyszedłem z McDonalda, czując się tylko odrobinę mniej najeżony, lało jak z cebra. Przebiegłem na drugą stronę ulicy i wiedziony jakimś tajemnym impulsem wskoczyłem do Royal Scottish Academy, dostojnego neoklasycznego gmachu ze zwisającymi między kolumnami flagami, przez co wyglądał jak zapomniana filia Reichstagu. Zapłaciłem półtora funta za bilet, otrzepałem się jak pies i wszedłem na salę. Mieli ekspozycję jesienną, a może zimową, a może całoroczną. Nie sposób było to ustalić, ponieważ nie zauważyłem żadnych tablic informacyjnych, a obrazy były oznaczone numerami. Żeby się dowiedzieć, co jest co, trzeba było kupić katalog za dwa funty, co mnie, szczerze mówiąc, zdenerwowało, bo przed chwilą się na mnie wzbogacili o półtora funta. (National Trust też tak kombinuje — numeruje rośliny w ogrodach botanicznych i tak dalej, więc trzeba kupić katalog — i między innymi dlatego nie zapiszę swego majątku w spadku tej fundacji). Wystawa mieściła się w wielu salach, a obrazy podpadały pod cztery główne kategorie: 1) łodzie na plażach, 2) samotne gospodarstwa niskotowarowe, 3) roznegliżowane przyjaciółki artysty zajęte poranną toaletą i wreszcie, z bliżej nieznanego powodu, 4) francuskie uliczki, zawsze z co najmniej jednym szyldem typu BOULANGERIE albo EPICERIE, żeby widz przypadkiem nie pomylił scenerii z Frasenburgh czy Arbroath.

Wiele obrazów — a nawet większość — mi się podobało i kiedy zobaczyłem przyczepione do niektórych czerwone kółka, nie tylko uświadomiłem sobie, że są na sprzedaż, ale również ogarnęło mnie nagłe i dziwne pragnienie kupienia sobie jednego. Zacząłem urządzać wycieczki do pani za biurkiem i pytać: „Przepraszam, ile za numer sto dwadzieścia pięć?". Sprawdzała i podawała mi sumę o kilkaset funtów wyższą od tej, którą gotów byłem zapłacić. Wracałem więc na salę, by po chwili znowu przyjść i zapytać: „Przepraszam, ile za numer czterdzieści siedem?". Któryś z kolei obraz — pejzaż z Solway Firth pędzla niejakiego Colina Parka — szczególnie przypadł mi do gustu, a pani powiedziała, że kosztuje sto dwadzieścia pięć funtów. Za taką sumę gotów byłem go natychmiast kupić, nawet gdybym musiał nieść go pod pachą do John O'Groats, po chwili pani jednak odkryła, że pomyliła rubrykę. Sto dwadzieścia pięć funtów to była cena maleństwa wielkości trzy cale na trzy cale, a Colin Park kosztował znacznie więcej. Wznowiłem poszukiwania. Kiedy zacząłem już odczuwać zmęczenie w nogach, zmieniłem taktykę i spytałem panią, co ma za pięćdziesiąt funtów lub mniej. Okazało się, że nic nie ma, więc wyszedłem z zawiedzionymi nadziejami, ale także z dwoma funtami zaoszczędzonymi na katalogu.

Potem udałem się do Scottish National Gallery, gdzie jeszcze bardziej mi się podobało, nie tylko dlatego, że wstęp był wolny. Galeria Narodowa jest schowana za Royal Scottish Academy i od zewnątrz nie prezentuje się zbyt imponująco, ale wewnątrz olśniewa dziewiętnastowieczną imperialną *grandezza*: czerwone rypsowe ściany, kolosalne obrazy w ociekających złotem ramach, posągi nagich nimf i meble ze złotymi okuciami. W sumie czułem się tak, jakbym zwiedzał buduar królowej Wiktorii. Obrazy były nie tylko wyśmienite, ale również opatrzone tabliczkami, które ukazywały tło historyczne i wyjaśniały, co robią przedstawieni na nich ludzie. Uważam, że jest to doskonałe rozwiązanie, które powinno wszędzie obowiązywać.

Z wdzięcznością czytałem te bardzo ciekawe notki, na przykład miło było wiedzieć, że Rembrandt dlatego ma taką ponurą minę na autoportrecie, że właśnie utracił płynność finansową. W jednej z sal zauważyłem mężczyznę, który nie potrzebował opisów, zwiedzającego ekspozycję w towarzystwie kilkunastoletniego chłopca. Pochodzili z niższych sfer, jakby to zapewne określiła Królowa Matka. Widać po nich było biedę i konieczność wiązania końca z końcem — kiepska dieta, kiepskie dochody, kiepska opieka dentystyczna, kiepskie perspektywy na przyszłość, a nawet kiepskie środki piorące — ale mężczyzna opisywał obrazy z krzepiącym zachwytem i znajomością rzeczy, a chłopiec spijał mu z ust każde słowo.

— Widzisz, to jest późniejszy Goya — mówił niegłośno mężczyzna. — Spójrz, jakie precyzyjne pociągnięcia pędzla — całkowita zmiana stylu w porównaniu do wcześniejszej twórczości. Pamiętasz, jak ci mówiłem, że do pięćdziesiątego roku życia Goya nie namalował ani jednego wybitnego obrazu? Ten obraz jest wybitny.

Nie popisywał się, tylko dzielił swoją wiedzą i entuzjazmem.

W Wielkiej Brytanii często napotykałem to zagadkowe zjawisko — że ludzie z nizin społecznych są tak dobrze wykształceni. Człowiek, po którym nigdy byś się tego nie spodziewał, poda ci łacińską nazwę jakiejś rośliny albo okaże się ekspertem od historii starożytnej Tracji bądź technik irygacyjnych stosowanych w Glanum. W końcu jest to kraj, w którym w wielkim finale teleturnieju „Mastermind" czy innego często wygrywają taksówkarze albo maszyniści kolejowi. Nie umiem zdecydować, czy jest to nad wyraz imponujące czy po prostu straszne — czy Wielka Brytania jest krajem, w którym maszyniści znają się na Tintorettie i Leibnizu czy też krajem, w którym ludzie znający się na Tintorettie i Leibnizu kończą jako maszyniści. Wiem tylko, że takich osobników jest tutaj więcej niż gdzie indziej.

Po wyjściu z Galerii Narodowej wdrapałem się po stromym zboczu na zamek. Miejsce to wydało mi się dziwnie, niemal upiornie znajome, chociaż nigdy tam wcześniej nie byłem. Potem uświadomiłem sobie, że w jednym z epizodów *This Is Cinerama* pokazywano paradę wojskową Military Tattoo, która odbywa się co roku na dziedzińcu Edinburgh Castle. Podzamcze wyglądało zupełnie jak w filmie, poza tym że pogoda była inna i dzięki Bogu nie paradowali Gordon Highlanders. Jedna rzecz istotnie się jednak zmieniła od 1951 roku — widok na Princes Street z tarasu.

W 1951 roku Princes Street była jedną z najwspanialszych ulic świata, elegancką arterią zabudowaną po północnej stronie okazałymi wiktoriańskimi i edwardiańskimi gmachami, które emanowały imperialną dumą i pewnością siebie — North British Mercantile Insurance Company, wystawny neoklasyczny budynek New Club, stary hotel Waverley. A potem z niedocieczonych powodów jeden po drugim je zburzono i zastąpiono w większości szarymi betonowymi bunkrami. St. James Square na wschodnim końcu ulicy, duży zielony plac otoczony osiemnastowiecznymi kamienicami, zrównano z ziemią, żeby zrobić miejsce dla jednego z najpokraczniejszych i najbrzydszych kompleksów handlowo-hotelowych, jakie kiedykolwiek pojawiły się na desce kreślarskiej architekta. Z czasów dawnej świetności przy Princes Street pozostały już tylko pojedyncze rodzynki, takie jak hotel Balmoral, pomnik Scotta i część fasady domu towarowego Jenners.

Po powrocie do domu wyszukałem w *AA Book of British Towns* ilustrację rysunkową przedstawiającą centrum Edynburga z lotu ptaka. Princes Street była od końca do końca zabudowana nobliwymi starymi budynkami. Wszyscy inni artyści tak samo ukazywali inne brytyjskie miasta — Norwich, Oksford, Canterbury czy Stratford. Panowie, tak się nie robi! Nie można zburzyć pięknych starych gmachów i udawać, że wciąż stoją. Ale od trzydziestu lat Brytyjczycy tak się właśnie zachowują, i to nie tylko w kontekście architektury.

Z tą cierpką refleksją udałem się na poszukiwania czegoś posilnego do zjedzenia.

ROZDZIAŁ 26

Porozmawiajmy o czymś optymistycznym. Porozmawiajmy o Johnie Fallowsie. Pewnego dnia w 1987 roku Fallows stał przed okienkiem londyńskiego banku i czekał, aż zostanie obsłużony. Nagle stanął przed nim niejaki Douglas Bath, wyjął pistolet i zażądał od kasjera pieniędzy. Śmiertelnie oburzony Fallows kazał mu „wypieprzać" na koniec kolejki. Inni czekający pokiwali z aprobatą głowami. Nieprzygotowany na taki scenariusz Bath potulnie opuścił bank z pustymi rękami i kawałek dalej został aresztowany.

Przytaczam tę historię, aby podbudować moją tezę, że Brytyjczycy bardzo sobie cenią dobre wychowanie i biada temu, kto się do tego nie dostosuje. Szacunek i poważanie dla innych są tak fundamentalnym elementem brytyjskiego życia społecznego, że bez nich prawie nie sposób nawiązać rozmowę. Niemal każdy kontakt z obcą osobą zaczyna się od słów „najmocniej przepraszam", po czym następuje jakiegoś rodzaju prośba — „czy mógłby mi pan wskazać drogę do Brighton", „czy mógłby mi pan pomóc znaleźć mój rozmiar koszuli", „czy mógłby pan zdjąć kufer z mojej stopy". A kiedy spełnisz ich prośby, rozmówcy nieodmiennie uśmiechają się z zakłopotaniem i znowu przepraszają, błagają cię, byś im wybaczył, że zabrali ci czas albo lekkomyślnie postawili stopę w miejscu ewidentnie zarezerwowanym dla twojego kufra podróżnego. Po prostu to kocham.

Jakby dla zilustrowania mojej tezy w recepcji hotelu Caledonian stojąca przede mną kobieta z bezradną miną powiedziała do recepcjonistki: „Najmocniej przepraszam, ale jakoś nie mogę włączyć telewizora w moim pokoju". Pofatygowała się na dół, aby przeprosić za to, że hotelowy telewizor nie działa! Moje serce wezbrało czułością i sympatią do tego dziwnego i niezgłębionego kraju.

A na dodatek wszystko to odbywa się instynktownie. Niedługo po przyjeździe do Wielkiej Brytanii wszedłem kiedyś do hali dworcowej i zobaczyłem, że tylko dwie z kilkunastu kas są czynne. (Zagranicznym czytelnikom należy się wyjaśnienie, że w Wielkiej Brytanii obowiązuje następująca reguła: niezależnie od liczby okienek w banku, na poczcie czy na dworcu zawsze czynne są tylko dwa, wyjąwszy pory zwiększonego ruchu, kiedy czynne jest jedno). Przy każdej kasie ktoś stał. W innych krajach mielibyśmy do czynienia z jedną z dwóch sytuacji: albo ludzie by się cisnęli do obu okienek, żądając, aby ich obsłużono wszystkich naraz, albo staliby w dwóch kolejkach ponurzy i święcie przekonani, że druga kolejka porusza się szybciej.

W Wielkiej Brytanii ludzie spontanicznie wpadli na znacznie rozsądniejsze i bardziej wyrafinowane rozwiązanie: utworzyli jedną kolejkę o kilka kroków od obu okienek. Kiedy zwalniała się któraś z kas, pierwszy klient podchodził i kolejka przesuwała się o jedno miejsce do przodu. A najwspanialsze jest to, że tego cudownie sprawiedliwego i demokratycznego systemu nikt nie zarządził ani nawet nie zasugerował. Samo się tak zrobiło.

Coś podobnego wydarzyło się teraz. Kiedy pani od opornego telewizora wygłosiła już swoje przeprosiny (które recepcjonistka, co warto podkreślić, przyjęła bez urazy i posunęła się wręcz do sugestii, że jeśli jakikolwiek inny sprzęt w pokoju okaże się zepsuty, to tej pani broń Boże nie wolno się za to obwiniać), recepcjonistka zwróciła się do mnie i jeszcze jednego pana z pytaniem: „Kto następny?". Przystąpiliśmy do rozbudowanej procedury wymiany grzeczności: „Pan pierwszy", „Ależ nie, pan pierwszy", „Proszę mi zrobić tę przyjemność", „Jakież to uprzejme z pana strony!". Moje serce wezbrało jeszcze bardziej.

W drugi dzień pobytu w Edynburgu wyszedłem rano z hotelu w radosnym nastroju, pogodzony ze światem i podniesiony na duchu tą kolejną ilustracją uprzejmości i kultury Brytyjczyków. Słońce świeciło i miasto znowu uległo metamorfozie. Tego dnia George Street i Queen Street wyglądały wprost zachwycająco, słońce okładało ich kamienne fasady miodowym blaskiem, a wilgotne, smętne ciemności, które oblepiały je poprzedniego dnia, uciekły gdzie pieprz rośnie. Zatoka Forth błyszczała w oddali, a małe parki i skwery były zielone i pełne życia. Wszedłem na The Mound, gdzie są staromiejskie tarasy, i ze zdziwieniem zobaczyłem, że miasto wygląda zupełnie inaczej. Princes Street nadal była jedną wielką raną po architektonicznym masowym morderstwie, ale na wzgórzach za nią tłoczyły się eleganckie dachy i strzeliste wieże kościelne nadające miastu charakter i wdzięk, który poprzedniego dnia całkiem mi umknął.

Spędziłem przedpołudnie jak typowy turysta — zwiedziłem katedrę św. Idziego, rzuciłem okiem na Holyroodhouse i wdrapałem się na Calton Hill — po czym odebrałem z hotelu plecak i pomaszerowałem na dworzec, zadowolony, że pojednałem się z Edynburgiem i że znowu jestem w drodze.

Podróż pociągiem to nadzwyczajna sprawa! Kiedy jechaliśmy przez Edynburg, jego spokojne przedmieścia i most na rzece Forth, ruch pociągu zaczął mnie usypiać. (O rany, ten most to potężna konstrukcja; teraz rozumiem, dlaczego Szkoci tak się nim przechwalają). Pociąg był prawie pusty i dosyć ekskluzywny, z wystrojem utrzymanym w kojących niebieskich i szarych odcieniach, zupełnie inaczej niż wszystkie pozostałe Sprinters, którymi się ostatnimi czasy poruszałem. I rzeczywiście podziałało to na mnie tak uspokajająco, że powieki miałem nieznośnie ciężkie, a szyja zamieniła się w coś gumowatego. Wkrótce czasie głowa zwisła mi na piersi i zająłem się cichą, jednostajną produkcją litrów śliny — dla których niestety nie znalazłem żadnego zastosowania.

Są ludzie, którym nie powinno się pozwalać zasypiać w pociągach, a jeśli już zasną, trzeba ich przykryć brezentem. Obawiam się, że należę do tej kategorii. Po jakimś nieokreślonym czasie obudziłem się z charczącym sapnięciem, pomachałem bezładnie rękami, dźwignąłem głowę z klatki piersiowej i stwierdziłem, że od brody po sprzączkę paska jestem pokryty pajęczyną utkaną ze śliny, a trzy osoby przypatrują mi się z dziwnie beznamiętnymi minami. Przynajmniej jednak oszczędzone zostało mi typowe dla mnie doświadczenie: po przebudzeniu widzę, że gromada dzieci patrzy na mnie z rozdziawionymi ustami, a odkrywszy, że śliniący się kolos jest żywy, ucieka z krzykiem.

Odwróciwszy się zawstydzony od publiczności, dyskretnie starłem plwocinę rękawem kurtki i skoncentrowałem się na widoku za oknem. Telepaliśmy się przez rozległy teren, który był raczej przyjemny niż pełen dramatyzmu — ziemie uprawne ciągnące się aż po wielkie okrągłe wzgórza — pod niebem, które sprawiało takie wrażenie, jakby miało się za chwilę zawalić pod ciężarem własnej szarości. Od czasu do czasu stawaliśmy w jakimś sennym miasteczku z martwą stacyjką — Ladybank, Cupar, Leuchars — by wreszcie dotrzeć do większego, odrobinę atrakcyjniejszego świata Dundee, Arbroath i Montrose. Trzy godziny po wyjeździe z Edynburga w wątłym, szybko niknącym świetle wtaczaliśmy się do Aberdeen.

Z zainteresowaniem przycisnąłem twarz do szyby. Nigdy nie byłem w Aberdeen i nie znałem nikogo, kto był. Wiedziałem o nim tylko tyle, że jest zdominowane przez przemysł naftowy i że z dumą nazywa się Granitowym Miastem. Od dawna miałem je zaszufladkowane jako egzotyczne i odległe miejsce, którego przypuszczalnie nigdy nie zobaczę, więc nie mogłem się już doczekać zwiedzania.

Zarezerwowałem pokój w hotelu, o którym ciepło wyrażał się mój przewodnik (później ta gruba książka poszła na podpałkę), ale okazał się ponurym, za drogim w stosunku do jakości klocem przy podrzędnej ulicy. Pokój był mały i ciemny, meble zniszczone, łóżko wielkości więziennej pryczy, koc cienki, poduszka jak dla lalki, a tapeta ze wszystkich sił starała się uciec od wilgotnej ściany. W przypływie ambicji kierownictwo zainstalowało kiedyś przy łóżku konsolę, która pozwalała sterować oświetleniem, radiem i telewizorem i miała wbudowany budzik, ale nic z tego nie działało. Pokrętło budzika zostało mi w ręce. Z westchnieniem zrzuciłem rzeczy na łóżko i wróciłem na pogrążone w ciemnościach ulice Aberdeen, by udać się na poszukiwania jedzenia, picia i granitowego splendoru.

Doświadczenie mnie nauczyło, że nasze wrażenia na temat danego miasta w dużym stopniu zależą od tego, którędy do niego wjedziemy. Kto przybędzie do Londynu przez zielone przedmieścia Richmond, Barnes i Putney, a potem wysiądzie na stacji Kensington Gardens czy Green Park, pomyśli sobie, że trafił do jakiejś wielkiej, troskliwie pielęgnowanej arkadii. Kto zdecyduje się na trasę przez Southend, Romford i Liverpool Street, wyrobi sobie zupełnie inne zdanie. Może więc zdecydowała o tym obrana przeze mnie droga z hotelu, ale po trzech godzinach łażenia ulicami nie znalazłem w Aberdeen nic choćby odrobinę zachęcającego. Pojawiło się parę promyczków światła — strefa piesza wokół Mercat Cross, interesujące małe muzeum o nazwie John Dun's House, kilka okazałych budynków uniwersyteckich — ale za każdym razem, gdy przecinałem centrum, trafiałem na ogromny, świecący nowością kompleks handlowy, którego ominięcie graniczyło z cudem (złorzecząc pod nosem, wiecznie lądowałem na rampach dla dostawców i w składowiskach pustych pudeł), albo na szeroką, bezkresną aleję ze szpalerem dokładnie tych samych sklepów, które przez minione sześć tygodni widywałem we wszystkich innych miastach. Czułem się jak wszędzie i nigdzie — jak w małym Manchesterze albo dowolnym rejonie Leeds. Na próżno szukałem miejsca, w którym mógłbym wziąć się pod boki i powiedzieć: „Aha, więc to jest Aberdeen". Może zaważyła na tym również smętna pora roku. Czytałem gdzieś, że Aberdeen dziewięć razy wygrało konkurs „Britain in Bloom"*, ale nie widziałem prawie żadnych parków i zieleni. Przede wszystkim zaś rzadko miałem poczucie, że znajduję się w bogatym, dumnym mieście zbudowanym z granitu.

Na dobitkę nie mogłem się zdecydować, gdzie mam coś zjeść. Tęskniłem za czymś innym, za czymś, czego nie jadłem podczas tej podróży już sto razy — tajskim, meksykańskim, indonezyjskim, a nawet szkockim — ale trafiałem wyłącznie na lokale chińskie lub indyjskie, z reguły przy bocznej ulicy, z reguły ze schodami, które wyglądały tak, jakby niedawno przejechał nimi wyścig motocyklowy, i nie starczyło mi odwagi na wyczerpującą wspinaczkę w nieznane. A raczej doskonale znane, bo wiedziałem, czego mogę się tam spodziewać — półmroku, recepcji z tapicerowanym barem, azjatyckiej brzdąkaniny z głośników, na stołach szklanek piwa i podgrzewaczy do talerzy ze stali nierdzewnej. Dziękuję, postoję. Zdesperowany urządziłem sobie wyliczankę „Ene-due-rabe" i padło na restaurację indyjską. Posiłek był aż po ostatnie ziarnko ryżu identyczny z tymi, które w ostatnich tygodniach spożywałem w lokalach indyjskich. Nawet beknięcie po jedzeniu smakowało dokładnie tak samo. Wróciłem do hotelu ponury i sfrustrowany.

Rano poszedłem na spacer po mieście ze szczerą nadzieją, że będzie lepiej, ale nadzieja jest matką głupich. Aberdeen nie jest jakimś wyjątkowo okropnym miastem, tylko do bólu przeciętnym. Połaziłem po nowym centrum handlowym i zapuściłem się dosyć daleko w okoliczne ulice, ale wszystkie były bezbarwne i nieszczególne. I wtedy uświadomiłem sobie, że problem nie leży po stronie Aberdeen, lecz charakteru współczesnej Wielkiej Brytanii. Brytyjskie miasta przypominają talię kart, które się ciągle tasuje i na nowo rozdaje — te same karty, różna kolejność. Gdybym przyjechał do Aberdeen z innego kraju, to przypuszczalnie wydałoby mi się przyjemne i sympatyczne. Miasto jest zamożne i czyste. Ma księgar-

---

* Britain in Bloom — Wielka Brytania w rozkwicie (przyp. red.).

nie, kina, uniwersytet i wszystkie inne rzeczy, których człowiek oczekuje w ośrodku miejskim. Nie mam wątpliwości, że miło się tutaj mieszka. Tyle tylko, że było tam tak samo jak wszędzie indziej.

Uzbroiwszy się w tę drobną refleksję, od razu bardziej polubiłem Aberdeen. Nie, żebym zapragnął się tutaj natychmiast przeprowadzić — bo i po co, skoro w każdym innym mieście mogłem mieć dokładnie te same rzeczy, te same sklepy, biblioteki i centra rozrywki, te same puby i programy telewizyjne, te same budki telefoniczne, urzędy pocztowe, sygnalizację świetlną, ławki parkowe, przejścia dla pieszych, morskie powietrze i indyjskie beknięcia po jedzeniu. Zauważyłem dziwne zjawisko: te same rzeczy, które poprzedniego wieczoru kazały mi uznać Aberdeen za miasto wyjątkowo nudne i przewidywalne, teraz nadawały mu w moich oczach sympatyczny i przytulny charakter. Wciąż jednak nie miałem ani śladu poczucia, że znajduję się w Granitowym Mieście, więc bez żalu zabrałem z hotelu plecak i poszedłem na dworzec, aby kontynuować swoją stateczną jazdę na północ.

Pociąg znowu był bardzo czysty, prawie pusty i utrzymany w kojącej niebieskoszarej tonacji barwnej. Składał się z zaledwie dwóch wagonów, ale mimo to konduktor rozwoził wózkiem napoje i przekąski, co mi zaimponowało. Szkopuł w tym, że chociaż ten młody człowiek był pełen zapału — odniosłem wrażenie, że niedawno zaczął pracę, dzięki czemu wydawanie herbaty i reszty wciąż sprawiało mu frajdę — miał tylko trzech pasażerów do obsłużenia i sześćdziesiąt jardów składu do nadzorowania, w związku z czym przychodził mniej więcej co trzy minuty. Z drugiej strony nieustanne pobrzękiwanie wózka chroniło mnie przed zapadnięciem w sen i kłopotliwy stan nadczynności gruczołu ślinowego.

Jechaliśmy przez ładne, lecz monotonne okolice. Highlands znałem dotychczas tylko od strony bardziej dramatycznego zachodniego wybrzeża, a tutejsza sceneria była znacznie spokojniejsza — obłe wzgórza, płaskie gospodarstwa rolne, czasem błyski stalowoszarego morza — ale całkiem przyjemna. Podróż przebiegała bez przygód, poza tym że w Nairn wystartował duży samolot i wyczyniał różne sztuczki — wspinał się pionowo na setki stóp, na moment zawisał w powietrzu, pikował w dół i w ostatniej chwili kreślił wąską literę „U". Podejrzewam, że w pobliżu znajdowała się baza szkoleniowa brytyjskiego lotnictwa wojskowego, ale ciekawiej było sobie wyobrażać, że myśliwiec został porwany przez jakiegoś obłąkanego kamikadze. A później zrobiło się naprawdę podniecająco. Samolot zaczął lecieć w stronę pociągu, wziął kurs prosto na nas, jakby pilot nas zauważył i doszedł do wniosku, że fajnie byłoby zabrać nas ze sobą. Coraz bardziej się zbliżał i robił się coraz większy — zaniepokojony spojrzałem wokół siebie, ale nie było nikogo, z kim mógłbym wspólnie przeżywać to doświadczenie — aż wreszcie wypełnił prawie całe okno, ale chwilę potem pociąg wjechał do lasu i samolot zniknął z pola widzenia. Na uspokojenie nerwów kupiłem kawę i paczkę ciastek i czekałem, aż pojawi się Inverness.

Miasto od razu mi się spodobało. Nigdy nie wygra żadnego konkursu piękności, ale ma parę sympatycznych rzeczy — staroświeckie kino o nazwie La Scala, zabytkowy pasaż handlowy, uroczo nadwymiarowy dziewiętnastowieczny zamek z piaskowca czy piękne nadrzeczne trasy spacerowe. Urzekł mnie zwłaszcza pogrążony w półmroku arkadowy pasaż, zadaszona ulica, która na wieki ugrzęzła w roku 1953. Był tam salon fryzjerski z obrotowym słupem na zewnątrz, a w środku ze zdjęciami ludzi, którzy odgapili fryzury od postaci z filmu *Thunderbirds*. A sklep dla żartownisiów miał w ofercie użyteczne i ciekawe artykuły, których od lat nie widziałem: proszek wywołujący kichanie, plastikowe rzygi (idealne do rezerwowania miejsc w pociągach) czy guma do żucia przyczerniająca zęby. Był zamknięty, ale postanowiłem wrócić następnego dnia i zrobić zapasy.

Poza wszystkim Inverness ma wyjątkowo piękną rzekę, zieloną, spokojną, z brzegami, z których romantycznie zwisają gałęzie, z dużymi domami po jednej stronie, wypielęgnowanymi małymi parkami i starym zamkiem z piaskowca (obecnie siedzibą sądu okręgowego), a po drugiej stronie dwuspadowymi dachami hoteli, następnymi dużymi domami i powściągliwą w wyrazie katedrą podobną do Notre Dame. Wynająłem pokój w pierwszym lepszym hotelu i w zapadających ciemnościach poszedłem na spacer. Przy eleganckich nadrzecznych bulwarach przewidująco rozstawiono ławki, dzięki czemu jest to znakomita trasa na wieczorną przechadzkę. Uszedłem ze dwie mile po stronie Haugh Road, mijając wysepki, na które idzie się wiktoriańskimi mostkami wiszącymi.

Prawie wszystkie domy po obu stronach rzeki powstały w czasach, kiedy mieszczanie zatrudniali liczną służbę. Zastanawiałem się, co sprowadziło do Inverness to późnowiktoriańskie bogactwo i kto dzisiaj utrzymuje te urodziwe domiszcza. Niedaleko od zamku, na rozległej działce, która byłaby zapewne łakomym kąskiem dla deweloperów, stał wyjątkowo okazały i wyszukany pałac z basztami i wykuszami. Ta wielka rezydencja, z gatunku tych, w których można jeździć na rowerze, była zabita deskami i wystawiona na sprzedaż. Jak można pozwolić, żeby taki piękny dom popadł w ruinę? Zatopiłem się w marzeniach: kupię go za bezcen, wyremontuję i będę żył długo i szczęśliwie w tym pałacu z ogromnym parkiem nad urzekającą rzeką. Potem jednak uświadomiłem sobie, jak zareagowałaby moja rodzina, gdybym jej zakomunikował, że nie przeniesiemy się do kraju centrów handlowych, stu kanałów telewizyjnych i hamburgerów wielkości głowy niemowlęcia, tylko do wilgotnej północnej Szkocji.

Poza tym muszę z żalem stwierdzić, że nie mógłbym mieszkać w Inverness — z powodu dwóch nieprzeciętnie paskudnych nowoczesnych biurowców koło głównego mostu, które bezapelacyjnie zdominowały centrum. Kiedy do nich dotarłem, stanąłem jak wryty i zadumałem się nad faktem, że dwa budynki mogą bezpowrotnie zeszpecić całe miasto. Nic — ani skala, ani materiały, ani projekt — nie pasowało do otoczenia. Były nie tylko brzydkie i duże, ale tak fatalnie zaprojektowane, że człowiek mógł obejść je dwa razy wkoło i nie znaleźć głównego wejścia. Większy z nich, stojący bliżej rzeki w miejscu, gdzie pasowałaby restauracja albo taras, a w najgorszym razie sklepy lub biura z pięknym widokiem, od strony rzeki miał wielką rampę załadunkową z uchylnymi metalowymi drzwiami. A przecież budynek stał nad jedną z najbardziej zachwycających rzek Wielkiej Brytanii. Było to coś tak okropnego, że nie umiem wyrazić słowami swojego oburzenia.

Byłem niedawno w tasmańskim Hobart, gdzie Sheraton walnął w prześlicznej dzielnicy portowej zatrważająco nijaki kloc. Słyszałem, że architekt nie był nawet na miejscu — i absolutnie w to wierzę, bo restaurację zaprojektował z tyłu, żeby stołownicy nie widzieli portu. Do tej pory uważałem to za mistrzostwo świata w architektonicznej bezmyślności. Nie sądzę, żeby biurowce w Inverness zaprojektował ten sam architekt — przeraziła mnie myśl, że może być na świecie dwóch tak tragicznie złych architektów — ale Sheraton na pewno z pocałowaniem ręki by go przyjął.

Ze wszystkich brytyjskich budynków, które z dziką rozkoszą wysadziłbym w powietrze — Maples w Harrogate, hotel Hilton w Londynie, poczta główna w Leeds i w gruncie rzeczy wszystkie obiekty należące do British Telecom — bez wahania oddałbym swój głos na dowolny z tych dwóch biurowców.

Na koniec mam dla was prawdziwy hit. Domyślacie się, kto rezyduje w tych wprawiających w rozpacz szkaradzieństwach? Nie? To wam powiem. Większy budynek to regionalna siedziba Highland Enterprise Board, a w drugim mieści się Inverness and Nairn Enterprise Board — czyli instytucje, których zadaniem jest pielęgnować urodę tego pięknego i ważnego zakątka kraju. Boże!

ROZDZIAŁ 27

Na następne przedpołudnie miałem wielkie plany: pójdę do banku, kupię trochę plastikowych rzygów, zajrzę do galerii sztuki, może jeszcze raz przespaceruję się nad cudną rzeką Ness. Obudziłem się jednak tak późno, że ledwo zdążyłem włożyć na siebie ubranie, oddać klucz i dolecieć cały spocony na dworzec. Na północ od Inverness jeździ mało pociągów — trzy razy dziennie do Thurso i Wick — więc nie mogłem sobie pozwolić na spóźnienie.

Pociąg już czekał, bucząc z cicha, i odjechał rozkładowo. Jechaliśmy żwawym tempem z obłymi górami i zimną, płaską Beauly Firth w tle. Tym razem pasażerów było więcej i znowu rozwożono napoje i przekąski — brawo, British Rail! — ale nikt nic nie chciał, bo podróżowali ze mną głównie emeryci z własnym prowiantem.

Kupiłem kanapkę z kurczakiem po indyjsku i kawę. Co za postęp! Pamiętam czasy, kiedy jedząc kolejową kanapkę, człowiek zadawał sobie pytanie, czy to nie będzie jego ostatnia czynność przed długim pobytem na oddziale intensywnej terapii. Na szczęście rzadko dało się coś kupić, bo bufet był prawie zawsze zamknięty. A teraz zajadałem sandwicza z kurczakiem po indyjsku i piłem całkiem znośną kawę przyniesioną mi na miejsce przez sympatycznego młodzieńca z prezencją, w złożonym z dwóch wagonów pociągu mknącym przez Highlands.

W tym miejscu pragnę podać trochę danych statystycznych, które są może nudne, ale warto je znać. Wydatki na infrastrukturę kolejową wynoszą dwadzieścia funtów na mieszkańca w Belgii i Niemczech, trzydzieści jeden funtów we Francji, pięćdziesiąt funtów w Szwajcarii i marne pięć w Wielkiej Brytanii. Ze wszystkich krajów unijnych gorzej jest pod tym względem tylko w Grecji i Irlandii. Nawet Portugalia wydaje więcej. A przecież mimo tak skromnych nakładów usługi kolejowe w Wielkiej Brytanii stoją na bardzo wysokim poziomie. Pociągi są znacznie czyściejsze niż dawniej, a obsługa generalnie cierpliwsza i bardziej chętna do pomocy. Konduktorzy zawsze mówią „proszę" i „dziękuję", a jedzenie nadaje się do spożycia.

Z przyjemnością i zadowoleniem jadłem zatem kanapkę z kurczakiem po indyjsku i piłem kawę, a między kęsami obserwowałem siedzące naprzeciwko siwowłose małżeństwo, które grzebało w swoim podróżnym zaprowiantowaniu. Ustawiali na stoliku plastikowe pojemniczki z pasztecikami wieprzowymi i jajkami na twardo, wyjmowali termosy, odkręcali słoiki, znajdowali solniczki i pieprzniczki. Coś niesamowitego: daj parze staruszków płócienną torbę i zestaw plastikowych pojemników plus termos, a będą się tym godzinami bawili. Ci dwoje działali w sposób precyzyjny i zorganizowany, w całkowitym milczeniu, jakby od lat planowali to przedsięwzięcie. Kiedy posiłek był już przygotowany, jedli nader wytwornie przez cztery minuty, po czym spędzili resztę podróży na pakowaniu wszystkiego z powrotem do torby. Wyglądali na bardzo szczęśliwych.

W rozczulający sposób przypominali mi moją matkę, która również jest wielką zwolenniczką plastikowych pojemników. Nie urządza pikników w pociągach, ponieważ w jej regionie kraju nie ma już pociągów pasażerskich, ale lubi chować zabłąkane resztki jedzenia do plastikowych pojemników różnych rozmiarów i magazynować je w lodówce. Sądzę, że większość matek ma coś takiego. Jak tylko opuścisz dom, beztrosko wyrzucają wszystko, co było dla ciebie najdroższe przez całe dzieciństwo i młodość — cenną kolekcję kart z bejsbolistami, dwanaście pełnych roczników „Playboya", albumy ze szkoły średniej — ale daj im połowę brzoskwini albo łyżkę groszku z obiadu, a zapakują to do plastikowego pojemnika i będą trzymały z tyłu lodówki z grubsza do końca życia.

Tak mijała długa jazda do Thurso. Telepaliśmy się przez coraz bardziej odludny, nagi, niezadrzewiony i zimny kraj. Wrzosy wczepiały się w zbocza wzgórz niby porosty w kamień, a nieliczne stada owiec pierzchały na widok zbliżającego się pociągu. Od czasu do czasu jechaliśmy krętymi dolinami usianymi farmami, które z daleka wyglądały ładnie i romantycznie, a z bliska smętnie i ascetycznie. W większości były to gospodarstwa małorolne z mnóstwem zardzewiałej blachy — blaszane szopy, blaszane kurniki, blaszane parkany — i pochylonymi, steranymi przez żywioły zabudowaniami. Wjechaliśmy w jedną z tych niezwykłych stref, w których nigdy się niczego nie wyrzuca, co zawsze jest oznaką oddalenia od cywilizacji. Na każdym podwórzu wznosiły się sterty złomu i gruzu, jakby właściciel sądził, że któregoś dnia mogą mu się przydać sto trzydzieści dwa przerdzewiałe słupki ogrodzeniowe, tona pokruszonej cegły czy karoseria forda zodiaca z 1964 roku.

Dwie godziny po odjeździe z Inverness dotarliśmy do Golspie. Jest to spore miasteczko z dużymi osiedlami komunalnymi i krętymi ulicami zabudowanymi tymi obrzuconymi szarymi kamyczkami parterowymi domami, które wydają się wzorowane na publicznych toaletach i do których Szkoci mają wyraźną słabość, nie widziało się natomiast żadnych fabryk ani innych zakładów pracy. W jaki sposób mieszkańcy tych wszystkich domów w takich miejscowościach jak Golspie zarabiają na chleb? Następnie była Brora, także spore miasteczko, z nabrzeżem, ale bez portu — o ile go nie przegapiłem — i bez fabryk. Gdzież oni pracują w tych zapadłych dziurach?

Potem okolica zrobiła się całkiem pusta, zniknęły gospodarstwa i zwierzęta hodowlane. Jechaliśmy całą wieczność przez wielkie szkockie pustkowie, całe mile nicości. I nagle na tym odludziu pojawiła się miejscowość Forsinard, z dwoma domami, stacją kolejową i niewytłumaczalnie dużym hotelem. Cóż to był za dziwny, zaginiony świat! A później nareszcie przybyliśmy do Thurso, najbardziej wysuniętego na północ miasta na brytyjskim stałym lądzie, stacji końcowej w każdym sensie tego pojęcia. Na trochę niepewnych nogach opuściłem niewielki dworzec i długą główną ulicą udałem się do centrum.

Nie wiedziałem, czego mam się spodziewać, ale moje pierwsze wrażenia były korzystne. Thurso to czyste, schludne miasto, urządzone raczej praktycznie niż na pokaz i znacznie większe, niż oczekiwałem, z kilkoma hotelikami. Wynająłem pokój w Pentland, całkiem sympatycznym hotelu, jeśli ktoś się dobrze czuje w grobowej ciszy na końcu świata. Wziąłem klucz od uprzejmej recepcjonistki, tajemniczymi krętymi korytarzami zaniosłem rzeczy do odległego pokoju i udałem się na zwiedzanie miasta.

Jak mówią miejskie archiwa, Thurso przeżyło swój wielki dzień w 1834 roku, kiedy sir John Sinclair, miejscowy bonza, ukuł termin „statystyka", ale od tego czasu życie znacznie się tutaj uspokoiło. W przerwach między wymyślaniem neologizmów Sinclair pracowicie rozbudowywał miasto, dając mu w prezencie wspaniałą bibliotekę w stonowanym stylu barokowym i plac z niewielkim parkiem pośrodku. Wokół placu rozciąga się dzisiaj niewielka dzielnica z sympatycznymi sklepikami, w których można kupić wszystko — są tam drogerie, masarnie, sklep z winami, parę butików, garść banków, mnóstwo salonów fryzjerskich (dlaczego w małych ośrodkach miejskich na uboczu zawsze jest obfitość salonów fryzjerskich?). Poza bankami i staroświeckim Woolworth's wszystko sprawiało wrażenie znajdującego się w rękach lokalnego kapitału, dzięki czemu w Thurso panował miły, swojski klimat, atmosfera typowa dla zwartej, samowystarczalnej społeczności. Bardzo mi się tam podobało.

Połaziłem trochę po ulicach handlowych, a potem bocznymi uliczkami poszedłem nad morze. Moim oczom ukazał się magazyn rybacki koło dużego, ale pustego parkingu i ogromna, ale również pusta plaża, o którą z hukiem rozbijały się fale. Jak zwykle nad morzem owiewało mnie rześkie powietrze i świat tonął w eterycznej północnej poświacie, która nadawała morzu i w ogóle wszystkiemu dziwny sinawy koloryt — co wzmogło we mnie poczucie, że jestem daleko od domu.

Na końcu plaży stała romantyczna baszta, kawałek starego zamku. Poszedłem ją obadać. Na drodze stanął mi kamienisty potok, toteż musiałem się cofnąć do mocno oddalonego od plaży mostka, a potem brnąłem błotnistą ścieżką obficie zasypaną śmieciami. Dolne okna i drzwi baszty były zamurowane. Obok niej stała tablica z informacją, że nadmorska ścieżka jest zamknięta z powodu osypywania się brzegu. Długo tkwiłem na tym małym cyplu i patrzyłem w morze, a potem odwróciłem się w stronę miasta i zadałem sobie pytanie, co dalej.

Thurso miało być moim domem przez następne trzy dni i nie bardzo wiedziałem, czym wypełnię tak długi czas. Między zapachem morza i poczuciem całkowitego odosobnienia ogarnęła mnie lekka panika. Byłem na końcu świata, nie miałem do kogo gęby otworzyć, a największą atrakcję stanowiła zamurowana baszta. Wróciłem do miasta tą samą drogą i z braku lepszych pomysłów znowu zaglądałem w witryny sklepowe. I nagle, pod warzywniakiem, stało się. Dopadło mnie coś, co zawsze mnie dopada podczas długich samotnych podróży i czego bardzo się boję.

Zacząłem zadawać sobie pytania, na które nie ma odpowiedzi.

Długie podróże w pojedynkę różnie działają na ludzi. Nie jest do końca normalne, żeby bez szczególnego powodu przebywać w obcym miejscu i tylko w niewielkim stopniu wykorzystywać potencjał swego mózgu, więc prędzej czy później człowiek trochę wariuje. Często widzę to u innych. Niektórzy samotni podróżni zaczynają mówić do siebie. Mruczą pod nosem i myślą, że nikt tego nie słyszy. Niektórzy rozpaczliwie próbują nawiązać rozmowę z nieznajomymi, w sklepach, w recepcjach hotelowych i tak dalej. Ciężko się od nich uwolnić. Niektórzy żarłocznie, obsesyjnie zwiedzają, z przewodnikiem w garści chodzą od zabytku do zabytku, chcąc zobaczyć wszystko. Ja dostaję czegoś w rodzaju pytajnikowej biegunki. Zadaję sobie w duchu dziesiątki pytań, na które nie potrafię udzielić odpowiedzi. A więc stałem pod warzywniakiem w Thurso i zaglądałem do pogrążonego w półmroku wnętrza z zagryzioną wargą i prawie pustą głową, aż tu nagle nie wiadomo skąd pojawiła się myśl: „Dlaczego grejpfrut nazywa się grejpfrut?". Wiedziałem, że się zaczęło.

W swojej kategorii nie jest to najgorsze pytanie. No bo dlaczego grejpfrut nazywa się grejpfrut, owoc winogronowy? Nie wiem, jak wy, ale gdyby mnie podsunięto pod nos nieznany mi wcześniej żółty, kwaśny owoc wielkości kuli armatniej, to raczej nie skojarzyłby mi się z winogronem.

Problem w tym, że kiedy już padnie pierwsze pytanie, uruchamia niepowstrzymaną lawinę. Kawałek dalej przy sklepie ze swetrami, pomyślałem: „Dlaczego Brytyjczycy nazywają je *jumpers*?". To akurat nachodzi mnie od lat, z reguły w takich odległych od świata miejscowościach jak Thurso, i szczerze chciałbym to wiedzieć. Czy wzbudzają w człowieku pragnienie skakania? Czy kiedy wkładasz rano *jumper*, myślisz sobie: „Nie tylko będzie mi ciepło (istotny czynnik w kraju, w którym nie wszędzie można liczyć na centralne ogrzewanie), ale na dodatek będę odpowiednio ubrany, gdybym musiał trochę poskakać"*.

I tak już poszło. Maszerowałem ulicami w meteorytowym deszczu pytań. Dlaczego mówimy „u stóp góry", a „na głowie góry" już nie? Dlaczego niektórzy nazywają smarki śpikami? (Mnie się leje z nosa nie tylko przez sen). Kto zjadł pierwszą ostrygę i jak, do jasnej ciasnej, ktoś wpadł na to, że ambra byłaby doskonałym utrwalaczem zapachów?

Wiem z wieloletniego doświadczenia, że potrzeba silnego wstrząsu, aby wytrącić mój umysł z tej samotniczej udręki. Dzięki Bogu Thurso dostarczyło takiego wstrząsu. Kiedy zacząłem się zastanawiać, dlaczego tylko o pewnej kategorii osób mówimy, że „mają głowę na karku", skoro z wyjątkiem niektórych skazańców wszyscy ludzie mają głowę na karku, trafiłem

---

* *Jump* — skakać; *jumper* — sweter (przyp. red.).

na niezwykły mały lokal gastronomiczny pod nazwą Fountain Restaurant, który oferował szeroki wybór dań z trzech zupełnie różnych kuchni — chińskiej, indyjskiej i „europejskiej". Najwyraźniej trzy osobne restauracje by się tutaj nie utrzymały, w związku z czym funkcjonuje w Thurso jeden lokal z trzema różnymi jadłospisami.

Pomysł szalenie mi się spodobał, więc wszedłem do środka. Ładna dziewczyna zaprowadziła mnie do stolika i zostawiła mnie z wielostronicowym menu. Jak dowiedziałem się ze strony tytułowej, wszystkie potrawy były dziełem jednego szkockiego kucharza, z nadzieją szukałem więc hybrydowych dań w rodzaju „tradycyjne szkockie herbatniki owsiane w sosie słodko-kwaśnym" czy „haggis vindaloo", ale wszystkie propozycje były ściśle tradycyjne. Wybrałem chińszczyznę, po czym rozsiadłem się wygodnie i pławiłem się w błogim stanie bezmyślności.

Muszę powiedzieć, że jedzenie smakowało jak chiński posiłek ugotowany przez szkockiego kucharza. Nie chodzi mi o to, że było niedobre, tylko nie przypominało żadnej chińskiej potrawy, którą w życiu skosztowałem. Im dłużej jadłem, tym bardziej mi smakowało. Przynajmniej było inne, a w tym stadium podróży tego najbardziej pragnąłem.

Poczułem się znacznie lepiej. Z braku innych pomysłów poszedłem w okolice magazynu rybackiego, żeby pooddychać wieczornym powietrzem. Stałem w ciemnościach zasłuchany w grzmot fal i zapatrzony w gwiaździstą kopułę nieba. Nagle naszła mnie myśl: „Kto uznał, że Hereford i Worcester to są fajne nazwy dla hrabstw?". Wiedziałem, że czas położyć się do łóżka.

Następnego dnia budzik wyrwał mnie z mojego ulubionego snu. Jestem w nim właścicielem dużej samotnej wyspy, całkiem podobnej do tych przy szkockim wybrzeżu, i zapraszam na nią starannie wyselekcjonowanych ludzi: wynalazcę oświetlenia choinkowego, które gaśnie, kiedy przepali się jedna żaróweczka, osobę odpowiedzialną za konserwację schodów ruchomych na lotnisku Heathrow, autorów większości podręczników obsługi komputerów osobistych i naturalnie konserwatywnego posła Johna Selwyna Gummera. Wypuszczam ich w teren z bardzo małymi racjami żywnościowymi, a potem ze sforą dziko ujadających psów bezlitośnie na nich poluję. Wstałem jednak bez żalu, kiedy sobie przypomniałem, że czeka mnie bardzo interesujący dzień. Jechałem do John O'Groats!

Od lat słyszałem o John O'Groats, ale nie miałem pojęcia, jak tam jest.

Miejsce to wydawało się nad wyraz egzotyczne i strasznie mnie tam ciągnęło. Cały przejęty zjadłem śniadanie w Pentland (oprócz mnie w stołówce nikogo nie było), by z wybiciem dziewiątej udać się do William Dunnet's, salonu Forda. Kilka dni wcześniej umówiłem się telefonicznie na wynajem samochodu, bo o tej porze roku nie było innego sposobu na dotarcie do John O'Groats.

Pracownik salonu potrzebował paru chwil, żeby przypomnieć sobie o naszej umowie.

— A, pan jest ten gościu z południa — powiedział, co mnie trochę zbiło z tropu, bo nieczęsto się słyszy, żeby ktoś nazywał Yorkshire południem.

— Cały kraj jest na południe stąd, prawda? — spytałem.

— Rzeczywiście, ma pan rację — odparł, jakbym obdarzył go jakąś perłą mądrości.

Był sympatycznym człowiekiem — w Thurso wszyscy są sympatyczni — i kiedy wypełniał stosy papierów, bez których nie mógł mi powierzyć dwóch ton niebezpiecznego żelastwa, gawędziliśmy sobie przyjaźnie o życiu na tym przedmurzu cywilizacji. Do Londynu jedzie się samochodem szesnaście godzin, ale mało kto to robi, powiedział. Dla większości ludzi granicą znanego świata jest Inverness, oddalone o cztery godziny jazdy.

Miałem wrażenie, że już od wielu miesięcy z nikim nie rozmawiałem, więc zasypałem go pytaniami. Jak mieszkańcy Thurso zarabiają na życie? Dlaczego zamek popadł w taką ruinę? Co robią, kiedy chcą kupić sofę, obejrzeć film, zjeść chiński posiłek nieugotowany przez szkockiego kucharza lub doświadczyć czegoś wykraczającego poza skromny zakres dostępnych w okolicy rozrywek?

Dowiedziałem się, że podstawą lokalnej gospodarki jest elektrownia jądrowa w pobliskim Dounreay, że zamek był kiedyś piękny i dobrze utrzymany, ale ekscentryczny właściciel pozwolił mu się rozsypać oraz że wszelkie formy rozrywki znane ludzkości można znaleźć w Inverness. Chyba nie zdołałem ukryć zaskoczenia, bo uśmiechnął się cierpko i powiedział:

— W każdym razie mają tam Marksa & Spencera.

Potem wyszedł ze mną na zewnątrz, posadził mnie za kierownicą forda thesaurusa (albo czegoś w tym guście, nie jestem specjalistą od nazw samochodów), pokrótce przedstawił mi funkcje rozlicznych ruchomych dźwigni i guzików na desce rozdzielczej, a później stał i patrzył z nerwowym uśmieszkiem, jak obracam różnymi pokrętłami, skutkiem czego oparcie siedzenia ucieka mi spod pleców, maska się otwiera, a wycieraczki przechodzą na tryb antymonsunowy. Następnie, z bolesnym zgrzytem skrzyni biegów i kilkoma szarpnięciami, przetarłem nowy, wyboisty szlak przez parking i wyjechałem na ulicę. Po paru chwilach, bo tak mikroskopijne jest Thurso, opuściłem teren zabudowany i z radością w sercu zmierzałem do John O'Groats. Droga prowadziła przez fascynująco pusty kraj: nic poza spłowiałymi łąkami ciągnącymi się aż po sfalowane morze z zatopionymi we mgle Orkadami w oddali. Ale poczucie przestrzenności wprawiło mnie w doskonały humor i po raz pierwszy od lat czułem się względnie bezpiecznie za kółkiem. Po prostu nie było w co się władować.

Na północy Szkocji naprawdę jest pusto. W całym Caithness mieszka zaledwie dwadzieścia siedem tysięcy osób — czyli tyle, ile w niewielkim mieście na obszarze znacznie rozleglejszym od większości angielskich hrabstw. Ponad połowa ludności skupia się w dwóch miasteczkach, Thurso i Wick, natomiast w John O'Groats nikt nie mieszka, ponieważ nie jest to osada mieszkalna, tylko miejsce, gdzie można się zatrzymać i kupić widokówki i lody.

Nazwa pochodzi od Jana de Groota, Holendra, który w XV wieku prowadził tutaj linię okrętową (jeśli miał trochę oleju w głowie, to pływającą do Amsterdamu). Podobno liczył sobie cztery pensy za kurs i powiedzą wam tutaj, że od tego czasu sumę tę zaczęto nazywać „groat", ale jest to kompletna bzdura. Najprawdopodobniej Holendra przechrzczono na Groata od nazwy srebrnej brytyjskiej monety, a nie odwrotnie. Zresztą kogo to obchodzi?

Dzisiaj John O'Groats składa się z przestronnego parkingu, małej przystani, samotnego białego hotelu, dwóch budek z lodami i kilku sklepików z widokówkami, swetrami i filmami z piosenkarzem Tommym Scottem. Miał tu stać słynny drogowskaz mówiący, jak jest stąd daleko do Sydney i Los Angeles, ale nie mogłem go znaleźć. Może go chowają poza sezonem, żeby ktoś taki jak ja nie zabrał go na pamiątkę. Tylko jeden sklepik był czynny. Wszedłem do środka i ze zdziwieniem zobaczyłem, że pracują tam trzy panie w średnim wieku. Trzy ekspedientki na jednego turystę w promieniu czterystu mil to chyba lekka przesada, pomyślałem. Nader wesołe i gadatliwe panie przywitały mnie serdecznie, z tym cudownym akcentem szkockich górali — klinicznie precyzyjnym, a jednocześnie tak melodyjnym. Rozłożyłem kilka swetrów, żeby panie miały coś do roboty po moim wyjściu, z rozdziawionymi ustami obejrzałem demo, na którym Tommy Scott śpiewał skoczne szkockie pieśni ludowe, stojąc na rozmaitych smaganych wiatrem cyplach (dobra, już nic nie mówię), kupiłem trochę widokówek, długo celebrowałem picie kawy, pogwarzyłem z paniami o pogodzie, a potem wróciłem na wietrzny parking i uświadomiłem sobie, że przeżyłem już wszystko, co człowiek może przeżyć w John O'Groats.

Pochodziłem trochę po porcie, osłoniwszy oczy dłońmi, zajrzałem w okno małego muzeum, które było zamknięte aż do wiosny, chwilę ponapawałem się widokiem na Pentland Firth, Stroma i Old Man of Hoy, po czym wróciłem do samochodu. Zapewne już o tym wiecie, ale John O'Groats nie jest najbardziej wysuniętym na północ miejscem w Szkocji. Tytuł ten przysługuje pobliskiemu cyplowi Dunnet Head, do którego jedzie się około pięciu mil wąziutką drogą — i tak właśnie zrobiłem. Dunnet Head ma do zaoferowania jeszcze mniej rozrywek niż John O'Groats, ale jest tam romantyczna bezobsługowa latarnia morska, rewelacyjne marynistyczne widoki i oczywiście przyjemna atmosfera całkowitego oderwania od świata.

Długo stałem na wietrznej wyniosłości ze wzrokiem utkwionym w oddali i czekałem, aż najdzie mnie jakaś filozoficzna myśl, ponieważ dotarłem do kresu swojej wędrówki. Ciągnęło mnie, żeby popłynąć promem na wyspy, przeskoczyć po sterczących z morza skałach aż na dalekie Szetlandy, ale nie miałem czasu, a poza tym nie bardzo było po co. Mimo swego posępnego, nękanego przez żywioły uroku Szetlandy są tylko kolejnym kawałkiem Wielkiej Brytanii, z takimi samymi sklepami, takimi samymi programami telewizyjnymi i takimi samymi ludźmi w takich samych swetrach od Marksa & Spencera. Nie uważałem tego za smutne — wręcz przeciwnie — ale nie odczuwałem palącej potrzeby natychmiastowego obejrzenia wysp. Wiedziałem, że na mnie zaczekają.

Wypożyczonym fordem zawinąłem do jeszcze jednego portu. Sześć czy siedem mil na południe od Thurso leży miasteczko Halkirk, teraz zapomniane, ale podczas drugiej wojny światowej znane jako wyjątkowo nielubiana przez żołnierzy jednostka wojskowa, zawdzięczająca swoją złą sławę nie tylko oddaleniu od świata, ale również legendarnej wrogości miejscowych. Żołnierze ułożyli uroczą piosenkę.

W jebanym Halkirk kury srają
Ni kurwa tramwaju, ni chuja tu nie dają
Wszyscy nas w dupie mają
W jebanym Halkirk.

Ani kurwa sportu, ani co zobaczyć
A jak spróbujesz jakąś pannę haczyć
To się nawet pizda odezwać nie raczy
W jebanym Halkirk.

W podobnie życzliwym duchu ciągnęło się to jeszcze przez dziesięć zwrotek. (Odpowiadam na nasuwające się pytanie: sprawdziłem i nie jest to jeden ze standardów wykonywanych przez Tommy'ego Scotta). Pojechałem do Halkirk pustą B874. Oczywiście nic tam nie ma — parę ulic przy drodze donikąd, z masarnią, składem budowlanym, dwoma pubami, małym sklepem spożywczym, ratuszem i pomnikiem ofiar wojny. Nigdzie się nie zauważało, żeby Halkirk kiedykolwiek był czymś więcej niż mało ciekawym przerywnikiem w dookolnej pustce, ale na pomniku widniały nazwiska sześćdziesięciu trzech ofiar pierwszej wojny światowej (dziewięciu Sinclairów i pięciu Sutherlandów) i osiemnastu drugiej.

Z obrzeży miasteczka ciągnął się rozległy widok na płaskie łąki, ale nigdzie nie było śladu po dawnych koszarach. Odnosiło się wręcz wrażenie, że w tej okolicy nigdy nie było nic poza bezkresną pampą. W dociekliwym nastroju poszedłem do sklepu spożywczego. Coś przedziwnego — duże pomieszczenie podobne do szopy, słabo oświetlone i puste, jeśli nie liczyć kilku metalowych regałów w pobliżu drzwi. Półki też były puste, jeśli nie liczyć kilku porozrzucanych opakowań tego i owego. Oprócz człowieka za kasą w sklepie był starszy pan, który coś kupował. Zapytałem ich o jednostkę wojskową.

— No, był duży obóz jeniecki — powiedział właściciel. — Jak skończyła się wojna, mieliśmy tutaj czternaście tysięcy Niemców. W tej książce znajdzie pan wszystko na ten temat.

Ku mojemu lekkiemu zaskoczeniu, wynikającemu z ubóstwa pozostałej oferty, przy kasie miał stertę książek ilustrowanych pod tytułem *Caithness na wojnie* czy coś w tym guście. Dał mi jeden egzemplarz do obejrzenia. Było tam pełno tych typowych zdjęć zbombardowanych domów i pubów:

ludzie drapią się po głowach skonsternowani albo patrzą w obiektyw z tymi idiotycznymi uśmiechami ofiar katastrofy, które myślą sobie: „Przynajmniej trafię do gazety". Nie znalazłem żadnych zdjęć żołnierzy nudzących się w Halkirk i miejscowość ta nie pojawiała się w indeksie. Książkę ambitnie wyceniono na piętnaście dziewięćdziesiąt pięć.

— Wyśmienita książka — zachęcał mnie właściciel. — Warta swojej ceny.

— Podczas wojny mieliśmy tutaj czternaście tysięcy Niemców! — ryknął głuchawy staruszek.

Jak by tu taktownie zapytać o nieciekawą reputację Halkirk?

— Brytyjscy żołnierze musieli się tutaj czuć samotnie — rozmyślałem na głos.

— E, nie wydaje mi się — odparł właściciel. — Thurso jest o rzut beretem, Wick też, jeśli ktoś pragnie odmiany. Dużo się wtedy tańczyło — dodał nieco dwuznacznie, a potem skinął głową w kierunku trzymanej przeze mnie książki. — Dobra cena — kusił.

— Czy ze starej bazy coś zostało?

— Budynków oczywiście już nie ma, ale jeśli pójdzie pan w tamtą stronę — pokazał — to zobaczy pan fundamenty. To jak, bierze pan książkę? — zapytał po chwili milczenia.

— Jeszcze się zastanowię — skłamałem i oddałem mu książkę.

— Dobra cena — powtórzył.

— Było czternaście tysięcy Niemców! — zawołał za mną staruszek, kiedy wychodziłem.

Najpierw pochodziłem, a potem pojeździłem po okolicy, ale nie znalazłem żadnych śladów obozu jenieckiego. Powoli sobie uświadomiłem, że to nie ma większego znaczenia, więc wróciłem do Thurso i oddałem samochód, ku szczeremu zdziwieniu sympatycznego pracownika salonu Forda, bo było dopiero parę minut po drugiej.

— Na pewno nie chce pan już nigdzie pojechać? Skoro pan wynajął samochód na cały dzień...

— A dokąd jeszcze mógłbym pojechać?

Zastanowił się chwilę.

— No, właściwie to donikąd — odparł z lekko przygnębioną miną.

— Nic nie szkodzi — pocieszyłem go. — Bardzo dużo widziałem!

Literalnie rzecz biorąc, nie minąłem się z prawdą.

ROZDZIAŁ 28

Powiem wam, dlaczego podczas pobytu w Thurso zawsze będę się zatrzymywał w hotelu Pentland. Wieczorem w przeddzień wyjazdu zamówiłem u sympatycznej recepcjonistki budzenie na piątą, bo chciałem zdążyć na poranny pociąg. Jeśli przypadkiem czytacie na stojąco, to lepiej usiądźcie, bo spytała mnie:

— Czy życzy pan sobie śniadanie na ciepło?

Uznałem ją za trochę ciężko myślącą i wyjaśniłem:

— Miałem na myśli piątą rano. Muszę wyjść o wpół do szóstej. O WPÓŁ DO SZÓSTEJ RANO.

— Tak, mój złociutki. Życzy pan sobie śniadanie na ciepło?

— Piętnaście po piątej rano?

— Jest wliczone w cenę pokoju.

No i ten cudowny hotelik następnego dnia długo przed świtaniem zaserwował mi piękną porcję różnych smażonych i pieczonych pyszności plus dzbanek gorącej kawy.

Opuściłem więc hotel szczęśliwy i trochę grubszy, podreptałem w ciemnościach na stację i tam czekała mnie druga tego dnia niespodzianka. Na peronie było mnóstwo wesołych kobiet, które wypełniały chłodne powietrze obłokami pary i raźnym szczebiotem, czekając cierpliwie, aż konduktor skończy jarać i otworzy drzwi pociągu.

Spytałem jedną z pań, co jest grane, i powiedziała mi, że jak w każdą sobotę, jadą na zakupy do Inverness. Raz na tydzień telepią się pociągiem przez prawie cztery godziny, robią zapasy majtek od Marksa & Spencera, plastikowych rzygów i tego, co można dostać w Inverness, a nie można w Thurso (czyli mniej więcej wszystkiego), by o szóstej po południu wsiąść w pociąg powrotny i dojechać do domu akurat w porze kładzenia się spać.

W radosnym, podnieconym nastroju brnęliśmy przez poranną mgłę, stłoczeni w dwóch wagonach. W Inverness pociąg kończył bieg i wszyscy wysypaliśmy się na peron, po czym panie poszły na zakupy, a ja na pociąg do Glasgow o 10.35. Odprowadzając je wzrokiem, stwierdziłem z niejakim zdziwieniem, że trochę im zazdroszczę. Kompletne szaleństwo, żeby zrywać się w środku nocy po to, by kupić parę rzeczy w takiej dziurze jak Inverness i wrócić do domu późnym wieczorem, ale z drugiej strony chyba nigdy nie widziałem ludzi, którzy by z taką radością jechali na zakupy.

Mały pociąg do Glasgow był prawie pusty, a krajobraz nader malowniczy. Minęliśmy Aviemore, Pitlochry, Perth, a potem Gleneagles, ze śliczną stacyjką, która teraz jest niestety zabita deskami. Wreszcie, po ośmiu godzinach od momentu, kiedy zwlokłem się z łóżka, dotarliśmy do Glasgow. Po tylu godzinach jazdy wydawało mi się dziwne, że kiedy wyszedłem z QueenStreet Station, nadal znajdowałem się w Szkocji.

Ale przynajmniej organizm nie doznał szoku. Do dzisiaj pamiętam, jakie przytłaczająco ciemne i oblepione sadzą było to miasto w 1973 roku, kiedy przyjechałem tutaj po raz pierwszy. Nigdy nie widziałem takiego brudnego, dławiącego się dymem, czarnego i smętnego miasta. Nawet miejscowy akcent kojarzył się z żużlem i żwirem. Katedra św. Mungo była taka czarna, że z drugiej strony ulicy wyglądała jak dwuwymiarowa makieta. I nie było turystów — ani jednego. Mój przewodnik po Europie *Let's Go* w ogóle nie wymieniał największego miasta w Szkocji.

Jak powszechnie wiadomo, w następnych latach Glasgow uległo sensacyjnej i gruntownej metamorfozie. Dziesiątki budynków w centrum pieczołowicie odrestaurowano, dzięki czemu ich granitowe fasady błyszczą jak nowe, a dziesiątki innych wyrosło jak grzyby po deszczu podczas upajającego boomu budowlanego w latach osiemdziesiątych — tylko w ostatnim dziesięcioleciu powstały budynki biurowe za ponad miliard funtów. Miasto może się teraz pochwalić jednym z najwspanialszych muzeów na świecie, czyli Burrell Collection, i jednym z najinteligentniejszych przykładów wielkomiejskiej renowacji, czyli odnowionym centrum handlowym przy Princes Square. Świat zaczął ostrożnie przyjeżdżać do Glasgow i odkrył z zachwytem, że w mieście jest pełno doskonałych muzeów, tętniących życiem pubów i światowej klasy orkiestr, a siedemdziesiąt parków daje mu pierwsze miejsce w tej konkurencji wśród podobnej wielkości miast europejskich. W 1990 roku Glasgow wyróżniono tytułem Europejskiej Stolicy Kultury i nikt się z tego nie śmiał. Renoma żadnego innego miasta w dziejach świata nie uległa tak radykalnej i błyskawicznej przemianie — i moim zdaniem żadne inne miasto w dziejach świata bardziej sobie na to nie zasłużyło.

Ze wszystkich licznych skarbów Glasgow na moje oko najjaśniejszym blaskiem świeci Burrell Collection. Zameldowawszy się w hotelu, pojechałem tam taksówką, bo miałem daleko.

— D'ye nae a lang roon? — zapytał taksówkarz, kiedy przez Clydebank i Oban pędziliśmy autostradą w kierunku Pollok Park.

— Przepraszam — odparłem, bo nie znam dialektu z Glasgow.

— D'ye dack ma fanny?

Nienawidzę, kiedy mieszkaniec Glasgow coś do mnie mówi.

— Bardzo mi przykro — kajałem się, gorączkowo szukając jakiegoś usprawiedliwienia. — Mam problemy z uszami.

— Aye, ye nae hae doon a lang roon — zakomunikował, co zinterpretowałem następująco: „Powożę cię w kółko i będę w ciebie miotał groźnymi spojrzeniami, aż w końcu zaczniesz się zastanawiać, czy nie wiozę cię do nieczynnego magazynu, w którym czekają moi koledzy, żeby cię skatować i sczyścić z kasy", ale nic już nie mówiłem i bez dalszych zaczepek dostarczył mnie pod muzeum.

Uwielbiam Burrell Collection! Muzeum nazwano na cześć sir Williama Burrella, szkockiego armatora, który w 1944 roku przekazał miastu swoje zbiory sztuki, pod warunkiem że zostaną umieszczone w wiejskim otoczeniu w granicach miasta. Obawiał się — niebezzasadnie — że zanieczyszczenie powietrza zniszczy obrazy. Nie mogąc się zdecydować, co począć z tą niespodziewaną manną z nieba, miasto nie zrobiło nic. Przez trzydzieści dziewięć lat cenne dzieła sztuki leżały gdzieś w skrzyniach prawie zapomniane. Wreszcie pod koniec lat siedemdziesiątych, po bez mała czterech dekadach wahań, miasto wynajęło utalentowanego architekta Barry'ego Gassona, który zaprojektował zgeometryzowany, powściągliwy budynek w lesie, wyróżniający się inteligentnym włączeniem architektonicznych elementów kolekcji Burrella — średniowiecznych odrzwi, nadproży i tak dalej — w strukturę budowli. Po inauguracji w 1983 roku gmach zbierał same pozytywne recenzje.

Burrell nie był człowiekiem bajecznie bogatym, ale miał doskonały gust. Zbiory zawierają tylko osiem tysięcy eksponatów, ale pochodzących z całego świata — z Mezopotamii, Egiptu, Grecji, Rzymu — i prawie wszystkie (z wyjątkiem szkliwionych porcelanowych figurek kwiaciarek, które chyba zakupił w malignie) zwalają z nóg. Przez całe popołudnie przechadzałem się radośnie po licznych salach i udawałem (czasem tak robię), że mam prawo zabrać jeden eksponat do domu jako dar od narodu szkockiego w uznaniu moich wyjątkowych walorów jako człowieka. Po długich wewnętrznych zmaganiach wybrałem sycylijską głowę Persefony z V wieku p.n.e., nie tylko idealnie zachowaną, ale również wprost stworzoną do postawienia na telewizorze. Późnym popołudniem wyszedłem z muzeum w szampańskim nastroju i trochę pospacerowałem po zacisznym Pollok Park.

Dzień był względnie ciepły, postanowiłem zatem wrócić do miasta na piechotę, chociaż nie miałem ani mapy, ani konkretniejszego wyobrażenia, gdzie znajduje się odległe centrum Glasgow. Nie wiem, czy Glasgow jest rajem dla spacerowiczów czy może czystym przypadkiem zawsze trafiałem na kilka niezapomnianych miejsc — czarujący Kelvingrove Park, ogród botaniczny, niezwykły cmentarz Necropolis z rzędami wystawnych grobowców — i podobnie było teraz. Wyruszyłem szeroką aleją St. Andrew's Drive i zawędrowałem do urodziwej dzielnicy okazałych domów z pięknym parkiem, w którym lśniło jeziorko. Minąłem Scotland Street Public School, cudowny budynek z eleganckimi klatkami schodowymi, przypuszczalnie projektu Mackintosha, a niedługo później znalazłem się w uboższej, ale równie interesującej dzielnicy, którą w końcu zidentyfikowałem jako Gorbals. Potem się zgubiłem.

Od czasu do czasu widziałem rzekę Clyde, ale nie miałem pojęcia, jak do niej dotrzeć, a raczej jak ją przekroczyć. Krążyłem bocznymi uliczkami i wreszcie wylądowałem w jednej z tych martwych okolic z pozbawionymi okien magazynami i drzwiami garaży, na których napisano: ZAKAZ PARKOWANIA. Niezależnie od tego, w którą stronę skręcałem, coraz bardziej oddalałem się od ludzkości, ale na którymś z kolei rogu zobaczyłem pub. Miałem ochotę chwilę odpocząć i napić się czegoś, więc wszedłem do środka. W ciemnym i sfatygowanym lokalu było zaledwie dwóch klientów, niebudzących zbytniego zaufania typów, którzy siedzieli przy barze i pili w milczeniu. Za kontuarem nikogo nie było. Zająłem strategiczną pozycję na końcu baru i trochę zaczekałem, ale nikt nie przyszedł. Zabębniłem palcami o kontuar, wydąłem policzki i zacząłem wykrzywiać usta, jak zawsze robią ludzie, kiedy czekają. (Ciekawe, skąd się to bierze. Nie jest to czynność ani w połowie tak satysfakcjonująca jak odrywanie strupka bądź czyszczenie paznokci za pomocą paznokcia kciuka). Wyczyściłem paznokcie za pomocą paznokcia kciuka i jeszcze trochę powydymałem policzki, ale nadal nikt nie przychodził. W końcu zauważyłem, że jeden z facetów mnie obserwuje.

— Hae ya nae hook ma dooky? — spytał.

— Słucham? — odparłem.

— He'll nay be doon a mooning.

Szarpnął głową w stronę zaplecza.

— Aha — pokiwałem głową z mądrą miną, jakby to wszystko wyjaśniało.

Teraz już obaj się na mnie gapili.

— D'ye hae a hoo and a poo? — spytał mój rozmówca.

— Słucham?

— D'ye hae a hoo and a poo? — powtórzył.

Wyglądał na lekko zanietrzeźwionego.

Uśmiechnąłem się przepraszająco i wytłumaczyłem, że przybywam ze świata anglojęzycznego.

— D'ye nae hae in May? — kontynuował. — If ye dinna dock ma donny.

— Doon in Troon they croon in June — stwierdził jego kolega i dodał: — Wi' a spoon.

— Aha.

Znowu pokiwałem refleksyjnie głową i nieznacznie wysunąłem do przodu dolną wargę, jakby teraz wszystko stało się dla mnie najzupełniej oczywiste. W tym momencie z ulgą zobaczyłem, że przyszedł barman, który z nieszczęśliwą miną wycierał dłonie w ręcznik kuchenny.

— Fuckin muckle fucket in the fuckin muckle — powiedział do dwóch mężczyzn, a potem znużonym głosem zwrócił się do mnie: — Ah hae the noo.

Nie umiałem ocenić, czy było to zdanie pytające czy oznajmujące.

— Poproszę duże piwo — odezwałem się z nadzieją.

Prychnął zniecierpliwiony, jakbym unikał odpowiedzi na jego pytanie.

— Hae ya nae hook ma dooky?

— Słucham?

— Ah hae the noo — powiedział pierwszy z klientów, który najwyraźniej uważał się za mojego tłumacza.

Stałem przez chwilę z otwartymi ustami, usiłując wykombinować, co oni do mnie mówią, i nie mogąc zrozumieć, co za diabeł kazał mi wejść do pubu w takiej dzielnicy. W końcu powiedziałem cicho:

— Tylko duże piwo, proszę.

Barman westchnął ciężko i przyniósł mi piwo. I zaraz zrozumiałem, co do mnie mówili: w tym lokalu pod żadnym pozorem nie wolno mi zamawiać piwa, ponieważ dostanę szklankę ciepłych mydlin nalanych z parskającego, kapryśnego kranu, i powinienem czym prędzej stamtąd zmykać, jeśli mi życie miłe. Wypiłem dwa łyki tej interesującej mikstury i udając, że zmierzam do męskiej toalety, wymknąłem się bocznymi drzwiami.

Wróciłem zatem na pogrążające się w zmroku ulice na południowym brzegu Clyde i próbowałem odnaleźć drogę do cywilizacji. Nie umiem sobie wyobrazić, jak wyglądała dzielnica Gorbals, zanim zaczęto ją restaurować i zachęcać odważnych japiszonów do zamieszkania w eleganckich nowych blokach mieszkalnych na jej obrzeżach. Po wojnie Glasgow wykonało dosyć nietypowe posunięcie, a mianowicie w szczerym polu na przedmieściach zbudowało ogromne osiedla wieżowców i przesiedliło tam dziesiątki tysięcy mieszkańców takich slumsów jak Gorbals, ale zapomniało im dostarczyć jakąkolwiek infrastrukturę. Na samo osiedle Easterhouse przeniosło się czterdzieści tysięcy ludzi i zastali tam nowe mieszkania z łazienkami, ale żadnych kin, sklepów, banków, pubów, szkół, miejsc pracy, ośrodków zdrowia i lekarzy. Za każdym razem, jak czegoś potrzebowali — na przykład napić się piwa, pójść do pracy albo zasięgnąć porady lekarskiej — musieli wsiadać w autobus i jechać wiele mil z powrotem do miasta. W połączeniu z takimi czynnikami, jak wiecznie psujące się windy — nawiasem mówiąc, dlaczego ze wszystkich krajów świata tylko Wielka Brytania ma tak wielkie problemy ze schodami ruchomymi i windami? Moim zdaniem powinno za to polecieć kilka głów — tak ich to rozjuszyło, że zrobili z osiedli nowe slumsy. W rezultacie Glasgow ma największe ze wszystkich miast rozwiniętego świata problemy mieszkaniowe. Miasto jest największym posiadaczem nieruchomości w Europie, właścicielem stu sześćdziesięciu tysięcy domów i mieszkań, czyli połowy zasobów mieszkaniowych Glasgow. Władze miejskie szacują, że na dostosowanie mieszkań do dzisiejszych standardów musiałyby wydać około trzech miliardów funtów. Suma ta nie obejmuje oczywiście budowy nowych mieszkań. Roczny budżet na mieszkalnictwo wynosi obecnie około stu milionów funtów.

W końcu udało mi się przedostać na drugą stronę rzeki i dotrzeć do odpucowanego centrum. Rzuciłem okiem na George Square, moim zdaniem najpiękniejszy plac Europy, a potem poszedłem pod górę na Sauchiehall Street, gdzie przypomniałem sobie mój ulubiony (a jednocześnie jedyny, jaki znam) żart na temat Glasgow. Nie jest zbyt śmieszny, ale mnie się podoba. Policjant łapie złodzieja na rogu Sauchiehall i Dalhousie, a później przez sto jardów wlecze go za włosy na Rose Street i dopiero tam zaczyna go spisywać.

— Ej, po co żeś pan to zrobił? — pyta zmaltretowany winowajca, masując sobie głowę.

— Bo wiem, jak się pisze Rose Street, ty zasrany złodzieju!

Historia typowa dla Glasgow. Cała ta nowa zamożność i szyk podszyte są klimatem siermiężności i zagrożenia, który jakoś dziwnie mnie rajcuje. Spacerując w piątkowy wieczór ulicami, tak jak ja to robiłem, człowiek nigdy nie wie, na kogo trafi za rogiem: na grupę wymuskanych imprezowiczów w smokingach czy ekipę młodych bezrobotnych mięśniaków, którym może wpaść do głowy, żeby dla rozrywki wygrawerować ci na czole swoje inicjały. Nadaje to miastu pewnego sznytu.

ROZDZIAŁ 29

Spędziłem w Glasgow jeszcze jeden dzień, błąkając się po mieście. Nie dlatego, że chciałem, tylko dlatego, że była niedziela i nie miałem jak wrócić do domu. Pociągi jeździły tylko do Carlisle. (W zimie niedzielne połączenia między Settle i Carlisle są zawieszone, bo nie ma na nie popytu. Władzom kolejowym najwyraźniej nie przychodzi do głowy, że zależność może być odwrotna: nie ma popytu, bo nie ma połączeń). Łaziłem więc zimowymi ulicami, z szacunkiem zwiedzałem muzea, ogród botaniczny i Necropolis, ale tak naprawdę chciałem do domu, co można chyba zrozumieć, bo tęskniłem za rodziną i własnym łóżkiem, a poza tym kiedy chodzę wokół własnego domu, nie muszę przy każdym kroku uważać na psie gówienka i kałuże rzygowin.

Następnego ranka, w stanie upojnego podniecenia, na dworcu centralnym w Glasgow wskoczyłem do pociągu o 8.10 do Carlisle, gdzie po orzeźwiającej filiżance kawy wypitej w dworcowym bufecie przesiadłem się na pociąg o 11.40 do Settle.

Linia Settle-Carlisle to najbardziej znana mało uczęszczana linia kolejowa na świecie. British Rail od lat chce ją zamknąć, bo jest nierentowna. Czy można sobie wyobrazić bardziej idiotyczny i groteskowy argument?

To pokręcone uzasadnienie słyszymy od tak dawna o tak wielu rzeczach, że przestaliśmy je kwestionować, ale po nanosekundzie zastanowienia dojdziemy do wniosku, że najbardziej wartościowe rzeczy nie zarabiają na siebie. Gdybyśmy się konsekwentnie kierowali tą absurdalną logiką, to musielibyśmy zlikwidować sygnalizację świetlną, parkingi przy autostradach, szkoły, kanalizację, parki narodowe, muzea, uniwersytety, staruszków i mnóstwo innych rzeczy. Dlaczego zatem coś tak pożytecznego jak linia kolejowa, generalnie dużo przyjemniejszego niż staruszkowie, a już na pewno mniej skłonnego do zrzędzenia i zanudzania innych, miałoby podawać ekonomiczne uzasadnienie swego dalszego istnienia? Tę linię myślenia trzeba jak najszybciej zarzucić.

Co powiedziawszy, muszę przyznać, że połączenie Settle-Carlisle zawsze miało w sobie coś groteskowego. W 1870 roku, kiedy James Allport, dyrektor Midland Railway, wpadł na pomysł budowy odcinka kolei na północ, istniały już linie wzdłuż wschodniego i zachodniego wybrzeża, puścił więc tory środkiem, chociaż prowadziły znikąd przez nigdzie donikąd. Kosztowało to trzy i pół miliona funtów, co na dzisiejsze pieniądze daje kosmiczną sumę czterystu osiemdziesięciu siedmiu bilionów miliardów czy coś koło tego. W każdym razie inwestycja była na tyle droga, że każdy, kto choć trochę znał się na kolejnictwie, dochodził do słusznego wniosku, że Allport jest świrnięty.

Ponieważ linia prowadziła przez irracjonalnie trudny i niedostępny obszar Gór Penińskich, inżynierowie Allporta musieli stosować przeróżne sztuczki, w tym dwadzieścia wiaduktów i dwanaście tuneli. To nie była jakaś wlokąca się jak ślimak ekscentryczna wąskotorówka, tylko dziewiętnastowieczny odpowiednik TGV, którym podróżni mogli przefrunąć nad Yorkshire Dales — to znaczy jeśli ktoś chciał, a prawie nikt nie chciał.

Od samego początku była zatem nierentowna. Ale co z tego? Linia jest pod każdym względem cudowna i rozkoszowałem się każdą chwilą jazdy, podczas której w godzinę i czterdzieści minut pokonaliśmy siedemdziesiąt jeden i trzy czwarte mili. Nawet jeśli ktoś mieszka w okolicy Settle, nieczęsto znajduje powód, by pojechać tym pociągiem, więc siedziałem z twarzą przyciśniętą do szyby i niecierpliwie czekałem na najsłynniejsze punkty — tunel Blea Moor, długi na niecałe półtorej mili, Dent Station, najwyżej położoną brytyjską stację kolejową, wspaniały ćwierćmilowy wiadukt Ribblehead, wysoki na ponad sto stóp i z czterema zgrabnymi przęsłami — a pomiędzy nimi napawałem się pięknem scenerii, która nie tylko jest spektakularna i niezrównana, ale także przemawia do mnie syrenim głosem.

Sądzę, że każdy ma jakiś zakątek świata, który go szczególnie urzeka — dla mnie takim zakątkiem są Yorkshire Dales. Nie umiem tego do końca wytłumaczyć, bo nawet w Wielkiej Brytanii bez problemu można znaleźć bardziej romantyczne krajobrazy. Ale wiem jedno: zakochałem się w Dales od pierwszego wejrzenia i do tej pory mi nie przeszło. Podejrzewam, że działa tak na mnie po części kontrast między wysokimi grzbietami, z których rozciągają się bezkresne widoki, i bujnie porośniętymi dolinami z zacisznymi wioskami i zielonymi zagrodami. Prawie w całych Dales człowiek porusza się między tymi tak bardzo odmiennymi od siebie strefami. Nie da się opisać, jakie to jest zachwycające. Drugi czynnik to przytulna atmosfera odosobnienia stwarzana przez dookolne wzgórza, poczucie, że świat jest odległy i niepotrzebny, co człowiek bardzo sobie ceni, kiedy tutaj mieszka.

Każda dolina jest odrębnym małym światem. Niedługo po naszej przeprowadzce dobiegł mnie z drogi potworny huk i zgrzyt metalu. Wypadłem na zewnątrz i zobaczyłem samochód, który dachował. Okazało się, że kierująca zawadziła o trawiasty nasyp i uderzyła w murek okalający pole. Kiedy podbiegłem do auta, z krwawiącą głową wisiała do góry nogami na pasie bezpieczeństwa i narzekała, że spóźni się do dentysty. Podczas gdy ja podskakiwałem bezradnie i wydawałem z siebie sapiące dźwięki, podjechał land-rover, z którego wysiedli dwaj farmerzy, delikatnie wyciągnęli panią z samochodu i posadzili na kamieniu. Potem postawili auto na kołach i zepchnęli na bok. Następnie jeden z nich zabrał panią do swojego domu, żeby jego żona opatrzyła jej głowę i dała herbaty, a drugi posypał plamę oleju trocinami, przez chwilę kierował ruchem, a jak już korek się rozładował, mrugnął do mnie i odjechał. Wszystko trwało mniej niż pięć minut i obyło się bez wzywania policji, pogotowia czy nawet lekarza. Po mniej więcej godzinie przyjechał traktor, odholował samochód i było po sprawie.

W Dales żyje się inaczej niż gdzie indziej. Po pierwsze znajomi wchodzą prosto do czyjegoś domu. Czasem pukają i wołają „dzień dobry!", zanim wsuną głowę do środka, ale z reguły nawet tego nie robią. Nie jest niczym niecodziennym, że stoisz przy zlewie kuchennym, prowadzisz ożywioną dyskusję sam ze sobą i z uniesioną nogą puszczasz bąki, a kiedy się odwrócisz, widzisz na stole stertę listów. I nie zliczę, ile razy musiałem uciekać w samych majtkach do spiżarni, bo usłyszałem, że ktoś nadchodzi, i kuliłem się, wstrzymując oddech, kiedy ten ktoś wołał: „Dzień dobry! Jest tam kto?", a potem kręcił się po kuchni, czytał wiadomości na drzwiach lodówki, oglądał pod światło listy i wreszcie podchodził do drzwi spiżarni i mówił: „Biorę sześć jajek, dobra, Bill?".

Kiedy mówiliśmy znajomym w Londynie, że przeprowadzamy się do wioski w Yorkshire, zaskakująco duża ich liczba robiła dziwne miny i mówiła (parafrazuję): „Yorkshire? Do ludzi, którzy tam mieszkają? Bardzo... interesujące".

Nigdy nie mogłem zrozumieć, skąd wzięła się czarna legenda o mieszkańcach Yorkshire jako ludziach wrednych i bezdusznych. W kontaktach ze mną zawsze byli przyzwoici i otwarci, a jeśli ktoś chce poznać swoje wady, to nigdzie nie znajdzie ludzi bardziej skłonnych mu w tym pomóc. To prawda, że nie zalewają bliźnich czułością, do czego trzeba się przyzwyczaić, kiedy ktoś pochodzi z bardziej towarzyskich stron, czyli skądkolwiek. Na Środkowym Zachodzie, gdzie ja się urodziłem, kiedy do jakiejś wsi albo miasteczka sprowadzi się ktoś nowy, wszyscy przychodzą go powitać i zakomunikować, że jest to najszczęśliwszy dzień w dziejach ich miejscowości, i każdy przynosi ciasto — jabłkowe, wiśniowe, czekoladowe. Są tacy, co raz na pół roku zmieniają miejsce zamieszkania, żeby najeść się ciasta.

W Yorkshire nie ma takich zwyczajów. Ale stopniowo, po trochu, miejscowi znajdują w sercu kącik dla nowego przybysza i zaczynają cię pozdrawiać machnięciem z Malhamdale, kiedy wasze samochody się mijają. Jest to ważny dzień w życiu imigranta. Na czym polega machnięcie z Malhamdale? Udawajcie przez chwilę, że macie ręce na kierownicy. Teraz powolutku wyprostujcie mały palec prawej dłoni, jakby chwycił was w nim kurcz. I już. Drobny gest, ale zapewniam was, że bardzo wymowny.

Zatopiony w tego rodzaju refleksjach, nagle ocknąłem się z szarpnięciem i zdałem sobie sprawę, że jestem w Settle i żona macha do mnie z peronu. Moja podróż dobiegła końca. Wysiadłem zdezorientowany jak człowiek, którego obudzono w środku nocy z powodu jakiejś sytuacji awaryjnej. Miałem poczucie, że moja wyprawa nie powinna się tak kończyć, że odbywa się to zbyt nagle.

Jechaliśmy górskimi grzbietami pośród niewypowiedzianie pięknego pejzażu, z bezkresnymi widokami i rozłogami wokół Kirkby Fell, które kojarzą się z *Wichrowymi Wzgórzami*. A potem zjazd do sielskiej, majestatycznej Malhamdale, małego, położonego na uboczu świata, który od siedmiu lat był moim domem. W połowie drogi na dół poprosiłem żonę, żeby zatrzymała się koło pewnej furtki. Roztacza się stamtąd mój najukochańszy widok na świecie i wysiadłem, żeby nacieszyć nim oczy. Widać prawie całą Malhamdale. W cieniu stromych zboczy, po których ambitnie wspinają się proste jak strzała murki bezzaprawowe, przycupnęły maleńkie wioski, urocza szkoła z dwoma salami lekcyjnymi, stary kościół z jaworami i płytami nagrobnymi na cmentarzu, mój pub i pośrodku tego wszystkiego, zasłonięty drzewami, nasz stary kamienny dom, znacznie starszy od mojego ojczystego kraju.

Wyglądało to tak zacisznie i pięknie, że chciało mi się płakać, a przecież była to tylko maleńka cząstka tej niewielkiej, czarującej wyspy. W jednej chwili uświadomiłem sobie, co kocham w Wielkiej Brytanii — wszystko. Każdą najmniejszą rzecz, dobrą czy złą — Marmite*, wiejskie festyny, polne drogi, ludzi mówiących „mogło być gorzej" albo „najmocniej przepraszam, ale...", ludzi przepraszających mnie za to, że przez nieuwagę znokautowałem ich łokciem, mleko w butelkach, fasolkę w sosie pomidorowym na grzance, sianokosy w czerwcu, pokrzywy, mola w nadmorskich kąpieliskach, mapy topograficzne, drożdżówki, obligatoryjne termofory, deszczowe niedziele — każdą najdrobniejszą rzecz.

Co za cudowny kraj — kompletnie popieprzony, ale zachwycający w każdym szczególe. W jakim innym kraju wymyśliliby takie nazwy miejscowości, jak Tooting Bec czy Farleigh Wallop, albo taką grę jak krykiet, która trwa trzy dni i nie ma zauważalnego początku? Kto inny nie dostrzegłby niczego dziwnego w tym, że sędziowie noszą na głowach małe mopy, zmuszałby przewodniczącego Izby Lordów do siedzenia na worku wełny albo chlubiłby się bohaterem wojennym, którego ostatnim życzeniem było, żeby pocałował go niejaki Hardy? („Proszę cię, Hardy, prosto w usta i z języczkiem"). Który inny naród potrafiłby obdarować świat Williamem Szekspirem, pasztecikami wieprzowymi, Christopherem Wrenem, Windsor Great Park, uniwersytetem otwartym, teleturniejem dla ogrodników i ciasteczkami dietetycznymi z czekoladą? Oczywiście żaden.

Jakże łatwo tracimy to wszystko z oczu! Wielka Brytania będzie niezgłębioną zagadką dla historyków, którzy spojrzą wstecz na drugą połowę XX wieku. Oto kraj, który wygrał epicką wojnę, w generalnie łagodny i oświecony sposób zdemontował swoje potężne imperium i przewidująco stworzył państwo opiekuńcze, czyli prawie wszystko robił tak, jak trzeba, a potem przez resztę stulecia uważał się za chronicznego nieudacznika. A przecież nadal jest to najlepszy kraj na świecie z punktu widzenia większości czynności życiowych — czy będzie to wysłanie listu, pójście na spacer, oglądanie telewizji, zakup książki, wypicie piwa w pubie, wizyta

---

* Marmite — pasta drożdżowo-warzywna do smarowania chleba (przyp. tłum.).

w muzeum, skorzystanie z usług bankowych, zgubienie się, szukanie pomocy czy stanięcie na szczycie wzgórza i rozkoszowanie się widokiem.

Wszystko to do mnie dotarło w ciągu jednej długiej chwili. Powiedziałem to już wcześniej, ale powtórzę jeszcze raz: podoba mi się tutaj. Bardziej niż potrafię wyrazić słowami. Odszedłem od furtki, wsiadłem do samochodu i wiedziałem, że na sto procent tutaj wrócę.

NAOKOŁO ŚWIATA

Naokoło świata to seria książek reportażowych wydawanych od końca lat 50. XX wieku. Przez ponad trzydzieści lat ukazywała się w wydawnictwie „Iskry", pod kierownictwem Krystyny Goldbergowej. Redagowana przez reportażystę i tłumacza Zbigniewa Stolarka, charakteryzowała się białą obwolutą z kolorowym paskiem i logo serii – globusem, projektu Janusza Grabiańskiego. W tym cyklu wydawano najlepsze książki polskiego i światowego reportażu.

Zysk i S-ka Wydawnictwo od 2008 roku kontynuuje serię,
w której dotychczas ukazały się:

Tiziano Terzani

*Powiedział mi
wróżbita.
Lądowe podróże
po Dalekim
Wschodzie*

Terry Darlington

*Z wąskim psem
do Carcassonne*

Ma Jian

Czerwony pył

**Krzysztof Schmidt,
Nozomi Nakanishi**

*Iriomote.
Wyspa dzikich
kotów*

W PRZYGOTOWANIU

Jacques Lanzmann, *Szaleństwo marszu*
Biruta Markuza, *Dziennik z prowincji świata*

**ZYSK I S-KA
WYDAWNICTWO**